파이썬
딥러닝
케라스

Python

Deep Learning

Keras

파이썬
딥러닝
케라스

조한성 지음

정보문화사
Information Publishing Group

파이썬 딥러닝 케라스

초판 1쇄 인쇄 | 2022년 10월 20일
초판 1쇄 발행 | 2022년 10월 31일

지 은 이 | 조한성
발 행 인 | 이상만
발 행 처 | 정보문화사

책 임 편 집 | 노미라
교 정 교 열 | 안종군

주   소 | 서울시 종로구 동숭길 113 (정보빌딩)
전   화 | (02)3673-0037(편집부) / (02)3673-0114(代)
팩   스 | (02)3673-0260
등   록 | 1990년 2월 14일 제1-1013호
홈 페 이 지 | www.infopub.co.kr

I S B N | 978-89-5674-920-4

머리말

기술의 발전으로 데이터가 많아지고 활용할 수 있는 기회가 많아졌습니다. 기업들은 데이터로 의사결정을 하고 고객들에게 편리함을 제공합니다. 자연스럽게 데이터를 잘 다룰 줄 아는 사람이 필요하게 되었고, 기업에서는 데이터 관련 직무들이 생겨나게 되었습니다.

다음은 Toss의 채용 공고 건수를 직무별로 표현한 부분입니다. 개발자와 더불어 데이터 관련 데이터 분석과 데이터 엔지니어 등의 공고 건수가 큰 부분을 차지하고 있습니다.

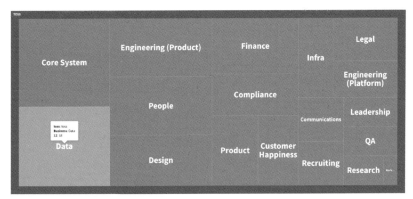

TOSS 채용 공고 직무별 건수(2020년 11월 28일 기준)

현실의 문제를 데이터 기반으로 해결할 수 있는 능력이 중요시되는 시대입니다. 예를 들어 주가 예측, 상품의 조기 불량 예측, 이커머스의 상품 카테고리 분류, 큐레이션 기능 제공을 위한 추천 등 다양한 인공지능 및 딥러닝 기술이 필요하게 되었습니다.

딥러닝 기술을 구현하기 위해서는 텐서플로, 파이토치같은 프레임워크를 사용하게 됩니다. 이러한 프레임워크를 활용한 개발 진행 시 프로그래밍의 선행 지식이 필요합니다. 이런 선행 지식은 많은 사람이 학습하는 데 어려움을 겪게 됩니다. 케라스는 파이썬 기반의 신경망 모델을 구축하기 위한 고수준 API입니다. 파이썬처럼 배우기 쉽고 빠른 실험과 검증이 가능하고 다양한 신경망을 구현할 수 있습니다.

이 책을 통해 이론과 실습을 따라하다 보면 어느덧 성장한 자신을 발견할 수 있을 것입니다.

조한성

이 책을 보는 방법

이 책은 케라스 및 딥러닝 입문자를 대상으로 합니다. 개발 환경 구축부터 간단한 딥러닝 모델을 구현해 보고 성능을 개선합니다. 그리고 딥러닝 모델의 동작 원리를 그림과 코드를 통해 쉽고 자세히 이해합니다. 다양한 데이터의 특성에 대해 살펴보고 데이터에 맞는 딥러닝 모델을 구현해 보겠습니다.

이 책의 대상 독자는 다음과 같습니다.

- 딥러닝을 시작하는 사람들과 동작 원리를 이해하고 싶은 사람
- 현업에서 머신러닝 및 딥러닝을 활용해 문제를 해결하기 위한 주니어 개발자
- 캐글 및 텐서플로 자격증 취득을 위해 준비하는 대학생 및 대학원생

파이썬 딥러닝 케라스는 Part 1부터 Part 5로 구성되어 있습니다. 각 파트에서 어떤 부분을 다루고 있는지 살펴보겠습니다.

Part 1 케라스와 텐서플로에 대해 알아보고 간단한 이미지 분류 모델을 구현합니다. 그리고 딥러닝 모델 개발 환경을 구글 코랩과 미니콘다로 구축해보고 사용 방법에 대해 배워 봅니다.

Part 2 딥러닝 모델의 입력과 출력에는 어떤 것들이 있는지 알아봅니다. 입력은 데이터로 정형, 이미지, 자연어, 시계열 데이터 등이 있습니다. 출력은 예측하는 결과의 유형으로 회귀와 분류로 구분할 수 있습니다. 입력으로 사용되는 데이터의 자료 구조, 자료형에 대해 알아보고 데이터의 인덱싱, 슬라이싱, 연산을 실습합니다. 마지막으로 딥러닝 모델 구현 과정인 문제 정의부터 데이터 구성 및 준비, 데이터 전처리, 모델 생성, 모델 학습, 모델 평가, 모델 예측을 단계적으로 살펴보겠습니다.

Part 3 케라스로 딥러닝 동작 원리를 이해합니다. 딥러닝 동작의 주요 과정인 순전파와 오차 역전파에 대해 살펴보고 경사하강법을 중심으로 손실 함수와 최적화를 이해합니다. 모델 예측 결과의 일반화를 위해 과대적합과 과소적합에 대해서도 살펴보겠습니다. 이미지 데이터에 좋은 성능을 내는 합성곱 신경망의 동작 원리를 살펴보고 데이터 증강과 전이 학습을 자세히 배워봅니다. 시퀀스 데이터에서 주로 사용되는 순환 신경망의 동작 원리를 이해하고 간단한 순환 신경망부터 LSTM, GRU에 대해서도 실습합니다.

Part 4 현업에서 주로 볼 수 있는 다양한 데이터를 사용하여 케라스로 딥러닝 모델을 구현해 보겠습니다. 인사 데이터(정형 데이터)로 퇴사를 예측하는 모델을 구현해 보고 식물 이미지로 식물의 건강 상태를 분류하는 모델을 만들어 보겠습니다. 스팸 문자(텍스트 데이터)를 분류하는 모델과 주식 데이터(시계열 데이터)로 종가를 예측하는 모델도 실습해 보겠습니다. 이렇게 정형, 이미지, 자연어, 시계열 데이터들의 특성에 맞는 전처리를 통해 케라스로 딥러닝 모델을 구현합니다.

Part 5 케라스의 에코 시스템에 대해 알아봅니다. 케라스 에코 시스템은 딥러닝의 시작부터 끝까지의 워크플로우에 필요한 모든 단계를 제공합니다. KerasTuner, AutoKeras 등 다양한 에코 시스템에 대해 알아보고 실습해 보겠습니다.

부록 텐서플로 개발자 자격증에 대한 소개 및 캐글 가입부터 대회 참여, 결과 제출까지의 과정을 소개합니다. 그리고 데이터 처리에 필요한 판다스, 넘파이, tf.data.Dataset의 주요 기능을 간단한 데이터를 통해 실습해 보면서 기본기를 다집니다.

이 책의 예제 코드는 github에서 다운로드할 수 있습니다. 개발 환경 구축에서 구글 코랩을 활용해 예제를 다운로드할 수 있도록 코드를 제공하고 있습니다. 질문 및 문의 사항은 github의 Issues 게시판에 요청하면 답변드리겠습니다.

github.com/hansung-dev/Python-DeepLearning-Keras/issues

항상 새로운 것에 도전하고 배우려는 독자분들을 응원합니다.

차례

PART 01 개발 환경 구축하기

PART 02 케라스 시작하기

PART 03 케라스 동작 원리 이해

PART 04 다양한 데이터로 케라스

PART 05

케라스 에코 시스템

부록

PART 01
개발 환경 구축하기

케라스(Keras)는 파이썬 기반의 딥러닝 라이브러리로, 2015년 ONEIROS 프로젝트를 수행한 프랑소아 숄레(Francois Chollet)에 의해 개발됐습니다. 케라스는 빠른 실험과 검증을 반복해야 하는 연구자들을 위해 개발됐으며 현재는 프로덕션 환경에서도 많이 사용하고 있습니다. 케라스는 오픈 소스이고 MIT 라이선스를 채택하고 있으며 직관적이고 사용하기 쉬우면서도 고성능이기 때문에 초보자부터 전문가들에 이르기까지 인기가 많습니다.

Simple. Flexible. Powerful.

(출처: https://keras.io/)

[그림 1-1] 케라스 로고

케라스는 파이썬으로 작성된 딥러닝 라이브러리입니다. 따라서 파이썬의 특징을 그대로 수용합니다. 인터프리터(Interpreter) 방식의 파이썬이 얼마나 직관적이고 사용하기 쉬운지 "Hello, World!" 코드를 이용해 알아보겠습니다.

프로그래밍 언어는 컴파일(Compile) 언어와 인터프리터(Interpreter) 언어로 나뉩니다. 컴파일러 및 인터프리터 언어의 대표적인 언어들 중 C와 파이썬을 예로 들어 설명해 보겠습니다. [표 1-1]은 프로그래밍 언어를 시작할 때 처음으로 배우는 "Hello, World!" 출력입니다. 오른쪽의 파이썬 코드가 더 간결하고 직관적이라는 것을 알 수 있습니다. 케라스도 인터프리터 언어인 파이썬처럼 딥러닝을 쉽고 직관적으로 구현할 수 있게 도와줍니다.

[표 1-1] 컴파일러 언어 및 인터프리터 언어의 "Hello, World!" 출력 코드

컴파일러 언어: C	인터프리터 언어: 파이썬

``c
#include <stdio.h>
 	
int main(){
    printf("Hello, World!\n");
    return 0;
}```
	``python
	print("Hello, World!")```

1.1 케라스와 텐서플로 2

케라스는 2019년 텐서플로 2가 발표되면서 텐서플로의 고수준 API로 채택됐습니다. 따라서 백엔드로 사용하는 텐서플로의 장점을 그대로 수용했습니다. 손쉬운 모델 빌드, 어디서든 강력한 ML 제작, 연구를 위한 강력한 실험 등이 가능합니다. 텐서플로의 자바스크립트(`TensorFlow.js`), 모바일 및 IoT용(`TensorFlow.Lite`), 프로덕션(`TensorFlow Extended, TFX`) 플랫폼을 사용해 모델을 손쉽게 빌드하고 다양한 환경에 배포할 수 있게 됐습니다.

(출처: https://keras.io/)

[그림 1-2] 케라스와 텐서플로 2

[그림 1-3]은 텐서플로 아키텍처를 모델 학습과 배포의 관점에서 설명하고 있습니다. 케라스는 모델 학습 과정 중 `tf.keras`에 위치하고 있습니다. 이후에는 케라스로 딥러닝 모델을 구현하는 방법을 알아보겠습니다. 이때는 tf.keras를 사용해 구현합니다.

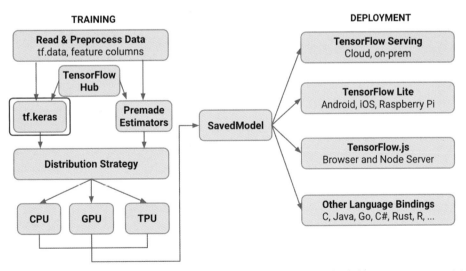

(출처: https://blog.tensorflow.org/2019/01/whats-coming-in-tensorflow-2-0.html)

[그림 1-3] 텐서플로 아키텍처 중 tf.keras의 위치

1.2 케라스 시작하기

케라스는 고수준의 API 형태로 백엔드인 텐서플로와 함께 동작합니다. [그림 1-4]는 케라스를 이루는 API들입니다. 케라스의 핵심 API에는 모델(Models), 층(Layers), 옵티마이저(Optimizers), 손실 함수(Losses)가 있습니다. 케라스로 간단한 딥러닝 모델을 구성해 보면서 핵심 API들이 어떤 역할을 하는지 살펴보겠습니다.

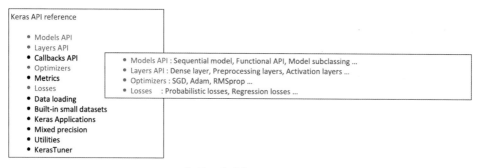

[그림 1-4] 케라스 API 목록

1.2.1 케라스로 모델 학습 및 예측하기

케라스의 모델 생성 방법 중 간단하면서도 사용성이 좋은 순차 모델(Sequential Model)을 생성해 보겠습니다. 순차 모델을 생성하기 위해서는 Sequential 클래스를 사용해 Model 객체를 생성해야 합니다.

[소스 1-1] kerns-model.ipynb

```
[1]  from tensorflow.keras.models import Sequential

     # 모델 생성
     model = Sequential()
```

add 함수를 사용해 구성된 모델에 층(Layer)을 추가합니다. add 함수의 인자는 층입니다. 이번 예제에서는 Dense층을 사용했습니다. 이렇게 add 함수를 사용해 층을 순차적으로 추가합니다.

```
[2]  from tensorflow.keras.layers import Dense

     # 모델 생성 - 계속
     model.add(Dense(units=64, activation='relu'))
     model.add(Dense(units=10, activation='softmax'))
```

순차 모델이 정의됐다면 compile 함수를 통해 옵티마이저, 손실 함수를 정의합니다. 옵티마이저와 손실 함수는 학습에 필요한 방법을 정의하는 과정입니다.

```
[3]   # 모델 컴파일
      model.compile(optimizer='adam',
                    loss='sparse_categorical_crossentropy',
                    metrics=['accuracy'])
```

학습 데이터를 fit 함수를 사용해 학습합니다. fit 함수의 인자로는 x_train, y_train으로 정의한 데이터셋을 입력합니다. epochs를 이용해 학습 횟수를 5번으로 정의합니다.

```
[4]   # 모델 학습
      model.fit(x_train, y_train, epochs=5)
```

학습된 모델의 손실(Loss)과 정확도(Accuracy)를 evaluate 함수로 평가합니다.

```
[5]   # 모델 평가
      loss, accuracy = model.evaluate(x_test, y_test)
```

예측할 데이터를 입력한 후 예측 결과를 predict 함수로 확인합니다. predict 함수의 인자에는 예측할 데이터를 입력합니다. 여기서는 x_test 데이터셋을 입력했습니다.

```
[6]   # 모델 예측
      predictions = model.predict(x_test)
```

케라스의 순차 모델로 간단한 딥러닝 모델 구현 방법을 빠르게 확인했습니다. 모델 구현의 방법은 이 구조를 크게 벗어나지 않습니다. 좀 더 자세히 살펴보겠습니다.

1.2.2 케라스로 이미지 분류 모델 구현하기

케라스로 간단한 딥러닝 모델을 생성했습니다. 위 코드를 활용해 이미지 분류 모델을 구현해 보겠습니다. [그림 1-5]는 손글씨 이미지인 MNIST 데이터셋입니다. 데이터를 불러온 후 딥러닝 모델의 입력에 맞게 변환합니다. 그런 다음 이미지 분류 모델을 만들고 데이터를 기반으로 학습합니다. 그리고 모델의 성능을 평가합니다. 앞으로 배울 케라스로 구현한 딥러닝 모델은 다음 코드를 크게 벗어나지 않습니다. 입력되는 데이터와 주어진 문제에 따라 데이터를 변환(데이터 전처리)하는 방법이 달라지고 모델의 구조가 달라질 뿐입니다.

MNIST 이미지 분류는 딥러닝의 "Hello, World!"입니다. 0부터 9까지의 손글씨 이미지 분류 모델을 만든 후 손글씨 이미지를 입력으로 넣어 0~9까지 어떤 숫자인지 예측하는 분류 문제입니다.

(출처: 위키피디아)

[그림 1-5] 손글씨 이미지로 구성된 MNIST 데이터셋

구현한 코드와 출력 결과는 다음과 같습니다. 라이브러리를 불러온 후 데이터를 준비 및 구성합니다. 모델을 생성하고 컴파일 과정을 거쳐 모델을 학습합니다. 학습된 모델을 평가해 모델의 성능을 확인합니다. 만약 모델 성능이 좋지 못한 경우, 모델의 성능을 높이기 위한 과정을 반복해 모델의 성능을 개선합니다. 다음 코드의 모델 평가 결과는 0.97, 즉 정확도가 97%였습니다. 높은 정확도를 지닌 좋은 모델이 생성됐습니다.

[소스 1-2] keras-mnist.ipynb

```
[1]   # 라이브러리 불러오기
      from tensorflow.keras.datasets import mnist
      from tensorflow.keras.models import Sequential
      from tensorflow.keras.layers import Flatten, Dense, Dropout

      # 데이터 준비 및 구성
      (x_train, y_train),(x_test, y_test) = mnist.load_data()
      x_train, x_test = x_train / 255.0, x_test / 255.0

      # 모델 생성
      model = Sequential([
              Flatten(input_shape=(28, 28)),
              Dense(128, activation='relu'),
              Dropout(0.2),
              Dense(10, activation='softmax')
      ])

      # 모델 컴파일
      model.compile(optimizer='adam',
                    loss='sparse_categorical_crossentropy',
                    metrics=['accuracy'])

      # 모델 학습
      model.fit(x_train, y_train, epochs=5)

      # 모델 평가
      model.evaluate(x_test, y_test, verbose=2)
```

출력　Downloading data from https://storage.googleapis.com/tensorflow/tf-keras-datasets/
mnist.npz
11493376/11490434 [==============================] - 0s 0us/step
11501568/11490434 [==============================] - 0s 0us/step
Epoch 1/5
1875/1875 [==============================] - 6s 3ms/step - loss: 0.2905 - accuracy:
0.9164
Epoch 2/5
1875/1875 [==============================] - 5s 3ms/step - loss: 0.1408 - accuracy:
0.9577
Epoch 3/5
1875/1875 [==============================] - 5s 3ms/step - loss: 0.1082 - accuracy:
0.9669
Epoch 4/5
1875/1875 [==============================] - 5s 3ms/step - loss: 0.0872 - accuracy:
0.9730
Epoch 5/5
1875/1875 [==============================] - 5s 3ms/step - loss: 0.0755 - accuracy:
0.9758
313/313 - 1s - loss: 0.0753 - accuracy: 0.9756 - 527ms/epoch - 2ms/step
[0.07530824840068817, 0.975600004196167]

케라스로 딥러닝 모델을 구현해 봤습니다. 2장에서는 딥러닝 모델을 구현하기 위한 개발 환경을
구축하는 방법을 알아보겠습니다.

케라스 실습을 위해 개발 환경을 구축합니다. 개발 환경은 구글 코랩(Colab)과 미니콘다 (Miniconda)의 환경을 사용합니다. 이 책에서는 구글 코랩을 기본으로 실습합니다.

2.1 구글 코랩

코랩은 구글에서 제공하는 클라우드 기반의 주피터 노트북 환경입니다. 구글 드라이브에 주피터 노트북 결과를 저장한 후 다른 사람에게 공유할 수 있습니다. 구글 클라우드 기반의 환경으로 GPU, TPU 자원을 사용할 수 있기 때문에 고성능의 자원이 필요한 환경에 유용합니다.

구글 코랩의 가장 큰 장점은 설치 및 구성 없이 바로 머신러닝, 딥러닝 분석을 시작할 수 있다는 것입니다. [그림 1-6]은 구글 코랩 구성도입니다. 구글 드라이브 및 깃허브(GitHub) 연동도 가능합니다.

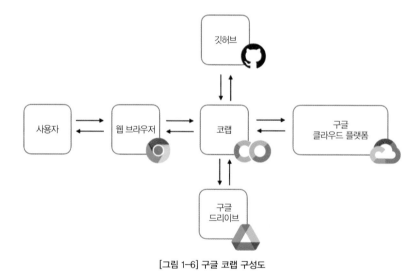

[그림 1-6] 구글 코랩 구성도

2.1.1 내게 맞는 구글 코랩 요금제 선택하기

코랩은 크게 3가지 요금제를 제공하고 있습니다. 기본으로 제공되는 코랩은 무료입니다. 단, 최대 세션 유지 시간은 12시간으로 제한됩니다. 유료 결제 시 코랩 프로, 코랩 프로＋중에서 선택할 수 있으며 더 빠른 GPU/TPU, 추가 메모리, 더 긴 런타임, 백그라운드 실행이 가능해집니다.

코랩 무료와 유료 버전의 차이는 런타임 시간이 12시간에서 24시간으로 늘어난다는 점, GPU, 메모리 등 리소스가 다르다는 점, 백그라운드 실행 여부 등이 다르다는 점입니다. 코랩 요금제별 차이에 대해 알고 자신의 상황에 맞는 요금제를 선택해 사용하면 됩니다. 이 책에서는 코랩 무료를 사용합니다. 요금제 및 제공되는 기능에 대한 정책은 변경될 수 있습니다. 최신 정보는 공식 홈페이지에서 확인할 수 있습니다.

[그림 1-7] 코랩 요금제

지금부터 구글 코랩 개발 환경을 구축해 보겠습니다. 구글에서 코랩을 검색한 후 구글에 접속해 로그인합니다. 구글 계정이 없는 경우, 구글 계정을 생성한 후 로그인합니다. [그림 1-8]은 코랩의 첫 접속 화면입니다.

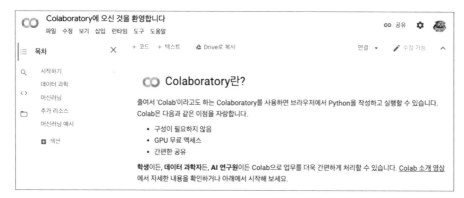

[그림 1-8] 구글 코랩의 첫 접속 화면

코랩에서 새 노트를 생성합니다. 상단의 [파일] 메뉴 중 [새 노트]를 선택합니다.

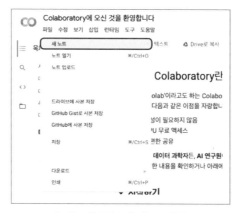

[그림 1-9] 구글 코랩 새 노트 생성

새 노트가 생성되면 주피터 노트북과 같은 첫 화면을 볼 수 있습니다. [그림 1-10]을 보면 코드를 작성할 수 있는 코드 셀에 커서가 위치하고 있는 것을 알 수 있습니다.

[그림 1-10] 코랩 새 노트 접속

구글 코랩의 노트 제목을 변경해 보겠습니다. 상단에 있는 Untitled5.ipynb를 선택하면 제목을 변경할 수 있습니다. [그림 1-11]과 같이 제목을 "Hello, World!"로 변경합니다.

[그림 1-11] 코랩의 노트 제목 변경

2.1.2 코랩의 코드 셀과 텍스트 셀

코랩은 코드를 작성할 수 있는 코드 셀(Code Cell)과 마크다운 문자를 입력할 수 있는 텍스트 셀 (Text Cell)로 구성돼 있습니다. print 명령어를 사용해 코드 셀에 "Hello, World!"를 작성합니다. Shift + Enter를 누르면 코드 셀을 실행할 수 있습니다. 코드 셀의 하단에 "Hello, World!"가 출력됐습니다.

[그림 1-12] 코드 셀에 "Hello, World!" 출력하기

텍스트 셀은 마크다운 문법을 사용해 텍스트, 이미지, 링크 등과 같은 다양한 표기를 할 수 있 습니다. 텍스트 셀은 작성한 코드 설명 및 노트북 공유 시에 유용합니다. Ctrl + M, M을 누르면 코드 셀에서 텍스트 셀로 변경할 수 있고 상단에 있는 [+ 텍스트]를 누르면 텍스트 셀을 추가할 수 있습니다. Ctrl + M, Y를 누르면 텍스트 셀에서 코드 셀로 변경할 수 있습니다. 셀의 오른쪽 에 있는 메뉴를 이용하면 셀의 위치를 변경하거나 삭제할 수 있습니다. 이처럼 단축키는 생산성 을 높여 주므로 익숙해지면 좋습니다.

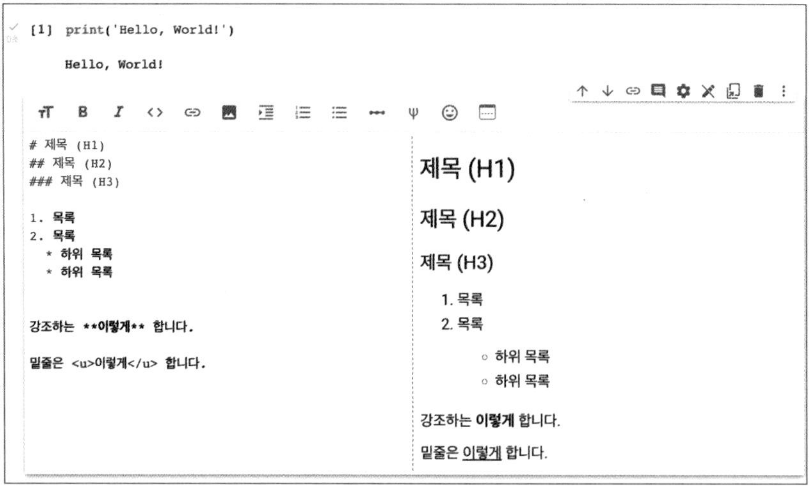

[그림 1-13] 코랩의 텍스트 셀

2.1.3 파이썬으로 구구단 출력하기

코랩에서 파이썬으로 구구단 2단을 출력해 보겠습니다. 파이썬의 반복문인 For문을 사용해 구구단 중 2단을 순차적으로 출력한 후 sleep 함수를 사용해 1초 동안 지연되도록 합니다. 2단이 순차적으로 출력됩니다. 수행이 완료된 코드 셀 옆에는 소요 시간도 표시됩니다. 2단을 출력하는 데 9초가 소요됐습니다.

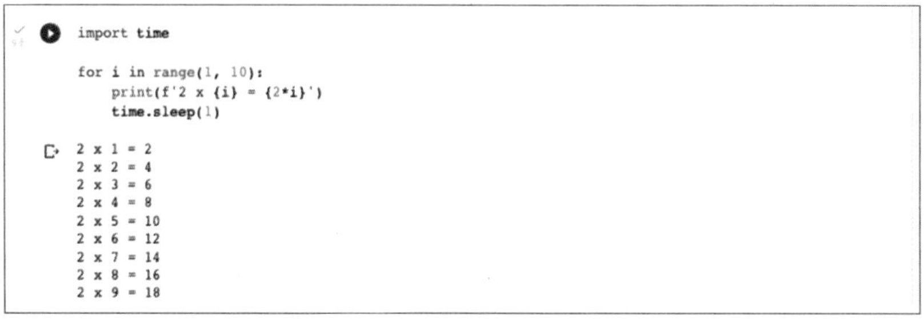

[그림 1-14] 코드 셀에 구구단 2단 출력하기

2.1.4 코랩에서 GPU 사용하기

코랩에서 런타임 유형을 변경하면 GPU와 TPU를 사용할 수 있습니다. 코랩 상단 런타임 메뉴에서 런타임 유형 변경을 선택합니다.

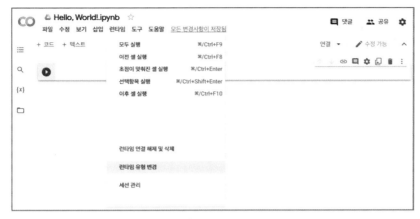

[그림 1-15] 코랩 런타임 유형 변경

런타임 유형 변경을 선택하면 노트 설정 팝업이 생성됩니다. 하드웨어 가속기의 기본 설정은 CPU로 None으로 설정돼 있습니다. GPU를 사용하기 위해서 하드웨어 가속기를 선택한 후 GPU를 선택합니다. GPU는 이후 배울 이미지 및 자연어 처리에 사용되는 합성곱 신경망, 순환 신경망 처리 시 CPU보다 좋은 성능을 냅니다. TPU(Tensor Processing Unit)는 구글에서 벡터와 행렬 연산 처리율을 높이기 위해 개발한 하드웨어입니다. 특정 환경에서 TPU의 성능은 GPU보다 10배 빠르다는 논문이 발표되기도 했습니다.

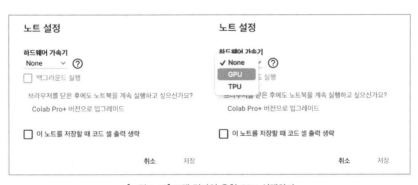

[그림 1-16] 코랩 런타임 유형 GPU 선택하기

2.1.5 깃허브에서 예제 코드 다운로드하기

코랩은 구글 드라이브 및 깃허브와의 연동을 지원합니다. 구글 드라이브를 연결한 후 git clone 을 통해 깃허브의 예제 코드를 구글 드라이브에 다운로드합니다.

```
[1] from google.colab import drive
    drive.mount('/content/frive')

    Mounted at /content/frive

[2] cd '/content/frive/MyDrive/Colab Notebooks'

    /content/frive/MyDrive/Colab Notebooks

[3] !git clone https://github.com/hansung-dev/Python-DeepLearning-Keras.git

    Cloning into 'Python-DeepLearning-Keras'...
    remote: Enumerating objects: 31, done.
    remote: Counting objects: 100% (31/31), done.
    remote: Compressing objects: 100% (25/25), done.
    remote: Total 31 (delta 11), reused 0 (delta 0), pack-reused 0
    Unpacking objects: 100% (31/31), done.
```

[그림 1-17] 예제 코드 다운로드

TIP

AWS 세이지메이커 스튜디오 랩

AWS(Amazon Web Services)에서도 구글의 코랩과 같은 SaaS(Software-as-a-Service) 형태의 주피터 노트북 서비스인 세이지메이커 스튜디오 랩(SageMaker Studio Lab)을 출시했습니다. 계정을 생성한 후 이메일을 검증하면 로그인할 수 있습니다. 컴퓨터의 유형을 선택한 후 프로젝트를 시작하면 12시간의 CPU, 4시간의 GPU 중 하나를 선택할 수 있습니다. 사용자 세션은 무제한으로 사용할 수 있고 프로젝트당 15GB의 영구 스토리지를 제공합니다. 세이지메이커 스튜디오 랩도 정책에 따라 기능이 변경될 수 있습니다. 최신 정보는 공식 홈페이지에서 확인할 수 있습니다.

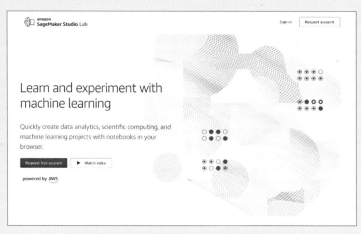

[그림 1-18] AWS 세이지메이커 스튜디오 랩

2.2 미니콘다

구글 코랩과 AWS 세이지메이커 스튜디오 랩은 SaaS 형태의 데이터 분석, 머신러닝 개발 환경입니다. 이번에는 PC, 노트북 또는 서버 환경에 개발 환경을 구축하는 방법에 대해 알아보겠습니다.

2.2.1 미니콘다 설치

아나콘다(Anaconsa)는 8,000개 이상의 데이터 과학 오픈 소스 패키지를 쉽게 설치할 수 있는 환경을 제공합니다. 오픈 소스 버전은 무료로 사용할 수 있고 엔터프라이즈 버전은 유료이며 보다 많은 기능을 사용할 수 있습니다. [그림 1-19]에는 무료 버전, 프로, 비지니스, 엔터프라이즈의 버전별 요금 및 기능이 나열돼 있습니다. 이번 실습에서는 무료(Free) 버전을 사용합니다.

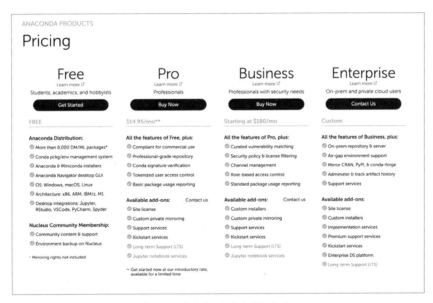

[그림 1-19] 아나콘다 가격 정책 및 기능

미니콘다(Miniconda)는 아나콘다의 최소한의 패키지만을 포함한 설치 버전입니다. EULA(End User License Agreement) 약관에 따라 무료 사용 및 재배포가 가능합니다. 윈도우, 리눅스, 맥OS(Mac OSX)와 같은 다양한 운영체제를 지원합니다. 맥OS를 사용하는 경우, Apple M1(ARM64)도 지원합니다.

미니콘다를 맥OS에 설치해 보겠습니다. 윈도우 및 리눅스의 설치 과정도 크게 다르지 않으므로 공식 웹 사이트(https://docs.conda.io/en/latest/miniconda.html)의 설치 가이드를 참고하기 바랍니다. 기존에 아나콘다가 설치돼 있다면 삭제합니다.

[소스 1-3] Install_Miniconda.ipynb

```
[1]    # terminal on Linux or macOS
       conda install anaconda-clean

       # terminal on window
       anaconda-clean --yes
```

미니콘다 공식 웹 사이트의 [Miniconda Installer Links]에서 자신에게 맞는 운영체제 및 아키텍
처를 선택합니다. '.sh' 또는 '.pkg', '.exe' 확장자를 가진 파일이 다운로드됩니다.

[그림 1-20] 미니콘다 맥OS 설치 스크립트 다운로드 화면

다운로드한 위치로 이동한 후 파일을 실행합니다. 설치에 동의하고 설치 경로를 선택하면 설치
가 완료됩니다.

```
[2]    sh Miniconda3.py38_4.10.1.MacOSX-arm64.sh
출력    Welcome to Miniconda3 py38_4.10.1

       In order to continue the installation process, please review the license
       agreement.
       Please, press ENTER to continue
       >>>
       …(생략)…
       Preparing transaction: done
       Executing transaction: /
       done
       installation finished.
       Do you wish the installer to initialize Miniconda3
       by running conda init? [yes|no]
       [yes] >>>
       …(생략)…
       ==> For changes to take effect, close and re-open your current shell. <==

       If you'd prefer that conda's base environment not be activated on startup,
             set the auto_activate_base parameter to false:

       conda config --set auto_activate_base false

       Thank you for installing Miniconda3!
```

아나콘다의 경우, 설치 용량이 4GB가 넘습니다. 미니콘다는 최소한의 패키지만 설치됩니다. 미니콘다를 설치한 후 리눅스의 du 명령어로 용량을 확인합니다. -sh를 사용하면 총 용량을 쉽게 확인할 수 있습니다. 미니콘다의 설치 용량은 303MB입니다.

```
[3]   du –sh opt/miniconda/*
출력   303M  /Users/user/miniconda3/
```

conda list 명령어로 설치된 패키지들을 확인할 수 있습니다.

```
[4]   conda list
출력   # packages in environment at /Users/username/opt/miniconda3:
      #
      # Name                     Version          Build Channel
      brotlipy                   0.7.0            py38h9ed2024_1003
      ca-certificates            2022.3.29        hecd8cb5_1
      certifi                    2021.10.8        py38hecd8cb5_2
      cffi                       1.15.0           py38hc55c11b_1
      charset-normalizer         2.0.4            pyhd3eb1b0_0
      colorama                   0.4.4            pyhd3eb1b0_0
      conda                      4.12.0           py38hecd8cb5_0
      conda-content-trust        0.1.1            pyhd3eb1b0_0
      conda-package-handling     1.8.1            py38hca72f7f_0
      cryptography               36.0.0           py38hf6deb26_0
      idna                       3.3              pyhd3eb1b0_0
      libcxx                     12.0.0           h2f01273_0
      libffi                     3.3              hb1e8313_2
      ncurses                    6.3              hca72f7f_2
      openssl                    1.1.1n           hca72f7f_0
      pip                        21.2.4           py38hecd8cb5_0
      pycosat                    0.6.3            py38h1de35cc_1
      pycparser                  2.21             pyhd3eb1b0_0
      pyopenssl                  22.0.0           pyhd3eb1b0_0
      pysocks                    1.7.1            py38_1
      python                     3.8.13           hdfd78df_0
      python.app                 3                py38hca72f7f_0
      readline                   8.1.2            hca72f7f_1
      requests                   2.27.1           pyhd3eb1b0_0
      ruamel_yaml                0.15.100         py38h9ed2024_0
      setuptools                 61.2.0           py38hecd8cb5_0
      six                        1.16.0           pyhd3eb1b0_1
      sqlite                     3.38.2           h707629a_0
      tk                         8.6.11           h7bc2e8c_0
      tqdm                       4.63.0           pyhd3eb1b0_0
      urllib3                    1.26.8           pyhd3eb1b0_0
      wheel                      0.37.1           pyhd3eb1b0_0
      xz                         5.2.5            h1de35cc_0
      yaml                       0.2.5            haf1e3a3_0
      zlib                       1.2.12           h4dc903c_1
```

텐서플로 2 및 판다스는 설치돼 있지 않습니다.

```
[5]    conda list | grep tensorflow
```

미니콘다를 설치한 후 터미널을 종료하고 다시 실행하면 (base)라는 프롬프트가 나타납니다. 이후 우리가 배울 가상 환경을 구성하면 현재 어떤 가상 환경에 접속해 있는지 식별할 수 있습니다. 현재는 base라는 기본 가상 환경에 접속해 있습니다.

```
[6]    (base)
```

2.2.2 가상 환경 구성하기

가상 환경을 생성하면 개발 환경의 패키지 및 버전을 다르게 구성할 수 있습니다. conda create -n 가상 환경 이름 python=버전 명령어로 'keras-2.10'이라는 가상 환경을 생성하겠습니다.

[소스 1-4] Miniconda_Create-Env.ipynb

```
[1]    (base) conda create -n keras-2.10 python
```

conda env list 명령어로 생성된 가상 목록을 확인할 수 있습니다.

```
[2]    (base) conda env list
출력   # conda environments:
       #
       base  *   /Users/Username/opt/miniconda3
       keras-2.8 /Users/Username/opt/miniconda3/envs/keras-2.10
```

미니콘다 환경을 설치했을 때의 최초 가상 환경은 base입니다. base를 그대로 사용할 수도 있고 사용하는 환경에 따라 다양하게 구성할 수도 있습니다. 예를 들어 케라스 버전을 다르게 구성할 수도 있고 파이토치(PyTorch)를 사용하는 가상 환경을 생성할 수도 있습니다.

```
[3]    (base) conda activate keras-2.10
출력   (keras-2.10)
```

base에서 생성한 가상 환경으로 전환하기 위해서는 conda activate 가상 환경 이름 명령어를 사용하면 됩니다.

base로 이동하고 싶다면 conda deactivate 명령어로 이동할 수 있습니다.

```
[4]    (keras-2.10) conda deactivate
출력   (base)
```

가상 환경을 삭제할 때는 conda remove -n 가상 환경 이름 -all 명령어를 사용합니다.

```
[5]  (base) conda remove -n keras-2.10 --all

     (base) conda env list
출력  # conda environments:
     #
     base * /Users/username/opt/miniconda3
```

2.2.3 가상 환경에 케라스 설치하기

가상 환경에 필수 라이브러리를 설치해 보겠습니다. keras-2.10 가상 환경으로 이동합니다.

```
[6]  (base) conda activate keras-2.10
출력  (keras-2.10)
```

케라스를 사용하기 위해 conda install을 이용해 텐서플로를 설치합니다. 텐서플로의 버전을 명시하면 해당 버전을 설치할 수 있습니다. 아나콘다의 경우, 사용하지 않은 라이브러리도 모두 설치되므로 미니콘다보다 많은 용량을 사용합니다. 미니콘다는 필요한 라이브러리만 설치하므로 공간을 절약할 수 있습니다.

```
[7]  conda install -c conda-forge tensorflow==2.10

     conda install -c anaconda ipykernel
출력  Collecting package metadata(current_repodata.json): done
     Solving environment: failed with initial frozen solve. Retrying with flexible
     solve.
     Collecting package metadata(repodata.json): done
     Solving environment: done
     …(생략)…
     Proceed([y]/n)?

     Downloading and Extracting Packages
     tensorflow-base-2.10. | 122.2 MB| #####################################################
     ##################################### | 100%
     …(생략)…
     Preparing transaction: done
     Verifying transaction: done
     Executing transaction: done
```

conda를 통해 설치한 라이브러리들은 'conda update'를 통해 패키지 관리를 할 수 있습니다. --all 인자를 넣으면 설치된 모든 라이브러리에 대한 업데이트를 시도합니다. pip로 설치한 라이브러리들은 각각 업데이트해야 하므로 좀 더 번거로울 수 있습니다. conda를 사용해 라이브러리를 관리하면 업데이트 및 라이브러리 간 충돌 관리 측면에서 유리합니다.

[8] conda update ——all

출력 Collecting package metadata(current_repodata.json): done
Solving environment: done

==〉WARNING: A newer version of conda exists. 〈==
        current version: 4.11.0
        latest version: 4.13.0

Please update conda by running
        $ conda update -n base -c defaults conda

Package Plan

        environment location: /Users/hansung/opt/miniconda3/envs/keras-2.8

The following packages will be downloaded:

```
    package                        | build
    ———————————————————————————————|——————————————————————————————————————
    aiohttp-3.8.1                  | py310h1a28f6b_1         509 KB
    cryptography-37.0.1            | py310h834c97f_0         1.1 MB
    gast-0.5.3                     | pyhd3eb1b0_0            21 KB
    google-auth-2.6.0              | pyhd3eb1b0_0            83 KB
    google-auth-oauthlib-0.4.4     | pyhd3eb1b0_0            18 KB
    importlib-metadata-4.11.3      | py310hca03da5_0         35 KB
    jpeg-9e                        | h1a28f6b_0             223 KB
    libgfortran-5.0.0              | 11_2_0_he6877d6_26      21 KB
    libgfortran5.11.2.0            | he6877d6_26            674 KB
    libopenblas-0.3.20             | hea475bc_0             3.3 MB
    libssh2.1.10.0                 | hf27765b_0             262 KB
    snappy-1.1.9                   | hc377ac9_0             950 KB
    typing-extensions-4.1.1        | hd3eb1b0_0              8 KB
    typing_extensions-4.1.1        | pyh06a4308_0            28 KB
    urllib3.1.26.9                 | py310hca03da5_0        185 KB
    zipp-3.8.0                     | py310hca03da5_0         16 KB
    ———————————————————————————————————————————————————————————————————————
                                            Total:          7.3 MB
```

The following NEW packages will be INSTALLED:

…(생략)…

Preparing transaction: done
Verifying transaction: done
Executing transaction: done

2.2.4 비주얼 스튜디오 코드를 통해 생산성 높이기

아나콘다를 설치하면 주피터 노트북 환경이 자동으로 설치됩니다. 미니콘다에 주피터 노트북을 설치해 사용할 수도 있지만, 개발 생산성을 높이기 위해 비주얼 스튜디오 코드를 설치하겠습니다. 주피터 노트북 확장 프로그램을 설치하면 생산성을 높일 수 있습니다.

비주얼 스튜디오 코드 공식 웹 사이트(https://code.visualstudio.com/)에 접속합니다. [다운로드] 버튼을 클릭해 자신에게 맞는 운영체제 설치 파일을 다운로드합니다. 설치 파일의 용량은 170MB 정도입니다.

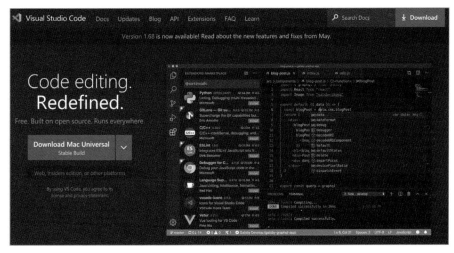

[그림 1-21] 비주얼 스튜디오 코드 공식 웹 사이트

다운로드 파일을 실행해 설치합니다. 맥OS의 경우, 압축 파일을 풀면 프로그램을 실행할 수 있는 파일이 생성됩니다. 실행 파일을 더블클릭하면 비주얼 스튜디오 코드가 실행됩니다.

[그림 1-22] 비주얼 스튜디오 코드 실행 화면

오른쪽 내비게이션의 하단에 있는 [확장] 버튼을 클릭해 'jupyter'로 마켓플레이스에서 검색합니다. [Jupyter] 및 [Jupyter Keymap]을 선택해 확장 프로그램을 설치합니다.

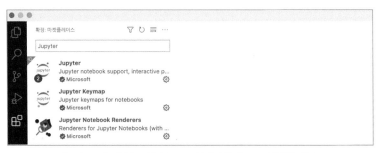

[그림 1-23] 비주얼 스튜디오 코드, 주피터 확장 프로그램 설치 화면

비주얼 스튜디오 코드에서 주피터 노트북 파일을 생성합니다. [시작하기] 페이지에서 [새 파일...]을 선택하거나 메뉴 바에 [파일] –[새 파일...]을 선택한 후 [그림 1-24]와 같이 [새로 만들기...]에서 [Jupyter Notebook]을 선택합니다.

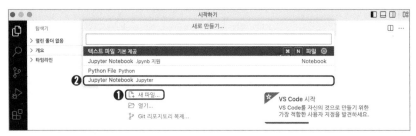

[그림 1-24] 비주얼 스튜디오 코드, 새 파일 생성하기

파일명을 지정하지 않았다면 Untitled.ipynb라는 새 파일이 생성됩니다. 코드 셀을 실행하기 전에 실행할 커널을 선택합니다. [그림 1-25]에 박스로 표시한 부분을 선택하면 커널을 선택할 수 있습니다. 앞에서 생성한 keras-2.10 가상 환경을 선택합니다.

[그림 1-25] 비주얼 스튜디오 코드, 새 파일에서 커널 선택하기

코드 셀에 텐서플로 버전을 출력해 보겠습니다. 비주얼 스튜디오 코드에서도 주피터 노트북 확장 프로그램을 설치했으므로 주피터 노트북 단축키를 그대로 사용할 수 있습니다. Ctrl + Enter 로 코드 셀을 실행합니다. 텐서플로 버전은 2.10으로 확인됩니다. 다음 코드 셀에서 케라스 버전을 동일하게 실행합니다. 케라스 버전도 2.10으로 확인됩니다.

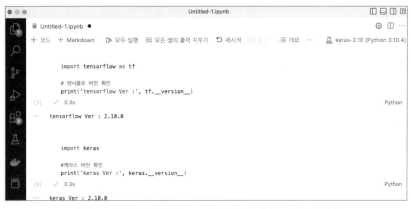

[그림 1-26] 비주얼 스튜디오 코드, 텐서플로 및 케라스 버전 확인하기

화면 분할 기능을 사용하면 생산성을 높일 수 있습니다. 화면 분할 기능은 '위로 분할', '아래로 분할', '왼쪽으로 분할', '오른쪽으로 분할'이 있습니다. 상단 파일명 탭에서 마우스 오른쪽 버튼을 클릭하면 메뉴 창에서 선택할 수 있습니다. 오른쪽 상단에 있는 화면 분할 단축키를 선택해서 분할할 수도 있습니다.

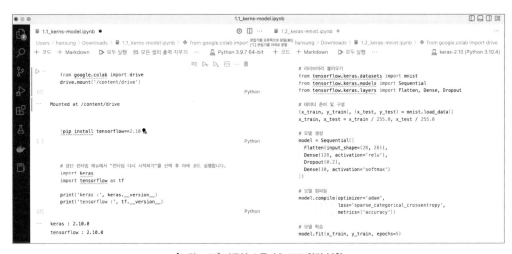

[그림 1-27] 비주얼 스튜디오 코드 화면 분할

2.2.5 IaaS, PaaS, SaaS 환경에 개발 환경을 구축하는 방법 이해하기

개발 환경은 주어진 상황에 따라 다양하게 구축할 수 있습니다. 케라스를 이용해 딥러닝의 이론 및 실습을 위한 개발 환경으로 구글 코랩과 같은 SaaS 서비스를 구축하고 미니콘다를 이용해 윈도우, 리눅스, 맥OS에 딥러닝 개발 및 데이터 분석 환경을 구축했습니다. 이 밖에도 퍼블릭 클라우드에서 제공하는 IaaS(Infrastructure-as-a-Service) 환경의 컴퓨팅 노드에 분석 환경을 구성할 수도 있고 PaaS(Platform-as-a-service)를 활용해 구성할 수도 있습니다. 이런 환경을 사용하면 더 많은 컴퓨팅 자원과 GPU를 활용할 수 있으므로 더 빠른 학습 및 예측을 할 수 있습니다. 다만, 사용한 만큼의 비용을 지불해야 합니다.

On-site	Iaas	PaaS	SaaS
애플리케이션	애플리케이션	애플리케이션	애플리케이션
데이터	데이터	데이터	데이터
런타임	런타임	런타임	런타임
미들웨어	미들웨어	미들웨어	미들웨어
운영체제	운영체제	운영체제	운영체제
가상화	가상화	가상화	가상화
서버	서버	서버	서버
스토리지	스토리지	스토리지	스토리지
네트워크	네트워크	네트워크	네트워크

[그림 1-28] IaaS, PaaS, SaaS 서비스 이해

인터넷 데이터센터(Internet Data Center, IDC)와 퍼블릭 클라우드 환경에 개발 환경을 구성할 수도 있습니다.

IDC에 서버를 위치시키고 Windows Server 및 Unix, Linux 운영체제를 설치해 물리적인 환경부터 논리적인 환경까지 모두 운영하는 형태입니다. 최근에는 퍼블릭 클라우드(Public Cloud) 환경이 제공되면서 이런 노력 없이도 빠르고 간편하게 서버 환경을 이용할 수 있게 됐습니다.

퍼블릭 클라우드의 대표적인 예로는 AWS(Amazon Web Services), GCP(Google Cloud Platform), MS의 Azure 서비스를 들 수 있습니다. AWS는 세이지메이커라는 개발 환경(PaaS)을 제공하고 있으므로 단 몇 분만에 주피터 노트북 환경을 구성하거나 머신러닝 개발 환경을 사용할 수 있습니다. 앞 장에서 살펴본 세이지메이커 스튜디오 랩도 내부적으로는 AWS의 세이지메이커 인프라를 사용해 서비스(SaaS) 형태로 제공됩니다. 구글의 GCP도 버텍스 AI(Vertex AI)라는 이름으로 PaaS 형태의 서비스를 제공합니다. 구글 코랩도 이런 인프라를 사용해 서비스(SaaS)

로 제공되는 서비스입니다. MS Azure의 경우도 Azure ML를 제공하고 있습니다. 주어진 환경 및 상황 그리고 비용을 고려해 개발 환경 구축을 고려해 봐도 좋을 것 같습니다.

프라이빗 클라우드(Private Cloud)는 개인 정보 보호, 보안 등의 이유로 퍼블릭 클라우드의 가상 인프라 환경을 IDC 내의 회사가 관리 및 통제할 수 있는 환경에 구축한 인프라 환경을 말합니다. 대표적인 오픈 소스의 예로는 오픈스택을 들 수 있습니다. 이런 퍼블릭 및 프라이빗 클라우드를 사용하면 컨테이너 환경 위에 인프라 자원을 올려 컴퓨팅 자원을 좀 더 효율적으로 사용할 수 있기 때문에 비용을 절감할 수 있습니다. 다만, 오픈스택과 같은 퍼블릭 클라우드 환경은 직접 구축, 운영, 관리해야 하는 어려움이 있습니다. 하지만 퍼블릭 클라우드 환경과 같이 사용한 만큼 비용을 지불하는 구조가 아니라 사용자가 원하는 대로 구성할 수 있다는 장점이 있습니다. 프라이빗 클라우드 환경을 잘 구성하고 운영하면 빠른 실험과 검증을 할 수 있는 최적화된 환경을 구축할 수 있습니다.

[그림 1-29] 딥러닝 개발 환경 구성 예시

PART 02
케라스 시작하기

구글 코랩과 미니콘다를 활용한 딥러닝 개발 환경을 구축했습니다. 딥러닝을 시작하기 위해 딥러닝 모델의 입출력 형태에 대해 알아보겠습니다.

1.1 딥러닝 학습 및 예측 과정

딥러닝 모델을 개발한다는 것은 입력으로 사용하는 데이터를 모델이 이해할 수 있는 형태로 변환해 모델에 입력하고 출력하는 것을 의미합니다. 입력된 데이터는 모델이 학습을 통해 데이터의 패턴과 규칙을 학습하고 정의한 문제의 결과를 출력합니다. 모델에 입출력되는 형태는 프로그래밍을 개발할 때의 함수와 유사합니다. 함수에 입력값을 넣으면 정의한 처리 과정을 거쳐 결과가 리턴됩니다. 함수는 사람(개발자)이 의도한 처리 과정을 코드로 정의합니다. 딥러닝과 함수의 차이점은 데이터에서 패턴과 규칙을 딥러닝 모델이 스스로 학습한다는 것입니다. 이번에는 데이터로 딥러닝 모델을 학습하는 과정은 무엇인지와 결과를 어떻게 예측하는지 알아보겠습니다.

[그림 2-1] 딥러닝 모델의 입출력

딥러닝 모델 구축은 2단계로 구성됩니다. 첫 단계는 딥러닝 모델을 생성하고 데이터로 모델을 학습합니다. 두 번째는 학습된 모델에 예측할 데이터를 입력해 정의한 문제의 결과를 예측합니다.

[그림 2-2]를 예로 들어 설명하면 첫 단계로 모델을 생성한 후 2017년부터 2021년까지의 모의고사 및 수능시험 성적 데이터를 모델에 입력하고 학습합니다. 다음 단계로 학습된 모델에 2022년 3월부터 9월까지의 모의고사 데이터를 입력하면 2022년 11월에 있을 수능시험 성적을 예측할 수 있습니다.

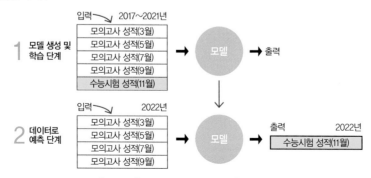

[그림 2-2] 딥러닝 모델 생성 및 학습, 예측 과정

1.2 정형 및 비정형 데이터 훑어보기

딥러닝 모델의 입력은 데이터입니다. 이번에는 입력 데이터에 어떤 것들이 있고 어떤 특성을 지니고 있는지 알아보겠습니다.

[그림 2-3] 딥러닝 모델의 입력과 출력의 예

데이터(입력)는 정형 데이터와 비정형 데이터로 나뉩니다.

[그림 2-4] 딥러닝 입력 데이터 구분(정형 · 비정형 데이터)

정형 데이터는 구조화된 데이터입니다. 대표적인 예로는 엑셀과 같은 표 데이터, 관계형 데이터 베이스(RDBMS)에 저장되는 데이터를 들 수 있습니다. 관계형 데이터베이스의 예로는 MySQL, Postgresql, SQLServer, Oracle을 들 수 있습니다.

[그림 2-5] 정형 데이터의 예

비정형 데이터는 구조화되지 않은 데이터로, 이미지, 자연어, 오디오, 동영상과 같은 데이터를 말합니다. 퍼블릭 클라우드 환경의 오브젝트 스토리지에 저장되는 데이터가 좋은 예라고 할 수 있습니다. 예를 들면 AWS의 S3, GCP의 Cloud Storage, Azure Storage 등이 있습니다. 최근 퍼블릭 클라우드 환경에 데이터 레이크, 데이터 마트를 오브젝트 스토리지를 사용해 구성하는 사례도 많이 늘어나고 있습니다. 데이터 레이크, 데이터 웨어하우스를 AWS Redshift, GCP BigQuery와 같은 PaaS 서비스로 구축하기도 하므로 관심 있는 분들은 AWS, GCP 공식 웹 사이트에서 예제를 찾아보기 바랍니다.

[그림 2-6] 비정형 데이터의 예

정형과 비정형 데이터의 중간 형태인 '반정형 데이터'도 있습니다. JSON, XML과 같은 형태의 데이터를 반정형 데이터라고 합니다. 오픈 소스 및 기술의 발전으로 비정형 데이터를 담을 수 있는 NOSQL 데이터베이스가 등장했습니다. JSON과 같은 비구조화된 데이터를 담을 수 있는 NOSQL에는 MongoDB, Cassandra 등 다양한 콘셉트의 오픈 소스가 있습니다.

[그림 2-7] 반정형 데이터의 예 – NOSQL 데이터베이스 솔루션들

반정형 데이터인 JSON의 구조는 [그림 2-8]과 같습니다. 상단의 JSON에는 'Gender', 'Wiki QID', 'ULAN'가 있지만 하단에는 없습니다. 이렇게 구조화되지 않고 유연한 반정형 데이터들도 현업에서 많이 사용하고 있습니다.

```
{
  "ConstituentID": 1,
  "DisplayName": "Robert Arneson",
  "ArtistBio": "American, 1930-1992",
  "Nationality": "American",
  "Gender": "Male",
  "BeginDate": 1930,
  "EndDate": 1992,
  "Wiki QID": null,
  "ULAN": null
},
{
  "ConstituentID": 2,
  "DisplayName": "Doroteo Arnaiz",
  "ArtistBio": "Spanish, born 1936",
  "Nationality": "Spanish",
  "BeginDate": 1936,
  "EndDate": 0
},
```

[그림 2-8] 반정형 데이터의 예 – JSON

정형 데이터와 반정형 데이터가 어떻게 사용되는지 예를 들어 설명하겠습니다. 수입 자동차를 사고파는 플랫폼을 구축한다고 가정해 보겠습니다. 데이터를 담는 데이터의 구조를 설계할 때 변경이 없는 데이터는 정형 데이터, 변경이 잦은 데이터는 비정형 데이터로 설계할 수 있습니다. [그림 2-9]와 같이 수입 자동차의 정보인 연도, 제조사, 모델, 설명, 가격 데이터의 구조는 변경이 없다고 가정하면 정형 데이터의 구조인 관계형 데이터베이스인 MySQL로 선정한 후 테이블 설계(데이터 모델링)를 하면 됩니다. 회원 가입 정보는 많은 회원을 가입시키기 위해 예전보다 절차를 간소화하고 플랫폼을 이용하게 함으로써 좋은 경험을 쌓고 더 많은 정보를 모으는 형태로 변하고 있습니다. 대표적인 예로는 페이스북이 간단한 정보의 입력만으로 가입시키고 학력, 회사 등의 정보를 지속적으로 입력하도록 유도하는 경우를 들 수 있습니다. 변화가 잦은 데이터의 구조의 경우, JSON과 같은 반정형 데이터의 구조를 선택해 변화에 유연하게 대응하도록 설계하는 편이 좋습니다. MongoDB와 같은 NOSQL이 좋은 대안이라고 할 수 있습니다.

연도	제조사	모델	설명	가격
1997	Ford	E350	ac, abs, moon	3000.00
1999	Chevy	Venture "Extended Edition"		4900.00
1999	Chevy	Venture "Extended Edition, Very Large"		5000.00
1996	Jeep	Grand Cherokee	MUST SELL! air, moon roof, loaded	4799.00

```
{
    "이름" : "홍길동",
    "나이" : 25,
    "성별" : "여",
    "주소" : "서울특별시 양천구 목동",
    "특기" : [ "농구", "도술"],
    "가족관계" : {"#" : 2, "아버지" : "홍판서", "어머니" : "춘심"},
    "회사" : "경기 수원시 팔달구 우만동"
}
```

(출처: 위키피디아)

[그림 2-9] 정형 데이터와 반정형 데이터의 예시

정형 데이터는 위에서 예로 든 표 형태의 데이터, 비정형 데이터는 이미지, 자연어, 시계열, 오디오 데이터 등이 있습니다. 이런 데이터는 어떤 형태로 구성돼 있는지 예시를 통해 알아보겠습니다.

[그림 2-10] 다양한 입력 데이터

1.2.1 정형 데이터

정형 데이터는 '행(Row)'과 '열(Column)'로 구성된 데이터셋입니다. 머신러닝 입문 대회로 유명한 캐글의 타이타닉 생존율 예측 데이터셋으로 정형 데이터에 대해 설명하겠습니다. 타이타닉 생존율 예측 데이터셋은 탑승자 정보를 기반으로 생존 여부를 예측하는 대회입니다.

(출처: https://www.kaggle.com/competitions/titanic)

[그림 2-11] 캐글 타이타닉 생존율 예측 대회

파이썬의 판다스(Pandas)를 사용하면 정형 데이터를 쉽게 불러오거나 데이터를 조작할 수 있습니다. 판다스 라이브러리를 불러옵니다. 구글에서 제공하는 타이타닉 데이터셋을 판다스의 read_csv 함수로 불러옵니다. 판다스의 head 함수를 사용해 데이터셋의 상위 10줄을 불러옵니다. 행과 열로 구성된 표가 출력됩니다. 행은 0부터 9까지 10개, 열은 survived, sex, age, ... , ebbark_town, alone로 10개입니다.

[소스 2-1] Structured-Data-Titanic.ipynb

```
[1]  import pandas as pd

     train_data = pd.read_csv("https://storage.googleapis.com/tf-datasets/titanic/train.
     csv")

     train_data.head(10)
```

출력

	survived	sex	age	n_siblings_spouses	parch	fare	class	deck	embark_town	alone
0	0	male	22.0	1	0	7.2500	Third	unknown	Southampton	n
1	1	female	38.0	1	0	71.2833	First	C	Cherbourg	n
2	1	female	26.0	0	0	7.9250	Third	unknown	Southampton	y
3	1	female	35.0	1	0	53.1000	First	C	Southampton	n
4	0	male	28.0	0	0	8.4583	Third	unknown	Queenstown	y
5	0	male	2.0	3	1	21.0750	Third	unknown	Southampton	n
6	1	female	27.0	0	2	11.1333	Third	unknown	Southampton	n
7	1	female	14.0	1	0	30.0708	Second	unknown	Cherbourg	n
8	1	female	4.0	1	1	16.7000	Third	G	Southampton	n
9	0	male	20.0	0	0	8.0500	Third	unknown	Southampton	y

shape로 데이터셋의 행과 열을 확인할 수 있습니다. 627행과 10열로 구성돼 있네요.

```
[2]    train_data.shape
출력   (627, 10)
```

판다스의 info 함수를 이용하면 데이터셋의 더 많은 정보를 확인할 수 있습니다. 열의 데이터 유형은 float64가 2개, int64가 3개, object는 5개로 확인됩니다. object는 문자열(string)입니다. 데이터 유형(Dtype)과 열의 결측값을 제외한 수(Non-Null Count)도 확인할 수 있습니다. 데이터의 메모리 사용량은 49KB입니다. 판다스는 데이터셋의 기초 통계 정보를 살펴볼 때 유용합니다.

```
[3]    train_data.info()
출력   <class 'pandas.core.frame.DataFrame'>
       RangeIndex: 627 entries, 0 to 626
       Data columns(total 10 columns):
        #    Column              Non-Null Count    Dtype
       ---   ------              --------------    -----
        0    survived            627 non-null      int64
        1    sex                 627 non-null      object
        2    age                 627 non-null      float64
        3    n_siblings_spouses  627 non-null      int64
        4    parch               627 non-null      int64
        5    fare                627 non-null      float64
        6    class               627 non-null      object
        7    deck                627 non-null      object
        8    embark_town         627 non-null      object
        9    alone               627 non-null      object
       dtypes: float64(2), int64(3), object(5)
       memory usage: 49.1+ KB
```

1.2.2 이미지 데이터

이미지 데이터는 샘플(Samples), 높이(Height), 너비(Width), 채널(Channel)로 구성된 데이터셋입니다. 이미지 데이터의 "Hello, World!"인 MNIST를 예로 들어 설명하겠습니다. MNIST는 0부터 9까지 손글씨로 쓰인 이미지 데이터셋입니다.

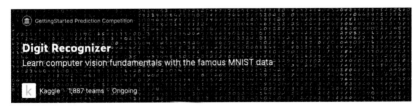

(출처: https://www.kaggle.com/competitions/digit-recognizer)

[그림 2-12] 캐글의 MNIST 데이터셋

케라스에 내장된 MNIST 데이터셋을 사용하겠습니다. 케라스 내장 데이터셋은 keras.datasets 모듈을 사용해 불러올 수 있습니다. MNIST 데이터셋을 load_data 함수로 불러옵니다. 데이터의 넘파이 배열이 튜플 형태로 리턴됩니다. x_train 데이터를 shape로 출력합니다. 손글씨 이미지 데이터(샘플)는 60,000건, 높이와 너비는 각각 '28'입니다. 마지막 채널은 생략돼 있네요.

MNIST는 흑백 이미지이므로 채널은 1입니다. 채널이 포함된 shape의 결과는 (60000, 28, 28, 1)입니다. 이미지가 컬러인 경우, 채널은 RGB로 3입니다. 컬러 이미지인 경우, shape의 결과는 (60000, 28, 28, 3)입니다.

[소스 2-2] Images-Data-Mnist.ipynb

```
[1]  import tensorflow as tf
     from tensorflow import keras

     from tensorflow.keras.datasets import mnist

     (x_train, y_train),(x_test, y_test) = mnist.load_data()

     x_train.shape
```

출력
```
Downloading data from https://storage.googleapis.com/tensorflow/tf-keras-datasets/
mnist.npz
11493376/11490434 [==============================] - 0s 0us/step
11501568/11490434 [==============================] - 0s 0us/step
(60000, 28, 28)
```

keras.datasets의 MNIST 데이터셋은 인코딩돼 있는 상태입니다. 첫 번째 이미지 데이터를 출력해 보겠습니다. 높이와 너비는 각각 25×25입니다. 데이터 값을 보면 픽셀이 0부터 255로 구성된 숫자로 표현돼 있습니다. 출력 결과를 보면 숫자 5인 것을 확인할 수 있습니다.

```
[2]  import numpy as np
     np.set_printoptions(threshold=784, linewidth=np.inf)

     print(x_train[0])
```

출력
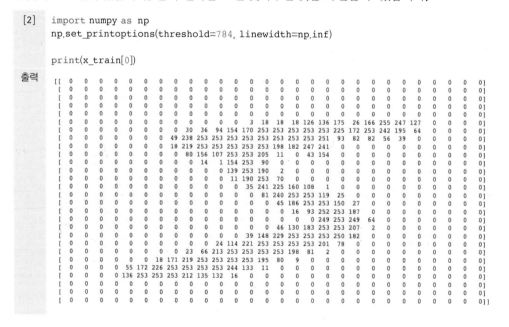

첫 번째 이미지가 5인지 이미지로 시각화해 보겠습니다. 이미지를 불러오기 위해 `matplotlib.pyplot` 라이브러리를 사용합니다. 출력 결과를 보면 숫자 5인 것을 확인할 수 있습니다.

```
[3]    import matplotlib.pyplot as plt

       plt.imshow(x_train[0], cmap='Greys')
       plt.show()
```
출력

y_train의 첫 번째 데이터로 라벨(Label)을 출력해 봅니다. 이미지를 시각화한 것처럼 5가 출력
됩니다.

```
[1]    y_train[0]
```
출력   5

1.2.3 자연어 데이터

자연어는 사람들이 일상적으로 쓰는 언어입니다. 캐글 입문자를 위한 'Getting Started' 대회인
'Real or Not? NLP with Disaster Tweets!' 데이터셋을 예로 들어 설명하겠습니다.

• Data URL: https://www.kaggle.com/competitions/nlp-getting-started/data

'Real or Not? NLP with Disaster Tweets!' 대회는 트위터에 올라온 트윗을 보고 실제 재난인지
아닌지를 예측하는 대회입니다. 트위터는 비상시에 중요한 의사소통 채널로 사용됩니다. 모바
일이 보편적으로 사용되면서 사람들은 주변 상황을 실시간으로 SNS(Social Networking Service)
에 올립니다. 재난도 이에 포함됩니다. 정보 및 재난 구호 단체, 통신사 등에서 트윗 내용을 모
니터링하는 데 관심이 많은 이유는 바로 이 때문입니다.

(출처: https://www.kaggle.com/competitions/nlp-getting-started)

[그림 2-13] 캐글의 'Real or Not? NLP with Disaster Tweets!' 대회

대회 데이터를 다운로드한 후 데이터를 살펴봅니다. 정형 데이터와 유사해 보입니다. shape의
결과 7,613개의 행과 5개의 열로 구성돼 있습니다.

[소스 2-3] Text-Data.ipynb

```
[1]  import pandas as pd

     train_data = pd.read_csv("/content/drive/MyDrive/Colab Notebooks/data/Real or Not?
     NLP with Disaster Tweets!/train.csv")

     print(train_data.shape)
```
출력 (7613, 5)

판다스의 head 함수로 상위 100개 행을 출력합니다. head 함수를 호출하면 기본값으로 5줄을 출력합니다. head 함수에 숫자를 인자로 입력하면 입력한 만큼의 행이 출력됩니다.

자연어 데이터의 출력 결과는 정형 데이터와 유사해 보이지만, 자연어 데이터의 text 열에는 자연어가 포함돼 있습니다. text 열의 자연어를 처리하는 데는 여러 가지 방법이 있습니다. 예를 들면 단어 빈도를 추출하는 방법이 있습니다. 이는 자주 등장한 단어가 중요한 역할을 한다는 접근 방식을 사용합니다. a, an, the와 같은 관사가 가장 많이 등장합니다. 이런 관사 등이 자주 등장하지만, 모델 성능의 영향을 저하시키는 요소를 데이터 전처리로 제거하는 작업을 합니다. 이런 작업을 '불용어를 제거한다'라고 말합니다. 이 밖에도 자연어 처리를 하는 데는 여러 단계 및 기법이 있습니다. 이런 과정을 통해 자연어 데이터의 모델 성능을 개선할 수 있습니다.

```
[2]  train_data.head(100)
```
출력

	id	keyword	location	text	target
0	1	NaN	NaN	Our Deeds are the Reason of this #earthquake M...	1
1	4	NaN	NaN	Forest fire near La Ronge Sask. Canada	1
2	5	NaN	NaN	All residents asked to 'shelter in place' are ...	1
3	6	NaN	NaN	13,000 people receive #wildfires evacuation or...	1
4	7	NaN	NaN	Just got sent this photo from Ruby #Alaska as ...	1
...	...	...	...	...	...
95	137	accident	Charlotte	9 Mile backup on I-77 South...accident blockin...	1
96	138	accident	Baton Rouge, LA	Has an accident changed your life? We will hel...	0
97	139	accident	Hagerstown, MD	#BREAKING: there was a deadly motorcycle car a...	1
98	141	accident	Gloucestershire , UK	@flowri were you marinading it or was it an ac...	0
99	143	accident	NaN	only had a car for not even a week and got in ...	1

100 rows × 5 columns

트윗 데이터의 재난 여부를 말해 주는 target 컬럼의 분포를 알아보겠습니다. 판다스의 value_count 함수를 사용하면 분포를 쉽게 확인할 수 있습니다. 1은 재난, 0은 재난이 아닙니다. 이번 트윗 데이터는 재난인 데이터와 재난이 아닌 데이터의 분포의 불균형이 그렇게 심하지는 않네요. 보험 사기를 나타내는 데이터의 경우, 사기인 분포와 사기가 아닌 분포가 심한 불균형을 이룰 수 있습니다.

```
[3]  train_data['target'].value_counts()
```
```
출력  0    4342
     1    3271
     Name: target, dtype: int64
```

1.2.4 시계열 데이터

시계열 데이터는 일정 시간 간격으로 배치된 시퀀스 데이터입니다. 시퀀스 데이터는 순서가 의미를 갖는 데이터셋입니다. 예를 들어 주가 데이터, 기상 데이터 등은 이전 데이터가 현재에 영향을 미치는 시퀀스 데이터들입니다.

캐글의 'Store Sales' 대회는 시계열 예측 문제로, 에콰도르에 본사를 둔 대형 식료품 소매업체인 Corpacion Favorita 매장들의 매출을 예측하는 대회입니다.

[그림 2-14] 캐글의 'Store Sales' 대회

캐글의 데이터 정보 페이지에서는 대회에서 제공하는 데이터 정보를 한눈에 볼 수 있습니다. 데이터의 기초 통계 정보를 Detail, Compact, Column의 다양한 관점으로 쉽고 빠르게 살펴볼 수 있습니다. 데이터를 다운로드한 후 시계열 데이터에 대해 알아보겠습니다.

• Data URL: https://www.kaggle.com/competitions/store-sales-time-series-forecasting/data

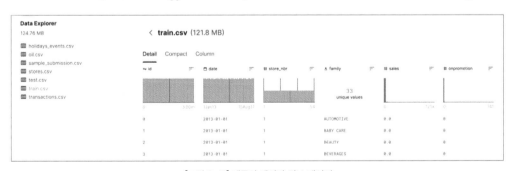

[그림 2-15] 캐글의 데이터 정보 페이지

시계열 데이터는 정형 데이터와 같이 행과 열로 구성돼 있습니다. 행은 267,810건, 열은 6건입니다. 상위 10줄을 head 함수로 출력합니다. 정형 데이터에서는 보지 못했던 date 열이 눈에 들어옵니다. 위치를 아래로 이동합니다.

```
[1]   import pandas as pd

      train_data = pd.read_csv("/content/drive/MyDrive/Colab Notebooks/data/Store Sales -
      Time Series Forecasting/train.csv")

      print(train_data.shape)
      train_data.head(10)
```

출력   (267810, 6)

	id	date	store_nbr	family	sales	onpromotion
0	0	2013-01-01	1.0	AUTOMOTIVE	0.0	0.0
1	1	2013-01-01	1.0	BABY CARE	0.0	0.0
2	2	2013-01-01	1.0	BEAUTY	0.0	0.0
3	3	2013-01-01	1.0	BEVERAGES	0.0	0.0
4	4	2013-01-01	1.0	BOOKS	0.0	0.0
5	5	2013-01-01	1.0	BREAD/BAKERY	0.0	0.0
6	6	2013-01-01	1.0	CELEBRATION	0.0	0.0
7	7	2013-01-01	1.0	CLEANING	0.0	0.0
8	8	2013-01-01	1.0	DAIRY	0.0	0.0
9	9	2013-01-01	1.0	DELI	0.0	0.0

하나의 매장에 하나의 상품으로 시계열 데이터를 정렬해 보겠습니다. 판다스의 query 함수를 사용해 하나의 상점(strore_nbr)에 하나의 제품(family)를 정해 상위 10건을 출력합니다. 2013-01-01부터 2013-01-10까지 1번 상점의 AUTOMOTIVE라는 제품의 일별 매출(Sales)을 확인할 수 있습니다.

```
[2]   train_data.query("store_nbr==1 and family == 'AUTOMOTIVE'").head(10)
```
출력

	id	date	store_nbr	family	sales	onpromotion
0	0	2013-01-01	1.0	AUTOMOTIVE	0.0	0.0
1782	1782	2013-01-02	1.0	AUTOMOTIVE	2.0	0.0
3564	3564	2013-01-03	1.0	AUTOMOTIVE	3.0	0.0
5346	5346	2013-01-04	1.0	AUTOMOTIVE	3.0	0.0
7128	7128	2013-01-05	1.0	AUTOMOTIVE	5.0	0.0
8910	8910	2013-01-06	1.0	AUTOMOTIVE	2.0	0.0
10692	10692	2013-01-07	1.0	AUTOMOTIVE	0.0	0.0
12474	12474	2013-01-08	1.0	AUTOMOTIVE	2.0	0.0
14256	14256	2013-01-09	1.0	AUTOMOTIVE	2.0	0.0
16038	16038	2013-01-10	1.0	AUTOMOTIVE	2.0	0.0

시계열 데이터는 트렌드, 계절성, 사이클 등의 특징이 있습니다. 페이스북에서 시계열 예측을 위해 만든 Prophet를 사용해 시계열 데이터의 특징을 시각화해 보겠습니다. [그림 2-16]에서 Store Sales 데이터의 시계열 특징을 확인할 수 있습니다. 2012년 이후부터는 매출이 상향 트렌드를 갖고 있고 주간으로 보면 일요일의 매출이 가장 낮고 월요일부터 매출이 상승하는 것을 확인할 수 있습니다. 연간으로 보면 4월, 8월, 9월의 매출이 높고 5월, 6월, 10월의 매출이 낮은 것을 알 수 있습니다. 이후 장에서는 시계열 데이터로 예측 모델을 만들어 보고 데이터에 대해 더 많이 알아보겠습니다.

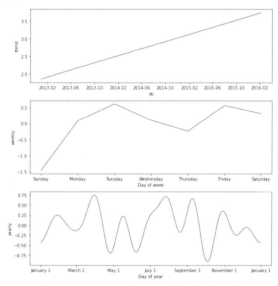

[그림 2-16] Prophet로 트렌드 및 요일별, 계절성 분석 화면

1.2.5 오디오 데이터

구글 브레인 팀에서 주최한 캐글의 '텐서플로 음성 인식 경진 대회'를 예로 들어 음성 데이터에 대해 알아보겠습니다. 구글 브레인에서는 2017년 음성 데이터셋을 공개했습니다. 이 음성 데이터셋은 수천 명의 음성이 30개의 짧은 단어로 담겨 있습니다. 음성 데이터의 개수는 65,000개이고 길이는 1초이며 '예', '아니오', '위,' '아래' '오른쪽', '시작', '중지' 등과 같은 음성으로 구성돼 있습니다. 음성 인식 기술의 발전을 위해 무료로 공개됐으며 실제로도 음성 인식의 발전에 많은 기여를 했습니다. 이 대회의 데이터를 이용해 오디오 데이터에 대해 알아보겠습니다.

(출처: https://www.kaggle.com/c/tensorflow-speech-recognition-challenge)

[그림 2-17] 캐글의 '텐서플로 음성 인식 경진 대회'

- Data URL: https://www.kaggle.com/competitions/tensorflow-speech-recognition-challenge/data

wav 파일을 포함한 전체 데이터의 크기는 1GB 정도입니다. audio 폴더 하위에는 1초 길이의 샘플 음성 파일들이 존재합니다. 예를 들어 right 폴더 하위에는 '0a7c2a8d_nohash_0.wav'와 같은 right 음성 파일이 있습니다. right 하위 음성 파일들의 상위 폴더명을 라벨값으로 지정할 수도 있습니다. audio 폴더 하위에 어떤 라벨들이 있는지 출력해 봅니다.

[소스 2-5] Audio-Data.ipynb

```
[1]  import os

     path_dir = '/content/drive/MyDrive/Colab Notebooks/data/TensorFlow Speech
     Recognition Challenge/train/audio/'

     print(os.listdir(path_dir))
```

출력 ['right', 'eight', 'cat', 'tree', 'bed', 'happy', 'go', '.DS_Store', 'dog', 'no', 'wow', 'nine', 'left', 'stop', 'three', '_background_noise_', 'sheila', 'one', 'bird', 'zero', 'seven', 'up', 'marvin', 'two', 'house', 'down', 'six', 'yes', 'on', 'five', 'off', 'four']

오디오 데이터도 시퀀스 데이터입니다. 시퀀스 데이터의 특징을 잘 활용하려면 데이터 전처리, 모델 선정 등이 필요합니다. 데이터 전처리 과정에는 딥러닝의 입력 형태인 숫자 형태로의 변환이 필요합니다. 오디오의 경우, 파형이라는 특징이 있습니다. 파형으로 변환한 후 여러 분석 및 처리 방법에 따라 숫자 형태로 변환해 모델의 입력으로 사용합니다. [그림 2-18]은 오디오 파일을 파형으로 시각화했습니다.

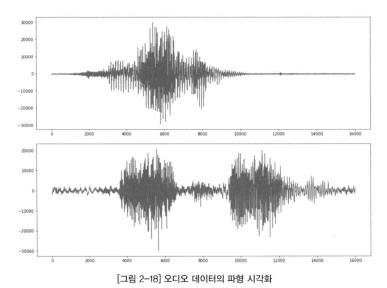

[그림 2-18] 오디오 데이터의 파형 시각화

1.3 회귀·분류 문제

딥러닝 모델의 입력에 해당하는 데이터에 대해 자세히 알아봤습니다. 이번에는 출력에 해당하는 전통적인 회귀(Regression)·분류(Classification) 문제에 대해 알아보겠습니다.

[그림 2-19] 딥러닝 출력

회귀·분류 문제는 지도학습의 문제입니다. 지도학습은 입력 데이터에 라벨(정답)이 있는 경우에 학습할 수 있는 방법입니다. 라벨(정답)이 없는 경우, 비지도학습 방법을 선택해 문제를 해결할 수 있습니다. 이 밖의 학습 방법에는 강화학습(Reinforcement Learning), 자기 지도학습(Self-Supervised Learning) 등이 있습니다.

회귀는 입력 데이터의 피처로 연속된 라벨(정답)을 예측하는 것을 말합니다. 연속된 라벨의 예로는 매출, 강수량, 에너지 사용량, 주가 등을 들 수 있습니다.

분류는 범주형 라벨을 예측하는 것입니다. 범주형 라벨은 강수량이 아닌 비가 오는지의 여부, 응시한 시험의 합격 여부, 재난 발생 시 생존자의 생존 여부 등입니다. 범주형이기 때문에 '예', '아니오'와 같은 이진 분류가 있으며 3개 이상의 분류인 다중 분류도 있습니다. 감정 상태인 '좋아요', '싫어요', '행복해요', '기뻐요'와 같은 3개 이상의 분류가 다중 분류의 좋은 예입니다.

출력 데이터를 보면서 회귀·분류 문제에 대해 알아보겠습니다.

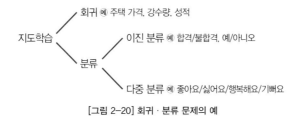

[그림 2-20] 회귀·분류 문제의 예

1.3.1 회귀 문제

보스턴 주택 가격 데이터셋을 예로 들어 회귀 문제에 대해 알아보겠습니다. 보스턴 주택 가격 데이터셋은 13개의 주택 정보가 피처로 주어집니다. 이 피처를 기반으로 라벨인 주택 가격을 예측하는 문제입니다.

```
The Boston house-price data of Harrison:
      · CRIM     per capita crime rate by town
      · ZN       proportion of residential land zoned for lots over 25,000 sq.ft.
      · INDUS    proportion of non-retail business acres per town
      · CHAS     Charles River dummy variable(= 1 if tract bounds river; 0 otherwise)
      · NOX      nitric oxides concentration(parts per 10 million)
피처   · RM       average number of rooms per dwelling
      · AGE      proportion of owner-occupied units built prior to 1940
      · DIS      weighted distances to five Boston employment centres
      · RAD      index of accessibility to radial highways
      · TAX      full-value property-tax rate per $10,000
      · PTRATIO  pupil-teacher ratio by town
      · B        1000(Bk - 0.63)^2 where Bk is the proportion of blacks by town
      · LSTAT    % lower status of the population

라벨   · MEDV     Median value of owner-occupied homes in $1000's
```

[그림 2-21] 보스턴 주택 가격 데이터셋

피처는 범죄율, 일산화질소의 정보, 방의 개수 등 주택의 주요 특징을 나타내는 열로 구성돼 있습니다. 라벨(정답)은 주택 가격(1,000달러 단위)입니다. 피처의 특정한 특징 값이 증가하거나 감소하면 라벨인 주택 가격에 영향을 미칩니다. 예를 들어 방의 수가 증가하면 주택 가격이 증가하는 경우를 들 수 있습니다.

1.3.2 이진 분류 문제

분류 문제는 이진 분류(Binary Classification)와 다중 분류(Multi-class Classification)로 나뉩니다. 이진 분류는 '비가 온다', '비가 안 온다'와 같이 라벨(정답)이 2가지입니다. 다중 분류는 영화 리뷰 평점의 1점부터 5점과 같이 3개 이상의 값을 분류해야 하는 경우입니다. [그림 2-22]와 같이 그래프 위에 데이터를 가장 잘 설명할 수 있는 분류 방법을 찾는 과정입니다.

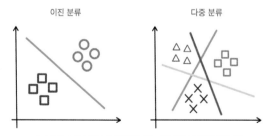

이진 분류   다중 분류

[그림 2-22] 이진 분류(왼쪽) 및 다중 분류(오른쪽)의 예

'타이타닉 탑승객 생존율' 데이터셋을 예로 들어 이진 분류 문제에 대해 알아보겠습니다. 타이타닉 탑승객 정보가 제공됩니다. 피처인 티켓 정보, 성별, 나이 등으로 라벨인 탑승객의 생존율을 예측하는 문제입니다. 라벨의 경우, 생존 여부를 0, 1과 같은 범주형 데이터로 예측해야 합니다. 이런 문제를 '이진 분류 문제'라고 합니다.

pclass	Ticket class
sex	Sex
Age	Age in years
sibsp	# of siblings / spouses aboard the Titanic
parch	# of parents / children aboard the Titanic
ticket	Ticket number
fare	Passenger fare
cabin	Cabin number
embarked	Port of Embarkation

survival	Survival(0 or 1)

피처   라벨

[그림 2-23] 타이타닉 탑승객 생존율 예측 데이터셋

1.3.3 다중 분류 문제

붓꽃(Iris) 데이터셋으로 다중 분류 문제를 살펴보겠습니다. 붓꽃 데이터셋은 꽃받침, 꽃잎의 길이와 너비 정보로 꽃의 종류를 예측하는 문제입니다. 꽃의 종류는 setosa, versicolor, virginica로 구성돼 있습니다. 꽃받침, 꽃잎의 길이와 너비는 피처에 해당하고 꽃의 종류는 라벨입니다. 라벨이 여러 개이며 이를 예측해야 하는 분류 문제를 다중 분류 문제라고 합니다. 앞에서 살펴본 MNIST도 다중 분류 문제의 좋은 예입니다.

Iris setosa

Iris versicolor

Iris virginica

(출처: https://www.embedded-robotics.com/iris-dataset-classification/)

[그림 2-24] 붓꽃 종류 예측 문제

1.4 **실습** 보스턴 주택 가격 예측(회귀)

머신러닝 및 딥러닝의 전통적인 문제인 회귀 문제를 실습해 보겠습니다. 회귀 문제 입문으로 유명한 보스턴 주택 가격 데이터셋을 이용해 딥러닝 예측 모델을 구현해 봅니다.

1.4.1 문제 정의

1970년대 보스턴 주택 가격을 예측하는 회귀 문제입니다. 13가지 피처와 1개의 라벨이 주어집니다. 피처는 방수, 범죄 발생률, 고속도로 접근률, 흑인 거주율 등 13가지 정보가 제공됩니다. 라벨은 주택 가격(1,000달러 단위)입니다.

(출처: https://www.kaggle.com/c/house-prices-advanced-regression-techniques/overview/description)

[그림 2-25] 캐글의 보스턴 주택 가격 예측

1.4.2 데이터 구성 및 준비

텐서플로 및 케라스 라이브러리를 불러온 후 텐서플로와 케라스 버전을 출력합니다.

[소스 2-6] Boston_Housing.ipynb

```
[1]    import tensorflow as tf
       from tensorflow import keras

       print('tensorflow version:', tf.__version__)
       print('keras version:', keras.__version__)
출력    tensorflow version: 2.10.0
       keras version: 2.10.0
```

케라스 API에 내장된 데이터셋을 사용합니다. 케라스의 load_data 함수로 보스턴 주택 가격 데이터셋을 불러옵니다. 데이터셋은 학습과 테스트 데이터셋으로 구분합니다. 학습 데이터셋은 모델 학습, 테스트 데이터셋은 학습된 모델을 평가 및 예측할 때 사용하는 데이터셋입니다. load_data 함수는 학습과 테스트 데이터셋을 구분해 주고 각 데이터셋을 피처와 라벨로 분리한 결과를 리턴합니다. 예를 들어 학습 데이터셋의 피처는 x_train, 라벨은 y_train으로 리턴합니다. 테스트 데이터셋의 피처는 x_test, 라벨은 y_test에 저장돼 있습니다. shape를 이용해 데이터의 형상을 보면 학습 데이터셋은 404행과 13열로 구성돼 있습니다. 테스트셋은 102행과 13열로 구성돼 있네요.

```
[2]  from tensorflow.keras import datasets

     boston_housing = datasets.boston_housing
     (x_train, y_train),(x_test, y_test) = boston_housing.load_data()

     print('\ntrain data:', x_train.shape, y_train.shape)
     print('test data:',x_test.shape, y_test.shape)
```

출력
```
Downloading data from https://storage.googleapis.com/tensorflow/tf-keras-datasets/
boston_housing.npz
57344/57026 [==============================] - 0s 0us/step
65536/57026 [==============================] - 0s 0us/step

train data:(404, 13)(404,)
test data:(102, 13)(102,)
```

1.4.3 모델 생성 및 학습

케라스의 순차 모델을 생성해 보겠습니다. Sequential 클래스로 모델 객체를 생성합니다. 케라스의 Input 객체를 정의합니다. Input 객체는 모델의 데이터 입력 형상을 지정합니다. 인자로 보스턴 주택 가격 데이터셋의 피처의 형상인 13을 shape = (13,)으로 정의합니다. 순차적으로 Dense층을 쌓습니다. Dense층의 인자로 units와 activation을 정의합니다. units는 '층의 뉴런 수', activation은 '활성화 함수를 정의하는 인자'입니다. 이후 '케라스 동작 원리 이해'에서 자세히 설명하겠습니다. 이때 주의해서 살펴봐야 하는 부분은 마지막 출력층에 해당하는 Dense층의 units를 1로 설정한 것입니다. 회귀 문제의 출력층은 라벨에 해당하는 주택 가격이라는 하나의 값을 출력하므로 units를 1로 설정했습니다. summary 함수를 통해 모델의 형상을 확인할 수 있습니다.

```
[3]  from tensorflow.keras.models import Sequential
     from tensorflow.keras import Input
     from tensorflow.keras.layers import Dense

     model = Sequential()

     model.add(Input(shape=(13,)))
     model.add(Dense(units=64, activation="relu"))
     model.add(Dense(units=64, activation="relu"))
     model.add(Dense(units=1))

     model.summary()
```

출력
```
Model: "sequential"
_____
Layer(type)            Output Shape         Param #
=================================================================
dense(Dense)           (None, 64)           896

dense_1(Dense)         (None, 64)           4160

dense_2(Dense)         (None, 1)            65

=================================================================
Total params: 5,121
Trainable params: 5,121
Non-trainable params: 0
_____
```

모델을 생성했다면 학습에 필요한 설정을 하기 위해 모델을 컴파일합니다. complie 함수의 인자로는 옵티마이저, 손실 함수, 매트릭을 정의해야 합니다. 옵티마이저는 하이퍼 매개변수입니다. 변경하면서 최적의 설정값을 찾아야 하는 부분입니다. 손실 함수 및 매트릭은 문제 유형 및 출력 형태에 맞게 설정해야 합니다. 회귀 문제이므로 이번 실습에서는 손실 함수를 mse(Mean Squared Error)로 설정합니다. 매트릭은 mae(Mean Absolute Error), mse(Mean Squared Error)로 설정했습니다. 딥러닝 모델을 케라스로 구현하면서 반복적으로 세부적인 내용을 상세히 설명할 예정입니다. 지금은 전체 프로세스에 집중하겠습니다.

```
[4]   model.compile(optimizer='RMSprop',
                     loss='mse',
                     metrics=['mae', 'mse'])
```

모델 학습은 fit 함수를 사용합니다. 인자로는 학습할 데이터셋을 피처와 라벨로 구분해 입력합니다. 학습 데이터셋의 피처인 x_train과 라벨인 y_train을 인자로 넣습니다. validation_split은 학습 성능을 개선하기 위해 학습 데이터셋을 학습과 검증 데이터셋으로 분리해 주는 인자입니다. validation_split을 0.2로 설정하면 입력된 학습 데이터셋을 학습 80%, 검증 20%로 나눠 학습합니다. 학습 데이터셋 80%만을 사용해 학습을 진행하고 학습 과정 중 검증 데이터셋 20%를 사용해 평가를 진행하면서 모델의 성능을 개선하게 됩니다. epochs는 '학습 횟수를 정하는 인자'입니다. epochs를 5로 설정하면 학습 데이터셋을 5번 학습하게 됩니다. 출력 결과를 보면 5번의 학습이 진행되고 매 학습마다 컴파일할 때 지정한 손실 함수의 결과 및 매트릭이 출력됩니다. 첫 번째 epoch의 loss는 191.0111입니다. 학습을 진행하면서 loss가 74.2769, 123.7573, 58.8898, 123.1791로 변화하는 것을 볼 수 있습니다. epochs의 횟수를 증가시키면 loss 값이 점차 줄어드는 것을 기대할 수 있습니다.

```
[5]   model.fit(x_train, y_train,
                 validation_split = 0.2,
                 epochs=5)
출력   Epoch 1/5
      11/11 [==============================] – 1s 23ms/step – loss: 191.0111 – mae:
      10.2676 – mse: 191.0111 – val_loss: 229.9781 – val_mae: 12.5767 – val_mse: 229.9781
      Epoch 2/5
      11/11 [==============================] – 0s 4ms/step – loss: 74.2769 – mae: 6.2273 –
      mse: 74.2769 – val_loss: 80.6575 – val_mae: 7.2418 – val_mse: 80.6575
      Epoch 3/5
      11/11 [==============================] – 0s 4ms/step – loss: 123.7573 – mae: 8.3973
      – mse: 123.7573 – val_loss: 91.3434 – val_mae: 8.1343 – val_mse: 91.3434
      Epoch 4/5
      11/11 [==============================] – 0s 5ms/step – loss: 58.8898 – mae: 5.5135 –
      mse: 58.8898 – val_loss: 136.3887 – val_mae: 8.6623 – val_mse: 136.3887
      Epoch 5/5
      11/11 [==============================] – 0s 4ms/step – loss: 123.1791 – mae: 8.2694
      – mse: 123.1791 – val_loss: 75.1679 – val_mae: 6.8568 – val_mse: 75.1679
      〈keras.callbacks.History at 0x7ff28c863e90〉
```

1.4.4 모델 평가 및 예측

모델의 성능을 평가하기 위해 케라스의 evaluate 함수를 사용합니다. 인자로는 테스트 데이터셋을 피처와 라벨로 구분해 입력합니다. 학습에 사용한 데이터가 아닌 테스트 데이터셋으로 모델의 성능을 평가합니다. mae(Mean absolute error)는 6.96, mse(Mean Squared Error)는 80.16로 확인됩니다. mae, mse의 값은 작을수록 모델 성능이 좋다는 의미입니다.

```
[6]   loss, mae, mse = model.evaluate(x_test, y_test, verbose=2)

      print('\nloss :', loss)
      print('mae :', mae)
      print('mse :', mse)
```
출력
```
4/4 - 0s - loss: 80.1617 - mae: 6.9683 - mse: 80.1617 - 23ms/epoch - 6ms/step

loss : 80.16166687011719
mae : 6.968263626098633
mse : 80.16166687011719
```

테스트 데이터셋으로 보스턴 주택 가격 상위 5건의 주택 가격을 예측해 보겠습니다. 예측은 케라스의 predict 함수를 사용합니다. 출력되는 주택 가격의 단위는 1,000달러입니다. 첫 번째 주택 가격은 20.190046으로 예측했네요.

```
[7]   predictions = model.predict(x_test)

      print(predictions[:5])
```
출력
```
[[20.190046]
 [23.901264]
 [27.16549 ]
 [21.495348]
 [27.882393]]
```

케라스에 내장된 보스턴 주택 가격 데이터셋으로 회귀 모델을 학습하고 평가해 봤습니다. 다음으로 분류 문제 중 다중 분류 모델을 실습해 보겠습니다.

1.5 실습 MNIST 이미지 분류(다중 분류)

회귀 문제 중 다중 분류 문제를 케라스에 내장된 MNIST 데이터셋으로 실습해 보겠습니다.

1.5.1 문제 정의

딥러닝의 "Hello, World!"인 MNIST 데이터셋으로 분류 문제를 구현해 보겠습니다. 머신러닝에 타이타닉과 아이리스 데이터셋이 있다면 딥러닝에는 MNIST가 있습니다. MNIST는 1980년대에 손글씨로 쓰여진 우편번호를 분리해 숫자 데이터셋으로 만든 NIST 데이터셋을 기반으로 만들어졌습니다. MNIST 데이터셋은 0부터 9까지 손으로 쓴 숫자 이미지 데이터셋입니다. [그림 2-26]은 MNIST 데이터셋의 손글씨 이미지입니다.

[그림 2-26] MNIST 데이터셋

1.5.2 데이터 구성 및 준비

텐서플로 및 케라스 라이브러리를 불러옵니다.

[소스 2-7] Mnist.ipynb

```
[1]   import tensorflow as tf
      from tensorflow import keras
```

케라스의 datasets 객체에 내장된 mnist 데이터셋을 load_data 함수로 불러옵니다. mnist 이미지 데이터는 28×28 크기의 픽셀로 구성된 흑백 이미지입니다. shape를 통해 학습과 테스트 데이터의 형상을 출력하면 학습 데이터셋은 60,000건, 28행과 28열, 테스트 데이터셋은 10,000건, 28행과 28열로 구성돼 있습니다. 이미지는 28×28의 픽셀로 구성돼 있으며 픽셀은 0부터 255까지의 숫자값으로 표현됩니다. 딥러닝 모델의 입력으로 값의 분포 차이가 넓으면 좋은 성능을 내지 못하는 경우가 있습니다. 따라서 정규화라는 과정을 통해 차이를 줄입니다. 피처에 해당하는 x_train, x_test를 255로 나눠 주는 정규화 과정을 거쳤습니다. 정규화도 진행했으므로 좋은 모델 성능을 예상해 봅니다.

```
[2]    from tensorflow.keras import datasets

       mnist = datasets.mnist
       (x_train, y_train),(x_test, y_test) = mnist.load_data()
       x_train, x_test = x_train / 255.0, x_test / 255.0

       print('\ntrain data:', x_train.shape, y_train.shape)
       print('test data:', x_test.shape, y_test.shape)
```

출력
```
Downloading data from https://storage.googleapis.com/tensorflow/tf-keras-datasets/
mnist.npz
11493376/11490434 [==============================] — 0s 0us/step
11501568/11490434 [==============================] — 0s 0us/step

train data:(60000, 28, 28)(60000,)
test data:(10000, 28, 28)(10000,)
```

1.5.3 모델 생성 및 학습

모델을 케라스의 순차 모델로 구현합니다. Sequential 모델은 Sequential( )와 같이 구현할 수도 있고 add 함수를 사용해 구현할 수도 있습니다. 이번에는 Sequential( )로 구현해 보겠습니다. Flatten층은 (28, 28)로 입력된 Numpy 배열을 1차원으로 변형시켜 주는 층이고 Dense층은 완전 연결 뉴런 네트워크입니다. 128개의 뉴런으로 구성된 Dense층은 활성화 함수로 'relu'를 사용하고 있습니다. 다음 Dense층은 다중 클래스 분류 문제에 맞게 0부터 9개의 정답의 예측이 필요하므로 10개의 뉴런과 활성화 함수는 softmax를 사용하고 있습니다. Summary 함수로 컴파일된 모델의 형상을 출력합니다. 이 모델에서는 총 101,770의 매개변수가 사용됐습니다. 매개변수는 가중치와 편향을 뜻합니다. 다음 장의 '케라스 동작 원리 이해'에서 가중치와 편향에 대해 자세히 알아보겠습니다.

```
[3]    from tensorflow.keras.models import Sequential
       from tensorflow.keras.layers import Flatten, Dense

       model = Sequential([
              Flatten(input_shape=(28, 28)),
              Dense(128, activation='relu'),
              Dense(10, activation='softmax')
       ])

       model.summary()
```

출력
```
Model: "sequential"

Layer(type)           Output Shape        Param #
=================================================
flatten(Flatten)      (None, 784)         0

dense(Dense)          (None, 128)         100480

dense_1(Dense)        (None, 10)          1290

=================================================
Total params: 101,770
Trainable params: 101,770
Non-trainable params: 0
```

모델을 생성했다면 컴파일 과정이 필요합니다. 잘 예측하기 위해 컴파일 과정에는 최적화 및 손실 함수, 측정값을 데이터 및 문제에 맞게 설정합니다. 최적화는 'adam'을 선택했고 다중 클래스 분류 문제이므로 'sparse_categorical_crossentropy'로 설정했으며 metrics는 accuracy(정확도)로 정의했습니다. 분류 문제의 metrics는 accuracy를 주로 사용합니다.

```
[4]   model.compile(optimizer='adam',
                    loss='sparse_categorical_crossentropy',
                    metrics=['accuracy'])
```

모델을 fit 함수로 학습합니다. 학습 데이터의 피처와 라벨을 인자로 입력합니다. 5번의 epochs로 학습합니다. 출력의 마지막을 보면 정확도가 98%(0.9858)인 것을 알 수 있습니다.

```
[5]   model.fit(x_train, y_train,
               epochs=5)
```

출력
```
Epoch 1/5
1875/1875 [==============================] – 4s 2ms/step – loss: 0.2546 – accuracy: 0.9284
Epoch 2/5
1875/1875 [==============================] – 4s 2ms/step – loss: 0.1130 – accuracy: 0.9669
Epoch 3/5
1875/1875 [==============================] – 4s 2ms/step – loss: 0.0791 – accuracy: 0.9759
Epoch 4/5
1875/1875 [==============================] – 4s 2ms/step – loss: 0.0592 – accuracy: 0.9818
Epoch 5/5
1875/1875 [==============================] – 4s 2ms/step – loss: 0.0449 – accuracy: 0.9858
⟨keras.callbacks.History at 0x7fa7ba4d7690⟩
```

1.5.4 모델 평가 및 예측

모델의 성능을 테스트 데이터로 평가합니다. evaluate 함수에 테스트 데이터셋의 피처 및 라벨을 입력해 성능을 평가합니다. 테스트 데이터의 정확도는 97%(0.9753)로 확인됩니다.

```
[6]   loss, accuracy = model.evaluate(x_test, y_test)

      print('\naccuracy :', accuracy)
      print('\loss :', accuracy)
```

출력
```
313/313 [==============================] – 1s 2ms/step – loss: 0.0816 – accuracy: 0.9753

accuracy : 0.9753000140190125
\loss : 0.9753000140190125
```

predict 함수로 테스트 데이터셋의 피처를 입력하고 예측합니다. 첫 번째 손글씨 이미지의 예측값이 출력됩니다. 다중 클래스 분류 문제로 0부터 9까지의 확률값이 출력됩니다. 모두 합하면 1이 됩니다.

```
[7]  predictions = model.predict(x_test)

     print(predictions[0])
출력  [1.75933792e-07 1.74238082e-08 1.30242615e-05 2.21225142e-04
      1.16298374e-10 3.13927515e-08 1.78433288e-12 9.99762237e-01
      9.29849975e-08 3.21164680e-06]
```

위와 같이 보면 직관적으로 보이지 않으므로 numpy 함수 중 argmax 함수를 사용해 값이 가장 높은 값을 출력합니다. 첫 번째 손글씨 이미지는 7로 예측한 것을 확인할 수 있습니다.

```
[8]  import numpy as np

     print(np.argmax(predictions[0]))
출력  7
```

지금까지 회귀와 분류 문제를 실습했습니다. 이후 장에서 반복적으로 다루고 필요한 주요 개념들에 대해 자세히 설명할 예정이므로 이해가 안 되더라도 너무 걱정하지 않아도 됩니다.

딥러닝 모델의 입력인 데이터의 자료 구조 및 데이터 자료형, 데이터 연산에는 어떤 것이 있는지 알아보겠습니다.

2.1 데이터 자료 구조

데이터는 정형 데이터와 비정형 데이터로 구분한다고 배웠습니다. 이러한 데이터의 자료 구조에 대해 알아보겠습니다.

[그림 2-27] 딥러닝 입력 데이터의 유형

데이터는 스칼라, 벡터, 행렬, 텐서와 같은 자료 구조를 가집니다. [그림 2-28]은 스칼라, 벡터, 행렬, 텐서를 시각적으로 표현한 것입니다.

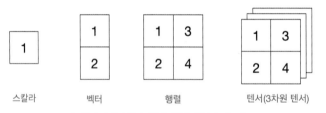

[그림 2-28] 스칼라, 벡터, 행렬, 텐서의 자료 구조

파이썬, 넘파이, 텐서플로에서 제공하는 데이터 자료 구조는 스칼라, 벡터, 행렬, 텐서를 표현할수 있습니다. 파이썬은 리스트(List), 투플(Tuple), 딕셔너리(Dict), 집합(Set)의 자료 구조를 제공합니다. 파이썬의 판다스는 시리즈(Series), 데이터 프레임(DataFrame)을 제공하고 데이터를 불러오거나 연산 등과 같은 작업을 쉽게 할 수 있습니다. 넘파이는 배열, 다차원 배열을 제공하고대규모 다차원 배열의 처리를 쉽고 빠르게 처리할 수 있게 해 줍니다. 텐서플로는 텐서라는 N차원 배열을 다루며 다양한 기능을 제공합니다.

[그림 2-29] 데이터를 분석, 조작하는 소프트웨어들

2.1.1 스칼라

스칼라(Scalar)는 하나의 정수나 실수를 갖는 값입니다. 하나의 값은 크기를 나타내기도 합니다. 예를 들어 키, 몸무게, BMI 지수와 같은 크기를 나타냅니다.

키　　　　　몸무게　　　　　BMI 지수

[그림 2-30] 스칼라의 예

스칼라를 텐서플로의 텐서로 출력했습니다.

[소스 2-8] Scalar.ipynb

```
[1]    import tensorflow as tf

       scalar_cm = tf.constant(183)
       scalar_kg = tf.constant(89)
       scalar_bmi = tf.constant(26.58)

       print(scalar_cm)
       print(scalar_kg)
       print(scalar_bmi)
출력    tf.Tensor(183, shape=(), dtype=int32)
       tf.Tensor(89, shape=(), dtype=int32)
       tf.Tensor(26.58, shape=(), dtype=float32)
```

0차원 텐서를 numpy 함수로 변환할 수도 있습니다. 변환한 후 결과를 보면 183이 출력되고 type 함수의 결과를 보면 numpy.int32가 넘파이로 잘 변환된 것을 확인할 수 있습니다.

```
[2]    scalar_numpy = scalar_cm.numpy()

       print(scalar_numpy)
       type(scalar_numpy)
출력    183
       numpy.int32
```

2.1.2 벡터

벡터(Vector)는 크기와 방향을 갖는 값입니다. 예를 들어 키 183cm, 몸무게 89kg일 때 BMI 지수는 26.58bmi라는 크기와 방향의 성질을 가질 수 있습니다. 벡터는 1차원 배열로 나타낼 수 있습니다.

[그림 2-31] 벡터의 예

벡터를 텐서로 출력합니다.

[소스 2-9] Vector.ipynb

```
[1]    import tensorflow as tf

       vector = tf.constant([183, 89, 26.58])
       print(vector)
출력    tf.Tensor([183. 89. 26.58], shape=(3,), dtype=float32)
```

텐서로 저장된 벡터를 넘파이로 변환합니다. numpy 함수로 변환해 값과 유형을 출력합니다. 이는 텐서 결과를 출력한 값과 동일합니다. 유형은 numpy.nadarray로, 다차원 배열 유형인 것을 확인할 수 있습니다.

```
[2]    vector_numpy = vector.numpy()

       print(vector_numpy)
       type(vector_numpy)
출력    [183. 89. 26.58]
       numpy.ndarray
```

2.1.3 행렬

행렬(Matrix)은 행과 열을 가진 2차원 배열입니다. [그림 2-32]에서는 2개의 행과 3개의 열로 구성된 행렬을 확인할 수 있습니다. 행과 열이라는 2차원 성질을 가집니다.

[그림 2-32] 벡터의 예

행렬을 텐서로 출력합니다.

[소스 2-10] Matrix.ipynb

```
[1]  import tensorflow as tf

     matrix = tf.constant([
     [182, 99, 29.89],
     [183, 89, 26.58]])

     print(matrix)
```
출력
```
tf.Tensor(
[[182. 99. 29.89]
 [183. 89. 26.58]], shape=(2, 3), dtype=float32)
```

텐서 형태의 행렬도 넘파이로 변환해 보겠습니다. numpy 함수로 변환해 값과 유형을 출력합니다. 벡터와 같이 텐서 형태의 행렬의 결과를 동일하게 출력합니다. 유형은 넘파이의 다차원 배열입니다.

```
[2]  matrix_numpy = matrix.numpy()

     print(matrix_numpy)
     type(matrix_numpy)
```
출력
```
[[182. 99. 29.89]
 [183. 89. 26.58]]
numpy.ndarray
```

2.1.4 텐서

텐서는 축이 3개 이상인 데이터의 구조를 말합니다. 스칼라는 '0차원 텐서', 벡터는 '1차원 텐서', 행렬은 '2차원 텐서'라고도 합니다. [그림 2-33]과 같이 여러 개의 행렬이 모여 있는 것을 '3차원 텐서'라고 합니다. 이후 4차원, 5차원 텐서를 설명하기 위해 3차원 텐서를 박스로 시각화했습니다.

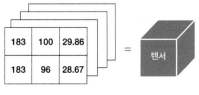

[그림 2-33] 3차원 텐서의 예

3차원 텐서의 축은 3개입니다. 축이 N만큼 증가하면 N차원 텐서라고 표현합니다. [소스 2-11]은 2018년부터 매년 상반기 · 하반기의 키, 몸무게, BMI 데이터를 기록하고 있습니다. 출력 결과 중 shape는 (4, 2, 3)입니다. 이는 2행과 3열로 구성된 행렬이 4개 있다는 의미입니다.

[소스 2-11] Tensor.ipynb

```
[1]    import tensorflow as tf

       tensor = tf.constant([
           [[183, 94, 29.07],[183, 89, 26.58]],      #2018 상반기, 하반기
           [[182, 86, 25.68],[183, 87, 25.98]],      #2019 상반기, 하반기
           [[183, 94, 28.07],[183, 99, 29.56]],      #2020 상반기, 하반기
           [[183, 100, 29.86],[183, 96, 28.67]],])   #2021 상반기, 하반기

       print(tensor)
```
```
출력    tf.Tensor(
        [[[183.  94.  29.  07]
          [183.  89.  26.  58]]

         [[182.  86.  25.  68]
          [183.  87.  25.  98]]

         [[183.  94.  28.  07]
          [183.  99.  29.  56]]

         [[183. 100.  29.  86]
          [183.  96.  28.  67]]], shape=(4, 2, 3), dtype=float32)
```

3차원 텐서 형태도 넘파이로 변환할 수 있습니다. 결과와 유형을 출력해 보니 벡터, 행렬 결과와 같이 텐서의 값을 동일하게 출력합니다. 유형은 넘파이의 다차원 배열 유형입니다. 넘파이의 대규모 다차원 배열을 빠르게 처리하기 위해 변환한 후에 처리할 수도 있습니다. 텐서에서도 GPU, TPU를 활용한 고속 처리를 지원합니다.

```
[2]    tensor_numpy = tensor.numpy()

       print(tensor_numpy)
       type(tensor_numpy)
```
```
출력     [[[183.  94.  29.  07]
          [183.  89.  26.  58]]

         [[182.  86.  25.  68]
          [183.  87.  25.  98]]

         [[183.  94.  28.  07]
          [183.  99.  29.  56]]

         [[183. 100.  29.  86]
          [183.  96.  28.  67]]]

       numpy.ndarray
```

텐서는 'N차원 텐서'라고도 합니다. 4차원 텐서는 3차원 텐서의 벡터이며 5차원 텐서는 3차원 텐서의 행렬 형태입니다.

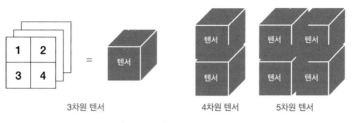

3차원 텐서   4차원 텐서   5차원 텐서

[그림 2-34] N차원 텐서의 예

2.2 데이터 자료형

데이터의 자료형은 숫자형과 문자열, 부울 등과 같이 다양합니다. 숫자형의 경우, 정수형(int8, int16, int32, int64)과 실수형(float16, float32, float64) 등과 같은 다양한 데이터 유형을 프로그래밍 언어에서 제공하고 있습니다. 텐서와 넘파이의 데이터 유형을 확인한 후 데이터 유형을 변경해 보겠습니다.

2.2.1 데이터 자료형

벡터 [183, 89, 26.58]을 1차원 텐서로 생성합니다. 이때 dtype을 float64로 지정합니다. 첫 번째 출력 결과는 183., 89.로, 정수형이 실수형처럼 출력됩니다. 정수와 실수가 함께 있을 경우, 모두 실수형으로 표현되는 것을 확인했습니다.

[소스 2-12] Data-Type.ipynb

```
[1]   import tensorflow as tf

      vector_float64 = tf.constant([183, 89, 26.58], dtype=tf.float64)

      print(vector_float64)
출력   tf.Tensor([183. 89. 26.58], shape=(3,), dtype=float64)
```

tf.cast 함수를 통해 dtpye을 float32, float16으로 변경하면서 데이터 자료형을 변경할 수 있습니다. 표현할 수 있는 데이터 표현 영역이 실수 64비트에서 16비트까지 줄어들었습니다. dtype을 uint8, 즉 실수에서 정수로 변환합니다. 마지막 출력 결과를 보면 183.이 183으로 변경됐으며 26.58이 26으로 소수점 이하가 없어지는 것을 알 수 있습니다. dtype을 float16에서 uint8로 변경하면서 데이터의 정보가 사라지는 것도 알 수 있습니다. 그럼 왜 데이터 자료형을 변경하는지에 대해 알아보겠습니다.

```
[2]    import tensorflow as tf

       vector_float32 = tf.cast(vector_float64, dtype=tf.float32)
       vector_float16 = tf.cast(vector_float32, dtype=tf.float16)

       vector_uint8 = tf.cast(vector_float64, dtype=tf.uint8)

       print(vector_float32)
       print(vector_float16)
       print(vector_uint8)
출력    tf.Tensor([183. 89. 26.58], shape=(3,), dtype=float32)
       tf.Tensor([183. 89. 26.58], shape=(3,), dtype=float16)
       tf.Tensor([183 89 26], shape=(3,), dtype=uint8)
```

데이터 자료형을 변경하면 데이터의 크기가 줄어들므로 메모리에 올려 사용할 경우, 메모리 사용량이 줄어들고 빠른 처리를 할 수 있게 됩니다. 하지만 주의해야 할 점은 데이터 유형이 변경되면서 소중한 데이터의 정보가 사라질 수 있다는 것입니다. 실수형이 정수형으로 변경되면서 소수점 이하 정보가 사라지면 정보를 잃게 됩니다. 어떤 경우에는 큰 문제가 되지 않지만, 어떤 경우에는 큰 문제가 되기도 합니다. 잘 확인해서 데이터가 유실되지 않도록 해야 합니다.

넘파이로도 이와 동일한 실습을 합니다. 명령어가 조금 다르기는 하지만, dtype 등과 같이 유사한 구문을 사용합니다.

```
[3]    import numpy as np

       vector_float64 = np.array([183, 89, 26.58], dtype=np.float64)
       vector_float32 = vector_float64.astype('float32')
       vector_float16 = vector_float64.astype('float16')

       vector_uint8 = vector_float64.astype('uint8')

       print(vector_float64, vector_float64.dtype, type(vector_float64))
       print(vector_float32, vector_float32.dtype, type(vector_float64))
       print(vector_float16, vector_float16.dtype, type(vector_float64))
       print(vector_uint8, vector_uint8.dtype, type(vector_float64))
출력    [183. 89. 26.58] float64 <class 'numpy.ndarray'>
       [183. 89. 26.58] float32 <class 'numpy.ndarray'>
       [183. 89. 26.58] float16 <class 'numpy.ndarray'>
       [183 89 26] uint8 <class 'numpy.ndarray'>
```

캐글의 Store Sales 데이터셋의 데이터 자료형을 변경했을 때 데이터셋의 크기가 얼마나 줄어드는지 실습해 보겠습니다. Store Sales 데이터셋의 크기는 477MB입니다. 자료형이 int64, float64에서 int16, int32, float32로 변경됐습니다. object는 category로 변경됐습니다. 데이터 자료형을 변경한 후 477MB에서 40MB로 91% 정도가 줄어들었습니다. 데이터 유형을 변경해 얻을 수 있는 메모리 사용량 절약 및 빠른 처리 등의 이점을 잘 알고 사용하면 도움이 됩니다.

```
        df_before.info(memory_usage='deep')                          df_after.info(memory_usage='deep')

  ✓  0.5s                                                       ✓  0.2s

  <class 'pandas.core.frame.DataFrame'>                         <class 'pandas.core.frame.DataFrame'>
  RangeIndex: 3000888 entries, 0 to 3000887                     RangeIndex: 3000888 entries, 0 to 3000887
  Data columns (total 6 columns):                               Data columns (total 6 columns):
   #   Column       Dtype                                        #   Column       Dtype
  ---  ------       -----                                       ---  ------       -----
   0   id           int64                                        0   id           int32
   1   date         object                                       1   date         category
   2   store_nbr    int64                                        2   store_nbr    int8
   3   family       object                                       3   family       category
   4   sales        float64                                      4   sales        float32
   5   onpromotion  int64                                        5   onpromotion  int16
  dtypes: float64(1), int64(3), object(2)                       dtypes: category(2), float32(1), int16(1), int32(1), int8(1)
  memory usage: 477.2 MB                                        memory usage: 40.2 MB
```

[그림 2-35] 데이터 유형 변경 예시

2.2.2 데이터 형상 변경

데이터를 다루다 보면 데이터의 형상을 변경해야 하는 경우가 있습니다. 예를 들어 이미지 데이터의 경우 가로, 세로 형태의 2차원 배열입니다. 딥러닝 모델을 입력하기 위해 2차원 배열을 1차원 배열로 변환해야 하는 경우가 좋은 예입니다. 그럼 데이터의 형상을 넘파이에서는 어떻게 변경하는지 알아보겠습니다.

데이터 형상 변경을 실습해 보겠습니다. 실습을 위해 넘파이로 1차원 배열을 생성해 보겠습니다. 넘파이의 arange 함수를 사용하면 1차원 배열을 만들수 있습니다. arange(10)으로 0부터 9까지의 배열을 array 변수에 저장합니다. ndim과 shape로 형상을 확인해 보겠습니다. ndim은 차원을 출력합니다. 1차원 배열로 1이 출력됐네요. shape는 형상을 출력하는데, 1차원 배열이므로 (10,)으로 출력된 것을 확인할 수 있습니다.

[소스 2-13] Data-Type.ipynb

```
[1]  import numpy as np

     array = np.arange(10)

     print(array)
     print('array.ndim : ', array.ndim)
     print('array.shape : ', array.shape)
```

```
출력  [0 1 2 3 4 5 6 7 8 9]
     array.ndim :      1
     array.shape : (10,)
```

넘파이의 reshape 함수를 사용해 데이터의 형상을 변경해 보겠습니다. reshape함수의 첫 번째 인자로는 변경할 배열, 두 번째 인자로는 변경할 형상 정보를 입력합니다. reshape 함수의 인자인 reshape(array, (2, 5))는 array라는 1차원 배열을 2행과 5열로 구성된 2차원 배열로 형상을 변경하라는 의미입니다. ndim과 shape의 결과를 보면 2차원이며 형상은 (2, 5)인 것을 확인할 수 있습니다. reshape(array, (5, 2))는 5행과 2열로 구성된 2차원 배열로 형상이 변경됩니다.

```
[2]   array_25 = np.reshape(array, (2,5))
      array_52 = np.reshape(array, (5,2))

      print(array_25)
      print('array_25.ndim :', array_25.ndim)
      print('array_25.shape :', array_25.shape)

      print('\n')
      print(array_52, array_52.ndim, array_52.shape)
      print('array_52.ndim :', array_52.ndim)
      print('array_52.shape :', array_52.shape)
```

출력
```
[[0 1 2 3 4]
 [5 6 7 8 9]]
array_25.ndim : 2
array_25.shape :(2, 5)

[[0 1]
 [2 3]
 [4 5]
 [6 7]
 [8 9]] 2(5, 2)
array_52.ndim : 2
array_52.shape :(5, 2)
```

넘파이 1차원 배열을 2차원으로 변경하는 예시를 알아봤습니다. 이제는 1차원 배열을 3차원으로 변경해 보겠습니다. 데이터를 arange(0, 24, 1)로 생성합니다. 0부터 24까지 1 간격으로 생성합니다. 0부터 23까지의 1차원 배열이 생성되며 array 변수에 저장됩니다. array 넘파이 배열에 reshape(4, 3, 2)를 실행해 3차원 넘파일 배열을 생성합니다. 3행과 2열의 데이터셋이 4개 생성됐습니다. ndim으로 3차원 배열인 것을 확인할 수 있습니다.

```
[3]   import numpy as np

      # arange(0, 24, 1)
      array = np.arange(0, 24, 1)

      print(array)
      print('\narray.ndim :', array.ndim)
      print('array.shape :', array.shape)

      # reshape(4,3,2)
      array = array.reshape(4,3,2)

      print('\n', array)
      print('\narray.ndim :', array.ndim)
      print('array.shape :', array.shape)
```

[0 1 2 3 4 5 6 7 8 9 10 11 12 13 14 15 16 17 18 19 20 21 22 23]

```
array.ndim : 1
array.shape :(24,)

 [[[ 0   1]
  [ 2   3]
  [ 4   5]]

 [[ 6   7]
  [ 8   9]
  [10 11]]

 [[12 13]
  [14 15]
  [16 17]]

 [[18 19]
  [20 21]
  [22 23]]]

array.ndim : 3
array.shape :(4, 3, 2)
```

이미지 데이터를 간단히 넘파이로 생성해 딥러닝 모델의 입력으로 데이터 형상을 변경해 보겠습니다. MNIST의 숫자 1인 이미지 데이터셋을 넘파이 배열로 생성합니다. 넘파이 zeros 함수를 사용해 0으로 채워진 5행과 5열로 구성된 넘파이 2차원 배열을 생성합니다. 숫자 1을 표현하기 위해 2열을 255로 변경합니다. 이미지를 숫자 형태의 데이터셋으로 변경할 때는 0부터 255로 표현합니다. 출력 결과를 보면, 255로 표현된 부분이 검은색으로 변경해 1을 표현한 데이터입니다.

```
[4]  import numpy as np

     array = np.zeros((5, 5))
     array[:,2] = 255

     print(array, array.shape)
```

출력
```
[[  0.   0. 255.   0.   0.]
 [  0.   0. 255.   0.   0.]
 [  0.   0. 255.   0.   0.]
 [  0.   0. 255.   0.   0.]
 [  0.   0. 255.   0.   0.]](5, 5)
```

딥러닝 모델에 데이터를 입력할 때는 다차원 데이터셋을 1차원 형태로 평탄화하는 데이터 전처리 과정이 필요합니다. 이런 경우 `reshape(-1)`을 1차원 형태로 변환할 수 있습니다. 다른 방법도 실습해 보겠습니다.

```
[5]  array.reshape(-1)
```
출력
```
array([     0.,    0.,  255.,    0.,    0.,    0.,    0.,  255.,    0.,    0.,    0.,
             0.,  255.,    0.,    0.,    0.,    0.,  255.,    0.,    0.,    0.,    0.,
           255.,    0.,    0.])
```

넘파이에서는 1차원 형태로 변환하는 `flatten()`, `ravel()`을 제공합니다. 출력해 보면 `reshape(-1)`, `flatten()`, `revel()`의 결과가 모두 동일합니다. 차이점은 `flatten()`의 경우, 배열을 복사해 처리합니다. 그렇기 때문에 값을 변경했을 때 `reahape(-1)`, `revel()`의 경우, 원본 데이터가 변경되고 `flatten()`의 경우 복사한 배열의 값만 변경됩니다. 이런 구조적인 차이로 메모리 사용 및 속도의 차이가 있을 수 있습니다.

```
[6]  print('array.flatten()\n', array.flatten())
     print('\narray.ravel()\n', array.ravel())
```
출력
```
array.flatten()
 [  0.   0. 255.   0.   0.   0.   0. 255.   0.   0.   0.   0. 255.   0.
   0.   0.   0. 255.   0.   0.   0.   0. 255.   0.   0.]

array.ravel()
 [  0.   0. 255.   0.   0.   0.   0. 255.   0.   0.   0.   0. 255.   0.
   0.   0.   0. 255.   0.   0.   0.   0. 255.   0.   0.]
```

2.3   데이터 인덱싱, 슬라이싱

넘파이를 활용한 데이터 인덱싱과 슬라이싱에 대해 알아보겠습니다.

2.3.1 인덱싱

데이터 전처리 과정에서 원하는 데이터셋을 조작하기 위해 인덱싱(Indexing)을 사용합니다. 실습을 위해 넘파이 `arange(10)`으로 0부터 9까지의 데이터를 생성하고 `array` 변수에 저장합니다. `array` 넘파이 1차원 배열의 `array[0]`은 첫 번째 값입니다. 출력값을 보면 0이 출력되네요. `array[-1]`은 마지막 값을 출력합니다. `array`의 마지막 값은 9이며 출력값도 이와 동일한 것을 확인할 수 있습니다. 1차원 배열의 인덱싱을 통해 원하는 데이터를 추출해 입력 데이터로 사용할 수 있습니다. 실제 데이터셋은 2차원, 3차원인 경우가 대부분입니다. 계속 실습해 보겠습니다.

[소스 2-14] Data-Indexing.ipynb

```
[1]    import numpy as np

       array = np.arange(10)

       print('array :', array)

       print('\narray[0]:', array[0])
       print('array[-1]:', array[-1])
출력    array : [0 1 2 3 4 5 6 7 8 9]


       array[0] 0
       array[-1] 9
```

넘파이 2차원 배열의 인덱싱을 실습해 보겠습니다. 넘파이 2차원 배열을 2행과 5열로 생성한 후 array_25에 저장합니다. array_25[0]을 출력해 보면 첫 번째 행이 출력됩니다. array_25[1]은 2번째 행입니다. array_25[2]를 출력해 보면 그러한 행이 없다는 오류가 발생합니다.

```
[2]    import numpy as np

       array_25 = np.reshape(array,(2,5))

       print(array_25)

       print('\n array_25[0] :', array_25[0])
       print('array_25[1] :', array_25[1])

       print('array_25[2] :', array_25[2])
출력    [[0 1 2 3 4]
        [5 6 7 8 9]]

       array_25[0] : [0 1 2 3 4]
       array_25[1] : [5 6 7 8 9]
       ──────────────────────────────────────────────────────
       IndexError        Traceback(most recent call last)
       〈ipython-input-3-f3bb74ea07bc〉 in 〈module〉()
             6 print('array_25[0] :', array_25[0])
             7 print('array_25[1] :', array_25[1])
       ────〉 8 print('array_25[2] :', array_25[2])

       IndexError: index 2 is out of bounds for axis 0 with size 2
```

2.3.2 슬라이싱

슬라이싱은 인덱스싱을 범위로 추출하는 것입니다. [행 시작:행 종료, 열 시작:열 종료]와 같이 추출할 수 있습니다. array_25[:, 0]은 첫 번째 열 [0, 5]를 출력합니다. ':'는 모든 값을 의미합니다. 행의 위치에 ':' 값이 있으므로 모든 행을 출력한다는 의미입니다. array_25[:, -1]은 마지막 열을 출력합니다. [4, 9]가 출력된 것을 확인할 수 있습니다. 그럼 3차원 배열을 인덱스싱해 볼까요?

[소스 2-15] Data-Slicing.ipynb

```
[1]  import numpy as np

     array_25 = np.reshape(np.arange(10), (2,5))
     print(array_25)

     print('\narray_25[:, 0] :', array_25[:, 0])
     print('array_25[:, 1] :', array_25[:, 1])
     print('array_25[:, -1] :', array_25[:, -1])
```

출력
```
[[0 1 2 3 4]
 [5 6 7 8 9]]


array_25[:, 0] : [0 5]
array_25[:, 1] : [1 6]
array_25[:, -1] : [4 9]
```

넘파이 3차원 데이터셋을 생성합니다. 3행과 4열의 행렬이 2개 있는 3차원 배열입니다. 결과를 출력하고 형상을 확인해 보면 (2, 3, 4)인 것을 확인할 수 있습니다. array[0, 0, 0]은 0을 출력합니다. array[1, 2, 3]은 23을 출력합니다. 슬라이싱을 실습할 준비가 됐습니다.

```
[2]  import numpy as np

     array = np.arange(24)
     array = array.reshape(2, 3, 4)

     print('array.shape : ', array, array.shape)
     print('\narray[0, 0, 0] :', array[0, 0, 0])
     print('\narray[1, 2, 3] :', array[1, 2, 3])
```

출력
```
array.shape :  [[[ 0  1  2  3]
                 [ 4  5  6  7]
                 [ 8  9 10 11]]

                [[12 13 14 15]
                 [16 17 18 19]
                 [20 21 22 23]]](2, 3, 4)

array[0, 0, 0] : 0
array[1, 2, 3] : 23
```

넘파이 3차원 배열의 슬라이싱을 여러 가지 예시로 알아보겠습니다. 행과 열, 차원으로 원하는 결과를 출력할 수 있습니다. 실습 예시를 잘 알아보고 데이터를 원하는 형태로 구성할 수 있도록 해야 합니다.

첫 번째 인자에 0과 −1을 넣으면 3차원 배열이 어떻게 슬라이싱되는지 알아보겠습니다. 0을 넣으면 첫 번째 차원의 배열이 출력됩니다. −1을 입력하면 마지막 차원의 배열이 출력됩니다. 2개로 구성된 배열이므로 마지막 차원은 두 번째이면서 마지막 차원이 출력됐습니다.

```
[3]    print(array)

       print('\narray[0, :, :] ', array[0, :, :], sep='\n')
       print('array[-1, :, :] ', array[-1, :, :], sep='\n')
```

```
출력    [[[  0   1   2   3]
        [  4   5   6   7]
        [  8   9  10  11]]

        [[ 12  13  14  15]
        [ 16  17  18  19]
        [ 20  21  22  23]]]

       array[0, :, :]
        [[  0   1   2   3]
        [  4   5   6   7]
        [  8   9  10  11]]

       array[-1, :, :]
        [[ 12  13  14  15]
        [ 16  17  18  19]
        [ 20  21  22  23]]
```

3차원 배열의 두 번째 인자는 행입니다. 0을 입력하면 첫 번째와 두 번째 배열의 첫 번째 행이 출력됩니다. [[0, 1, 2, 3], [12, 13, 14, 15]]에 −1을 입력하면 첫 번째, 두 번째 배열의 마지막 행이 출력됩니다. [[8, 9, 10, 11], [20, 21, 22, 23]]이 출력됐습니다.

```
[4]    print(array)

       print('\narray[:, 0, :] ', array[:, 0, :], sep='\n')
       print('array[:, -1, :] ', array[:, -1, :], sep='\n')
```

```
출력    [[[  0   1   2   3]
        [  4   5   6   7]
        [  8   9  10  11]]

        [[ 12  13  14 15]
        [ 16  17  18  19]
        [ 20  21  22  23]]]

       array[:, 0, :]
        [[  0   1   2   3]
        [ 12  13  14  15]]

       array[:, -1, :]
        [[  8   9  10  11]
        [ 20  21  22  23]]
```

3차원 배열의 세 번째 인자는 열입니다. 동일하게 0과 −1을 입력해 출력 결과가 어떻게 되는지 알아보겠습니다. 0을 입력하면 첫 번째, 두 번째 배열의 첫 행이 출력됩니다. [[0, 4, 8], [12, 16, 20]]이 출력됐습니다. −1을 입력하면 마지막 행이 출력됩니다. [[3, 7, 11], [15, 19, 23]]이 출력됐습니다.

```
[5]  print(array)

     print('\narray[:, :, 0] ', array[:, :, 0], sep='\n')
     print('array[:, :, −1] ', array[:, :, −1], sep='\n')
```

출력
```
[[[  0   1   2   3]
  [  4   5   6   7]
  [  8   9  10  11]]

 [[ 12  13  14  15]
  [ 16  17  18  19]
  [ 20  21  22  23]]]

array[:, :, 0]
[[  0   4   8]
 [ 12  16  20]]

array[:, :, −1]
[[  3   7  11]
 [ 15  19  23]]
```

3차원 배열에 지금까지 배운 슬라이싱을 적용해 복습해 보겠습니다. array[1, 2, 3]의 출력 결과는 23입니다. 배열은 0부터 시작됩니다. array[1, 2, 3]의 의미는 두 번째 배열의 3번째 행에 4번째 열의 값을 출력하라는 의미입니다. 그 값은 23이 잘 출력된 것을 확인할 수 있습니다. 이 밖의 출력 결과는 ':'를 사용해 원하는 배열의 값을 출력할 수 있습니다. 잘 학습해 두고 이후에 나올 탐색적 데이터 분석 및 데이터 전처리 과정에서 유용하게 사용하기 바랍니다.

```
[6]  print('array[1, 2, 3] ', array[1, 2, 3], sep='\n')

     print('\narray[1, 2, :] ', array[1, 2, :], sep='\n')
     print('\narray[1, :, 3] ', array[1, :, 3], sep='\n')
     print('\narray[1, 2, :] ', array[:, 2, 3], sep='\n')
```

출력
```
array[1, 2, 3]
23

array[1, 2, :]
[20 21 22 23]

array[1, :, 3]
[15 19 23]

array[1, 2, :]
[11 23]
```

2.4 데이터 연산

데이터 전처리 및 피처 엔지니어링 과정에서 데이터 간 연산이 수행되기도 합니다. 딥러닝 동작 과정에서 데이터와 매개변수(가중치와 편향) 간의 연산이 발생합니다. 이런 과정을 이해하기 위해 데이터 연산 과정인 사칙연산, 행렬 곱, 브로드캐스팅에 대해 알아보겠습니다.

2.4.1 데이터 연산자

넘파이 벡터인 vector_a, vector_b 변수를 생성합니다. vector_a는 [1, 2], vector_b는 [3, 4]를 저장합니다. 사칙연산인 덧셈, 뺄셈, 곱셈, 나눗셈을 살펴보겠습니다.

[소스 2-16] Data-Calculation.ipynb

```
[1]  import numpy as np

     vector_a = np.arange(1,3)
     vector_b = np.arange(3,5)

     print('vector_a :', vector_a)
     print('vector_b :', vector_b)
```
```
출력  vector_a : [1 2]
     vector_b : [3 4]
```

덧셈 연산을 + 연산자로 수행할 수 있습니다. 결과는 3 + 1 = 4, 4 + 2 = 6으로 [4, 6]이 출력됩니다. 넘파이 add 함수를 사용하면 덧셈 연산을 수행할 수 있습니다. 결과는 [4, 6]으로 동일합니다.

```
[2]  # 사칙연산 덧셈
     print(vector_b + vector_a)

     print(np.add(vector_b, vector_a))
```
```
출력  [4 6]
     [4 6]
```

뺄셈 연산은 − 연산자와 넘파이 subtract 함수로 가능합니다. 3−1 = 2, 4−2 = 2로 [2, 2]가 출력됩니다.

```
[3]  # 사칙연산 뺄셈
     print(vector_b − vector_a)

     print(np.subtract(vector_b, vector_a))
```
```
출력  [2 2]
     [2 2]
```

곱셈 연산은 ＊ 연산자와 넘파이 multiply 함수로 가능합니다. 3 + 1 = 3, 4 ＊ 2 = 8로 [3, 8]이 출력됩니다.

```
[4]  # 사칙연산 곱셈
     print(vector_b * vector_a)

     print(np.multiply(vector_b, vector_a))
출력  [3 8]
     [3 8]
```

나눗셈 연산은 / 연산자와 넘파이 divide 함수로 가능합니다. 3 / 1 = 3, 4 / 2 = 2로 [3, 2]가 출력됩니다.

```
[5]  # 사칙연산 나눗셈
     print(vector_b / vector_a)

     print(np.divide(vector_b, vector_a))
출력  [3. 2.]
     [3. 2.]
```

벡터의 사칙연산에 대해 알아봤습니다. 이번에는 행렬의 사칙연산을 실습해 보겠습니다. matrix_a, matrix_b 변수에 2차원 행렬을 생성합니다.

```
[6]  import numpy as np

     matrix_a = np.arange(1,5).reshape(2,2)
     matrix_b = np.arange(5,9).reshape(2,2)

     print('matrix_a :', matrix_a, sep='\n')
     print('matrix_b :', matrix_b, sep='\n')
출력  matrix_a :
     [[1 2]
      [3 4]]
     matrix_b :
     [[5 6]
      [7 8]]
```

행렬 데이터 간 사칙연산을 수행합니다. 넘파이의 add, subtract, multiply, divide 함수로 결과를 살펴보면 행렬 데이터 간 사칙연산이 잘 수행되는 것을 확인할 수 있습니다. 예를 들어 add 함수 연산을 보면 1 + 5 = 6, 2 + 6 = 8, 3 + 7 = 10, 4 + 8 = 12로 [[6, 8], [10, 12]]를 출력합니다. subtract, multiply, divide 함수도 이와 동일한 순서로 사칙연산을 수행합니다. 사칙연산의 결과가 예상한 대로 출력됐습니다.

```
[7]   # 사칙연산(+)
      print('matrix.add() : ', np.add(matrix_b, matrix_a) ,sep='\n')

      # 사칙연산(-)
      print('\nmatrix.subtract() : ', np.subtract(matrix_b, matrix_a) ,sep='\n')

      # 사칙연산(*)
      print('\nmatrix.multiply() : ', np.multiply(matrix_b, matrix_a) ,sep='\n')

      # 사칙연산(/)
      print('\nmatrix.divide() : ', np.divide(matrix_b, matrix_a) ,sep='\n')
```

출력
```
matrix.add() :
[[ 6   8]
 [10 12 ]]


matrix.subtract() :
[[4 4]
 [ 4 4]]


matrix.multiply() :
[[ 5 12]
 [21 32]]


matrix.divide() :
[[5.          3.   ]
 [2.33333333 2.   ]]
```

사칙연산 외에 논리연산도 가능합니다. vector_a, vector_b라는 벡터를 생성합니다.

```
[8]   import numpy as np

      vector_a = np.arange(1, 10, 3)
      vector_b = np.arange(1, 10, 4)

      print('a :', vector_a)
      print('b :', vector_b)
```

출력
```
a : [1 4 7]
b : [1 5 9]
```

'==', '<', '>'와 같은 논리연산도 가능합니다. 결과는 참(True), 거짓(False)으로 출력됩니다.

```
[9]   print('a == b :', vector_a == vector_b)
      print('a < b :  ', vector_a < vector_b)
      print('a > b :  ', vector_a > vector_b)
```

출력
```
a == b : [ True  False False]
a < b :  [False  True  True]
a > b :  [False  False False]
```

넘파이는 isnan, all 등과 같은 다양한 논리연산자를 제공하고 있습니다. 데이터 확인 시 결측값 여부를 확인하기 위해 많이 사용하는 isnan 함수를 실습해 보겠습니다. empty 함수로 2행 2열 행렬을 생성합니다. isnan 함수로 결측값이 있는지 출력해 보면 모두 False로 결측값이 없다는 것을 알 수 있습니다.

```
[10]  import numpy as np

      vector_nan = np.empty((2, 2))

      print(vector_nan)
      print(np.isnan(vector_nan))
```

출력
```
[[5.          3.     ]
 [2.33333333 2.     ]]


[[False False ]
 [False False ]]
```

nan으로 두 번째 열에 결측값을 생성합니다. 다시 isnan 함수로 결측값 여부를 확인해 보면 두 번째 열에서 True 값을 확인할 수 있습니다. sum 함수로 결측값 수를 확인할 수 있습니다. 총 2개가 확인됩니다. 이러한 결측 데이터를 어떻게 처리하느냐에 따라 모델의 성능에 많은 영향을 미칠 수 있습니다. 예를 들어 결측 데이터 행을 삭제하는 방법, 이전과 다음 데이터로 채우는 방법, 평균값 또는 중앙값으로 채우는 방법 등 데이터의 특징을 잘 파악하고 처리할 수 있습니다.

```
[11]  vector_nan[:, 1] = np.nan

      print(vector_nan)
      print(np.isnan(vector_nan))
      print(np.isnan(vector_nan).sum())
```

출력
```
[[5.          nan ]
 [2.33333333 nan ]]
[[False       True ]
 [False       True ]]
2
```

2.4.2 행렬 곱

행렬 곱 연산은 위에서 배운 사칙연산 중 곱셈과 다르게 동작합니다. 스칼라, 벡터, 행렬을 예로 들어 행렬 곱과 곱셈 연산의 차이를 알아보겠습니다.

스칼라 a, b의 곱셈(multiply)과 행렬 곱(dot)의 결과는 $1 \times 2 = 2$로 동일합니다.

[소스 2-17] Matrix-Multiplication.ipynb

```
[1]  import numpy as np

     a = 1  # 스칼라
     b = 2  # 스칼라

     # 곱셈
     print(np.multiply(a, b))

     # 행렬 곱
     print(np.dot(a, b))
출력  2
     2
```

벡터 a, b의 곱셈과 행렬 곱의 결과는 다릅니다. 곱셈 연산인 경우 $(1 \times 1, 2 \times 2) = (1, 4)$, 벡터의 행렬 곱인 경우 $(1 \times 1) + (2 \times 2) = 5$로 5를 출력합니다.

```
[2]  import numpy as np

     a = np.arange(1,3)  # 벡터
     b = np.arange(1,3)  # 벡터

     print(a)
     print(b, '\n')

     # 곱셈
     print(np.multiply(a, b))

     # 행렬 곱
     print(np.dot(a, b))
출력  [1 2]
     [1 2]


     [1 4]
     5
```

행렬의 곱셈과 행렬 곱의 결과도 다릅니다. 행렬의 곱 결과를 알아보겠습니다. 7은 $(1 \times 1) + (2 \times 3)$, 10은 $(1 \times 2) + (2 \times 4)$, 15는 $(3 \times 1) + (4 \times 3)$, 22는 $(3 \times 2) + (4 \times 4)$로 나온 결과입니다. 행렬 곱의 결과는 [[7, 10], [15, 22]]입니다.

```
[3]   import numpy as np

      a = np.arange(1,5).reshape(2,2)  # 행렬
      b = np.arange(1,5).reshape(2,2)  # 행렬

      print(a)
      print(b, '\n')

      # 곱셈
      print('multiply', np.multiply(a, b), sep='\n')

      # 행렬 곱
      print('\n dot', np.dot(a, b), sep='\n')
```

출력
```
[[  1   2 ]
 [  3   4 ]]
[[  1   2 ]
 [  3   4 ]]

multiply
[[  1   4 ]
 [  9  16 ]]

dot
[[  7  10 ]
 [ 15  22 ]]
```

2.4.3 브로드캐스팅

데이터 연산 과정 중 브로드캐스팅에 대해 알아보겠습니다. 브로드캐스팅은 다른 형상을 가진 배열 간의 연산이 수행되는 경우입니다. 다음 예제는 a, b 벡터의 형상이 다릅니다. 넘파이의 add 함수로 연산을 수행할 경우 에러가 발생합니다. 브로드캐스팅이 가능한 조건에 대해 알아보 겠습니다.

[소스 2-18] Data-Broadcasting.ipynb

```
[1]   import numpy as np

      a = np.arange(1,5)
      b = np.arange(1,3)

      print('a :', a, sep='\n')
      print('b :', b, sep='\n')

      print(np.add(a, b))
```

```
출력    a :
        [1 2 3 4]
        b :
        [1 2]
        ─────────────────────────────────────────────────────────────────
        ValueError        Traceback(most recent call last)
        ⟨ipython-input-1-ee0518239230⟩ in ⟨module⟩()
              7 print('b :', b, sep='\n')
              8
        ───⟩ 9 print(np.add(a, b))

        ValueError: operands could not be broadcast together with shapes(4,)(2,)
```

브로드캐스팅이 가능한 경우는 다음 3가지입니다. 예를 들어 설명하겠습니다.

- 2×3(행렬) + 1(스칼라)
- 2×3(행렬) + 1×2(행렬)
- 2×3(행렬) + 3×2(행렬)

브로드캐스팅이 가능한 첫 번째는 스칼라에 대한 연산입니다. (2×3) 행렬에 1인 스칼라 값을 더합니다. 모든 행렬 값에 1이 더해진 것을 확인할 수 있습니다.

```
[2]    import numpy as np

       a = np.arange(1,7).reshape(2,3) # 행렬(2x3)
       b = 1  # 스칼라

       print('a', a, sep='\n')
       print('\n a + 1', a + b, sep='\n')
```

```
출력    a
        [[1 2 3]
         [4 5 6]]

        a + 1
        [[2 3 4]
         [5 6 7]]
```

두 번째 경우는 연산을 하기 위한 축 하나가 1차원인 경우에 가능합니다. b는 a와 열은 같지만, 행은 1입니다. c는 행은 2로 같지만, 열이 1입니다. 데이터 형상이 다른 a, b, c의 연산 시 브로드캐스팅이 발생합니다. a + b, b + c 연산 결과를 보면 a와 같은 (2×3) 행렬인 것을 확인할 수 있습니다.

```
import numpy as np

a = np.arange(1,7).reshape(2,3)   # 행렬(2x3)

b = np.arange(1,4).reshape(1,3)   # 행렬(1x3)
c = np.arange(1,3).reshape(2,1)   # 행렬(2x1)

print('a', a, sep='\n')
print('b', b, sep='\n')
print('c', c, sep='\n')

print('\n a + b', a + b, sep='\n')
print('\n a + c', a + c, sep='\n')
```
출력
```
a
[[1 2 3]
 [4 5 6]]
b
[[1 2 3]]
c
[[1]
 [2]]

a + b
[[2 4 6]
 [5 7 9]]

a + c
[[2 3 4]
 [6 7 8]]
```

세 번째의 경우, 차원의 짝이 맞을 때 브로드캐스팅이 발생합니다. (1×2)와 (2×1)의 행렬에 대한 연산 수행 시 브로드캐스팅이 발생하고 (2×2)의 행렬을 출력하는 것을 확인할 수 있습니다.

[4]
```
import numpy as np

a = np.arange(1,3).reshape(1,2)  # 행렬(1x2)
b = np.arange(1,3).reshape(2,1)  # 행렬(2x1)

print('a', a, sep='\n')
print('b', b, sep='\n')

print('\n a + b', a + b, sep='\n')
```
출력
```
a
[[1 2]]
b
[[1]
 [2]]

a + b
[[2 3]
 [3 4]]
```

케라스로 딥러닝 모델의 구축 과정을 전반적으로 살펴보겠습니다. [그림 2-36]은 딥러닝 모델 구축 과정을 설명하고 있습니다. 문제 정의부터 예측까지의 과정을 예시를 통해 알아보겠습니다.

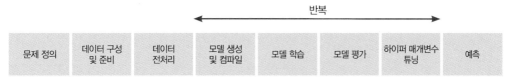

[그림 2-36] 딥러닝 모델 구축 및 예측 과정

3.1 문제 정의

문제 정의부터 시작하겠습니다. 문제를 해결하는 데는 여러 가지 방법이 있습니다. 반드시 머신 러닝, 딥러닝으로만 문제를 해결할 필요는 없습니다. 주어진 문제를 해결할 수 있는 최적의 방법을 선택하도록 합니다. 이번에는 딥러닝으로 문제를 해결한다고 가정해 보겠습니다.

문제 정의 및 목표를 정합니다. 예를 들어 온라인 쇼핑몰의 매출이 전년 대비 감소했다는 문제를 찾았습니다. 매출 감소의 원인을 찾기 위해 상품별 고객 리뷰를 긍정과 부정으로 구분해 분석합니다. 분석 결과, 고객별 상품 추천을 위한 큐레이션 기능을 개발한다는 목표를 정의했습니다.

[그림 2-37] 온라인 쇼핑몰 매출 하락 문제 정의 및 목표 설정

문제 정의가 됐다면 우리가 가진 데이터는 어떤 형태인지, 어디에 있는지 확인해야 합니다. 데이터가 라벨(정답)을 갖고 있는지의 여부에 따라 지도학습과 비지도학습으로 구분할 수 있습니다. 지도학습과 비지도학습에 대해 알아보겠습니다.

3.1.1 지도학습과 비지도학습의 차이

머신러닝의 주어진 데이터 형태에 따라 문제를 해결하는 과정이 달라질 수 있습니다. 정답이 주어진 데이터라면 지도학습(Supervised Learning)으로 문제를 풀 수 있습니다.

지도학습의 예로, 클리블랜드 클리닉의 심장병 데이터셋을 알아보겠습니다. 환자를 설명하는 13개의 피처와 심장병 여부가 표현된 라벨로 구성돼 있습니다. 라벨은 피처를 기반으로 우리가 예측해야 하는 값입니다. [그림 2-38]의 target 열이 라벨에 해당합니다. 이 밖에 age, sex, cp, .., thal은 환자를 설명하는 피처입니다.

이름	구분	설명
age	Feature	age in years
sex	Feature	sex(1 = male; 0 = female)
cp	Feature	chest pain type
trestbps	Feature	resting blood pressure(in mm Hg on admission to the hospital)
chol	Feature	serum cholestoral in mg/dl
fbs	Feature	(fasting blood sugar 〉 120 mg/dl)(1 = true; 0 = false)
restecg	Feature	resting electrocardiographic results
thalach	Feature	maximum heart rate achieved
exang	Feature	exercise induced angina(1 = yes; 0 = no)
oldpeak	Feature	ST depression induced by exercise relative to rest
slope	Feature	the slope of the peak exercise ST segment
ca	Feature	number of major vessels(0-3) colored by flourosopy
thal	Feature	3 = normal; 6 = fixed defect; 7 = reversable defect
target	Label	the predicted attribute

[그림 2-38] 지도학습 데이터셋 라벨과 피처의 예 – 클리블랜드 클리닉의 심장병 데이터셋

정답이 없는 데이터라면 비지도학습(Unsupervised Learning)으로 문제를 해결할 수 있습니다. 비지도학습은 같은 유형의 데이터를 모아 데이터의 특징을 정의합니다. 예를 들어 신용카드 사용 내역 데이터가 주어졌다면 카드를 사용한 같은 고객의 유형으로 모아 마케팅 활동을 할 수 있습니다. 편의점을 주로 이용하는 고객에게 편의점 할인 쿠폰을 제공해 카드 사용을 유도하거나 대중교통을 주로 이용하는 고객에게 시간대별 대중교통 할인 혜택을 제공할 수 있습니다.

[그림 2-39]는 지도학습과 비지도학습의 차이를 그림으로 표현한 것입니다. 지도학습은 타이타닉 탑승객의 생존 여부를 '살았다'와 '죽었다'로 분류합니다. 비지도학습은 편의점 및 대중교통 이용자와 같이 피처 기반으로 그룹을 지어 구분합니다. 이처럼 데이터가 어떻게 주어졌느냐에 따라 문제에 접근하는 전략이 달라질 수 있습니다.

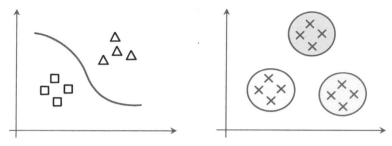

[그림 2-39] 지도학습(왼쪽) 및 비지도학습(오른쪽) 차이

자기 지도학습(Self-Supervised Learning) 및 강화학습(Reinforcement Learning)도 있습니다. 자기 지도학습은 라벨을 갖고 있지 않지만, 데이터에서 라벨을 생성하고 모델을 생성, 학습하는 방법입니다. 강화학습은 환경이 주어지고, 환경(Environment) 안에 속한 에이전트(Agent)가 가능한 행동(Action)을 하고, 리턴되는 최대의 보상(Reward)을 선택하는 과정을 반복하는 학습 방법입니다.

지도학습 (Supervised Learning0)	비지도학습 (Unsupervised Learning)	자기 지도학습 (Self-supervised Learning)	강화학습 (Reinforcement Learning)

[그림 2-40] 모델 학습 방법

3.1.2 데이터는 피처와 라벨로 구성

우리 주변에서는 정형 데이터를 흔히 볼 수 있습니다. 이러한 정형 데이터는 지도학습 문제로 접근할 수 있습니다. 지도학습 문제를 정의하기 위해서는 데이터를 피처(Features)와 라벨(Label)로 구분해야 합니다. 피처는 데이터의 특징을 나타내는 열이고, 라벨은 우리가 예측해야 하는 정답에 해당합니다. [그림 2-41]은 클리블랜드 클리닉의 심장병 데이터셋입니다. 환자 정보를 기반으로 환자의 심장병 발병 여부를 예측하는 문제입니다. 환자의 정보가 피처에 해당합니다. 피처는 환자의 나이(age), 성별(sex), 가슴 통증 유형(cp), 안정 혈압(trestbps), 혈청 콜레스테롤(chol), 공복 혈당(fbs) 등입니다. 라벨은 Target으로, 심장병 발병 여부입니다. 1은 '발병했다', 0은 '발병하지 않았다'입니다.

정형 데이터를 지도학습 문제로 해결하기 위해서는 피처와 라벨로 구분해야 합니다. 이러한 정형 데이터는 행(Rows)과 열(Columns)로 구성된다는 특징이 있습니다.

	age	sex	cp	trestbps	chol	fbs	restecg	thalach	exang	oldpeak	slope	ca	thal	target
0	63	1	1	145	233	1	2	150	0	2.3	3	0	fixed	0
1	67	1	4	160	286	0	2	108	1	1.5	2	3	normal	1
2	67	1	4	120	229	0	2	129	1	2.6	2	2	reversible	0
3	37	1	3	130	250	0	0	187	0	3.5	3	0	normal	0
4	41	0	2	130	204	0	2	172	0	1.4	1	0	normal	0

[그림 2-41] 정형 데이터의 피처와 라벨, 행과 열

3.1.3 데이터는 학습과 테스트 데이터셋으로 구분

지도학습에서는 모델의 성능을 평가하기 위해 데이터를 학습과 테스트 데이터셋으로 구분합니다. 학습 데이터셋으로 모델을 학습하고 테스트 데이터셋으로 모델을 평가합니다.

딥러닝 학습 과정 중 평가를 병행하면 모델의 성능을 더 높일 수 있습니다. 훈련 데이터셋을 훈련과 검증 데이터셋으로 구분해 평가를 병행할 수 있습니다. 데이터는 8:2, 7:3 정도의 비율로 훈련과 검증 데이터셋을 분리합니다. 학습 과정 중 학습 데이터는 학습에 사용됩니다. 검증 데이터셋은 학습이 아니라 학습을 마친 모델의 평가에 사용합니다. 학습은 여러 번 반복되므로 반복되는 과정 중 매번 평가를 통해 정답에 더 가깝게 최적화합니다. 검증 데이터셋을 사용한 모델과 사용하지 않는 모델은 이러한 점 때문에 모델의 성능에 차이가 있을 수 있습니다. 이렇게 학습을 마친 모델을 테스트 데이터셋으로 평가합니다.

3.2 데이터 구성 및 준비

문제가 정의됐다면 데이터를 준비합니다. 데이터는 다양한 형태로 여러 곳에 흩어져 있을 수 있습니다. 예를 들어 엑셀, 로그, CSV 형태의 파일 형태로 있을 수도 있고, 관계형 데이터베이스, NOSQL과 같은 시스템에 저장돼 있을 수도 있으며, 파일 서버, AWS의 S3과 같은 오브젝트 스토리지에 있을 수도 있습니다. 다양한 곳에 위치한 이런 데이터들은 정형 데이터, 이미지, 자연어, 음성, 동영상 같은 다양한 형태입니다.

데이터를 준비해 딥러닝의 입력 형태로 처리하기 위해 파일 형태의 데이터를 데이터셋으로 변환해 보겠습니다. 대표적인 데이터셋으로는 넘파이, 판다스 데이터 프레임, 텐서플로의 tf.data. Dataset을 들 수 있습니다. 이렇게 준비된 데이터셋은 데이터 전처리 과정을 통해 모델의 입력으로 사용됩니다. 이제 실습해 보겠습니다.

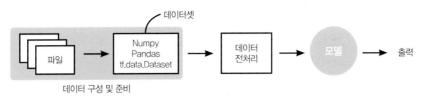

[그림 2-42] 데이터 로드 후 데이터셋 변환

3.2.1 판다스를 사용해 데이터 프레임 만들기

파일 형태의 정형 데이터를 판다스 데이터 프레임으로 불러오겠습니다. 데이터는 클리블랜드 클리닉의 심장병 데이터셋으로 설명하겠습니다. 환자를 설명하는 13개의 피처와 심장병 여부가 표현된 라벨로 구성돼 있습니다. 환자의 심장병 여부를 예측하는 이진 분류 문제입니다.

Cleveland Clinic Foundation for Heart Disease

	age	sex	cp	trestbps	chol	fbs	restecg	thalach	exang	oldpeak	slope	ca	thal	target
0	63	1	1	145	233	1	2	150	0	2.3	3	0	fixed	0
1	67	1	4	160	286	0	2	108	1	1.5	2	3	normal	1
2	67	1	4	120	229	0	2	129	1	2.6	2	2	reversible	0
3	37	1	3	130	250	0	0	187	0	3.5	3	0	normal	0
4	41	0	2	130	204	0	2	172	0	1.4	1	0	normal	0

CSV 파일

데이터셋 생성

```
[ ] import pandas as pd

    filename ="./data/heart.csv"

    # 판다스 데이터프레임
    pd.read_csv(filename)
```

[그림 2-43] 정형 데이터를 데이터 프레임으로 불러오기

판다스는 파이썬을 기반으로 한 데이터 분석 및 처리 도구입니다. 오픈 소스 기반으로, 빠르고 사용하기 쉽습니다. 판다스는 다양한 입출력 모듈을 제공합니다. Flat file, Excel, JSON, HTML, XML, SQL, Google BigQuery, Pickling, HDF5, Feather, Parquet, Latex, ORC, Clipboard, SAS, SPSS, STATA를 지원하고 있습니다. 판다스 공식 문서를 참고하며 다양한 입출력 모듈 및 예제 코드를 확인할 수 있습니다.

판다스 API의 입출력 모듈 중 read_csv 함수로 CSV 파일을 불러옵니다. read_csv 함수는 쉼표로 구분된 CSV 파일을 데이터 프레임에 저장합니다. 구분값을 변경하길 원한다면 sep 매개변수를 변경할 수 있습니다. sep 매개변수의 기본값은 쉼표입니다. 데이터의 유형을 type 함수로 출력해 보면 판다스 데이터 프레임을 알 수 있습니다.

```
[1]   import pandas as pd

      file_url = "http://storage.googleapis.com/download.tensorflow.org/data/heart.csv"

      heart_df = pd.read_csv(file_url)

      print('Pandas DataFrame :', type(heart_df))
```
출력
```
      Pandas DataFrame : <class 'pandas.core.frame.DataFrame'>
```

heart_df에 shape로 데이터셋의 형상을 출력합니다. 303행과 14개의 열로 구성돼 있습니다. target 열이 라벨, 이 밖의 13개 열이 피처에 해당합니다. head 함수로 age, sex, cp 등과 같은 환자 정보를 확인할 수 있습니다. 판다스를 사용해 CSV 파일을 데이터 프레임으로 불러왔습니다.

```
[2]   # pandas dataFrame
      print(heart_df.shape)

      heart_df.head()
```
출력
```
      (303, 14)
```

	age	sex	cp	trestbps	chol	fbs	restecg	thalach	exang	oldpeak	slope	ca	thal	target
0	63	1	1	145	233	1	2	150	0	2.3	3	0	fixed	0
1	67	1	4	160	286	0	2	108	1	1.5	2	3	normal	1
2	67	1	4	120	229	0	2	129	1	2.6	2	2	reversible	0
3	37	1	3	130	250	0	0	187	0	3.5	3	0	normal	0
4	41	0	2	130	204	0	2	172	0	1.4	1	0	normal	0

3.2.2 tf.data를 사용해 데이터셋 만들기

tf.data는 텐서플로에서 제공하는 데이터 입력 파이프라인 API입니다. tf.data를 사용하면 병렬 처리 및 다양한 데이터 전처리, 유용한 기능을 사용할 수 있습니다. 실습해 보겠습니다.

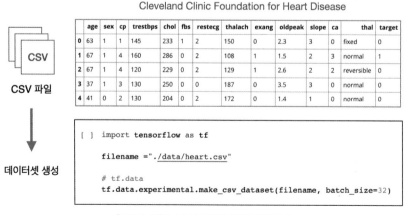

[그림 2-44] tf.data를 사용해 데이터셋 만들기

클리블랜드 클리닉의 심장병 데이터셋을 다운로드한 후 구글 드라이브에 업로드합니다. `make_csv_dataset` 함수를 사용해 `tf.data.Dataset`을 불러옵니다. 인자로 파일 경로 및 `batch_size`를 정의합니다. 이렇게 불러온 데이터셋의 유형을 `type` 함수로 확인합니다. `PrefetchDataset`으로 확인됩니다.

```
[3]  import tensorflow as tf
     from tensorflow.data.experimental import make_csv_dataset

     file_name = "/content/drive/MyDrive/Colab Notebooks/data/Cleveland Clinic
     Foundations for Heart Disease/heart.csv"

     heart_ds = make_csv_dataset(file_name, batch_size=2)

     print('tf.data : ', type(heart_ds))
```
출력   tf.data : 〈class 'tensorflow.python.data.ops.dataset_ops.PrefetchDataset'〉

`tf.data`로 변환된 데이터셋을 `as_numpy_iterator` 함수를 사용해 넘파이 형태로 변환합니다. `batch_size`를 2로 설정했기 때문에 데이터가 2개씩 출력됩니다. 예를 들면 age의 경우 [62, 57] sex는 [0, 1]이 출력됐네요. CSV 파일의 데이터가 `tf.data.Dataset`으로 잘 생성됐습니다.

```
[4]  iterator = heart_ds.as_numpy_iterator()

     print(dict(next(iterator)))
```
출력   {'age': array([62, 57], dtype=int32), 'sex': array([0, 1], dtype=int32), 'cp': array([4, 4], dtype=int32), 'trestbps': array([140, 132], dtype=int32), 'chol': array([268, 207], dtype=int32), 'fbs': array([0, 0], dtype=int32), 'restecg': array([2, 0], dtype=int32), 'thalach': array([160, 168], dtype=int32), 'exang': array([0, 1], dtype=int32), 'oldpeak': array([3.6, 0.], dtype=float32), 'slope': array([3, 1], dtype=int32), 'ca': array([2, 0], dtype=int32), 'thal': array([b'normal', b'reversible'], dtype=object), 'target': array([1, 0], dtype=int32)}

3.2.3 Pandas 데이터 프레임을 tf.data.Dataset으로 변환하기

판다스 데이터 프레임을 `tf.data.Dataset`으로 변환해 보겠습니다. 판다스 데이터 프레임 `heart_df`를 `df`로 복사합니다. `copy` 함수를 사용하면 데이터 프레임을 다른 공간으로 복사합니다. `pop` 함수를 사용하면 라벨과 피처를 쉽게 분리할 수 있습니다. `pop` 함수를 사용하면 target 열의 값은 label에 저장되고 `df` 데이터 프레임에서는 target 열이 삭제됩니다.

`tf.data.Dataset`의 `from_tensor_slices` 함수를 사용해 `tf.data.Dataset`으로 데이터 프레임을 변환합니다. 입력 매개변수에는 피처와 라벨을 넣어 줍니다. `batch` 함수를 사용해 배치 단위를 2로 설정합니다.

```
[5]   df = heart_df.copy()
      label = df.pop('target')

      ds = tf.data.Dataset.from_tensor_slices((dict(df), label))
      ds = ds.batch(2)

      print('tf.data : ', type(ds))
출력   tf.data : 〈class 'tensorflow.python.data.ops.dataset_ops.BatchDataset'〉
```

as_numpy_iterator 함수를 사용해 tf.data.Dataset을 출력합니다. age, sex, cp, chol 등 13개
열의 값이 출력됩니다. 배치 크기를 2로 설정해 값이 2개씩 출력됩니다. 예를 들어 age의 경우
[63, 67]로 출력되네요. 넘파이, 판다스 데이터 프레임, tf.data.Dataset 등의 데이터셋 간에
변환이 가능하며 서로의 특장점을 상황에 맞게 사용할 수 있습니다.

```
[6]   print(list(ds.as_numpy_iterator()))
출력   [({'age': array([63, 67]), 'sex': array([1, 1]), 'cp': array([1, 4]), 'trestbps': array([145, 160]),
      'chol': array([233, 286]), 'fbs': array([1, 0]), 'restecg': array([2, 2]), 'thalach': array([150,
      108]), 'exang': array([0, 1]), 'oldpeak': array([2.3, 1.5]), 'slope': array([3, 2]), 'ca': array([0,
      3]), 'thal': array([b'fixed', b'normal'], dtype=object)}, array([0, 1])),({'age': array([67, 37]),
      'sex': array([1, 1]), …(생략) …
```

3.2.4 이미지 파일을 데이터셋으로 불러오기

파일 형태의 정형 데이터를 데이터셋으로 불러오는 방법에 대해 알아봤습니다. 데이터에는 정
형 데이터 외에 이미지, 텍스트 데이터가 있습니다. 이미지, 텍스트와 같은 파일 형태의 데이터
를 어떻게 데이터셋으로 불러올 수 있는지에 대해 알아보겠습니다.

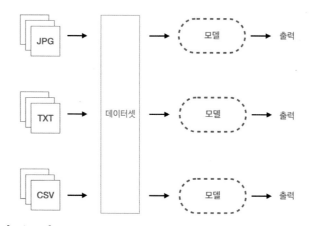

[그림 2-45] 여러 파일로 구성된 이미지 및 텍스트 파일을 데이터셋으로 불러오기

이전 실습에서 CSV 파일을 데이터셋으로 불러올 때 CSV 파일은 단일 파일이었습니다. 이미지와 텍스트 데이터의 경우, 여러 파일로 구성돼 있습니다. 예를 들어 아마존과 같은 쇼핑몰의 상품 리뷰는 상품평, 리뷰 이미지로 구성됩니다. 상품평은 텍스트, 자연어 데이터, 리뷰 이미지는 이미지 데이터입니다. 하루에도 수많은 리뷰 데이터가 쌓이고 있고, 이런 이미지와 텍스트 데이터들은 단일 파일로 구성하기 힘듭니다. 정형 데이터의 경우, 일자별 매출 및 리뷰 건수는 행과 열로 구성된 단일 파일로 구성할 수 있습니다. 여러 파일로 구성돼 있는 이미지, 텍스트 데이터들을 어떻게 데이터셋으로 불러올 수 있는지를 개와 고양이 이미지 분류 데이터셋(이미지 데이터셋)과 IMDB 영화 리뷰 감성 데이터셋(자연어, 텍스트 데이터)을 이용해 실습해 보겠습니다.

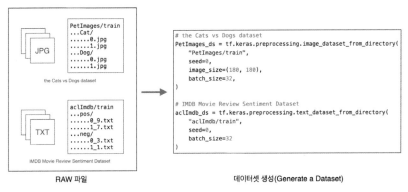

[그림 2-46] 이미지, 텍스트 데이터 파일 구성 및 데이터셋 변환의 예

개와 고양이 이미지 분류 데이터셋으로 이미지 파일을 데이터셋으로 불러오는 과정을 알아보겠습니다. [그림 2-47]에는 jpg라는 확장자를 가진 이미지 파일이 특정 폴더 구조로 모여 있습니다. PetImages 폴더의 하위에 train 폴더가 있습니다. train 폴더는 학습 데이터를 의미합니다. train 폴더의 하위에 Cat, Dog 폴더가 보입니다. 정형 데이터의 경우, 피처와 라벨을 열을 지정해 구분했습니다. 여러 파일의 이미지, 텍스트의 경우, 폴더로 구분합니다. Cat 폴더의 하위 이미지들은 고양이입니다. Cat 하위 이미지들의 라벨은 상위 폴더명인 Cat으로 데이터셋에 저장됩니다. Dog 폴더 하위 이미지들은 개입니다. Cat 폴더 하위 0.jpg의 라벨은 Cat, Dog 폴더 하위 0.jpg의 라벨은 Dog로 저장됩니다.

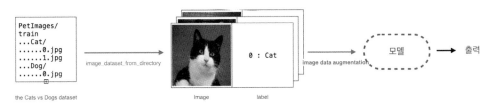

[그림 2-47] 이미지 파일을 불러와 데이터셋 구성

케라스의 get_file 함수를 사용해 데이터셋을 다운로드합니다. 메모리에 데이터셋이 없다면 로컬 파일에 데이터를 다운로드합니다. os.path 함수를 사용해 불러온 이미지 데이터셋의 위치를 path_dir에 저장합니다. path_dir을 출력해 보면 저장된 위치를 확인할 수 있습니다. '/root/.keras/datasets/cats_and_dogs_filtered'의 하위에 데이터셋이 다운로드됐네요. get_file 함수로 데이터셋을 다운로드할 때 유용합니다.

```
[7]  import tensorflow as tf
     from tensorflow.keras.utils import get_file
     import os

     train_url = 'https://storage.googleapis.com/mledu-datasets/cats_and_dogs_filtered.zip'

     def get_data(fname, origin, extract):
         data_dir = get_file(fname=fname, origin=origin, extract=extract)
         data_dir = os.path.join(os.path.dirname(data_dir), 'cats_and_dogs_filtered')
         return data_dir

     path_dir = get_data('train.zip', train_url, 'True')

     train_dir = os.path.join(path_dir, 'train')
     validation_dir = os.path.join(path_dir, 'validation')

     print(path_dir, '\n')
     print(train_dir, '\n')
     print(validation_dir)
```

```
출력  Downloading data from https://storage.googleapis.com/mledu-datasets/cats_and_dogs_
      filtered.zip
      68608000/68606236 [==============================] - 1s 0us/step
      68616192/68606236 [==============================] - 1s 0us/step

      /root/.keras/datasets/cats_and_dogs_filtered
      /root/.keras/datasets/cats_and_dogs_filtered/train
      /root/.keras/datasets/cats_and_dogs_filtered/validation
```

url의 데이터셋을 다운로드하는 데는 curl을 이용하는 방법도 있습니다. curl은 데이터를 다양한 통신 프로토콜로 전송하기 위한 오픈 소스 라이브러리입니다. curl을 사용해 개와 고양이 분류 이미지 데이터셋을 다운로드합니다. '-O' 옵션은 웹 페이지를 다운로드해 로컬 파일에 저장하도록 합니다. 786MB 데이터셋이 다운로드됐으며 총 4초가 소요됐습니다.

```
[8]  # the Cats vs Dogs dataset
     !curl -O https://download.microsoft.com/download/3/E/1/3E1C3F21-ECDB-4869-8368-
     6DEBA77B919F/kagglecatsanddogs_3367a.zip
```

	% Total	% Received	% Xferd	Average	Speed	Time	Time	Time	Current
		Dload	Upload	Total	Spent	Left	Speed		
	100 786M	100 786M	0	0	171M	0	0:00:04	0:00:04	—:—:— 171M

케라스 전처리층을 사용해 이미지 파일들을 데이터셋으로 불러옵니다. 이미지 처리를 위한 케라스 전처리층은 `image_dataset_from_directory` 함수를 사용합니다. 첫 번째 인자인 `directory`는 이미지 파일이 위치하고 있는 경로입니다. `labels`값이 'inferred'라면 directory의 하위 디렉터리에 클래스가 포함된 이미지 파일이 포함돼야 합니다. `labels` 인자의 기본값은 inferred입니다. `image_size` 인자는 읽어온 이미지 파일의 크기를 조정합니다. 기본값은 (256, 256)입니다. 읽어온 이미지 파일을 동일한 크기로 조정했습니다. `batch_size`를 기본값인 32로 설정합니다. 마지막으로 seed 값을 특정값으로 고정해 여러 번 수행 시 동일한 결과가 나올 수 있도록 합니다. 여기서는 seed를 0으로 설정했습니다.

`image_dataset_from_directory` 함수를 실행합니다. 라벨은 개와 고양이로 2개의 클래스를 가집니다. 그리고 2,000건의 이미지 파일을 PetImages_ds 데이터셋으로 저장했습니다.

```
[9]   from tensorflow.keras.preprocessing import image_dataset_from_directory

      PetImages_ds = image_dataset_from_directory(
            directory=train_dir,
            labels='inferred',
            batch_size=32,# Default: 32
            image_size=(256, 256),# Defaults:(256, 256)
            shuffle=True,# Default: True
            seed=0)
출력   Found 2000 files belonging to 2 classes.
```

directory 인자의 PetImages 폴더의 하위 폴더인 Cat, Dog이 클래스로 지정됐는지 확인해 봅니다. 위 실습에서는 클래스가 2개인 것을 확인했습니다. `PetImages_ds`에서 `class_name[0]`, `class_name[1]`을 출력해 보면 클래스가 'Cat', 'Dog'으로 확인됩니다. `labels` 인자의 inferred 설정이 정상적으로 적용됐네요.

```
[10]   print("Label 0 : ", PetImages_ds.class_names[0])
       print("Label 1 : ", PetImages_ds.class_names[1])
출력    Label 0 : cats
       Label 1 : dogs
```

matplotlib.pyplot 라이브러리를 사용해 데이터셋의 상위 8개 이미지를 시각화합니다. 텐서플로 데이터셋의 `take` 함수를 사용해 배치 크기만큼 반복해 데이터를 가져옵니다. `take(1)`에서 `batch_size`를 32로 설정했으므로 32개 이미지를 가져옵니다. 32개 중 반복문을 사용해 가로, 세로 2×4로 8개 이미지와 라벨이 출력됩니다. 이미지의 상단에는 클래스 값을 출력했습니다.

0은 Cat, 1은 Dog입니다.

```
[11]    import matplotlib.pyplot as plt

        plt.figure(figsize=(10, 5))
        for image, label in PetImages_ds.take(1):
            for i in range(8):
            ax = plt.subplot(2, 4, i + 1)
            plt.imshow(image[i].numpy().astype("uint8"))
            plt.title(int(label[i]))
            plt.axis("off")
```

출력

3.2.5 텍스트 파일을 데이터셋으로 불러오기

IMDB 영화 리뷰 데이터셋으로 텍스트 파일을 데이터셋으로 변환하는 과정을 실습해 보겠습니다. 다른 예제와 달리, 데이터가 전처리돼 있지 않고 txt 파일 형태로 존재합니다. 이미지 데이터와 동일하게 aclImdb 폴더 하위의 train 폴더 하위 2개의 라벨로 구성돼 있습니다. 긍정을 의미하는 pos와 부정을 의미하는 neg가 라벨의 클래스입니다. pos 폴더 하위의 0_9.txt는 긍정, neg 폴더 하위의 0_3.txt는 부정을 의미합니다. 텍스트 파일 상위 폴더명을 클래스로 가집니다.

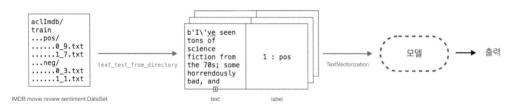

[그림 2-48] 텍스트 파일을 불러와 데이터셋 구성

curl을 사용해 IMDB 자연어 데이터셋을 다운로드합니다. 데이터셋의 크기는 80MB이고 다운로드하는 데 1초가 소요됐습니다.

```
[12]  # Load the data: IMDB movie review sentiment classification
      !curl -O https://ai.stanford.edu/~amaas/data/sentiment/aclImdb_v1.tar.gz
```

출력	% Total	% Received	% Xferd	Average Speed		Time	Time	Time	Current
				Dload	Upload	Total	Spent	Left	Speed
	100 80.2M	100 80.2M	0	0	45.7M	0	0:00:01	0:00:01	—:—:— 45.6M

tar 명령어로 압축을 해제합니다. %%time 명령어를 사용하면 코드 셀의 소요 시간을 확인할 수 있습니다. 압축을 해제하는 데 8초가 소요됐네요.

```
[13]  %%time
      !tar -xf aclImdb_v1.tar.gz
```

```
출력  CPU times: user 68.4 ms, sys: 21.6 ms, total: 90 ms
      Wall time: 8.47 s
```

du 명령어로 폴더별 크기를 출력할 수 있습니다. 압축을 해제한 aclimdb 폴더의 전체 용량은 490MB입니다. 실습에 사용할 train/neg는 51MB, train/unsup는 203MB, train/pos는 51MB인 것을 확인할 수 있습니다.

```
[14]  !du -h /content/aclImdb
```

```
출력  51M    /content/aclImdb/test/neg
      51M    /content/aclImdb/test/pos
      122M   /content/aclImdb/test
      51M    /content/aclImdb/train/neg
      203M   /content/aclImdb/train/unsup
      51M    /content/aclImdb/train/pos
      367M   /content/aclImdb/train
      490M   /content/aclImdb
```

케라스 전처리층을 사용해 텍스트 파일을 데이터셋으로 불러옵니다. text_dataset_from_directory 함수를 사용해 텍스트 파일을 불러옵니다. aclimdb/train 폴더에서 pos, unsup, neg가 라벨 3개와 텍스트 파일 75,000개를 데이트셋으로 불러왔습니다. 배치 단위는 기본값을 32로 설정했습니다. seed 값은 0으로 고정해 실행할 때마다 동일한 결과가 나오도록 설정합니다.

```
[15]  from tensorflow.keras.preprocessing import text_dataset_from_directory

      aclImdb_ds = text_dataset_from_directory(
          directory = "/content/aclImdb/train",
          labels="inferred",
          batch_size=32,
          seed=0
      )
```

```
출력  Found 75000 files belonging to 3 classes.
```

라벨의 클래스 이름을 확인합니다. class_name[0], class_name[1], class_name[2]를 출력해 보면 0은 neg(부정), 1은 pos(긍정), 2는 unsup로 확인됩니다. unsup는 라벨이 없는 데이터셋으로, 비지도학습에서 사용됩니다. text_dataset_from_directory 함수의 인자 중 'labels = "inferred"'가 잘 적용된 것을 확인할 수 있습니다.

```
[16]  print("Label 0 : ", aclImdb_ds.class_names[0])
      print("Label 1 : ", aclImdb_ds.class_names[1])
      print("Label 2 : ", aclImdb_ds.class_names[2])
```

출력
```
Label 0 : neg
Label 1 : pos
Label 2 : unsup
```

케라스의 전처리층을 사용해 텍스트 파일을 데이터셋 형태로 저장했습니다. 데이터셋으로 저장된 데이터를 출력해 보겠습니다. take 함수를 사용해 첫 번째 배치 크기만큼의 데이터를 불러옵니다. 배치 크기는 기본값이 32로 32개의 데이터셋을 불러왔습니다. 반복문을 사용해 상위 2건의 데이터를 피처와 라벨로 구분해 출력합니다. 첫 번째 데이터의 피처인 텍스트가 잘 출력됐네요. 라벨은 2번 클래스인 unsup입니다. 두 번째의 라벨의 클래스는 1로, pos로 확인됩니다. IMDB 영화 리뷰 데이터 중 2건을 출력해 봤습니다. 텍스트 파일이 데이터셋의 형태로 저장되고 출력되는 것을 확인했습니다.

```
[17]  for text, label in aclImdb_ds.take(1):
          for i in range(2):
              print(text.numpy()[i])
              print(label.numpy()[i])
```

출력
```
b"'Playing for Time' starring Vanessa Redgrave first aired in 1980 and is based on
a true story. A true story teaching the lessons of intolerance and the horrors of
the Holocaust. In much the way Sharazod(the mythical wife of a King) would save her
own life each night by telling her husband a story but never finishing the tale; in
'Playing for Time' the inmates of a death camp play music for the amusement of the
guards thereby escaping extermination. But this is no myth it's a very real means
of survival for desperate inmates. <br /><br />'Playing for Time' is a great movie but
gets a little boring. I found myself playing a video game instead of paying close
attention to the movie."
2
b"This is the only full length feature film about the world of bridge. I found the
first 10 minutes a bit slow, but after that, the movie is absolutely perfect in
describing professional bridge players and how they go about earning a living.
<br /><br />Some of the scenes are very funny. I don't think that a non-bridge
player would get the charm of this movie. <br /><br />Some of the dresses are really
beautiful, pity the movie is in black and white - I can only imagine what they would
look like in colour. The way the media are portrayed is absolutely hilarious. There
is no way on earth bridge will ever be like that. <br /><br />Watch it as soon as you
can, and tell your friends about it."
1
```

3.3 데이터 전처리

데이터 전처리 과정은 모델이 학습할 수 있는 형태로 데이터를 변환하는 과정과 모델의 성능을 향상시키기 위한 데이터를 변환하는 과정으로 구분할 수 있습니다. 전자의 대표적인 예로는 인코딩 제거, 결측값 제거 등이 있고, 후자의 대표적인 예로는 정규화, 피처 엔지니어링 등이 있습니다.

모델이 학습할 수 있는 형태로 데이터를 전처리하는 대표적인 과정에는 3가지가 있습니다. 지도학습의 경우, 훈련 데이터셋의 피처와 라벨을 분리하는 과정이 있을 수 있습니다. 그리고 결측값을 제거하는 경우도 있습니다. 결측값의 경우, 주어진 문제 및 데이터의 특징을 잘 파악해 세심하게 처리할 필요가 있습니다. 결측값을 처리하는 방법에는 결측값이 포함된 행을 삭제하는 방법, 평균 및 중앙값, 최빈값으로 대체하는 방법, 결측값의 앞뒤 데이터로 채워 주는 방법 등 다양한 전처리 방법이 있습니다. 마지막으로 인코딩을 예로 들 수 있습니다. 모델을 학습하기 위해서는 데이터가 숫자로 전처리돼 입력돼야 합니다. 학습이라는 과정은 숫자들의 연산 과정으로 동작하기 때문에 문자와 같은 입력은 허용하지 않습니다. 자세한 모델 학습 동작 원리는 이후에 상세히 다루겠습니다. 문자를 숫자로 변환하는 과정을 '인코딩'이라고 합니다. 다양한 인코딩 방법은 실습을 통해 알아보겠습니다. [그림 2-49]는 이번에 배울 데이터 전처리 과정을 파란색으로 표시했습니다. 실습을 통해 자세히 알아보겠습니다.

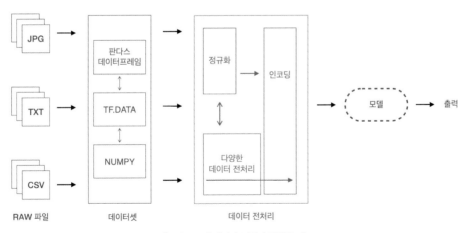

[그림 2-49] 데이터 전처리 절차의 예

3.3.1 수치형 피처 정규화하기

데이터 전처리 과정 중 모델의 성능 개선을 위해 정규화를 진행합니다. 정형 데이터인 클리블랜드 클리닉 심장병 데이터셋으로 정규화하는 과정을 알아보겠습니다. CSV 파일을 판다스 데이터 프레임으로 불러옵니다. `heart_df`에 저장한 후 `info` 함수로 기초적인 데이터 통계를 살펴봅니다. 303건의 행과 14개의 열로 구성된 데이터셋입니다.

[소스 2-20] Keras-Data-Preprocessing.ipynb

```
[1]   import pandas as pd

      file_url = "https://storage.googleapis.com/download.tensorflow.org/data/heart.csv"
      heart_df = pd.read_csv(file_url)

      heart_df.info()
```

```
출력   <class 'pandas.core.frame.DataFrame'>
      RangeIndex: 303 entries, 0 to 302
      Data columns(total 14 columns):
       #    Column    Non-Null Count    Dtype
      ---   ------    --------------    -----
       0    age       303 non-null      int64
       1    sex       303 non-null      int64
       2    cp        303 non-null      int64
       3    trestbps  303 non-null      int64
       4    chol      303 non-null      int64
       5    fbs       303 non-null      int64
       6    restecg   303 non-null      int64
       7    thalach   303 non-null      int64
       8    exang     303 non-null      int64
       9    oldpeak   303 non-null      float64
       10   slope     303 non-null      int64
       11   ca        303 non-null      int64
       12   thal      303 non-null      object
       13   target    303 non-null      int64
      dtypes: float64(1), int64(12), object(1)
      memory usage: 33.3+ KB
```

정형 데이터는 수치형(Numerical) 피처와 범주형(Categorical) 피처로 나눌 수 있습니다. 수치형 피처는 측정 가능한 데이터, 범주형 피처는 측정 불가능한 데이터입니다. 예를 들어 나이는 측정이 가능하기 때문에 수치형 피처, 성별은 측정이 불가능하기 때문에 범주형 피처에 해당합니다. 수치형 피처는 범주형 피처로 변환할 수 있습니다. 예를 들어 수치형 피처인 나이는 '나이가 많다', '나이가 적다', '나이가 적당하다'와 같은 범주형 피처로 변경할 수 있습니다. 정형 데이터는 피처의 유형을 사전에 파악해 유형에 맞는 데이터 전처리를 함으로써 모델의 성능을 개선합니다.

이름	구분	설명
age	Numerical	age in years
sex	Categorical	sex(1 = male; 0 = female)
cp	Categorical	chest pain type
trestbps	Numerical	resting blood pressure(in mm Hg on admission to the hospital)
chol	Numerical	serum cholestoral in mg/dl
fbs	Categorical	(fasting blood sugar 〉120 mg/dl)(1 = true; 0 = false)
restecg	Categorical	resting electrocardiographic results
thalach	Numerical	maximum heart rate achieved
exang	Categorical	exercise induced angina(1 = yes; 0 = no)
oldpeak	Numerical	ST depression induced by exercise relative to rest
slope	Numerical	the slope of the peak exercise ST segment
ca	Both Numerical & Categorical	number of major vessels(0-3) colored by flourosopy
thal	Categorical	3 = normal; 6 = fixed defect; 7 = reversable defect
target	Label	the predicted attribute

[그림 2-50] 클리블랜드 클리닉 심장병 데이터셋 설명 및 피처별 유형

heart_df 데이터 프레임의 수치형 유형인 age, treetops, chol, thalach, oldpeak, slope 피처를 넘파이 형태로 변환합니다. to_numpy 함수를 사용해 넘파이 행렬인 df로 저장합니다. 케라스의 Normalization층을 layer로 정의합니다. adapt 함수를 사용해 데이터 집합을 분석하고 전역 평균 및 분산을 내부적으로 계산합니다. layer에 df라는 이름의 넘파이 행렬 데이터를 입력해 정규화합니다. 수식을 사용해 계산할 수도 있지만, mean, std 함수를 사용해 결과를 간편하게 확인할 수 있습니다. 평균은 0, 표준 편차는 1이네요. 잘 정규화된 것을 확인할 수 있습니다.

```
[2]  from tensorflow.keras.layers.experimental.preprocessing import Normalization

     cols = ['age', 'trestbps', 'chol', 'thalach', 'oldpeak', 'slope']
     df = heart_df[cols].to_numpy()

     layer = Normalization()
     layer.adapt(df)
     layer_df = layer(df)

     print("features mean: %.1f" %(layer_df.numpy().mean()))
     print("features std: %.1f" %(layer_df.numpy().std()))
```
출력
```
features mean: -0.0
features std: 1.0
```

정규화하기 전에 판다스 데이터 프레임의 데이터에 대해 알아보겠습니다. 수치형 데이터인 만큼 피처들의 특징을 수치로 잘 표현하고 있습니다. Normalization 함수로 정규화를 거치면 데이터가 어떻게 변환되는지 알아보겠습니다.

[3] heart_df[cols]
출력

	age	trestbps	chol	thalach	oldpeak	slope
0	63	145	233	150	2.3	3
1	67	160	286	108	1.5	2
2	67	120	229	129	2.6	2
3	37	130	250	187	3.5	3
4	41	130	204	172	1.4	1
...	...	...	...	...	...	...
298	52	118	186	190	0.0	2
299	43	132	341	136	3.0	2
300	65	135	254	127	2.8	2
301	48	130	256	150	0.0	1
302	63	150	407	154	4.0	2

303 rows × 6 columns

Normalization 함수로 정규화된 수치형 데이터 간의 범위가 크지 않은 것을 확인할 수 있습니다. 위 소스 결과 중 가장 큰 폭은 slope 피처의 1 값과 chol 피처의 407 값입니다. 변환한 후에는 −0.957963과 3.080301로 차이가 많이 줄어들었으며 잘 정규화된 것을 확인할 수 있습니다. 정규화한 데이터를 모델의 입력으로 사용하면 성능이 개선되는 경향이 있습니다.

[4] pd.DataFrame(layer_df.numpy(), columns=cols)
출력

	age	trestbps	chol	thalach	oldpeak	slope
0	0.933839	0.745781	-0.260087	0.034807	1.068045	2.284959
1	1.378211	1.592329	0.757388	-1.780617	0.380229	0.663548
2	1.378211	-0.665132	-0.336877	-0.872905	1.325976	0.663548
3	-1.954575	-0.100767	0.066273	1.634109	2.099770	2.284959
4	-1.510204	-0.100767	-0.816818	0.985743	0.294252	-0.957863
...	...	...	...	...	...	...
298	-0.288182	-0.778005	-1.162375	1.763782	-0.909428	0.663548
299	-1.288018	0.012106	1.813258	-0.570334	1.669885	0.663548
300	1.156025	0.181416	0.143064	-0.959353	1.497931	0.663548
301	-0.732554	-0.100767	0.181459	0.034807	-0.909428	-0.957863
302	0.933839	1.027963	3.080301	0.207705	2.529656	0.663548

303 rows × 6 columns

3.3.2 문자 범주형 피처 인코딩하기

```
[5]  heart_df['thal'].value_counts()
```
출력
```
normal      168
reversible  115
fixed       18
1           1
2           1
Name: thal, dtype: int64
```

thal 피처는 범주형 피처입니다. value_counts 함수로 값들의 총합을 출력합니다. normal 값이 168건으로 가장 많네요. 특이하게 범주형 피처가 아닌 1, 2도 1건씩 보이네요.

데이터에 대해 좀 더 탐색해 보겠습니다. [:10]으로 상위 10개 데이터를 출력해 봅니다. fixed, normal, reversible 데이터 값들이 차례대로 출력됩니다. dtype을 보면 object로 문자형인 것을 확인할 수 있습니다.

```
[6]  heart_df['thal'][:10]
```
출력
```
0       fixed
1       normal
2       reversible
3       normal
4       normal
5       normal
6       normal
7       normal
8       reversible
9       reversible
Name: thal, dtype: object
```

딥러닝의 모델에는 문자가 입력되지 않습니다. 숫자의 형태로 인코딩이 필요한데요. 이에는 fixed, normal, reversible를 1, 2, 3인 숫자로 인코딩하는 방법과 원-핫 인코딩하는 방법이 있습니다. fixed, normal, reversible를 원-핫 인코딩으로 표현하면 [1, 0, 0], [0, 1, 0], [0, 0, 1]과 같이 표현할 수 있습니다. 범주형 피처 값의 숫자만큼 피처(컬럼)가 생성되고, 해당하는 피처(컬럼)에 0과 1로 표시하는 방법입니다.

	인코딩		원-핫 인코딩		
thal	**thal**		**thal_0**	**thal_1**	**thal_2**
fixed	0		1	0	0
normal	1	or	0	1	0
reversible	2		0	0	1
normal	1		0	1	0

[그림 2-51] 문자 범주형 피처를 숫자 인코딩 및 원-핫 인코딩하기

StringLookup의 문자값을 정수 인덱스로 매핑합니다. 정수 인덱스로 매핑된 값을 Category Encoding을 정수 범주형 특성을 원-핫 인코딩 형태로 변환합니다. 1, 2는 각각 1건씩 있는데, 이런 이상값 데이터들은 데이터 전처리 과정 중에 의미 있는 데이터로 변환 또는 삭제합니다. 잘 전처리된 데이터는 모델의 성능에 많은 도움이 됩니다. 실습해 보겠습니다.

```
[7]  from tensorflow.keras.layers.experimental.preprocessing import StringLookup
     from tensorflow.keras.layers.experimental.preprocessing import CategoryEncoding

     df = heart_df['thal'].to_numpy()

     layer1 = StringLookup()
     layer1.adapt(df)

     layer2 = CategoryEncoding(num_tokens=6, output_mode="one_hot")
     layer2_df = layer2(layer1(df))

     print(type(layer2_df))
     print(layer2_df[:10])
출력  <class 'tensorflow.python.framework.ops.EagerTensor'>
     tf.Tensor(
     [[0. 0. 0. 1. 0. 0.]
      [0. 1. 0. 0. 0. 0.]
      [0. 0. 1. 0. 0. 0.]
      [0. 1. 0. 0. 0. 0.]
      [0. 1. 0. 0. 0. 0.]
      [0. 1. 0. 0. 0. 0.]
      [0. 1. 0. 0. 0. 0.]
      [0. 1. 0. 0. 0. 0.]
      [0. 0. 1. 0. 0. 0.]
      [0. 0. 1. 0. 0. 0.]], shape=(10, 6), dtype=float32)
```

3.3.3 정수 범주형 피처 인코딩하기

범주형 피처 중 문자열 처리에 대해 알아봤습니다. 이번에는 범주형 피처 중 정수에 대한 처리를 실습해 보겠습니다. fbs의 데이터 분포를 출력해 봅니다. 0 값은 258건, 1 값은 45건으로 분포돼 있습니다. 0과 1로 범주형 데이터인 것을 확인했습니다.

```
[8]  heart_df['fbs'].value_counts()
```
출력
```
0    258
1    45
Name: fbs, dtype: int64
```

상위 10건을 출력해 봅니다. 1과 0으로 구성돼 있으며 dtype은 정수형 int64로 확인됩니다.

```
[9]  heart_df['fbs'][:10]
```
출력
```
0    1
1    0
2    0
3    0
4    0
5    0
6    0
7    0
8    0
9    1
Name: fbs, dtype: int64
```

정수 범주형 데이터는 preprocessing.IntegerLookup을 사용해 값을 정수 인덱스로 매핑합니다. 이후 과정은 문자 범주형 데이터와 동일합니다. 3개의 인덱스가 출력됐습니다. 첫 번째 인덱스는 누락된 값(0 값)을 표현합니다. 두 번째 인덱스는 단어 사전에 없는 값인 경우입니다. 3번째 인덱스부터는 값을 의미합니다. 여기서는 0과 1 중 1에 해당합니다.

```
[10]  import tensorflow as tf
      from tensorflow.keras.layers.experimental import preprocessing

      df = heart_df['fbs'].to_numpy()

      layer1 = preprocessing.IntegerLookup()
      layer1.adapt(df)

      layer2 = preprocessing.CategoryEncoding(num_tokens=3, output_mode="one_hot")
      layer2_df = layer2(layer1(df))

      print(type(layer2_df))
      print(layer2_df[:10])
```

```
출력    <class 'tensorflow.python.framework.ops.EagerTensor'>
        tf.Tensor(
        [[0. 0. 1.]
         [0. 1. 0.]
         [0. 1. 0.]
         [0. 1. 0.]
         [0. 1. 0.]
         [0. 1. 0.]
         [0. 1. 0.]
         [0. 1. 0.]
         [0. 1. 0.]
         [0. 0. 1.]], shape=(10, 3), dtype=float32)
```

3.3.4 수치형 피처 인코딩하기

문자, 정수 범주형 피처를 인코딩해 봤습니다. 수치형 데이터를 그대로 사용할 수 있지만, 성능 개선에 도움이 될 수 있는 형태인 원–핫 인코딩 형태로 인코딩해 보겠습니다. age(나이) 값의 분포를 count( )해 보면 41개의 나이로 구성돼 있는 것을 알 수 있습니다. 인덱스의 앞 2개는 누락된 값과 단어 사전에 포함되지 않는 경우, 2개와 피처 데이터 수로 구성됩니다. 그러면 2 + 41건으로 원–핫 인코딩 시 43개의 피처가 추가됩니다. 너무 많은 피처는 오히려 성능을 저해할 수 있습니다. 이런 경우, 케라스의 해싱 트릭(Hashing Trick)을 사용해 원–핫 인코딩 시 추가되는 피처의 수를 줄일 수 있습니다.

```
[11]    heart_df['age'].value_counts().count()
출력    41
```

age(나이) 피처의 상위 10건을 출력해 보면 63세, 67세 등 다양한 나이대를 확인할 수 있습니다.

```
[12]    heart_df['age'][:10]
출력    0      63
        1      67
        2      67
        3      37
        4      41
        5      56
        6      62
        7      57
        8      63
        9      53
        Name: age, dtype: int64
```

케라스의 `preprocessing.Hashing( )`을 사용해 41개의 값을 해싱 트릭합니다. num_bins를 16으로 지정해 2 + 41개의 피처를 16개로 해싱 트릭해 줍니다. 해싱 트릭은 값을 고정된 크기의 벡터로 해싱하는 방법입니다. 피처의 공간 크기를 효율적으로 관리하고 특징은 유지하는 장점이 있습니다. 데이터에 따라서는 효과가 없을 수도 있으므로 상황에 맞게 사용해야 합니다.

데이터 전처리 과정은 이처럼 어려운 과정이기도 합니다. 상위 10개를 출력해 보면 16개의 피처가 출력됩니다. 데이터를 정규화하고 수치 및 범주형 데이터를 인코딩해 봤습니다. 다른 데이터 전처리 방법을 계속 실습해 보겠습니다.

```
[13]  import tensorflow as tf
      from tensorflow.keras.layers.experimental import preprocessing

      df = heart_df['age'].to_numpy()

      layer1 = preprocessing.Hashing(num_bins=16)

      layer2 = preprocessing.CategoryEncoding(num_tokens=16, output_mode="one_hot")
      layer2_df = layer2(layer1(df))

      print(type(layer2_df))
      print(layer2_df[:10])
```

```
출력  <class 'tensorflow.python.framework.ops.EagerTensor'>
      tf.Tensor(
      [[0. 0. 0. 0. 0. 0. 1. 0. 0. 0. 0. 0. 0. 0. 0. 0.]
       [0. 0. 0. 0. 0. 0. 0. 0. 0. 0. 0. 0. 0. 0. 0. 1.]
       [0. 0. 0. 0. 0. 0. 0. 0. 0. 0. 0. 0. 0. 0. 0. 1.]
       [0. 0. 0. 1. 0. 0. 0. 0. 0. 0. 0. 0. 0. 0. 0. 0.]
       [0. 0. 0. 0. 0. 1. 0. 0. 0. 0. 0. 0. 0. 0. 0. 0.]
       [0. 0. 0. 0. 0. 0. 0. 0. 0. 0. 0. 0. 0. 1. 0. 0.]
       [0. 0. 0. 1. 0. 0. 0. 0. 0. 0. 0. 0. 0. 0. 0. 0.]
       [0. 0. 0. 0. 0. 0. 0. 0. 0. 0. 0. 1. 0. 0. 0. 0.]
       [0. 0. 0. 1. 0. 0. 0. 0. 0. 0. 0. 0. 0. 0. 0. 0.]
       [0. 0. 1. 0. 0. 0. 0. 0. 0. 0. 0. 0. 0. 0. 0. 0.]], shape=(10, 16), dtype=float32)
```

3.3.5 이미지 데이터 증강층

이미지 데이터의 경우, 이미지 데이터 증강(Image Data Augmentation)을 사용해 데이터의 양을 늘려 줍니다. 데이터가 많아지면 학습 시 과대적합을 방지할 수 있으며 모델의 성능도 개선할 수 있습니다. 이미지 데이터 증대는 원본 이미지의 특징을 회전, 좌우 반전, 확대, 축소, 화질 변경 등을 통해 원본을 최대한 유지하면서 이미지의 수를 증대시키는 방법입니다. 케라스 층에 다음과 같은 이미지 데이터 증대를 지원하고 있고 이는 모델 학습 중에만 실행될 수 있습니다.

- RandomFlip층: 학습 도중 이미지를 랜덤하게 반전시키는 전처리층입니다.
- RandomRotation층: 학습 도중 이미지를 임의로 회전시키는 전처리층입니다.
- RandomCrop층: 학습 도중 이미지를 임의로 잘라 내는 전처리층입니다.
- RandomZoom층: 학습 도중 각 이미지를 임의로 확대/축소합니다.
- RandomHeight층: 학습 도중 이미지의 높이를 임의로 변경하는 전처리층입니다.
- RandomWidth층: 학습 도중 이미지 배치의 너비를 임의로 변경합니다.

```python
from tensorflow.keras import Sequential
from tensorflow.keras.layers import Conv2D, MaxPooling2D, Flatten, Dense
from tensorflow.keras.layers.experimental.preprocessing import RandomFlip, RandomRotation

data_augmentation = Sequential(
  [
  RandomFlip("horizontal_and_vertical", input_shape=(256, 256, 3)),
  RandomRotation(0.3),
  ]
)

model = Sequential([
        # 데이터 증강
        data_augmentation,

        # 합성곱 신경망
        Conv2D(16, 3, padding='same', activation='relu'),
        MaxPooling2D(),

        # 심층 신경망
        Flatten(),
        Dense(128, activation='relu'),
        Dense(1, activation='sigmoid')
])

model.summary()
```

출력   Model: "sequential_5"

Layer(type)	Output Shape	Param #
sequential_4(Sequential)	(None, 256, 256, 3)	0
conv2d_2(Conv2D)	(None, 256, 256, 16)	448
max_pooling2d_2(MaxPooling2D)	(None, 128, 128, 16)	0
flatten_2(Flatten)	(None, 262144)	0
dense_4(Dense)	(None, 128)	33554560
dense_5(Dense)	(None, 1)	129

```
Total params: 33,555,137
Trainable params: 33,555,137
Non-trainable params: 0
```

3.3.6 토큰 인덱스로 자연어 인코딩하기

자연어 데이터를 인코딩하는 방법에 대해 알아보겠습니다. 자연어 데이터인 IMDB 데이터셋을 사용하겠습니다.

```
[15]  from tensorflow.keras.preprocessing import text_dataset_from_directory

      # Load the data: IMDB movie review sentiment classification
      !curl -O https://ai.stanford.edu/~amaas/data/sentiment/aclImdb_v1.tar.gz
      !tar -xf aclImdb_v1.tar.gz

      aclImdb_ds = text_dataset_from_directory(
                   directory = "/content/aclImdb/train",
                   labels="inferred",
                   batch_size=32,
                   seed=0
      )
```

출력
```
% Total  % Received % Xferd  Average  Speed    Time      Time      Time
Current
                           Dload  Upload  Total    Spent     Left      Speed
100 80.2M 100 80.2M    0  0     15.1M   0      0:00:05   0:00:05   --:--:--
19.3M
Found 75000 files belonging to 3 classes.
```

take 함수를 사용해 배치 크기만큼의 데이터를 text, label에 저장합니다. 첫 번째 text, label을 출력합니다. 첫 번째 text는 label이 2로, 클래스는 unsup입니다.

```
[16]  for text, label in aclImdb_ds.take(1):
          for i in range(1):
              print(text.numpy()[i])
              print(label.numpy()[i])
```

출력
b"'Playing for Time' starring Vanessa Redgrave first aired in 1980 and is based on a true story. A true story teaching the lessons of intolerance and the horrors of the Holocaust. In much the way Sharazod(the mythical wife of a King) would save her own life each night by telling her husband a story but never finishing the tale; in 'Playing for Time' the inmates of a death camp play music for the amusement of the guards thereby escaping extermination. But this is no myth it's a very real means of survival for desperate inmates. ⟨br /⟩⟨br /⟩'Playing for Time' is a great movie but gets a little boring. I found myself playing a video game instead of paying close attention to the movie."
2

첫 번째 자연어 데이터 중 'Playing for Time'이라는 문장을 케라스 전처리층을 사용해 인코딩합니다. 인코딩을 하기 위해 케라스의 TextVectorization( )층을 사용하면 자연어 데이터를 Embedding, Dense층에서 읽을 수 있도록 인코딩합니다. 층의 유형과 layer1_df를 출력해 보면 숫자 형태(382 17 62)로 인코딩된 것을 확인할 수 있습니다.

```
[17]  import tensorflow as tf
      from tensorflow.keras.layers.experimental import preprocessing

      layer1 = preprocessing.TextVectorization()
      layer1.adapt(aclImdb_ds.map(lambda text, label: text))
      layer1_df = layer1(['Playing for Time'])

      print(type(layer1_df))
      print(layer1_df)
출력  <class 'tensorflow.python.framework.ops.EagerTensor'>
      tf.Tensor([[382  17  62]], shape=(1, 3), dtype=int64)
```

TextVectorization 함수를 통해 인코딩하면 단어 사전이 생성됩니다. 'Playing for Time'이라는 문장 중 for의 경우, 단어 사전에 17로 인코딩됩니다. 첫 번째는 ' ', 두 번째는 알 수 없는 단어, 세 번째는 the입니다. 0, 1, 2의 순서로 2로 인코딩되는 순서입니다. 위 소스 중 인코딩된 숫자를 보면 [382 17 621]입니다. playing는 382, for는 16, Time은 621로 인코딩된 것을 확인할 수 있습니다. 다양한 자연어 전처리 과정은 '텍스트 데이터로 딥러닝'에서 자세히 알아보겠습니다.

```
[18]  import numpy as np

      vocab = np.array(layer1.get_vocabulary())
      vocab[:20]
출력  array(['', '[UNK]', 'the', 'and', 'a', 'of', 'to', 'is', 'in', 'it',
             'this', 'i', 'that', 'br', 'was', 'as', 'with', 'for', 'movie',
             'but'], dtype='<U77')
```

3.4 모델 생성

모델을 케라스로 생성하는 방법에는 순차 모델(Sequential Model), 함수형 API(Functional API), 모델 서브클래싱(Model Subclassing)이 있습니다.

첫째, 순차 모델은 순차적인 층(Layers API)으로 구성돼 있고 하나의 입력층으로 시작해 하나의 출력층으로 끝나는 모델입니다. 구성이 쉽고 간단하므로 빠른 실험과 검증이 필요한 경우에 사용됩니다.

둘째, 함수형 API는 프로덕션 환경에서 자주 사용되는 모델 구성 방법으로, 다중 입력층과 다중 출력층이 가능한 모델입니다. 프로그래밍의 함수와 같이 모델의 입출력을 함수의 형태로 구현해 다양한 구조의 모델을 쉽고 빠르게 구성할 수 있습니다. 예를 들어 이미지와 자연어 데이터를 다중 입력받아 긍정과 부정을 출력하는 분류 모델을 구성할 수도 있습니다.

셋째, 모델 서브클래싱은 케라스의 모델 클래스를 상속받은 후 사용자가 세부적인 동작을 직접 수정해 구현할 수 있는 방법입니다. 모델의 성능은 순차 모델, 함수형 API와 큰 차이가 없으며 사용자화할 수도 있습니다. 예를 들어 모델 구조 및 평가 함수를 정의하거나 사용자 로그 등을 설정할 수 있습니다. 이 밖에도 다양한 사용자화를 할 수 있으므로 공식 홈페이지의 예제를 참고하기 바랍니다.

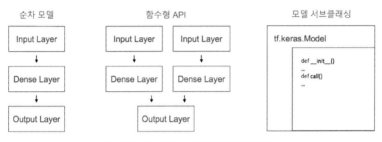

[그림 2-52] 케라스 모델의 3가지 구현 방법

3.4.1 순차 모델

케라스의 순차 모델은 층들이 스택처럼 쌓인 구조를 갖고 있고 하나의 입력과 하나의 출력을 가진 신경망 모델이라는 특징이 있습니다. 구조가 간단하므로 빠르게 구성할 수 있고 직관적입니다. 성능이 강력해 실험 단계에서 많은 사용되는 모델 중 하나입니다. [그림 2-53]은 순차 모델 구성 시 사용되는 Sequential 클래스의 인자에 대한 설명입니다. 인자로는 층들이 순차적으로 연결됩니다. 여기서는 층으로 자주 사용되는 Dense층에 대해 알아보겠습니다.

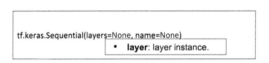

[그림 2-53] 케라스 순차 모델 및 매개변수 설명

Dense층은 심층 신경망을 구성하는 완전 연결층(Dense Layer)입니다. 인자로는 units, activation을 주로 사용합니다. units는 층의 뉴런 수, activation은 뉴런의 활성화 함수를 의미합니다. 뉴런과 활성화 함수는 '케라스 동작 원리 이해'에서 자세히 알아보겠습니다.

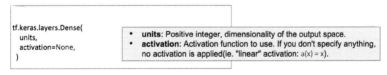

[그림 2-54] 케라스 Dense 레이어 및 매개변수 설명

지금까지 순차 모델과 Dense층에 대해 알아봤습니다. 이번에는 케라스로 간단한 순차 모델을 구현해 보겠습니다. 필요한 라이브러리를 불러옵니다. 순차 모델을 Sequential 클래스로 정의하고 model에 저장합니다. Sequential 클래스는 층들이 순차적으로 연결돼 있습니다. 첫 번째

층인 Dense층은 32개의 뉴런이 있으며 각 뉴런의 활성화 함수는 relu로 정의했습니다. 두 번째 Dense층은 16개의 뉴런, 세 번째 Dense층은 10개의 뉴런, 활성화 함수는 softmax로 정의돼 있습니다. 케라스로 딥러닝 모델을 만들어 봤습니다. 순차 모델을 구현하는 다른 방법을 알아보겠습니다.

[소스 2-21] Keras-Model.ipynb

```
[1]  import tensorflow as tf
     from tensorflow.keras.models import Sequential
     from tensorflow.keras.layers import Dense

     model = Sequential([

             Dense(32, activation='relu'),
             Dense(16, activation='relu'),
             Dense(10, activation='softmax')

     ])
```

순차 모델의 구현에는 add 함수를 사용할 수도 있습니다. 구현 방법에는 차이가 있지만, 내용은 동일합니다. 모델 구축 시 편리한 방법으로 사용하면 됩니다.

```
[2]  model = Sequential()

     model.add(Dense(32, activation='relu'))
     model.add(Dense(16, activation='relu'))
     model.add(Dense(10, activation='softmax'))
```

케라스 모델을 구축해 봤습니다. 데이터 입력을 위한 층을 추가해 보겠습니다. 케라스의 입력층을 사용해 모델의 입력 데이터의 형상을 정의합니다. MNIST 이미지 분류 데이터셋을 입력으로 사용하기 때문에 이미지의 가로, 세로 크기인 (28, 28)을 shape 인자의 값으로 지정합니다. 모델의 구조와 입출력 형상, 매개변수를 summary 함수를 통해 출력합니다. 3개의 Dense층이 사용됐으며 각 층에 사용된 매개변수 수도 출력됩니다. 순차 모델에서 사용한 총 매개변수 수는 1,626개입니다. 매개변수는 '딥러닝 동작 원리'에서 자세히 알아보겠습니다.

```
[3]  from tensorflow.keras import Input

     model = Sequential()

     model.add(Input(shape=(28,28)))
     model.add(Dense(32, activation='relu'))
     model.add(Dense(16, activation='relu'))
     model.add(Dense(10, activation='softmax'))

     model.summary()
```

Model: "sequential_2"

Layer(type)	Output Shape	Param #
dense_6(Dense)	(None, 28, 32)	928
dense_7(Dense)	(None, 28, 16)	528
dense_8(Dense)	(None, 28, 10)	170

Total params: 1,626
Trainable params: 1,626
Non-trainable params: 0

모델과 층에 name을 사용해 이름을 지정할 수 있습니다. 순차 모델과 Dense층의 name을 지정하고 summary 함수를 이용해 출력해 보면 모델과 층이 지정한 이름으로 출력됩니다. 이후에 배울 함수형 API와 같이 모델의 구조가 복잡해지는 경우, name을 지정해 식별할 수 있어 유용합니다. 이 밖의 정보는 모두 동일합니다.

[4]
```python
model = Sequential(name='model')

model.add(Input(shape=(28,28)))
model.add(Dense(32, activation='relu', name='layer1'))
model.add(Dense(16, activation='relu', name='layer2'))
model.add(Dense(10, activation='softmax', name='layer3'))

model.summary()
```

출력 Model: "model"

Layer(type)	Output Shape	Param #
layer1(Dense)	(None, 28, 32)	928
layer2(Dense)	(None, 28, 16)	528
layer3(Dense)	(None, 28, 10)	170

Total params: 1,626
Trainable params: 1,626
Non-trainable params: 0

입력 데이터를 지정하는 방법 중 케라스의 Input층을 사용하는 방법 외에 Dense층의 매개변수로 정의할 수도 있습니다. Dense층의 input_shape 값을 (28, 28)로 지정해 모델 입력 데이터의 형상을 정의할 수도 있습니다.

```
model = Sequential(name='model')

model.add(Dense(32, activation='relu', name='layer1', input_shape=(28,28)))
model.add(Dense(16, activation='relu', name='layer2'))
model.add(Dense(10, activation='softmax', name='layer3'))

model.summary()
```

출력 Model: "model"

```
_____
Layer(type)          Output Shape            Param #
=================================================================
layer1(Dense)        (None, 28, 32)          928

layer2(Dense)        (None, 28, 16)          528

layer3(Dense)        (None, 28, 10)          170

=================================================================
Total params: 1,626
Trainable params: 1,626
Non-trainable params: 0
_____
```

위와 동일하게 input_shape가 아닌 input_dim으로도 가능합니다. input_dim의 입력값은 차원의 수입니다. input_shape는 (28, 28)로 형상을 입력할 수 있지만, input_dim은 차원의 수를 입력할 수 있습니다. 이번 입력은 28×28로 784를 정의할 수 있습니다. 지금까지 순차 모델에 대해 알아봤습니다.

[6]

```
model = Sequential(name='model')

model.add(Dense(32, activation='relu', name='layer1', input_dim=784))
model.add(Dense(16, activation='relu', name='layer2'))
model.add(Dense(10, activation='softmax', name="layer3"))

model.summary()
```

출력 Model: "model"

```
_____
Layer(type)          Output Shape            Param #
=================================================================
layer1(Dense)        (None, 32)              25120

layer2(Dense)        (None, 16)              528

layer3(Dense)        (None, 10)              170

=================================================================
Total params: 25,818
Trainable params: 25,818
Non-trainable params: 0
_____
```

3.4.2 함수형 API

케라스 함수형 API는 모델의 다중 입출력이 가능합니다. 그렇기 때문에 순차 모델보다 유연한 모델을 구성할 수 있습니다. 실습을 통해 자세히 알아보겠습니다.

순차 모델로 작성한 MNIST 모델을 함수형 API로 구현해 보겠습니다. Input층을 작성합니다. Input층을 받은 후 Dense층을 정의하고 Input층을 입력으로 받습니다. x로 정의한 후 Dense층을 동일하게 정의하고 이전 x를 입력으로 받습니다. 출력에 해당하는 Output층을 정의합니다. MNIST 이미지 분류 문제로 0부터 9까지의 클래스가 있으므로 뉴런의 수를 10으로 정의합니다. 활성화 함수를 softmax로 정의했습니다. 함수형 API는 Model 클래스로 입력층과 출력층을 정의합니다. summary 함수로 모델의 구조와 정보를 확인합니다. 순차 모델에서는 Input층이 출력되지 않았는데, 함수형 API에서는 출력되는 것을 확인할 수 있습니다. 이 밖에는 순차 모델과 동일합니다.

[7]
```python
from tensorflow.keras import Input, Model
from tensorflow.keras.layers import Dense

input = Input(shape=(784,))
x = Dense(units=32, activation='relu')(input)
x = Dense(units=16, activation='relu')(x)
output = Dense(units=10, activation='softmax')(x)

model = Model(inputs=input, outputs=output, name='mnist')
model.summary()
```

출력
```
Model: "mnist"

_____
Layer(type)              Output Shape          Param #
=================================================================
input_4(InputLayer)      [(None, 784)]         0

dense_12(Dense)          (None, 32)            25120

dense_13(Dense)          (None, 16)            528

dense_14(Dense)          (None, 10)            170

=================================================================
Total params: 25,818
Trainable params: 25,818
Non-trainable params: 0
```

케라스의 plot_model 함수를 사용하면 모델의 형상을 시각화할 수 있습니다.

[8]
```python
from tensorflow.keras.utils import plot_model

plot_model(model, "mnist-model.png", show_shapes=True)
```

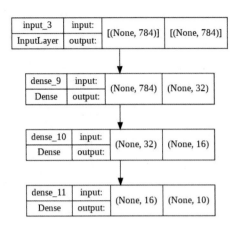

함수형 API의 다중 입력을 알아보겠습니다. 이미지 데이터와 정형 데이터를 입력받도록 합니다. Input층을 input_image, input_csv로 정의합니다. 데이터의 형상에 따라 이미지는 784, 정형 데이터는 13으로 정의합니다. 층의 이름을 정의해 이후 모델 구조를 출력할 때 쉽게 구별할 수 있도록 합니다. x1과 x2로 이미지와 정형 데이터의 완전 연결 신경망을 구성합니다. output_image, output_csv층을 정의한 후 케라스층 중 concatenate 클래스를 사용해 층을 병합합니다. 병합한 x3을 최종 output으로 정의합니다. 케라스의 Model 클래스로 다중 입력을 [input_image, input_csv]로 정의합니다. 출력은 단일 출력으로 output만 정의하면 됩니다. 모델의 이름을 정의한 후 모델의 구조를 summary 함수로 출력합니다. 모델과 층에 이름을 정의하면 출력된 모델 구조를 보다 쉽게 식별할 수 있습니다.

```
[9]  from tensorflow.keras.layers import concatenate

     input_image = Input(shape=(784,), name="input_image")
     input_csv = Input(shape=(13,), name="input_csv")

     x1 = Dense(units=32, activation="relu", name="layer10")(input_image)
     x1 = Dense(units=16, activation="relu", name="layer11")(x1)
     output_image = Dense(units=10, activation='softmax', name="output_image")(x1)

     x2 = Dense(units=16, activation="relu", name="layer20")(input_csv)
     x2 = Dense(units=8, activation="relu", name="layer21")(x2)
     output_csv = Dense(units=1, activation='sigmoid', name="output_csv")(x2)

     # keras.layers.concatenate
     x3 = concatenate([output_image, output_csv], name="layer30")
     output = Dense(8, activation="sigmoid", name="output")(x3)

     model = Model([input_image, input_csv], output, name="Model : Multiple Inputs")
     model.summary()
```

Model: "Model : Multiple Inputs"

Layer(type)	Output Shape	Param #	Connected to
input_image(InputLayer)	[(None, 784)]	0	[]
input_csv(InputLayer)	[(None, 13)]	0	[]
layer10(Dense)	(None, 32)	25120	['input_image[0][0]']
layer20(Dense)	(None, 16)	224	['input_csv[0][0]']
layer11(Dense)	(None, 16)	528	['layer10[0][0]']
layer21(Dense)	(None, 8)	136	['layer20[0][0]']
output_image(Dense)	(None, 10)	170	['layer11[0][0]']
output_csv(Dense)	(None, 1)	9	['layer21[0][0]']
layer30(Concatenate) 'output_csv[0][0]']	(None, 11)	0	['output_image[0][0]',
output(Dense)	(None, 8)	96	['layer30[0][0]']

Total params: 26,283
Trainable params: 26,283
Non-trainable params: 0

케라스의 plot_model 함수를 사용하면 모델의 형상을 시각화할 수 있습니다.

[10]
```
from tensorflow.keras.utils import plot_model

plot_model(model, "mnist-model.png", show_shapes=True)
```

출력

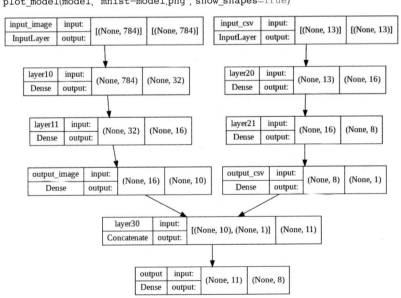

함수형 API의 다중 출력을 구현해 보겠습니다. 이미지 데이터를 입력받는 input층을 정의합니다. 완전 연결 신경망을 함수형 API로 구현합니다. 출력층의 outputA, outputB로 다중 출력층을 정의합니다. 출력되는 뉴런의 수와 활성화 함수는 모델의 문제 결과에 맞게 정의합니다. 여기서는 MNIST 이미지 분류로 0부터 9까지의 다중 분류를 위한 outputA 출력층과 이미지의 크기가 0부터 5까지는 '작다', 6부터 9까지는 '크다'로 정의할 수 있는 이진 분류를 위한 outputB 출력층을 정의했습니다. 케라스 Model()의 출력 매개변수에 [outputA, outputB]를 정의하면 다중 출력 모델을 구성할 수 있습니다.

[11]
```python
from tensorflow.keras.layers import concatenate

input = Input(shape=(784,), name="input")

x = Dense(units=32, activation="relu", name="layer1")(input)
x = Dense(units=16, activation="relu", name="layer2")(x)
x = Dense(units=8, activation="relu", name="layer3")(x)

outputA = Dense(units=10, activation='softmax', name="output_a")(x)
outputB = Dense(units=1, activation='sigmoid', name="output_b")(x)

model = Model(input, [outputA, outputB], name="Model : Multiple Outputs")
model.summary()
```

출력
```
Model: "Model : Multiple Oututs"
```

Layer(type)	Output Shape	Param #	Connected to
input(InputLayer)	[(None, 784)]	0	[]
layer1(Dense)	(None, 32)	25120	['input[0][0]']
layer2(Dense)	(None, 16)	528	['layer1[0][0]']
layer3(Dense)	(None, 8)	136	['layer2[0][0]']
output_a(Dense)	(None, 10)	90	['layer3[0][0]']
output_b(Dense)	(None, 1)	9	['layer3[0][0]']

```
Total params: 25,883
Trainable params: 25,883
Non-trainable params: 0
```

케라스의 plot_model 함수를 사용하면 모델의 형상을 시각화할 수 있습니다.

[12]
```
from tensorflow.keras.utils import plot_model

plot_model(model, "mnist-model.png", show_shapes=True)
```

출력

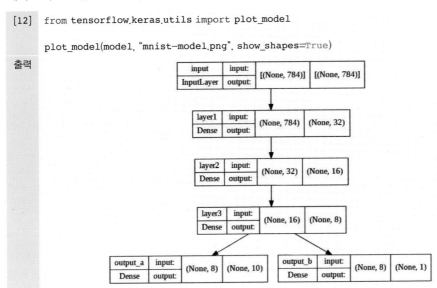

함수형 API를 사용하면 층을 공유할 수 있습니다. 공유했을 때의 장점은 층을 여러 번 사용하면서 가중치를 재사용할 수 있다는 것입니다. 사용 방법은 다음과 같습니다. dense_layer를 정의한후 output_imageA, outout_imageB에서 재사용하는 것을 볼 수 있습니다. 이번 예제는 다중 입력에서 층을 공유하는 것입니다.

[13]
```
from tensorflow.keras.layers import concatenate

input_imageA = Input(shape=(784,), name="input_imageA")
input_imageB = Input(shape=(784,), name="input_imageB")

# Shared layers
dense_layer = Dense(units=32, activation="relu")

output_imageA = dense_layer(input_imageA)
output_imageB = dense_layer(input_imageB)

# keras.layers.concatenate
x = concatenate([output_imageA, output_imageB])
output = Dense(10, activation="softmax", name="output")(x)

model = Model([input_imageA, input_imageB], output, name="Model : Shared layers")
model.summary()
```

Model: "Model : Shared layers"

Layer(type)	Output Shape	Param #	Connected to
input_imageA(InputLayer)	[(None, 784)]	0	[]
input_imageB(InputLayer)	[(None, 784)]	0	[]
dense_15(Dense)	(None, 32)	25120	['input_imageA[0][0]', 'input_imageB[0][0]']
concatenate(Concatenate)	(None, 64)	0	['dense_15[0][0]', 'dense_15[1][0]']
output(Dense)	(None, 10)	650	['concatenate[0][0]']

Total params: 25,770
Trainable params: 25,770
Non-trainable params: 0

케라스의 plot_model 함수를 사용하면 모델의 형상을 시각화할 수 있습니다.

[14] from tensorflow.keras.utils import plot_model

plot_model(model, "mnist-model.png", show_shapes=True)

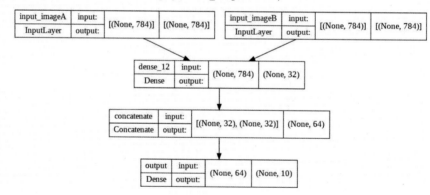

3.4.3 모델 서브클래싱

케라스는 모델 서브클래싱을 제공합니다. 사용자가 클래스를 상속받은 후 필요한 부분을 직접 구현할 수 있고 사용자화할 수 있다는 장점이 있습니다. 기본적인 내용이 같다면 순차 함수와 함수형 API의 성능 차이는 없습니다. MNIST 모델을 모델 서브클래싱으로 구현합니다. 모델의 네트워크는 순차 모델과 함수형 API 모두 동일합니다.

```
[15]  class MnistModel(tf.keras.Model):
          def __init__(self):
          super(MnistModel, self).__init__()
          self.layer1 = Dense(32, activation='relu')
          self.layer2 = Dense(16, activation='relu')
          self.layer3 = Dense(10, activation='softmax')

          def call(self, x):
          x = self.layer1(x)
          x = self.layer2(x)
          x = self.layer3(x)
          return x
```

모델을 정의한 후 summary 함수를 출력해 보면 순차 모델과 함수형 API의 모델 구조와 동일하다는 것을 확인할 수 있습니다.

```
[16]  model = MnistModel()
      model(Input(shape=(784,)))

      model.summary()
```

출력   Model: "mnist_model"

Layer(type)	Output Shape	Param #
dense_16(Dense)	multiple	25120
dense_17(Dense)	multiple	528
dense_18(Dense)	multiple	170

Total params: 25,818
Trainable params: 25,818
Non-trainable params: 0

MnistModel 클래스의 인자를 추가해 모델을 구축할 때 각 층의 뉴런 수와 활성화 함수를 정의할 수 있도록 했습니다. 모델 서브클래싱은 이런 방법으로 사용자화할 수 있습니다.

```
[17]  class MnistModel(tf.keras.Model):
          def __init__(self, units, activation):
          super(MnistModel, self).__init__()
          self.layer1 = Dense(units, activation=activation)
          self.layer2 = Dense(units/2, activation=activation)
          self.layer3 = Dense(10, activation='softmax')

          def call(self, x):
          x = self.layer1(x)
          x = self.layer2(x)
          x = self.layer3(x)
          return x
```

정의한 MnistModel 클래스 모델을 실행합니다. summary 함수를 통해 모델이 잘 구축된 것을 확인합니다. 모델의 형상 및 매개변수가 이전에 구현한 MNIST의 순차 모델 및 함수형 API와 동일합니다. 지금까지 케라스로 모델을 구현하는 3가지 방법에 대해 알아봤습니다.

```
[18]  model = MnistModel(units=32, activation='relu')
      model(Input(shape=(784,)))

      model.summary()
```

출력 Model: "mnist_model_1"

Layer(type)	Output Shape	Param #
dense_19(Dense)	multiple	25120
dense_20(Dense)	multiple	528
dense_21(Dense)	multiple	170

Total params: 25,818
Trainable params: 25,818
Non-trainable params: 0

3.4.4 모델 함수화

케라스는 파이썬 기반 딥러닝 라이브러리입니다. 파이썬에서 사용하는 함수를 사용할 수 있습니다. 모델 생성을 함수화해 이후에 재사용할 수 있도록 해 두면 편리합니다. 순차 모델의 완전 연결 신경망을 구성한 후 get_model이라는 이름으로 함수화했습니다. 함수를 실행하면 모델이 생성됩니다. summary 함수로 모델 구조를 출력해 보면 순차 모델과 동일하다는 것을 알 수 있습니다.

모델 함수화는 다음과 같은 경우에 사용하면 유용합니다. 예를 들어 함수의 인자를 정의해 모델의 뉴런 수, 활성화 함수 등 하이퍼 매개변수 값들을 다르게 해 함수를 실행합니다. 이렇게 생성된 모델들의 성능을 비교할 때 유용합니다.

```python
[19] from tensorflow.keras.models import Sequential
     from tensorflow.keras.layers import Dense

     def get_model():
         model = Sequential()
         model.add(Dense(32, activation='relu', input_dim=784))
         model.add(Dense(16, activation='relu'))
         model.add(Dense(10, activation='softmax'))
         model.compile(optimizer='adam',
         loss='sparse_categorical_crossentropy',
         metrics=['accuracy'],
         )
         return model

     model = get_model()
     model.summary()
```

출력 Model: "sequential_4"

Layer(type)	Output Shape	Param #
dense_25(Dense)	(None, 32)	25120
dense_26(Dense)	(None, 16)	528
dense_27(Dense)	(None, 10)	170

Total params: 25,818
Trainable params: 25,818
Non-trainable params: 0

3.4.5 모델 컴파일

모델을 구성한 후 학습하기 위해서는 컴파일을 진행해야 합니다. 모델 컴파일은 학습에 필요한 옵티마이저(Optimizer), 손실 함수(Loss), 평가 지표(Metrics)를 설정하는 과정입니다.

회귀, 분류 문제에 따라 손실 함수와 출력층의 활성화 함수를 공식처럼 정의합니다. [그림 2-55]에 문제 유형별 활성화 함수 및 손실 함수를 정리해 뒀습니다. 예를 들어 MNIST 손글씨 이미지 분류 문제는 다중 분류 문제입니다. 출력층의 활성화 함수는 softmax로 설정하고 모델 컴파일 시 손실 함수는 sparse_categorical_crossentropy로 정의합니다. 모델 예측값이 원-핫 인코딩 형태인 경우에는 손실 함수를 categorical_crossentropy로 정의해야 합니다.

옵티마이저는 모델의 성능을 향상시킬 수 있는 것을 선택합니다. 회귀 문제의 경우, 출력층의 활성화 함수를 생략하거나 linear로 지정하고 손실 함수는 mean_squared_error 등을 선택할 수 있습니다.

문제 유형	활성화 함수	손실 함수	옵티마이저
회귀	linear	mean_squared_error, ...	SGD, Adam, Adagrad, Nadam, RMSprop, Adadelta, Adamax, ...
분류 (이진)	sigmoid	binary_crossentropy	
분류 (다중)	softmax (onehot encoding)	categorical_crossentropy	
	softmax	sparse_categorical_crossentropy	

[그림 2-55] 문제 유형별 모델 컴파일 설정값

모델의 컴파일은 케라스의 compile 함수를 사용합니다. 인자로는 optimizer, loss, metrics가 있습니다. 문제 유형에 맞는 인자의 값을 선택합니다. 다음 코드는 손실 함수로 sparse_categorical_crossentropy가 정의됐으므로 다중 분류 문제라고 예상할 수 있습니다. 평가 지표로는 'accuracy', 옵티마이저로는 'adam'을 선택했습니다.

```
[20]  model.compile(optimizer='adam',
                    loss='sparse_categorical_crossentropy',
                    metrics=['accuracy'])
```

함수형 API 의 모델 컴파일에 대해 알아보겠습니다. 함수형 API의 경우, 다중 출력 모델을 구성할 수 있습니다. 다중 출력의 경우, 손실 함수를 출력 형태에 따라 각각 설정합니다. 다중 출력의 손실 함수에 각각 이름을 정의해 컴파일을 수행합니다.

```
[21]  model.compile(optimizer='adam',
                    loss={'output_a' : 'categorical_crossentropy',
                    'output_b' : 'binary_crossentropy'})
```

3.4.6 모델 저장 및 불러오기

지금까지 모델을 구성한 후 학습할 수 있도록 컴파일했습니다. 이번에는 모델을 저장하고 불러오는 방법에 대해 알아보겠습니다. save 함수를 통해 모델을 로컬에 파일 형태로 저장할 수 있습니다. 모델을 저장한 후 구조를 출력해 보겠습니다.

```
[22]  import tensorflow as tf
      from tensorflow.keras.models import Sequential
      from tensorflow.keras.layers import Dense

      model = Sequential(name='mnist-model')
      model.add(Dense(32, activation='relu', name='layer1', input_dim=784))
      model.add(Dense(16, activation='relu', name='layer2'))
      model.add(Dense(10, activation='softmax', name='layer3'))

      model.compile(optimizer='adam',
                    loss='sparse_categorical_crossentropy',
                    metrics=['accuracy'])

      model.summary()

      # 모델 저장하기
      model.save("/content/drive/MyDrive/Colab Notebooks/model")
```

출력
```
Model: "mnist-model"
_____
 Layer(type)         Output Shape          Param #
=================================================================
 layer1(Dense)       (None, 32)            25120

 layer2(Dense)       (None, 16)            528

 layer3(Dense)       (None, 10)            170

=================================================================
Total params: 25,818
Trainable params: 25,818
Non-trainable params: 0
_____
INFO:tensorflow:Assets written to: /content/drive/MyDrive/Colab Notebooks/model/
assets
```

save 함수로 저장한 모델을 load model 함수를 통해 불러올 수 있습니다. 모델 구조를 출력해 보면 동일한 모델 구조를 확인할 수 있습니다.

```
[23]  from tensorflow.keras.models import load_model

      # 모델 불러오기
      model = load_model("/content/drive/MyDrive/Colab Notebooks/model")

      model.summary()
```

Model: "mnist-model"

```
Layer(type)        Output Shape      Param #
=================================================
layer1(Dense)      (None, 32)        25120

layer2(Dense)      (None, 16)        528

layer3(Dense)      (None, 10)        170

=================================================
Total params: 25,818
Trainable params: 25,818
Non-trainable params: 0
```

이렇게 저장된 모델은 모델의 구조와 학습된 모델의 가중치, 모델 컴파일 정보 등과 같은 정보를 포함하고 있습니다. 모델 저장은 save 함수 또는 save_model 함수로도 가능합니다.

[24]
```
from tensorflow.keras.models import save_model, load_model

# save_model
model.save("/content/drive/MyDrive/Colab Notebooks/model")

save_model(model=model, filepath="/content/drive/MyDrive/Colab Notebooks/model")

# load_model
model = load_model("/content/drive/MyDrive/Colab Notebooks/model")
```

출력
```
INFO:tensorflow:Assets written to: /content/drive/MyDrive/Colab Notebooks/model/
assets
INFO:tensorflow:Assets written to: /content/drive/MyDrive/Colab Notebooks/model/
assets
```

저장된 모델은 다음과 같습니다.

[25] `!ls -1 "/content/drive/MyDrive/Colab Notebooks/model/"`

출력
```
assets
keras_metadata.pb
saved_model.pb
variables
```

대용량 데이터 포맷인 HDF5로도 저장할 수 있습니다. 모델 확장자를 h5로 정의합니다.

[26]
```
# 케라스 h5 파일 형식으로 모델 저장
model.save("/content/drive/MyDrive/Colab Notebooks/model/model-h5/mnist-model-h5.h5")

model = load_model("/content/drive/MyDrive/Colab Notebooks/model/model-h5/mnist-model-h5.h5")

model.summary()
```

Model: "mnist-model"

Layer(type)	Output Shape	Param #
layer1(Dense)	(None, 32)	25120
layer2(Dense)	(None, 16)	528
layer3(Dense)	(None, 10)	170

Total params: 25,818
Trainable params: 25,818
Non-trainable params: 0

HDF5의 저장된 파일을 보면 단일 파일에 모델 정보가 저장돼 있는 것을 확인할 수 있습니다.

[27] !ls -1 "/content/drive/MyDrive/Colab Notebooks/model/model-h5"
출력 mnist-model-h5.h5

get_config, from_config 함수를 사용하면 모델의 구성을 저장하고 불러올 수 있습니다. 이는 순차 모델과 함수형 API에서만 사용할 수 있습니다. 그리고 컴파일 정보와 가중치는 저장되지 않습니다. modelA를 get_config 함수로, 모델 구성을 config에 저장한 후 modelB에 불러왔습니다. summary 함수로 modelB의 모델 구조를 출력해 보면 modelA의 모델 구조와 동일하다는 것을 알 수 있습니다.

[28]
```python
from tensorflow.keras.models import Sequential
from tensorflow.keras import Input
from tensorflow.keras.layers import Dense

modelA = Sequential([Input((784,)), Dense(32), Dense(16), Dense(10)], name = "modelA")

config = modelA.get_config()
modelB = Sequential.from_config(config)

modelB.summary()
```
출력 Model: "modelA"

Layer(type)	Output Shape	Param #
dense_28(Dense)	(None, 32)	25120
dense_29(Dense)	(None, 16)	528
dense_30(Dense)	(None, 10)	170

Total params: 25,818
Trainable params: 25,818
Non-trainable params: 0

이번에는 함수형 API에서 get_config 함수, from_config 함수를 사용해 모델의 구조를 저장하고 불러오겠습니다.

```
[29]  from tensorflow.keras import Model, Input
      from tensorflow.keras.models import Sequential
      from tensorflow.keras.layers import Dense

      input = Input((32,))
      output = Dense(1)(input)
      modelA = Model(input, output, name="modelA")

      config = modelA.get_config()
      modelB = Model.from_config(config)

      modelB.summary()
```

출력 Model: "modelA"

Layer(type)	Output Shape	Param #
input_8(InputLayer)	[(None, 32)]	0
dense_31(Dense)	(None, 1)	33

Total params: 33
Trainable params: 33
Non-trainable params: 0

JSON 형태로도 모델 정보를 저장하고 불러올 수 있습니다. to_json 함수, model_from_json 함수를 사용해 실습해 보겠습니다. 출력 결과를 보면 JSON 형태인 것을 알 수 있습니다.

```
[30]  from tensorflow.keras.models import Sequential
      from tensorflow.keras import Input
      from tensorflow.keras.layers import Dense

      from tensorflow.keras.models import model_from_json

      modelA = Sequential([Input((784,)), Dense(32), Dense(16), Dense(10)] , name = "modelA")

      json_config = modelA.to_json()

      modelB = model_from_json(json_config)

      print(json_config)
```

출력　{"class_name": "Sequential", "config": {"name": "modelA", "layers": [{"class_name": "InputLayer", "config": {"batch_input_shape": [null, 784], "dtype": "float32", "sparse": false, "ragged": false, "name": "input_9"}}, {"class_name": "Dense", "config": {"name": "dense_32", "trainable": true, "dtype": "float32", "units": 32, "activation": "linear", "use_bias": true, "kernel_initializer": {"class_name": "GlorotUniform", "config": {"seed": null}}, "bias_initializer": {"class_name": "Zeros", "config": {}}, "kernel_regularizer": null, "bias_regularizer": null, "activity_regularizer": null, "kernel_constraint": null, "bias_constraint": null}}, {"class_name": "Dense", "config": {"name": "dense_33", "trainable": true, "dtype": "float32", "units": 16, "activation": "linear", "use_bias": true, "kernel_initializer": {"class_name": "GlorotUniform", "config": {"seed": null}}, "bias_initializer": {"class_name": "Zeros", "config": {}}, "kernel_regularizer": null, "bias_regularizer": null, "activity_regularizer": null, "kernel_constraint": null, "bias_constraint": null}}, {"class_name": "Dense", "config": {"name": "dense_34", "trainable": true, "dtype": "float32", "units": 10, "activation": "linear", "use_bias": true, "kernel_initializer": {"class_name": "GlorotUniform", "config": {"seed": null}}, "bias_initializer": {"class_name": "Zeros", "config": {}}, "kernel_regularizer": null, "bias_regularizer": null, "activity_regularizer": null, "kernel_constraint": null, "bias_constraint": null}}]], "keras_version": "2.8.0", "backend": "tensorflow"}

이번에는 모델의 가중치를 저장하고 불러오겠습니다. save_weights 함수, load_weights 함수를 사용해 저장할 위치를 지정해 주면 모델의 가중치를 저장하고 불러올 수 있습니다.

```
[31]  from tensorflow.keras.models import Sequential
      from tensorflow.keras.layers import Dense

      model = Sequential(name="minit-model")
      model.add(Dense(32, activation="relu", name="layer1", input_shape=(784,)))
      model.add(Dense(16, activation="relu", name="layer2"))
      model.add(Dense(10, activation='softmax', name="layer3"))

      model.save_weights("/content/drive/MyDrive/Colab Notebooks/model/weights/minit-weight")

      model.load_weights("/content/drive/MyDrive/Colab Notebooks/model/weights/minit-weight")
```
출력　⟨tensorflow.python.training.tracking.util.CheckpointLoadStatus at 0x7f007a5241d0⟩

save_weights 함수에서 지정된 경로를 보면 모델의 가중치 정보가 저장돼 있는 것을 확인할 수 있습니다.

```
[32]  !ls -1 "/content/drive/MyDrive/Colab Notebooks/model/weights"
```
출력　checkpoint
　　　minit-weight.data-00000-of-00001
　　　minit-weight.index

3.5 모델 학습

모델 컴파일까지 마쳤습니다. 이제 데이터로 모델을 학습할 차례입니다. 데이터는 케라스에 내장된 MNIST 데이터셋을 사용합니다. `tf.keras.datasets` 모듈에는 넘파일 형태로 벡터화된데이터가 내장돼 있습니다. 데이터 구성 및 준비부터 차례대로 구현한 후 모델을 학습해 보겠습니다.

MNIST 데이터셋을 `load_data` 함수로 불러온 후 학습과 테스트 데이터셋으로 분류해 데이터를 불러옵니다. 이미지 데이터의 경우, 0부터 255까지 픽셀 값을 표현하므로 정규화를 위해 255로 나눠 줍니다. 케라스 전처리층 중 정규화층을 사용해도 됩니다. 이렇게 불러온 학습과 테스트데이터셋의 형상을 출력해 보겠습니다. 학습(train) 데이터는 60,000건이고 데이터가 가로 28, 세로 28로 구성됐습니다. 학습 데이터의 라벨은 이미지의 정답인 0부터 9까지의 숫자가 저장돼있습니다. 학습 데이터의 피처 수처럼 60,000건이 있네요. 테스트 데이터는 10,000건이고, 가로 28, 세로 28로 동일하며, 테스트 라벨은 10,000건입니다. 모델 학습에 필요한 데이터 구성 및 준비가 마무리됐습니다. 다음으로 모델을 구성한 후 컴파일해 보겠습니다.

[소스 2-22] Keras-Model-Fit.ipynb

```
[1]   from tensorflow.keras import datasets

      mnist = datasets.mnist
      (x_train, y_train),(x_test, y_test) = mnist.load_data()
      x_train, x_test = x_train / 255.0, x_test / 255.0

      print('\ntrain data:', x_train.shape, y_train.shape)
      print('test data:',x_test.shape, y_test.shape)
```

```
출력   Downloading data from https://storage.googleapis.com/tensorflow/tf-keras-datasets/mnist.npz
       11493376/11490434 [==============================] - 0s 0us/step
       11501568/11490434 [==============================] - 0s 0us/step

       train data:(60000, 28, 28)(60000,)
       test data:(10000, 28, 28)(10000,)
```

케라스 모델 구성은 순차 모델을 사용합니다. Flatten층이 새로 등장했는데, Flatten층은 가로, 세로와 같이 공간 데이터셋을 평탄화해 주는 역할을 합니다. 딥러닝 모델의 입력으로 가로/세로 공간 형태의 데이터가 입력될 수 없으므로 한 줄로 평탄화해 줘야 합니다. 넘파이의 reshape 함수와 유사한 기능을 수행합니다.

```
[2]  from tensorflow.keras.models import Sequential
     from tensorflow.keras.layers import Flatten, Dense

     model = Sequential([
             Flatten(input_shape=(28,28)),
             Dense(32, activation='relu'),
             Dense(16, activation='relu'),
             Dense(10, activation='softmax')
     ])
```

모델을 컴파일합니다. MNIST 이미지 분류 문제는 다중 분류 문제입니다. 모델 컴파일에서 배운 것처럼 다중 분류 문제는 모델의 출력층의 활성화 함수를 softmax로 지정해야 하며 컴파일의 손실 함수는 sparse_categorical_crossentropy로 정의해야 합니다. 메트릭은 accuracy로 설정했습니다. 라벨의 형태가 원-핫 인코딩인 경우, 손실 함수를 categorical_crossentropy로 지정해야 한다는 것을 이전에 배웠습니다. 모델 컴파일을 수행합니다. 이제 모델 학습할 준비가 끝났습니다.

```
[3]  model.compile(optimizer='adam',
                   loss='sparse_categorical_crossentropy',
                   metrics=['accuracy'])
```

3.5.1 모델 학습

데이터 구성 및 준비, 모델 및 컴파일이 마무리됐다면 데이터로 모델을 학습할 차례입니다. 케라스에서 모델 학습은 fit 함수를 사용합니다. 머신러닝 학습 시에도 fit 함수를 사용하므로 생소하지는 않을 것입니다. 사용하는 용어 등이 유사하므로 한 번 배워 두면 이후 다른 개념을 익히는 데도 어렵지 않을 것입니다.

모델 학습에 사용할 fit 함수의 인자를 알아보겠습니다. 우선 가장 중요한 x, y입니다. 학습할 데이터를 입력합니다. x는 학습 데이터인 피처, y는 학습 데이터 라벨을 입력합니다. epochs는 학습 횟수를 정하는 부분입니다. epochs를 1로 지정했다면 MNIST 학습 데이터는 60,000건을 1번 학습합니다. 2로 지정한다면 60,000건을 2번 학습합니다. batch_size는 학습할 단위를 60,000건으로 한 번에 하는 것이 아니라 배치 단위로 쪼개 진행할 수 있게 합니다. 기본값은 32입니다. 60,000/32 = 1,875의 배치 단위로 구분해 학습을 쪼개 진행합니다. 이후 학습 결과를 보면서 1,875의 의미를 재확인해 보겠습니다.

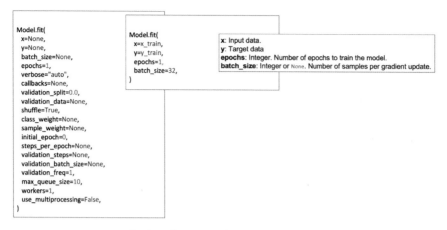

[그림 2-56] 케라스 모델을 학습하기 위한 fit 함수

모델 학습을 해 보겠습니다. MNIST의 학습 데이터를 불러오면서 피처는 x_train, 라벨은 y_train으로 저장했습니다. x, y에 학습할 데이터를 입력합니다. epochs로 학습 횟수를 정합니다. 예제이므로 1로 지정해 봅니다. batch_size를 지정하지 않았으므로 기본값이 32로 설정됐습니다. 60,000/32 = 1,875로 계산한 것처럼 출력 결과를 보면 '1875/1875'로, 배치 단위로 전체 60,000건의 데이터를 학습하는 것을 확인할 수 있습니다.

[4] model.fit(x=x_train, y=y_train, epochs=1)

출력 1875/1875 [==============================] — 6s 2ms/step — loss: 0.3787 — accuracy: 0.8893
⟨keras.callbacks.History at 0x7f007a25f290⟩

epochs를 5로 지정해 보겠습니다. 전체 데이터 60,000건을 5번 학습한 결과를 볼 수 있습니다. 출력의 오른쪽을 보면 모델 컴파일 시 지정한 loss, accuracy 값을 확인할 수 있습니다. 5번 학습 시 정확도는 97%(0.9700)라는 것을 확인할 수 있습니다. loss는 컴파일 시 지정한 sparse_categorical_crossentropy에 대한 손실 함수 결과입니다. 즉, 예측값과 라벨의 차이를 손실 함수로 계산한 결과값입니다.

[5] model.fit(x_train, y_train, epochs=5)

출력 Epoch 1/5
1875/1875 [==============================] — 6s 3ms/step — loss: 0.1883 — accuracy: 0.9446
Epoch 2/5
1875/1875 [==============================] — 3s 2ms/step — loss: 0.1505 — accuracy: 0.9560
Epoch 3/5
1875/1875 [==============================] — 4s 2ms/step — loss: 0.1274 — accuracy: 0.9613
Epoch 4/5
1875/1875 [==============================] — 3s 2ms/step — loss: 0.1117 — accuracy: 0.9657
Epoch 5/5
1875/1875 [==============================] — 3s 2ms/step — loss: 0.0998 — accuracy: 0.9700
⟨keras.callbacks.History at 0x7f00782ec890⟩

batch_size를 명시적으로 지정해 학습해 보겠습니다. 이와 동일하게 '1875/1875'로 학습되는 것을 확인할 수 있습니다.

```
[6]  model.fit(x_train, y_train, epochs=2, batch_size=32)

     print('train data:', x_train.shape, y_train.shape)
```
출력
```
Epoch 1/2
1875/1875 [==============================] - 4s 2ms/step - loss: 0.0903 - accuracy: 0.9722
Epoch 2/2
1875/1875 [==============================] - 3s 2ms/step - loss: 0.0815 - accuracy: 0.9753
train data:(60000, 28, 28)(60000,)
```

batch_size를 64로 설정해 보겠습니다. '938/938'로 학습 시 출력 결과가 변경됐습니다. 60,000/64 = 937.5로 반올림하면 938이 되네요. epochs, batch_size와 같은 값은 하이퍼 매개변수입니다. 하이퍼 매개변수를 데이터 및 문제 상황에 맞게 시행착오(try and error)를 반복하면서 모델의 최적의 성능을 낼 수 있는 값을 찾아야 합니다. 이후에 배울 KerasTuner 등을 통해 이 과정을 어느 정도 자동화할 수도 있습니다. 모델 학습에 대해 계속 알아보겠습니다.

```
[7]  model.fit(x_train, y_train, epochs=2, batch_size=64)
```
출력
```
Epoch 1/2
938/938 [==============================] - 4s 4ms/step - loss: 0.0646 - accuracy: 0.9804
Epoch 2/2
938/938 [==============================] - 2s 2ms/step - loss: 0.0617 - accuracy: 0.9810
⟨keras.callbacks.History at 0x7f00772bb450⟩
```

모델 학습 결과를 history에 저장합니다. history에는 epochs를 2번 학습했으며 출력된 loss, accuracy 값이 배열 형태로 저장됐습니다.

```
[8]  history = model.fit(x_train, y_train, epochs=2, batch_size=64)

     print(history.history)
```
출력
```
Epoch 1/2
938/938 [==============================] - 5s 5ms/step - loss: 0.0595 - accuracy: 0.9815
Epoch 2/2
938/938 [==============================] - 2s 3ms/step - loss: 0.0569 - accuracy: 0.9821

{'loss': [0.05947314202785492, 0.05685454607009888], 'accuracy': [0.9814500212669373,
0.9821166396141052]}
```

모델 학습 결과를 시각화합니다. 시각화하기 위해 20번의 학습을 진행하고 모델 학습 결과를 history에 저장합니다. matplotlib.pyplot을 통해 학습이 진행되는 동안 정확도를 시각화합니다. 학습이 진행되면서 정확도가 점차 증가하는 것을 확인할 수 있습니다.

```
import matplotlib.pyplot as plt

history = model.fit(x_train, y_train, epochs=20, batch_size=64)

plt.plot(history.history['accuracy'])
plt.xlabel('Epoch')
plt.ylabel('Accuracy')
plt.show()
```

출력
```
Epoch 1/20
938/938 [==============================] - 4s 4ms/step - loss: 0.0534 - accuracy: 0.9833
Epoch 2/20
938/938 [==============================] - 2s 2ms/step - loss: 0.0496 - accuracy: 0.9848
…(생략)…
Epoch 19/20
938/938 [==============================] - 2s 2ms/step - loss: 0.0209 - accuracy: 0.9935
Epoch 20/20
938/938 [==============================] - 2s 2ms/step - loss: 0.0207 - accuracy: 0.9934
```

3.5.2 tf.data.Dataset의 학습

위 예제에서는 판다스 데이터 프레임의 학습 데이터를 입력으로 사용했습니다. 이번에는 텐서 플로 tf.data.Dataset을 모델 학습 데이터로 입력해 보겠습니다. 판다스 데이터 프레임의 학습 데이터인 (x_train, y_train)를 tf.data의 텐서 형태로 변환합니다. tf.data.Dataset의 from_tensor_slices 함수를 사용해 판다스 데이터 프레임을 데이터셋으로 변환합니다. 리스트 및 넘파이 배열도 이와 동일하게 데이터셋으로 변환할 수 있습니다. 데이터셋으로 변환한 후 batch 함수를 '32'로 설정합니다. type 함수의 출력 결과를 보면 BatchDataset인 것을 확인할 수 있습니다.

[10]
```
import tensorflow as tf

train_ds = tf.data.Dataset.from_tensor_slices((x_train, y_train))
train_ds = train_ds.batch(32)

print('train_ds type :', type(train_ds))
```
출력
```
train_ds type : <class 'tensorflow.python.data.ops.dataset_ops.BatchDataset'>
```

모델 학습을 위해 fit 함수에 학습 데이터를 입력합니다. 판다스 데이터 프레임의 경우, x, y를 넣었는데, tf.data.Dataset의 경우 텐서 형태의 train_ds를 넣어 주면 피처와 라벨을 분리해 넣을 필요가 없어집니다. epochs를 통해 5번의 학습을 진행합니다. 배치 단위의 전체 데이터가 5번의 학습으로 진행되고 각 학습마다 손실, 정확도가 출력됩니다.

```
[11]   model.fit(train_ds, epochs=5)
```
출력
```
Epoch 1/5
1875/1875 [==============================] - 7s 4ms/step - loss: 0.0393 - accuracy: 0.9867
Epoch 2/5
1875/1875 [==============================] - 4s 2ms/step - loss: 0.0265 - accuracy: 0.9915
Epoch 3/5
1875/1875 [==============================] - 5s 2ms/step - loss: 0.0237 - accuracy: 0.9923
Epoch 4/5
1875/1875 [==============================] - 4s 2ms/step - loss: 0.0237 - accuracy: 0.9922
Epoch 5/5
1875/1875 [==============================] - 4s 2ms/step - loss: 0.0224 - accuracy: 0.9928
<keras.callbacks.History at 0x7f0099016610>
```

테스트 데이터셋도 이와 동일하게 텐서 형태의 tf.data.Dataset으로 변환합니다.

```
[12]   import tensorflow as tf

       test_ds = tf.data.Dataset.from_tensor_slices((x_test, y_test))
       test_ds = test_ds.batch(32)

       print('test_ds type :', type(test_ds))
```
출력
```
test_ds type : <class 'tensorflow.python.data.ops.dataset_ops.BatchDataset'>
```

평가를 테스트 데이터셋으로 진행합니다. 평가는 케라스의 evaluate 함수를 사용합니다. 테스트 데이터의 데이터셋을 입력하면 모델 컴파일 시 정한 손실과 평가 지표(accuracy)가 출력됩니다. 테스트 데이터셋의 정확도는 0.96(96%), 손실은 0.18입니다.

```
[13]   loss, accuracy = model.evaluate(test_ds)

       print('accuracy:', accuracy)
       print('loss:', loss)
```
출력
```
313/313 [==============================] - 1s 2ms/step - loss: 0.1882 - accuracy: 0.9658
accuracy: 0.9657999873161316
loss: 0.1882498413324356
```

3.5.3 유효성 검사 홀드아웃셋을 자동으로 분리하기

모델 학습 시 학습 데이터를 입력해 모델 학습을 진행합니다. 모델의 성능을 개선하기 위해 epochs, batch_size 등의 하이퍼 매개변수를 튜닝합니다. 모델 학습의 성능을 다른 방법으로 높이기 위해 검증 데이터를 사용할 수 있습니다. 검증 데이터셋을 사용하면 과대적합과 과소적합 문제를 개선할 수 있습니다. 검증 데이터셋은 훈련 데이터셋에 일정 부분을 검증 데이터셋으로 분리하는 방법입니다. 훈련과 테스트를 8:2, 7:3으로 분리하고 훈련 데이터를 다시 8:2, 7:3으로 분리해 데이터셋을 훈련, 검증 데이터셋으로 분리합니다. 모델 학습 시 검증 데이터는 사용되지 않습니다. 매 epochs마다 검증 데이터로 평가를 진행하며 이 결과를 바탕으로 학습의 방향성을 조정해 나갑니다. 예를 들어 수능시험을 위해 사전에 모의고사를 보는 것과 유사합니다. 모의고사를 거쳐 나온 결과로 잘하는 부분과 개선할 점을 찾아 다음 모의고사에 더 높은 점수를 내기 위해 노력합니다. 이런 과정을 통해 최종 수능시험에서 보다 좋은 결과를 예상해 볼 수 있습니다. 실습을 통해 어떻게 사용하는지 알아보겠습니다.

[그림 2-57] 검증 데이터셋 설명

모델 학습 시 검증 데이터는 validation_split을 사용해 학습 데이터를 분류할 수 있습니다. validation_split을 0.2로 설정하는 것은 학습 데이터 중 20%를 검증 데이터로 사용하겠다는 뜻입니다. 학습 데이터 60,000건 중 80%(0.8)는 48,000건, 검증 데이터의 20%(0.2)는 12,000건으로 분류돼 학습이 진행됩니다. 모델 학습을 5번 수행합니다. 검증 데이터셋을 지정했더니 val_loss, val_accuracy 값이 매 학습마다 출력됩니다. 학습과 검증 데이터셋의 학습 결과인 손실과 정확도가 출력됩니다. 이 결과로 모델의 과대적합과 과소적합을 파악할 수 있게 됩니다.

```
[14]  model.fit(x_train, y_train, validation_split=0.2, epochs=5)

      print('train data : ', x_train.shape[0]*0.8)
      print('validation date : ', x_train.shape[0]*0.2)
```

```
Epoch 1/5
1500/1500 [==============================] - 5s 3ms/step - loss: 0.0289 - accuracy:
0.9900 - val_loss: 0.0280 - val_accuracy: 0.9902
Epoch 2/5
1500/1500 [==============================] - 3s 2ms/step - loss: 0.0199 - accuracy:
0.9928 - val_loss: 0.0236 - val_accuracy: 0.9923
Epoch 3/5
1500/1500 [==============================] - 3s 2ms/step - loss: 0.0197 - accuracy:
0.9933 - val_loss: 0.0347 - val_accuracy: 0.9883
Epoch 4/5
1500/1500 [==============================] - 3s 2ms/step - loss: 0.0182 - accuracy:
0.9937 - val_loss: 0.0427 - val_accuracy: 0.9873
Epoch 5/5
1500/1500 [==============================] - 3s 2ms/step - loss: 0.0200 - accuracy:
0.9935 - val_loss: 0.0438 - val_accuracy: 0.9856

train data :      48000.0
validation date : 12000.0
```

validation_split과 같이 비율이 아닌 검증 데이터셋을 직접 구성하거나 준비할 수도 있고 사이킷런(sklearn)의 train_test_split 함수를 사용해 학습 데이터를 학습과 검증 데이로 구분할 수도 있습니다. test_size만큼의 비율로 구분합니다. 0.2로 설정돼 있으므로 검증 데이터는 학습 데이터의 20%로 설정될 수 있습니다. random_state를 0으로 고정합니다. 이 값은 작성한 코드를 수행할 때마다 데이터가 랜덤하게 분류될 수도 있으므로 이를 고정해 동일한 결과가 나올 수 있도록 하기 위해 설정합니다.

```
[15]  from sklearn.model_selection import train_test_split

      x_train, x_val, y_train, y_val = train_test_split(x_train, y_train,
                                                        test_size=0.2,
                                                        random_state=0)

      print(x_train.shape)
      print(x_val.shape)
```

```
(48000, 28, 28)
(12000, 28, 28)
```

판다스의 인덱싱과 슬라이싱으로도 학습과 검증 데이터셋을 구성하거나 준비할 수 있습니다. validation_split, train_test_split을 시용한 결과와 동일한 데이터 형상을 확인할 수 있습니다. 상황에 맞게 데이터를 전처리합니다.

```
[16]    (x_train, y_train),(x_test, y_test) = mnist.load_data()
        x_train, x_test = x_train / 255.0, x_test / 255.0

        x_val = x_train[-12000:]
        y_val = y_train[-12000:]
        x_train = x_train[:-12000]
        y_train = y_train[:-12000]

        print(x_train.shape)
        print(x_val.shape)
출력     (48000, 28, 28)
        (12000, 28, 28)
```

tf.data.Dataset으로도 검증 데이터셋을 구성할 수 있습니다. 구성한 후 validation_data에 입력하면 됩니다. train_ds(학습 데이터셋), val_ds(검증 데이터셋)를 입력했더니 모델 학습이 정해진 epochs만큼 잘 수행되는 것을 알 수 있습니다.

```
[17]    import tensorflow as tf

        train_ds = tf.data.Dataset.from_tensor_slices((x_train, y_train))
        train_ds = train_ds.batch(32)

        val_ds = tf.data.Dataset.from_tensor_slices((x_train, y_train))
        val_ds = val_ds.batch(32)

        model.fit(train_ds, validation_data=val_ds, epochs=5)
출력     Epoch 1/5
        1125/1125 [==============================] - 11s 10ms/step - loss: 0.0283 -
        accuracy: 0.9909 - val_loss: 0.0202 - val_accuracy: 0.9930
        Epoch 2/5
        1125/1125 [==============================] - 4s 4ms/step - loss: 0.0172 - accuracy:
        0.9941 - val_loss: 0.0123 - val_accuracy: 0.9958
        Epoch 3/5
        1125/1125 [==============================] - 4s 4ms/step - loss: 0.0137 - accuracy:
        0.9954 - val_loss: 0.0133 - val_accuracy: 0.9953
        Epoch 4/5
        1125/1125 [==============================] - 5s 5ms/step - loss: 0.0132 - accuracy:
        0.9960 - val_loss: 0.0119 - val_accuracy: 0.9958
        Epoch 5/5
        1125/1125 [==============================] - 5s 5ms/step - loss: 0.0148 - accuracy:
        0.9951 - val_loss: 0.0122 - val_accuracy: 0.9954
        <keras.callbacks.History at 0x7f0098930390>
```

3.5.4 다중 입력, 다중 출력 모델로 데이터 전달

함수형 API의 다중 입력과 다중 출력 모델을 어떻게 구성하는지 실습해 보겠습니다. 함수형 API로 다중 입출력 모델을 구성합니다. 다중 입력은 input_image, input_csv이고 다중 출력은 outputA, outputB입니다. Model 클래스의 inputs와 outputs에 다중 입력층과 다중 출력층을 집합으로 설정합니다.

```
[18]  from tensorflow.keras import Input, Model
      from tensorflow.keras.layers import concatenate

      input_image = Input(shape=(784,), name='input_image')
      x1 = Dense(units=32, activation='relu')(input_image)
      x1 = Dense(units=16, activation='relu')(x1)

      input_csv = Input(shape=(13,), name='input_csv')
      x2 = Dense(units=16, activation='relu')(input_csv)
      x2 = Dense(units=8, activation='relu')(x2)

      x3 = concatenate([x1, x2])

      outputA = Dense(8, name='outputA')(x3)
      outputB = Dense(1, name='outputB')(x3)

      model = Model(inputs=[input_image, input_csv], outputs=[outputA, outputB])
```

케라스의 `plot_model`로 다중 입력과 다중 출력 모델을 시각화합니다. 모델의 다중 입출력을 한 눈에 확인할 수 있습니다.

```
[19]  from tensorflow.keras.utils import plot_model

      plot_model(model, "multi_input_and_output_model.png", show_shapes=True)
```

출력

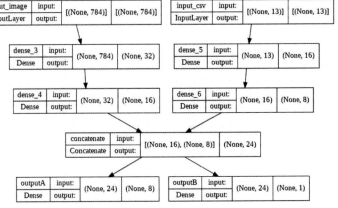

다중 출력의 경우, 모델 컴파일 시 출력층의 이름으로 손실 함수의 종류를 각각 지정할 수 있습니다. outputA는 `categorical_crossentropy`, outputB는 `binary_crossentropy`로 지정했습니다.

```
[20]  model.compile(
          optimizer='adam',
          loss={
              "outputA": 'categorical_crossentropy',
              "outputB": 'binary_crossentropy',
          }
      )
```

3.5.5 클래스 가중치 및 샘플 가중치

MNIST 손글씨 데이터셋의 라벨 값 분포를 value_counts 함수로 확인합니다. 1이 4,003건으로 가장 많고 5가 3,294건으로 가장 적습니다. 라벨 데이터의 불균형을 이용한 모델 학습 시 샘플 가중치와 클래스 가중치를 사용하면 모델의 성능을 개선할 수 있습니다.

[소스 2-23] Keras-Model-Fit-ClassWeight.ipynb

```
[1]  import pandas as pd

     pd.DataFrame(y_train).value_counts()
```

출력
```
1    4003
7    3792
3    3677
2    3605
4    3560
9    3554
0    3528
6    3525
8    3462
5    3294
dtype: int64
```

가중치를 weight라는 파이썬 딕셔너리 자료형에 저장합니다. 라벨 값 중 5가 3,294건으로 가장 적었기 때문에 1.2 정도의 가중치를 할당하고 나머지는 1로 정의했습니다.

```
[2]  weight = {
           0: 1.0,
           1: 1.0,
           2: 1.0,
           3: 1.0,
           4: 1.0,
           5: 1.2,
           6: 1.0,
           7: 1.0,
           8: 1.0,
           9: 1.0,
     }
```

모델을 학습합니다. fit 함수의 인자 중 class_weight에 클래스 가중치를 정의한 weight를 입력합니다. 이렇게 라벨의 값에 불균형이 있는 경우, class_weight를 사용해 어느 정도 조정할 수 있습니다.

```
[3]  model.fit(x_train, y_train,
             class_weight=weight,
             batch_size=32,
             epochs=5)
```

Epoch 1/5
1875/1875 [==============================] − 1s 646us/step − loss: 0.0929 −
accuracy: 0.9726
Epoch 2/5
1875/1875 [==============================] − 1s 668us/step − loss: 0.0850 −
accuracy: 0.9752
Epoch 3/5
1875/1875 [==============================] − 1s 668us/step − loss: 0.0782 −
accuracy: 0.9773
Epoch 4/5
1875/1875 [==============================] − 1s 652us/step − loss: 0.0732 −
accuracy: 0.9781
Epoch 5/5
1875/1875 [==============================] − 1s 661us/step − loss: 0.0679 −
accuracy: 0.9793
〈tensorflow.python.keras.callbacks.History at 0x7fa0f0796670〉

fit 함수의 인자 중 샘플 가중치(sample_weight)를 사용해 조정할 수도 있습니다. 사용 방법은 유
사합니다. 학습이 정상적으로 수행됩니다.

[4]
```python
import numpy as np

weight = np.ones(shape=(len(y_train),))
weight[y_train == 5] = 1.2

print('sample_weight shape:', weight.shape)

model.fit(x_train, y_train,
          sample_weight = weight,
          batch_size=32,
          epochs=5)
```

출력 sample_weight shape:(60000,)
Epoch 1/5
1875/1875 [==============================] − 1s 698us/step − loss: 0.0227 −
accuracy: 0.9927
Epoch 2/5
1875/1875 [==============================] − 1s 780us/step − loss: 0.0215 −
accuracy: 0.9930
Epoch 3/5
1875/1875 [==============================] − 1s 648us/step − loss: 0.0201 −
accuracy: 0.9933
Epoch 4/5
1875/1875 [==============================] − 2s 893us/step − loss: 0.0203 −
accuracy: 0.9934
Epoch 5/5
1875/1875 [==============================] − 1s 664us/step − loss: 0.0187 −
accuracy: 0.9939
〈tensorflow.python.keras.callbacks.History at 0x7fa0e503b9d0〉

3.5.6 콜백 사용하기

케라스의 콜백은 모델 학습 과정 중 모델의 시작과 끝, epochs의 시작과 끝, 배치의 시작과 끝에서 호출할 수 있는 함수입니다. `keras.callbacks.Callback` 클래스의 하위 클래스로 다양한 동작을 구현할 수 있습니다. 다양한 클래스 중 자주 사용되는 `EarlyStopping`, `ModelCheckpoint`, `TensorBoard` 콜백 클래스에 대해 알아보고 실습해 보겠습니다.

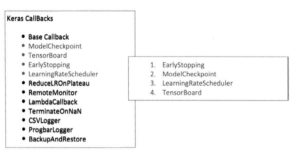

[그림 2-58] 케라스 콜백 클래스

케라스의 EarlyStopping 콜백은 모델 학습 시 과대적합을 방지하기 위해 사용됩니다. patience 값을 정해 해당 값 이상 epochs가 진행돼도 monitor에 지정한 값의 개선이 없으면 학습을 중단합니다. [그림 2-59]에서는 monitor를 `val_loss`로 지정했습니다. `val_loss`는 검증 데이터의 손실값입니다. epochs를 100으로 설정했더라도 학습의 개선이 patience 값 만큼 이뤄지지 않으면 학습을 중단합니다. 실습을 통해 자세히 알아보겠습니다.

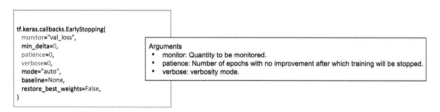

[그림 2-59] 케라스 EarlyStopping 콜백 및 매개변수 설명

EarlyStopping 콜백을 정의합니다. 측정할 모니터는 val_loss(검증 데이터의 손실값)입니다. patience는 5로 설정했습니다. 5번 val_loss 값의 개선되지 않는다면 학습을 중단하라는 설정입니다.

```
[5]  from tensorflow.keras.callbacks import EarlyStopping

     callback_EarlyStopping = EarlyStopping(monitor='val_loss', patience=5, verbose=1)
```

모델을 학습합니다. 학습 시 val_loss를 모니터값으로 설정했기 때문에 검증 데이터셋을 설정해야 합니다. validation_split을 0.2, 검증 데이터셋을 학습 데이터의 20%로 지정했습니다. 학습 데이터는 MNIST 데이터셋을 사용합니다. 20번의 학습을 진행하면서 배치 크기는 1로 설정했습니다. 모델 학습 매개변수 중 callbacks 매개변수에 EarlyStopping 콜백을 정의한 callback_EarlyStopping을 입력합니다. 모델 학습을 시작하면 epochs를 20으로 지정했지만, 학습은 7번만에 끝나는 것을 알 수 있습니다. val_loss 값이 5번 학습되는 동안 개선되지 않아 EarlyStopping 콜백이 학습을 중단한 결과입니다. EarlyStopping 콜백을 사용해 과대적합을 방지할 수 있습니다.

```
[6]  history = model.fit(x_train, y_train,
                         validation_split=0.2,
                         epochs=20, batch_size=1,
                         callbacks=callback_EarlyStopping,
                         verbose=1)
```

```
출력  Epoch 1/20
     48000/48000 [==============================] - 85s 2ms/step - loss: 0.2932 -
     accuracy: 0.9125 - val_loss: 0.1727 - val_accuracy: 0.9498
     Epoch 2/20
     48000/48000 [==============================] - 93s 2ms/step - loss: 0.1726 -
     accuracy: 0.9505 - val_loss: 0.1520 - val_accuracy: 0.9585
     Epoch 3/20
     48000/48000 [==============================] - 93s 2ms/step - loss: 0.1476 -
     accuracy: 0.9584 - val_loss: 0.1601 - val_accuracy: 0.9557
     Epoch 4/20
     48000/48000 [==============================] - 93s 2ms/step - loss: 0.1309 -
     accuracy: 0.9634 - val_loss: 0.1637 - val_accuracy: 0.9566
     Epoch 5/20
     48000/48000 [==============================] - 94s 2ms/step - loss: 0.1259 -
     accuracy: 0.9644 - val_loss: 0.1620 - val_accuracy: 0.9592
     Epoch 6/20
     48000/48000 [==============================] - 93s 2ms/step - loss: 0.1136 -
     accuracy: 0.9676 - val_loss: 0.1600 - val_accuracy: 0.9614
     Epoch 7/20
     48000/48000 [==============================] - 93s 2ms/step - loss: 0.1121 -
     accuracy: 0.9689 - val_loss: 0.1663 - val_accuracy: 0.9614
     Epoch 7: early stopping
```

EarlyStopping 콜백의 매개변수 중 monitor로 설정한 val_loss 값을 출력했습니다. patience를 5로 설정했기 때문에 하위 5개의 val_loss를 보면 모델에 기대한 성능의 개선에 미치지 못해 중단된 부분을 확인할 수 있습니다.

```
[7]  print(history.history.keys(), '\n')

     history.history['val_loss']
```

출력 dict_keys(['loss', 'accuracy', 'val_loss', 'val_accuracy'])

```
[0.17271769046783447,
 0.15204820036888123,
 0.16014809906482697,
 0.163680300116539,
 0.16202053427696228,
 0.15996313095092773,
 0.16626818478107452]
```

케라스의 `ModelCheckpoint` 콜백 클래스는 학습 시 모델 정보 및 가중치를 저장하는 콜백입니다. `save_weights_only`, `save_best_only` 매개변수 설정으로 가중치만을 저장할 수 있으며 가장 좋은 성능을 내는 가중치만 저장하고 이후 모델에 적용해 모델 성능을 재현할 수 있습니다. 실습을 통해 동작을 알아보겠습니다.

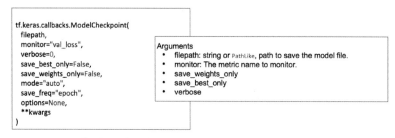

```
tf.keras.callbacks.ModelCheckpoint(
    filepath,
    monitor="val_loss",
    verbose=0,
    save_best_only=False,
    save_weights_only=False,
    mode="auto",
    save_freq="epoch",
    options=None,
    **kwargs
)
```

Arguments
• filepath: string or PathLike, path to save the model file.
• monitor: The metric name to monitor.
• save_weights_only
• save_best_only
• verbose

[그림 2-60] 케라스 ModelCheckpoint 콜백 및 매개변수 설명

`ModelCheckpoint` 콜백을 정의합니다. 모델 및 모델 가중치를 저장할 파일 경로(`filepath`)를 지정합니다. 모니터할 지표를 `val_loss`로 지정하고 가중치만을 저장할 수 있도록 `save_weights_only`를 true로 설정합니다. `save_best_only`를 true로 설정해 매 epochs마다 가중치를 저장하는 것이 아니라 가장 좋은 모니터 지표(val_loss)일 때의 가중치만 저장하도록 설정합니다. `verbose`를 1로 설정해 학습 시 `ModelCheckpoint` 콜백의 로그를 출력되도록 합니다. 6번째 epochs에서 가장 낮은 `val_loss`를 보여 저장되는 로그를 확인할 수 있습니다.

```
[8]    from tensorflow.keras.callbacks import ModelCheckpoint

       callback_ModelCheckpoint = ModelCheckpoint(filepath='./ModelCheckpoint',
                                                  monitor='val_loss',
                                                  save_weights_only=True,
                                                  save_best_only=True,
                                                  verbose=1)

       history = model.fit(x_train, y_train,
                           validation_split=0.2,
                           epochs=20, batch_size=32,
                           callbacks=[callback_ModelCheckpoint],
                           verbose=1)
```

출력 Epoch 1/20
1494/1500 [============================>.] — ETA: 0s — loss: 0.0640 — accuracy:
0.9807
Epoch 1: val_loss improved from inf to 0.13373, saving model to ./ModelCheckpoint
1500/1500 [=============================] — 4s 3ms/step — loss: 0.0639 — accuracy:
0.9807 — val_loss: 0.1337 — val_accuracy: 0.9689
Epoch 2/20
1479/1500 [============================>.] — ETA: 0s — loss: 0.0499 — accuracy:
0.9849
Epoch 2: val_loss did not improve from 0.13373
1500/1500 [=============================] — 4s 3ms/step — loss: 0.0500 — accuracy:
0.9848 — val_loss: 0.1344 — val_accuracy: 0.9708
…(생략)…
Epoch 20/20
1479/1500 [============================>.] — ETA: 0s — loss: 0.0117 — accuracy:
0.9965
Epoch 20: val_loss did not improve from 0.13373
1500/1500 [=============================] — 4s 3ms/step — loss: 0.0116 — accuracy:
0.9966 — val_loss: 0.2089 — val_accuracy: 0.9680

모델의 학습이 종료되면 save_best_only=true로 인해 val_loss 값이 가장 낮은 가중치를 불러올 수 있습니다. load_weights 함수로 가중치가 저장된 경로를 지정해 불러옵니다. 이렇게 불러오지 않는 경우, 저장한 가중치를 사용하지 못하며 모델의 가장 좋은 성능을 낸 가중치를 활용하지 못하게 됩니다. ModelCheckpoint 콜백을 사용해 모델 학습 중 가장 좋은 성능을 낸 가중치를 모델이 사용할 수 있도록 합니다.

```
[9]  loss, accuracy = model.evaluate(x_test, y_test)
     print('\nTest accuracy:', accuracy)
     print('Test loss:', loss)

     model.load_weights(filepath='./ModelCheckpoint')

     loss, accuracy = model.evaluate(x_test, y_test)
     print('\nTest accuracy:', accuracy)
     print('Test loss:', loss)
```

출력 313/313 [=======================] — 1s 2ms/step — loss: 0.2065 — accuracy: 0.9698

Test accuracy: 0.9697999954223633
Test loss: 0.20654907822608948
313/313 [=======================] — 1s 2ms/step — loss: 0.1321 — accuracy: 0.9684

Test accuracy: 0.9684000015258789
Test loss: 0.13213199377059937

TensorBoard 콜백을 사용해 텐서보드를 사용한 손실 및 정확도를 추적, 시각화할 수 있습니다. 텐서보드는 텐서플로 프로그램을 디버깅하고 최적화할 수 있는 시각화 도구입니다. TensorBoard 콜백을 설정합니다. 저장될 파일 위치 등을 설정한 후 학습합니다. 텐서보드에서 저장된 위치를 지정하면 손실 및 정확도와 같은 평가 지표를 시각화할 수 있습니다.

```
[10]  from tensorflow.keras.callbacks import TensorBoard

callback_TensorBoard = TensorBoard(log_dir='./logs', profile_batch=5)

history = model.fit(x_train, y_train,
            validation_split=0.2,
            epochs=20, batch_size=32,
            callbacks=[callback_TensorBoard],
            verbose=0)
```

TensorBoard 콜백으로 지정된 경로에 저장돼 있는 정보로 텐서보드를 실행하면 [그림 2-61]과 같이 여러 정보를 확인할 수 있습니다. 텐서보드는 학습된 모델의 이해에 많은 도움이 됩니다.

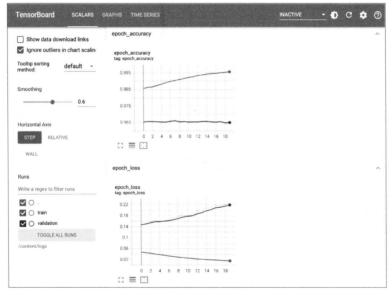

[그림 2-61] 텐서보드로 손실과 정확도를 시각화한 예시 화면

3.6 모델 평가

모델 학습이 됐다면 성능을 평가할 차례입니다. 케라스의 evaluate 함수를 통해 모델을 평가할 수 있습니다. 학습되지 않은 테스트 데이터셋으로 모델을 평가합니다. 컴파일 시 지정한 지표에 대한 값이 리턴됩니다. loss, accuracy값이 출력됐으며 정확도는 96%(0.96), 손실은 0.13입니다. 손실은 모델 컴파일 시 지정한 손실 함수의 결과값입니다.

[소스 2-24] Keras-Model-Evaluate.ipynb

```
[1]  loss, accuracy = model.evaluate(x_test, y_test)

     print('\nTest accuracy:', accuracy)
     print('Test loss:', loss)
```

```
출력  313/313 [==============================] - 1s  2ms/step - loss: 0.1334 - accuracy: 0.9650


     Test accuracy: 0.9649999737739563
     Test loss: 0.13335415720939636
```

모델 평가 시 넘파이 및 판다스의 데이터 프레임 데이터셋을 입력했습니다. tf.data.Dataset으로 변환한 후 evaluate 함수의 입력 데이터로 사용할 수도 있습니다. 테스트 데이터셋의 정확도와 손실 평가 결과가 동일한 것을 확인할 수 있습니다.

```
[2]  import tensorflow as tf

     test_ds = tf.data.Dataset.from_tensor_slices((x_test, y_test))
     test_ds = test_ds.batch(32)

     result = model.evaluate(test_ds)

     print('\nTest accuracy:', accuracy)
     print('Test loss:', loss)
```

```
출력  313/313 [==============================] - 2s  6ms/step - loss: 0.1334 - accuracy: 0.9650


     Test accuracy: 0.9649999737739563
     Test loss: 0.13335415720939636
```

3.7 모델 예측

데이터로 학습을 마친 모델로 실제 예측을 해 보겠습니다. 케라스의 predict 함수를 사용해 예측할 수 있습니다. MNIST 이미지 분류 데이터셋의 테스트 데이터셋을 입력합니다. x_test는 테스트 데이터셋의 피처에 해당하는 데이터셋이고 라벨은 없습니다. [0:2]로 상위 2건의 예측 결과를 출력합니다. 출력 결과로 여러 숫자가 출력됐습니다. 첫 번째 테스트 데이터의 예측 결과는 0부터 9까지 각 값의 확률값을 예측했습니다.

```
[3]  predictions = model.predict(x_test)

     print(predictions[0])
     print(predictions[1])
```
```
출력  [1.5463223e-09 5.1976862e-08 6.2551840e-06 5.0034483e-05 1.8649091e-15
      2.4113547e-09 4.3467253e-15 9.9994040e-01 6.9400343e-08 3.2692642e-06]
     [1.0057929e-12 3.4838135e-07 9.9999928e-01 3.1787923e-07 1.3389153e-19
      1.2951033e-14 3.4030102e-11 8.8655888e-12 1.8131826e-09 4.3861475e-20]
```

테스트 데이터셋의 0부터 9까지의 확률값이 출력됐습니다. 넘파이의 argmax 함수를 사용해 확률값이 가장 높은 값을 출력합니다. 첫 번째 테스트 데이터셋의 피처는 7, 두 번째는 2로 예측했습니다.

```
[4]  import numpy as np

     print(np.argmax(predictions[0]))
     print(np.argmax(predictions[1]))
```
```
출력  7
     2
```

첫 번째 테스트 데이터셋이 정말 7인지 matplotlib.pyplot로 시각화해 보겠습니다. 출력 결과 7인 것을 확인할 수 있네요.

```
[5]  import matplotlib.pyplot as plt

     plt.imshow(x_test[0], cmap='Greys')
     plt.show()
```

출력

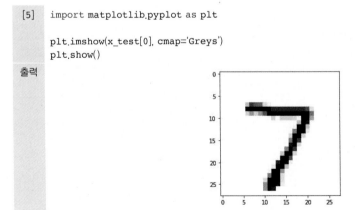

3.8 [실습] 타이타닉 생존율 예측

딥러닝 모델 구성의 전체 과정을 케라스로 알아봤습니다. 머신러닝 입문 데이터셋으로 유명한 타이타닉 생존율 데이터셋으로 지금까지 배운 방법을 사용해 정형 데이터를 실습해 보겠습니다.

3.8.1 문제 정의

1912년 4월 15일 타이타닉호가 빙산과 충돌해 침몰합니다. 탑승한 사람들을 위한 구명정은 충분하지 않았으며 2,224명의 승객과 승무원 중 1,502명이 사망합니다. '타이타닉 생존율 예측' 문제는 이름, 나이, 성별 등과 같은 승객 데이터를 기반으로 어떤 사람이 생존할 가능성이 더 높았는지를 예측하는 문제입니다.

(출처: 캐글 https://www.kaggle.com/c/titanic)

[그림 2-62] 타이타닉 생존율 예측

[소스 2-25] Titanic.ipynb

```
[1]    import tensorflow as tf
       from tensorflow import keras

       from tensorflow.keras import Input
       from tensorflow.keras.models import Sequential
       from tensorflow.keras.layers import Dense
```

텐서플로 및 케라스 라이브러리를 불러옵니다. Sequential, Input, Dense를 임포트해 구현 시 직접 호출할 수 있도록 합니다.

3.8.2 다양한 형태로 데이터 구성 및 준비하기

타이타닉 생존율 데이터셋을 2가지 방법으로 구성 및 준비해 보겠습니다. 첫 번째 방법은 CSV 파일을 판다스 데이터 프레임으로 불러오는 것이고 두 번째 방법은 텐서플로에서 제공하는 tensorflow_datasets를 사용해 데이터를 불러오는 것입니다.

구글에서 CSV 형태로 제공하는 타이타닉 데이터셋을 사용합니다. 판다스의 read_csv 함수로 CSV 파일을 df에 판다스 데이터 프레임 형식으로 저장합니다. type 함수로 df의 유형을 출력해 보면 판다스 데이터 프레임이라는 것을 확인할 수 있습니다.

```
[2]   import pandas as pd

      URL = 'https://storage.googleapis.com/tf-datasets/titanic/train.csv'
      df = pd.read_csv(URL)

      type(df)
```
출력
```
pandas.core.frame.DataFrame
```

데이터의 구조를 shape로 확인합니다. 627행과 10열로 확인되네요. head 함수로 상위 5행의 데이터를 출력합니다. 타이타닉 탑승객의 정보를 확인할 수 있습니다. 그럼 다른 방법으로 데이터셋을 불러와 보겠습니다.

```
[3]   print(df.shape)

      df.head()
```
출력
```
(627, 10)
```

	survived	sex	age	n_siblings_spouses	parch	fare	class	deck	embark_town	alone
0	0	male	22.0	1	0	7.2500	Third	unknown	Southampton	n
1	1	female	38.0	1	0	71.2833	First	C	Cherbourg	n
2	1	female	26.0	0	0	7.9250	Third	unknown	Southampton	y
3	1	female	35.0	1	0	53.1000	First	C	Southampton	n
4	0	male	28.0	0	0	8.4583	Third	unknown	Queenstown	y

구글에서 제공하는 tensorflow_datasets를 사용해 타이타닉 데이터셋을 불러올 수 있습니다. tensorflow_datasets를 tfds로 불러옵니다. list_builders 함수로 데이터셋 목록을 확인할 수 있습니다. 상위 5개의 데이터셋을 출력해 봅니다. 상위 5개의 데이터셋 이름을 확인할 수 있습니다.

```
[4]   import tensorflow_datasets as tfds

      tfds.list_builders()[:5]
```
출력
```
['abstract_reasoning', 'accentdb', 'aeslc', 'aflw2k3d', 'ag_news_subset']
```

`tfds.load` 함수를 사용해 데이터셋을 불러옵니다. `tfds.load` 함수의 첫 번째 인자는 불러올 데이터셋의 이름입니다. 이번 실습에서는 'titanic'으로 정의합니다. `split`인자는 데이터셋을 train, validation, test로 분할할 것인지를 정하는 부분입니다. 데이터셋에 따라서는 train 데이터셋만 제공하는 경우도 있습니다. 슬라이스를 사용해 데이터를 분할할 수도 있습니다. `train[:80%]`, `train[20%:80%]`와 같이 백분율로도 분할할 수 있습니다. 또는 `train[0:500]`, `train[500:627]` 과 같이 절댓값으로 분할하는 방법도 있습니다. `with_info` 인자는 데이터셋의 메타 데이터가 포함된 `tfds.core.DatasetInfo`를 반환합니다. `data_dir` 인자로 데이터셋이 저장되는 위치를 지정할 수도 있습니다. 기본값은 `~/tensorflow_datasets/`입니다. 다음은 텐서플로 공식 데이터셋에서 타이타닉 데이터셋을 불러온 것입니다.

```
[5]    import tensorflow_datasets as tfds

       ds, info = tfds.load('titanic', split='train', with_info=True)

       type(ds)
```

출력
```
Downloading and preparing dataset 114.98 KiB (download: 114.98 KiB, generated: 382.58
KiB, total: 497.56 KiB) to ~/tensorflow_datasets/titanic/4.0.0...
Dl Completed...: 100%

1/1 [00:02⟨00:00, 2.50s/ url]
Dl Size...:

0/0 [00:02⟨?, ? MiB/s]
Generating splits...: 100%

1/1 [00:00⟨00:00, 1.31 splits/s]
Generating train examples...: 98%

1286/1309 [00:00⟨00:00, 2366.73 examples/s]
Shuffling ~/tensorflow_datasets/titanic/4.0.0.incompleteCN5T4T/titanic-train.
tfrecord*...: 0%

0/1309 [00:00⟨?, ? examples/s]
Dataset titanic downloaded and prepared to ~/tensorflow_datasets/titanic/4.0.0.
Subsequent calls will reuse this data.
tensorflow.python.data.ops.dataset_ops.PrefetchDataset
```

info에 저장된 데이터셋의 메타 정보를 확인합니다. 데이터셋의 이름은 titanic, 버전은 4.0.0, 데이터셋의 크기는 382KiB입니다. info로 확인했던 피처 정보에 대해 확인할 수 있습니다. 라벨 정보도 구분해 확인할 수 있습니다. splits를 보면 학습 데이터인 train만 제공된다는 점을 확인할 수 있습니다. 공식 문서의 Catalog에서 각 데이터셋에서 제공하는 정보를 상세히 확인할 수 있습니다. 예를 들어 splits가 `train`, `validation`, `test`를 제공하는지 등을 info에 제공된 정보로 모두 확인할 수 있습니다.

```
[6]    info

출력   tfds.core.DatasetInfo(
                              name='titanic',
                              full_name='titanic/4.0.0',
                              description="""
                              Dataset describing the survival status of individual
       passengers on the Titanic. Missing values in the original dataset are represented
       using ?. Float and int missing values are replaced with −1, string missing values
       are replaced with 'Unknown'.
                              """,
                  homepage='https://www.openml.org/d/40945',
                  data_path='~/tensorflow_datasets/titanic/4.0.0',
                  file_format=tfrecord,
                  download_size=114.98 KiB,
                  dataset_size=382.58 KiB,
                  features=FeaturesDict({
                              'age': tf.float32,
                              'boat': tf.string,
                              'body': tf.int32,
                              'cabin': tf.string,
                              'embarked': ClassLabel(shape=(), dtype=tf.int64, num_classes=4),
                              'fare': tf.float32,
                              'home.dest': tf.string,
                              'name': tf.string,
                              'parch': tf.int32,
                              'pclass': ClassLabel(shape=(), dtype=tf.int64, num_classes=3),
                              'sex': ClassLabel(shape=(), dtype=tf.int64, num_classes=2),
                              'sibsp': tf.int32,
                              'survived': ClassLabel(shape=(), dtype=tf.int64, num_classes=2),
                              'ticket': tf.string,
                  }),
                  supervised_keys=({'age': 'age', 'boat': 'boat', 'body': 'body', 'cabin': 'cabin',
       'embarked': 'embarked', 'fare': 'fare', 'home.dest': 'home.dest', 'name': 'name', 'parch': 'parch',
       'pclass': 'pclass', 'sex': 'sex', 'sibsp': 'sibsp', 'ticket': 'ticket'}, 'survived'),
                  disable_shuffling=False,
                  splits={
                  'train': <SplitInfo num_examples=1309, num_shards=1>,
                  },
                  citation ="""@ONLINE {titanic,
                  author    = "Frank E. Harrell Jr., Thomas Cason",
                  title     = "Titanic dataset",
                  month     = "oct",
                  year      = "2017",
                  url       = "https://www.openml.org/d/40945"
                  }""",
       )
```

Tip

텐서플로 공식 데이터셋: https://www.tensorflow.org/datasets/catalog/overview?hl=ko

ds.take( )로 상위 4건의 데이터를 불러옵니다. 데이터가 정상적으로 불러온 것을 확인할 수 있습니다. 이번 예제에서는 CSV로 불러온 데이터셋을 사용하겠습니다.

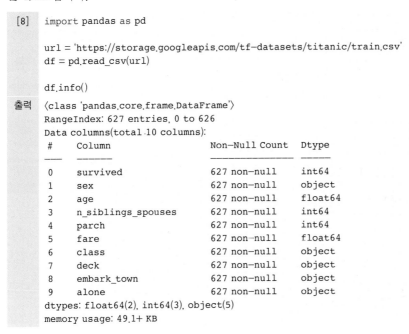

3.8.3 모델에서 활용할 수 있도록 데이터 전처리

판다스의 info 함수로 타이타닉 데이터셋이 어떻게 구성돼 있는지 확인합니다. 627개의 행과 10개의 열로 구성돼 있습니다. 각 열의 이름과 결측값 여부, 열 유형이 정의돼 있습니다. 열 유형은 float이 2개, int가 3개, object가 5개입니다. object는 문자형을 의미합니다. 메모리 사용량은 49KB입니다.

```
[8]   import pandas as pd

      url = 'https://storage.googleapis.com/tf-datasets/titanic/train.csv'
      df = pd.read_csv(url)

      df.info()
출력   <class 'pandas.core.frame.DataFrame'>
      RangeIndex: 627 entries, 0 to 626
      Data columns(total 10 columns):
       #    Column              Non-Null Count    Dtype
      ───  ──────              ───────────────   ─────
       0    survived            627 non-null      int64
       1    sex                 627 non-null      object
       2    age                 627 non-null      float64
       3    n_siblings_spouses  627 non-null      int64
       4    parch               627 non-null      int64
       5    fare                627 non-null      float64
       6    class               627 non-null      object
       7    deck                627 non-null      object
       8    embark_town         627 non-null      object
       9    alone               627 non-null      object
      dtypes: float64(2), int64(3), object(5)
      memory usage: 49.1+ KB
```

문제 해결을 위해서는 데이터에 대한 이해가 중요합니다. 타이타닉 데이터셋에 대해 알아보겠습니다. 10개의 행으로 구성돼 있으며 각 행의 정의는 다음과 같습니다. survived(생존 여부) 행이 '라벨(정답)', 나머지 9개 행이 '피처'입니다. 라벨인 survived의 데이터는 0과 1로 구성돼 있습니다. 0은 사망, 1은 생존을 의미합니다. 이런 피처 유형을 '범주형 변수', Age(나이)와 같은 열을 '수치형 변수'라고 합니다.

피처명(영문)	피처명(한글)	피처 유형	값
survived	탑승객 생존 여부	범주형	0=사망, 1=생존
sex	성별	범주형	male=남성, female=여성
age	나이	수치형	
n_siblings_spouses	탑승한 형제 자매, 배우자 수	수치형	
parch	탐승한 부모, 자녀 수	수치형	
fare	요금	수치형	
class	티켓 등급	범주형	1=1등석, 2=2등석, 3=3등석
deck	플랫폼 번호	범주형	A~G, unkown
embark_town	탑승지	범주형	C, Q, S
alone	동승자 여부	범주형	Y=혼자 탑승, N=동승자 있음

[그림 2-63] 타이타닉 생존율 데이터셋 설명

데이터에 대한 이해를 높이기 위해 탐색적 데이터 분석(Exploratory Data Analysis, EDA)을 해 봅니다. 데이터에 결측값이 있는지 확인합니다. 결측값은 '데이터가 없는 것'을 말합니다. null, NaN 등으로 표시되기도 합니다. missingno 라이브러리를 통해 결측값을 시각화할 수 있습니다. 이번 데이터셋에는 결측값이 없으므로 시각화 시 피처별 출력 결과가 모두 검은색으로 표시됐습니다. 결측값이 있는 경우, 결측값의 해당 행이 흰색으로 표시됩니다. 627행 모두 검은색으로, 결측값이 없습니다. 데이터를 이해하기 위한 탐색적 데이터 분석은 이 밖에도 다양합니다. 데이터 시각화 및 학습과 테스트 데이터 간의 관계 등 반복적인 분석을 통해 데이터를 이해하도록 합니다.

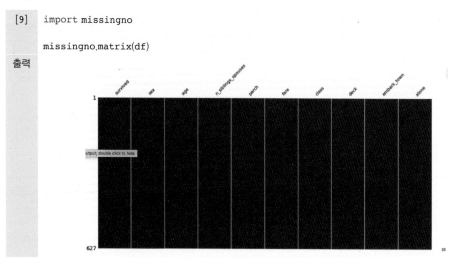

```
[9]   import missingno

      missingno.matrix(df)
```

딥러닝 모델에 데이터를 넣을 때는 데이터의 유형이 모두 수치형 변수로 변환돼 입력돼야 합니다. 문자는 모두 숫자로 변경돼야 합니다. 대표적으로 라벨 인코딩, 원-핫 인코딩을 앞 장에서 배웠습니다. sklearn 라이브러리 중 LabelEncoder를 사용해 문자를 숫자로 간단하게 변환합니다. LabelEncoder를 le로 지정하고 le.fit_transform으로 데이터셋의 문자열을 변환합니다. 변환된 정보는 df 데이터 프레임에 피처에 각각 저장합니다. head 함수로 문자가 숫자로 변환된 부분을 확인할 수 있습니다. sex 피처를 보면 male은 1, female은 0으로 변환됐습니다. 이 밖에 class, deck, embark_town, alone 열도 문자가 숫자로 변환된 것을 확인할 수 있습니다.

```
[10]  from sklearn.preprocessing import LabelEncoder

      le = LabelEncoder()
      le = df[['sex', 'class', 'deck', 'embark_town','alone']].apply(le.fit_transform)

      df['sex'] = le['sex']
      df['class'] = le['class']
      df['deck'] = le['deck']
      df['embark_town'] = le['embark_town']
      df['alone'] = le['alone']

      df.head()
```

출력

	survived	sex	age	n_siblings_spouses	parch	fare	class	deck	embark_town	alone
0	0	1	22.0	1	0	7.2500	2	7	2	0
1	1	0	38.0	1	0	71.2833	0	2	0	0
2	1	0	26.0	0	0	7.9250	2	7	2	1
3	1	0	35.0	1	0	53.1000	0	2	2	0
4	0	1	28.0	0	0	8.4583	2	7	1	1

학습 데이터의 피처와 라벨을 분리합니다. 판다스의 pop 함수를 사용해 라벨에 해당하는 survived 열을 df_y에 저장합니다. 피처로 사용할 age, fare 열을 df_x에 저장합니다.

```
[11]  df_y = df.pop('survived')
      df_x = df.loc[:,['age','fare']].copy()
```

df_y, df_x 데이터 프레임에 데이터가 어떻게 저장됐는지 확인합니다. df_y에는 survived인 라벨이 627행에 저장돼 있습니다. 데이터 유형은 int64입니다.

```
[12]  df_y
```

출력
```
0      0
1      1
2      1
3      1
4      0
      ..
622    0
623    0
624    1
625    0
626    0
Name: survived, Length: 627, dtype: int64
```

df_x 데이터 프레임에 T(transpose)를 사용해 데이터를 확인합니다. head 함수와 달리, 행과 열이 바뀌어 보이는 것을 확인할 수 있습니다. 피처가 많은 경우, T를 사용해 데이터를 확인하면 유용합니다. 앞과 동일하게 627건을 확인할 수 있습니다.

[13] df_x.T

출력

	0	1	2	3	4	5	6	7	8	9	...	617	618	619	620	621	622	623	624	625	626
age	22.00	38.0000	26.000	35.0	28.0000	2.000	27.0000	14.0000	4.0	20.00	...	15.000	20.0000	19.0000	28.0000	22.0000	28.0	25.00	19.0	28.00	32.00
fare	7.25	71.2833	7.925	53.1	8.4583	21.075	11.1333	30.0708	16.7	8.05	...	7.225	9.8458	7.8958	7.8958	10.5167	10.5	7.05	30.0	23.45	7.75

2 rows × 627 columns

모델의 성능을 평가하기 위해 학습용 데이터셋(train)을 학습과 테스트 데이터셋으로 분리합니다. sklearn의 train_test_split 함수를 사용하면 간편하게 분리할 수 있습니다. 함수의 인자로 피처와 라벨을 분리한 df_x, df_y를 넣습니다. test_size를 '0.2'로 설정합니다. 이는 테스트 데이터셋의 비율을 '20%'로 설정한다는 의미입니다. 학습 데이터는 80%로 자동 저장됩니다. 리턴되는 데이터를 학습 데이터는 x_train, y_train, 테스트 데이터는 x_test, y_test에 저장합니다. x_는 피처, y_는 라벨을 의미하는 prefix입니다. shape로 데이터셋의 형상을 확인합니다. 학습 데이터인 x_train, y_train에는 80%에 해당하는 501건, 테스트 데이터에는 20%인 126건이 나뉘어 저장됐습니다. 피처로 age, fare만 사용했기 때문에 2가 출력된 부분을 확인할 수 있습니다.

[14]
```
from sklearn.model_selection import train_test_split

x_train, x_test, y_train, y_test = train_test_split(df_x, df_y, test_size=0.2)

print('train dataset :', x_train.shape, y_train.shape)
print('test dataset :', x_test.shape, y_test.shape)
```

출력
```
train dataset : (501, 2)(501,)
test dataset : (126, 2)(126,)
```

3.8.4 다양한 층으로 순차적인 모델 빌드

딥러닝은 입력층(input layer), 은닉층(hidden layer), 출력층(output layer)으로 구성돼 있습니다. 층은 노드 또는 뉴런의 집합이고 이런 집합 전체를 '네트워크'라고 합니다. [그림 2-64]는 실습 내용을 네트워크로 시각화한 것입니다. 입력층에서는 Age, Fare의 입력을 받고 은닉층은 2개의 노드, 출력층은 하나의 노드로 구성돼 있습니다. relu, sigmoid라는 활성화 함수를 사용합니다. 활성화 함수는 다음 장에서 알아보겠습니다. 층(Layer) 간 노드들이 복잡하게 연결돼 있으며 학습을 통해 최적의 정답을 찾는 과정을 반복합니다. 이번에는 케라스로 딥러닝 모델을 구현해 보겠습니다.

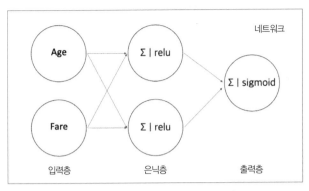

네트워크

Age

Σ | relu

Σ | sigmoid

Fare

Σ | relu

입력층   은닉층   출력층

[그림 2-64] 다양한 층으로 순차적인 모델 빌드

딥러닝의 순차 모델을 사용해 모델을 구현해 보겠습니다. input층으로 입력층을 구성합니다. 입력 데이터는 1차원에 age, fare 열 2개로, shape는 (2,)로 설정합니다. 은닉층으로 노드를 32개, 16개로 설정하고 활성화 함수로는 relu를 지정합니다. 출력층은 이진 분류로 노드를 1개 설정하고 sigmoid를 사용했습니다. summary 함수로 생성한 모델의 구조를 확인합니다. 결과에 입력층을 제외한 은닉층과 출력층이 출력됐습니다. 각 층의 출력 형상(output shape)과 매개변수 수가 표시됩니다. 이 모델에서 사용한 총 매개변수 수는 641개입니다. 매개변수에 대해서는 '케라스 동작 원리 이해'에서 상세히 알아보겠습니다.

```
[15]  model = keras.Sequential()
      model.add(Input(shape=(2,)))
      model.add(Dense(32, activation="relu"))
      model.add(Dense(16, activation="relu"))
      model.add(Dense(1, activation="sigmoid"))

      model.summary()
```

출력 Model: "sequential"

Layer(type)	Output Shape	Param #
dense(Dense)	(None, 32)	96
dense_1(Dense)	(None, 16)	528
dense_2(Dense)	(None, 1)	17

```
Total params: 641
Trainable params: 641
Non-trainable params: 0
```

3.8.5 이진 분류에 대한 모델 컴파일

생성한 모델을 사용하기 위해서는 컴파일을 해야 합니다. 이 단계에서 손실 함수(loss), 옵티마이저(최적화), 평가 지표(metrics)를 설정합니다. 손실 함수는 이진 분류에서 사용하는 binary_crossentropy를 설정했습니다. 옵티마이저는 adam을 사용합니다. 평가 지표는 정확도를 지정했습니다. 설정한 값 외에도 다양한 설정이 있습니다. 각 설정은 하이퍼 매개변수에 해당하는 부분으로, 데이터와 모델의 특징을 잘 파악해 시행착오를 통해 최적화할 필요가 있습니다. 데이터가 변경되면 같은 모델이라도 다른 성능을 낼 수 있습니다. 각 특징에 대해 잘 알고 최적화하는 노력이 필요한 부분입니다.

```
[16]  model.compile(loss='binary_crossentropy',
                    optimizer='adam',
                    metrics=['accuracy'])
```

3.8.6 모델을 활용해 학습 및 예측

모델을 생성하고 컴파일했다면 학습을 합니다. 학습은 fit 함수를 사용합니다. 학습 데이터 x_train, y_train를 인자로 넣어 줍니다. 학습 횟수인 epochs를 '5'로 설정합니다. batch_size의 기본값은 '32'입니다. 이해를 돕기 위해 batch_size를 '1'로 설정합니다. 501건 중 학습을 80%(400건), 검증을 20%(101건)로 분류했습니다. 첫 번째 epoch 수행 시 400인 학습 데이터를 모두 불러와 학습된 것을 확인할 수 있습니다. 손실 함수의 결과는 1.0700이며 평가 지표로 지정한 정확도는 0.6075(60%)로 학습이 시작됩니다. 학습이 반복되면서 손실 함수(loss)의 결과가 점차 줄어드는 것을 확인할 수 있습니다. 정확도에는 큰 변화가 없다는 것을 알 수 있습니다. 이후 테스트 데이터로 학습되지 않은 데이터에서 좋은 성능을 내는지 확인해 봅니다.

```
[17]  history = model.fit(x_train, y_train,
              validation_split=0.2,
              batch_size = 1, # 기본값 32
              epochs=5)
```

출력
```
Epoch 1/5
400/400 [==============================] – 1s 2ms/step → loss: 1.0700 – accuracy:
0.6075 – val_loss: 0.6075 – val_accuracy: 0.7030
Epoch 2/5
400/400 [==============================] – 1s 2ms/step → loss: 0.7222 – accuracy:
0.6300 – val_loss: 0.6664 – val_accuracy: 0.6832
Epoch 3/5
400/400 [==============================] – 1s 2ms/step → loss: 0.6877 – accuracy:
0.6675 – val_loss: 0.5988 – val_accuracy: 0.6733
Epoch 4/5
400/400 [==============================] – 1s 2ms/step → loss: 0.7420 – accuracy:
0.6600 – val_loss: 0.6567 – val_accuracy: 0.7129
Epoch 5/5
400/400 [==============================] – 1s 2ms/step → loss: 0.6848 – accuracy:
0.6725 – val_loss: 0.6155 – val_accuracy: 0.6733
```

모델 생성, 컴파일, 학습까지 모두 준비됐습니다. 학습되지 않은 테스트 데이터셋을 통해 모델의 성능을 평가합니다. 컴파일 시 평가 지표로 정확도를 저장했습니다. evaluate 함수로 모델의 성능을 평가합니다. 테스트 데이터셋의 x_test, y_test를 인자로 입력합니다. loss, accuracy에 결과가 리턴됩니다. 손실 함수의 결과는 '0.6249', 정확도는 '0.7063', 모델의 정확도는 '70%'입니다.

```
[18]  loss, accuracy = model.evaluate(x_test, y_test)

      print('test accuracy :', accuracy)
```
```
출력  4/4 [==============================] - 0s 3ms/step - loss: 0.6249 - accuracy: 0.7063
      test accuracy : 0.7063491940498352
```

age, fare에 다른 피처를 더 사용하고 학습 횟수(epoch)를 늘리면 모델의 성능을 개선할 수 있습니다. 타이타닉 데이터셋의 피처 9개를 모두 사용합니다.

```
[19]  from sklearn.model_selection import train_test_split

      df_x = df.copy()
      df_y = df_y.copy()

      x_train, x_test, y_train, y_test = train_test_split(df_x, df_y, test_size=0.2)

      print('train dataset :', x_train.shape, y_train.shape)
      print('test dataset :', x_test.shape, y_test.shape)
```
```
출력  train dataset :(501, 9)(501,)
      test dataset :(126, 9)(126,)
```

모델의 input층 입력을 (9,)로 정의합니다. batch_size를 1에서 16으로 변경합니다. 나머지 설정은 모두 동일합니다. 입력 피처를 2개에서 9개로 늘렸을 때 모델의 성능이 개선됐는지 알아보겠습니다.

```
[20]  from tensorflow.keras.callbacks import EarlyStopping

      model = keras.Sequential()
      model.add(Input(shape=(9,)))
      model.add(Dense(32, activation="relu"))
      model.add(Dense(16, activation="relu"))
      model.add(Dense(1, activation="sigmoid"))

      model.compile(loss='binary_crossentropy',
                    optimizer='adam',
                    metrics=['accuracy'])

      callback_EarlyStopping = EarlyStopping(monitor='val_loss', patience=5, verbose=1)

      history = model.fit(x_train, y_train,
                  validation_split=0.2,
                  batch_size = 16, # 기본값 32
                  epochs=100,
                  callbacks=callback_EarlyStopping)
```

```
Epoch 1/100
25/25 [==============================] – 1s 9ms/step – loss: 0.7249 – accuracy:
0.6475 – val_loss: 0.6042 – val_accuracy: 0.6733
Epoch 2/100
25/25 [==============================] – 0s 3ms/step – loss: 0.6281 – accuracy:
0.6675 – val_loss: 0.5993 – val_accuracy: 0.6733
…(생략)…
Epoch 32/100
25/25 [==============================] – 0s 4ms/step – loss: 0.4437 – accuracy:
0.8175 – val_loss: 0.4703 – val_accuracy: 0.7822
Epoch 33/100
25/25 [==============================] – 0s 4ms/step – loss: 0.4240 – accuracy:
0.8175 – val_loss: 0.4726 – val_accuracy: 0.7723
Epoch 33: early stopping
```

성능이 70%에서 78%로 개선됐습니다. 성능을 개선하기 위해 더 많은 피처를 사용했고 피처를 딥러닝에 입력할 수 있도록 문자에 라벨 인코딩을 적용했습니다. EarlyStopping 콜백을 사용해 학습 시간 및 학습 데이터에 과대적합을 방지했습니다. 학습 시 검증 데이터셋을 분리해 모델의 성능을 개선했습니다. 이 밖에 딥러닝층의 은닉층을 늘리고 각 층의 노드수를 늘려 모델 성능을 개선하는 방법도 있습니다.

```
[21]  loss, accuracy = model.evaluate(x_test, y_test)

      print('test accuracy :', accuracy)
```
출력
```
4/4 [==============================] – 0s 3ms/step – loss: 0.4449 – accuracy: 0.7857
test accuracy : 0.7857142686843872
```

테스트 데이터셋에서 x_test의 상위 5행의 생존율 여부를 확인합니다. 결과가 0에서 1 사이의 확률값으로 표시됩니다. 임계값의 기본은 '0.5'입니다. 0.5보다 크면 1로 생존, 작으면 0으로 사망입니다. 첫 번째 승객은 '0.60089374'로 생존했고 두 번째 승객은 '0.05899182'로 사망했습니다.

```
[22]  predictions = model.predict(x_test)

      predictions[0:5]
```
출력
```
array([[0.60089374],
       [0.05899182],
       [0.901269  ],
       [0.6204067 ],
       [0.552138  ]], dtype=float32)
```

3.8.7 훈련된 모델의 플롯 손실 및 정확도

학습 및 검증 데이터셋이 학습이 반복되면서 손실과 정확도가 어떻게 변화하는지 확인합니다. 데이터 시각화를 위해 `plotly`를 불러옵니다. 학습이 반복되면서 정확도 값이 학습과 검증 데이터셋별로 어떻게 변화하는지를 시각화합니다. 시각화를 통해 모델의 과대적합과 과소적합을 확인할 수 있습니다.

```
[23]  from plotly.subplots import make_subplots
      import plotly.graph_objects as go

      fig = make_subplots(specs=[[{"secondary_y": True}]])

      # model history
      epoch = history.epoch
      loss = history.history['loss']
      val_loss = history.history['val_loss']
      accuracy = history.history['accuracy']
      val_accuracy = history.history['val_accuracy']

      # Scatter
      fig.add_trace(go.Scatter(x=epoch, y=loss, name="loss"),secondary_y=False,)
      fig.add_trace(go.Scatter(x=epoch, y=val_loss, name="val_loss"),secondary_y=False,)
      fig.add_trace(go.Scatter(x=epoch, y=accuracy, name="accuracy"),secondary_y=True,)
      fig.add_trace(go.Scatter(x=epoch, y=val_accuracy, name="val_accuracy"),secondary_
      y=True,)

      # Templates configuration. Default template: 'plotly'
      # Available templates: ['ggplot2', 'seaborn', 'simple_white', 'plotly','plotly_white',
      # 'plotly_dark', 'presentation', 'xgridoff','ygridoff', 'gridon', 'none']
      fig.update_layout(title_text="<b>Loss/Accuracy of Model</b>", template='plotly')
      fig.update_xaxes(title_text="Epoch")
      fig.update_yaxes(title_text="Loss", secondary_y=False)
      fig.update_yaxes(title_text="Accuracy", secondary_y=True)
      fig.show()
```

출력

PART 03
케라스 동작 원리 이해

지금까지 케라스 실습을 위한 개발 환경을 구축하고 케라스로 딥러닝을 구현하기 위한 전반적인 과정을 살펴봤습니다. 이번 장에서는 딥러닝의 동작 원리를 간단한 예제를 통해 알아보겠습니다.

1.1 순전파

케라스는 딥러닝 라이브러리입니다. 딥러닝을 이해하기 위해 가장 단순한 인공 신경망(Artificial Neural Network, ANN)을 통해 딥러닝의 동작 원리를 이해해 보겠습니다.

인공 신경망에는 '입력'과 '출력'이 있습니다. 입력은 '데이터'입니다. 앞에서 배웠듯이 데이터는 엑셀, CSV와 같은 표 형태의 정형 데이터와 이미지, 오디오, 동영상 등과 같은 비정형 데이터가 있습니다. 이런 정형 데이터와 비정형 데이터가 입력으로 사용됩니다. 출력은 정의한 문제의 답입니다. 예를 들어 4장의 MNIST 분류 문제의 경우, 1부터 9까지의 예측값입니다. 보스턴 주택 가격 회귀 문제인 경우, 주택 가격이 출력될 수 있습니다. 이번에는 딥러닝의 동작 원리를 이해하는 데 집중하겠습니다.

[그림 3-1] 인공 신경망의 입출력

1.1.1 가중치와 편향

인공 신경망의 동작 원리를 이해하기 위해서는 가중치(w, weight)와 편향(b, bias)을 알아야 합니다. x(데이터)가 입력되면 가중치를 곱하고 편향을 더해 y를 출력합니다. y = wx + b로 표현할 수 있습니다. 중학교 때 배운 일차함수와 같습니다. 입력 x를 입력으로 받는 + 로 표현된 부분을 '뉴런' 또는 '노드'라고 합니다. 인공 신경망은 하나의 뉴런으로 구성돼 있습니다.

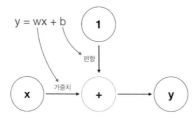

[그림 3-2] 인공 신경망에서의 가중치와 편향

이해를 돕기 위해 일차함수를 복습해 보겠습니다. 일차함수는 y = ax + b입니다. a는 기울기, b는 절편입니다. [그림 3-3]에서 기울기가 −1, 2, 1일 때 어떤 것이 변화하는지 살펴볼 수 있습니다. 예를 들어 기울기가 2인 y = 2x에서 입력 x에 1이 주어지면 y는 2, x에 2가 주어지면 y는 4가 됩니다. 즉, x를 알면 y를 알 수 있습니다. 참고로 간단하게 설명하기 위해 절편은 0이라고 가정했습니다.

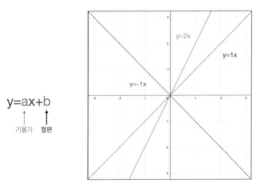

[그림 3-3] 일차함수의 기울기 변화 그래프

절편에 대해 알아보겠습니다. 기울기가 2인 y = 2x 그래프에서 절편이 1, 0, −1일 때 그래프가 어떻게 변하는지 알아보겠습니다. y축을 기준으로 그래프가 위, 아래로 이동하네요.

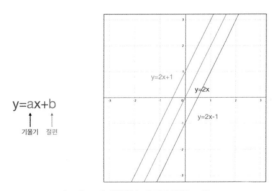

[그림 3-4] 일차함수의 절편 변화 그래프

수학에서의 일차함수는 기울기(a), 절편(b)이 주어진 상태에서 입력(x), 출력(y)을 풀이하는 과정입니다. 딥러닝도 입력으로 출력을 예측하는 개념에서는 동일합니다. 하지만 딥러닝에서는 입력(x), 출력(y)의 데이터가 주어지고 기울기(a), 절편(b)을 찾는 과정이라는 것에 차이점입니다. 딥러닝에서는 기울기를 '가중치', 절편은 '편향'이라고 합니다.

구분	일차 함수	용어
수학	y = ax + b	a:기울기, b:절편
딥러닝	y = wx + b	w:가중치, b:편향

[그림 3-5] 수학과 딥러닝의 일차함수 용어 비교

예를 들어 수학에서 y = 2x + 1이라는 일차함수가 주어졌을 때 입력(x)이 3인 경우, 출력(y)은 7인 것을 알 수 있습니다. 딥러닝에서 입력(x)은 3, 출력(y)은 7이 주어지고 가중치와 편향을 찾아가는 과정입니다. 이때 가중치는 2, 편향은 1이겠네요.

/	문제	정답
수학	y = 2x + 1	x=3, y=7
딥러닝	7 = w3 + b	w=2, b=1

데이터가 입력으로 주어진다.

[그림 3-6] 수학과 딥러닝의 일차함수 용어의 예

딥러닝의 특징은 입력(x), 출력(y)으로 많은 데이터가 입력되며 가중치, 편향을 얼마나 정답에 가깝게 찾아가느냐에 따라 예측 결과의 성능이 달라질 수 있습니다. 딥러닝의 동작 원리를 정확히 이해해야 성능이 좋은 딥러닝 모델을 구축할 수 있습니다.

[그림 3-7]은 입력(x), 출력(y) 데이터가 주어진 상태에서 가중치와 편향을 찾아 나가는 과정을 나타낸 것입니다. 이 그래프에서 가중치는 2, 편향은 1입니다. 일차함수를 통한 예제로 그래프 위에 데이터가 정확하게 위치하고 있지만, 딥러닝에 입력되는 데이터들은 그래프의 주변에 위치합니다. 주어진 데이터를 정확하게 예측하기 위해 최선의 그래프를 찾는 과정이 우리가 앞으로 배울 내용들입니다.

y = 2x + 1				
x	-0.5	0	1	2
y	0	1	3	5

x가 3이면 y는?

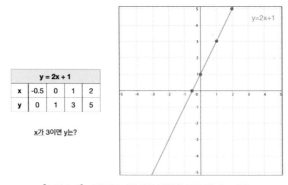

[그림 3-7] 데이터로 가중치와 편향을 찾아 나가는 과정

1.1.2 순전파

딥러닝의 학습 과정 중 첫 번째인 순전파(feed forward)에 대해 알아보겠습니다. 비만도 측정을 예로 들어 보겠습니다. 몸무게(x)를 입력하면 BMI 지수(y)를 예측하는 회귀 문제입니다. 가중치는 0.3, 편향은 −0.2로 설정했습니다.

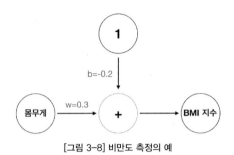

[그림 3-8] 비만도 측정의 예

입력(x)인 몸무게는 97kg입니다. 입력과 가중치가 곱해집니다. $97 \times 0.3 = 29.1$입니다. 편향은 기본값 1에 편향(b) −0.2를 곱합니다. $1 \times -0.2 = -0.2$가 되겠네요. 이 결과를 더하면 $29.1 + (-0.2) = 28.9$가 됩니다. 출력(y)인 BMI 지수는 28.9로 예측했습니다. 단순하게 설명하기 위해 가중치와 편향값은 정답으로 미리 설정했습니다. 초기 가중치와 편향은 랜덤하게 설정되며 입력된 데이터로 학습하는 과정을 통해 가중치와 편향값을 업데이트합니다. 이 과정을 '딥러닝 모델을 학습한다'라고 표현합니다. 학습 과정에 대해서는 다음 장에서 자세히 설명하겠습니다.

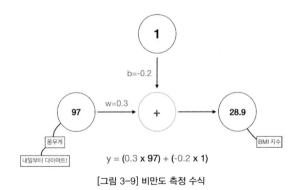

[그림 3-9] 비만도 측정 수식

출력(x)로 예측한 BMI 지수 28.9가 맞는지 BMI 계산기를 통해 확인해 보겠습니다. BMI 계산기는 몸무게 외에도 신장, 체중, 나이, 성별 등 다양한 입력값이 있습니다. 체중에 97을 넣고 계산해 보면 BMI 지수는 28.96입니다. 인공 신경망 모델의 예측 결과가 좋네요. 28.96은 비만으로 나오네요. 다이어트를 해야겠습니다.

[그림 3-10] BMI 다양한 입력의 예 화면

1.1.3 딥러닝의 다양한 입력

인공 신경망에 몸무게라는 하나의 입력만 사용했습니다. BMI 계산기에는 다양한 입력이 있으므로 우리의 인공 신경망도 다양한 입력을 사용해 보겠습니다. 입력(x)으로 나이, 몸무게, 키를 입력합니다. [그림 3-11]에서는 인공 신경망에 입력되는 과정 중 가중치가 w1~w3으로 늘어난 것을 확인할 수 있습니다. 입력값마다 가중치를 가진다는 것을 기억하세요. 편향의 경우에는 w0으로 이전과 동일하게 하나입니다.

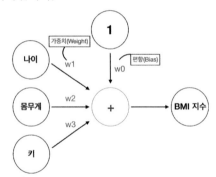

[그림 3-11] 인공 신경망의 다양한 입력 예시

입력(x), 가중치(w1, w2, w3), 편향(w0)을 수식으로 표현하면 [그림 3-12]와 같습니다.

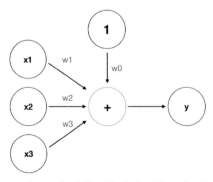

$$y = (w1 \times x1) + (w2 \times x2) + (w3 \times x3) + (w0 \times 1)$$

[그림 3-12] 인공 신경망 다양한 입력 수식의 예

입력(x)이 있는 층을 '입력층', 출력(y)을 보내는 층을 '출력층'이라고 하며 이런 층을 모두 합쳐 '네트워크'라고 합니다. '심층 신경망'을 배울 때 다시 한번 복습하겠습니다.

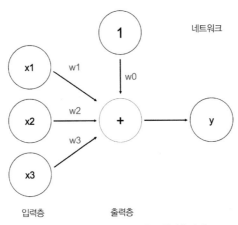

[그림 3-13] 네트워크의 입력층과 출력층의 예

다양한 입력(x)인 몸무게, 키를 입력으로 받는 인공 신경망을 케라스로 실습해 보겠습니다. 텐서 플로 및 케라스 라이브러리를 임포트합니다. Model, Input, Dense층도 임포트합니다.

[소스 3-1] DNN.ipynb

```
[1]    import tensorflow as tf
       import tensorflow as keras
       from tensorflow.keras.models import Model
       from tensorflow.keras.layers import Input, Dense
```

케라스의 Input층과 Dense층을 사용해 딥러닝 모델을 생성합니다. 입력층에 2가지 입력을 받 도록 했습니다. 키와 몸무게를 입력으로 받으므로 Input층의 shape에 2로 설정합니다. 출력층 은 하나의 뉴런이므로 units 값을 1로 설정합니다. 여기서의 출력은 BMI 값이 됩니다. 출력층 (Dense)의 입력으로 입력층을 지정합니다. 케라스의 Model로 입출력층을 정의합니다. 케라스로 딥러닝 모델을 생성했습니다.

```
[2]    # 케라스로 선형회귀 모델 생성
       x = Input(shape=(2,))         # 키, 몸무게
       y = Dense(units=1)(x)

       model = Model(x, y)
```

생성한 모델의 학습에 필요한 손실 함수(loss), 최적화 방법(optimizer), 지표(metrics)를 지정합니다. 모델을 summary 함수를 통해 모델의 형상을 출력합니다.

입력층(input_1), 출력층(dense)이 잘 생성됐습니다. 각 층에 출력값의 형상이 표현돼 있습니다. param#은 가중치와 편향의 수라고 보면 됩니다. 출력층(dense)의 매개변수는 3개입니다. 몸무게(w1), 키(w2), 편향(w0)의 매개변수를 사용하므로 총 3개입니다. Total params에서는 모델에서 사용한 매개변수의 총합을 의미합니다. 이번 모델에서는 출력층에서만 매개변수를 사용해 출력층과 동일하게 매개변수 수가 3인 것을 확인할 수 있습니다.

```
[3]  model.compile(loss='mae',
                   optimizer='adam',
                   metrics=['mae','mse'])

     model.summary()
```

출력
```
Model: "model"

Layer(type)             Output Shape        Param #
=================================================
input_1(InputLayer)     [(None, 2)]          0

dense(Dense)            (None, 1)            3

=================================================
Total params: 3
Trainable params: 3
Non-trainable params: 0
```

BMI 데이터를 피처와 라벨로 구분해 알아보겠습니다. 몸무게(kg), 키(cm)가 피처에 해당합니다. BMI 지표(BMI(kg/m**2))가 라벨에 해당합니다.

	Unnamed: 0	Weight (kg)	Standing Height (cm)	BMI(kg/m**2)
0	0	97.1	160.2	37.8
1	1	98.8	182.3	29.7
2	2	74.3	184.2	21.9
3	3	103.7	185.3	30.2
4	4	83.3	177.1	26.6

피처(Feature) · 라벨(Label)

[그림 3-14] 정형 데이터의 피처와 라벨의 예

위 데이터중 상위 5건을 가져와 피처, 라벨에 저장합니다. fit 함수로 모델을 학습합니다. 인자로 피처와 라벨을 넣고 학습 횟수인 epochs를 1,000으로 설정합니다. 1,000번의 학습을 진행합니다. 학습 과정 중 출력되는 loss 값이 122.8196에서 12.1642로 점차 줄어드는 것을 볼 수 있습니다. 학습이 반복되면서 가중치와 편향값을 라벨의 정답에 가깝게 잘 수정해 나가고 있다고 생각할 수 있습니다.

```
[4]   feature = [(97.1, 160.2),(98.8, 182.3),(74.3, 184.2),(103.7, 185.3),(83.3, 177.1)]
      label = [37.8, 29.7, 21.9, 30.2, 26.6]

      model.fit(feature, label, epochs=1000)
```

출력
```
Epoch 1/1000
1/1 [==============================] - 0s 119ms/step - loss: 122.8196 - mae:
122.8196 - mse: 15263.5996
Epoch 2/1000
1/1 [==============================] - 0s 3ms/step - loss: 122.5493 - mae: 122.5493
- mse: 15197.3672
Epoch 3/1000
1/1 [==============================] - 0s 67ms/step - loss: 122.2790 - mae: 122.2790
- mse: 15131.2812

…(생략)

Epoch 999/1000
1/1 [==============================] - 0s 2ms/step - loss: 12.1654 - mae: 12.1654 -
mse: 289.9112
Epoch 1000/1000
1/1 [==============================] - 0s 2ms/step - loss: 12.1642 - mae: 12.1642 -
mse: 289.8633
〈keras.callbacks.History at 0x15e590c40〉
```

학습된 모델의 성능을 평가하기 위해 테스트 데이터셋을 다음과 같이 구성합니다. evaluate 함수에 테스트 데이터셋의 피처와 라벨을 입력하고 평가합니다. loss는 12.5355, mae는 12.5355, mse는 188.4051이 나왔습니다. mae, mse는 회귀 모델을 평가하는 지표입니다. 해당 지표는 낮을수록 정답에 가깝습니다.

```
[5]   feature_test = [(91.1, 152.7),(72.6, 158.4),(73.0, 161.2),(81.4, 161.3),(86.0, 167.8)]
      label_test = [39.1, 28.9, 28.1, 31.3, 30.5]

      model.evaluate(feature_test, label_test)
```

출력
```
1/1 [==============================] - 0s 31ms/step - loss: 12.5355 - mae: 12.5355 - mse: 188.4051
[12.535490036010742, 12.535490036010742, 188.4051055908203]
```

테스트 데이터셋 중 하나의 값을 입력해 라벨인 BMI 지수를 예측해 보겠습니다. 몸무게는 91.1kg, 키는 152.7cm를 입력합니다. 실제 정답인 BMI 지수는 39.1입니다. 케라스로 만든 모델은 34.79134로 예측했네요. 이후의 장들에서 단계적으로 모델의 성능을 높이면서 예측값이 개선되는 것을 알아보겠습니다.

```
[6]   x_test = [(91.1, 152.7)]
      #y_test = [39.1]

      print(model.predict(x_test))
```

출력
```
[[34.79134]]
```

1.1.4 심층 신경망

[그림 3-15]는 지금까지 배운 인공 신경망을 그림으로 표현한 것입니다. 케라스의 Sequential 클래스에 Dense층으로 표현하면 다음과 같습니다. units로 뉴런의 수를 정한 후 x1, x2의 입력 2개를 input_shape로 지정할 수 있습니다.

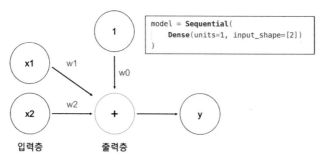

[그림 3-15] 케라스의 Sequential 및 Dense의 예

심층 신경망(Deep Neual Network, DNN)은 은닉층의 뉴런이 더 많아지고 은닉층의 층이 더 깊어지는 것을 말합니다. [그림 3-16]을 보면 Dense층의 units 수가 1에서 2로 증가했습니다. 뉴런의 수가 증가함에 따라 모델의 매개변수가 증가합니다. 모델의 매개변수는 가중치와 편향입니다. 뉴런이 증가함에 따라 빨간색 선(매개변수)이 증가했네요.

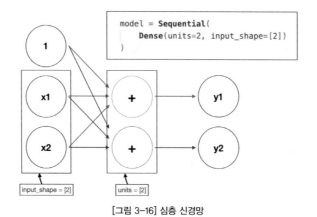

[그림 3-16] 심층 신경망

1.1.5 활성화 함수

지금까지 뉴런은 가중치에 입력값을 곱하고 편향을 더하는 연산만 수행했습니다. 뉴런의 역할 중 중요한 것이 1가지 더 있습니다. 그것은 바로 활성화 함수(activation function)입니다. 활성화 함수의 역할은 입력, 가중치, 편향의 연산 결과를 활성화 함수에 넣어 선형을 비선형의 결과로 변환시키는 것입니다. [그림 3-17]을 보면 activation='relu'로 설정했네요. relu 외에도 많은 활성화 함수가 있습니다.

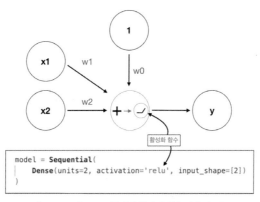

[그림 3-17] Dense층에서 활성화 함수 사용의 예

케라스에서 지원하는 활성화 함수는 [그림 3-18]과 같습니다. 문제 유형 및 층의 위치에 따라 사용하는 활성화 함수가 다릅니다. 출력층의 경우, 이진 분류는 sigmoid, 다중 분류는 softmax를 사용합니다. 은닉층에서는 relu, tanh 등과 같은 활성화 함수를 사용합니다.

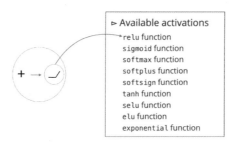

[그림 3-18] 케라스에서 지원하는 활성화 함수의 종류

활성화 함수를 그래프로 표현하면 [그림 3-19]와 같습니다. 예를 들어 relu의 경우, 0 이하의 값이 입력되면 모두 0을 리턴하고 0 이상의 값이 입력되면 그대로 출력합니다.

Name	Plot	Function, $g(x)$	Derivative of g, $g'(x)$	Range	Order of continuity
Identity	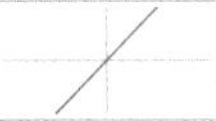	x	1	$(-\infty, \infty)$	C^∞
Binary step		$\begin{cases} 0 & \text{if } x < 0 \\ 1 & \text{if } x \geq 0 \end{cases}$	$\begin{cases} 0 & \text{if } x \neq 0 \\ \text{undefined} & \text{if } x = 0 \end{cases}$	$\{0, 1\}$	C^{-1}
Logistic, sigmoid, or soft step	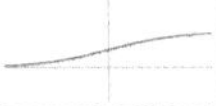	$\sigma(x) \doteq \dfrac{1}{1 + e^{-x}}$	$g(x)(1 - g(x))$	$(0, 1)$	C^∞
Hyperbolic tangent (tanh)		$\tanh(x) \doteq \dfrac{e^x - e^{-x}}{e^x + e^{-x}}$	$1 - g(x)^2$	$(-1, 1)$	C^∞
Rectified linear unit (ReLU)[8]		$(x)^+ \doteq \begin{cases} 0 & \text{if } x \leq 0 \\ x & \text{if } x > 0 \end{cases}$ $= \max(0, x) = x\mathbf{1}_{x>0}$	$\begin{cases} 0 & \text{if } x < 0 \\ 1 & \text{if } x > 0 \\ \text{undefined} & \text{if } x = 0 \end{cases}$	$[0, \infty)$	C^0
Gaussian Error Linear Unit (GELU)[5]	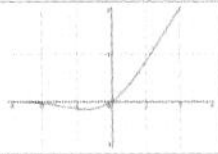	$\dfrac{1}{2}x\left(1 + \operatorname{erf}\left(\dfrac{x}{\sqrt{2}}\right)\right)$ $= x\Phi(x)$	$\Phi(x) + x\phi(x)$	$(-0.17\ldots, \infty)$	C^∞
Softplus[9]	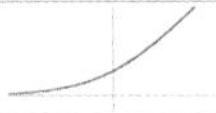	$\ln(1 + e^x)$	$\dfrac{1}{1 + e^{-x}}$	$(0, \infty)$	C^∞
Exponential linear unit (ELU)[10]		$\begin{cases} \alpha(e^x - 1) & \text{if } x \leq 0 \\ x & \text{if } x > 0 \end{cases}$ with parameter α	$\begin{cases} \alpha e^x & \text{if } x < 0 \\ 1 & \text{if } x > 0 \\ 1 & \text{if } x = 0 \text{ and } \alpha = 1 \end{cases}$	$(-\alpha, \infty)$	$\begin{cases} C^1 & \text{if } \alpha = 1 \\ C^0 & \text{otherwise} \end{cases}$
Scaled exponential linear unit (SELU)[11]		$\lambda \begin{cases} \alpha(e^x - 1) & \text{if } x < 0 \\ x & \text{if } x \geq 0 \end{cases}$ with parameters $\lambda = 1.0507$ and $\alpha = 1.67326$	$\lambda \begin{cases} \alpha e^x & \text{if } x < 0 \\ 1 & \text{if } x \geq 0 \end{cases}$	$(-\lambda\alpha, \infty)$	C^0
Leaky rectified linear unit (Leaky ReLU)[12]	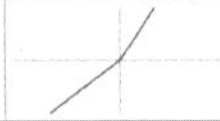	$\begin{cases} 0.01x & \text{if } x < 0 \\ x & \text{if } x \geq 0 \end{cases}$	$\begin{cases} 0.01 & \text{if } x < 0 \\ 1 & \text{if } x \geq 0 \\ \text{undefined} & \text{if } x = 0 \end{cases}$	$(-\infty, \infty)$	C^0

(출처: https://en.wikipedia.org/wiki/Activation_function)

[그림 3-19] 그래프로 표현한 활성화 함수의 종류

활성화 함수 중 relu를 케라스 코드를 통해 실습해 보겠습니다. x에 −9부터 9까지의 임의 값을 정의합니다. relu 함수에 x를 넣고 출력이 어떻게 변하는지 살펴봅니다. 0 이하의 음수는 모두 0으로 리턴되고 0 이상의 값은 그대로 출력됩니다. 입출력 사이에 선형을 비선형으로 변경하는 동작이 잘 동작하는 것을 알 수 있습니다.

[소스 3-2] DNN-ActivationFunction.ipynb

```
[1]  import tensorflow as tf
     from tensorflow.keras import activations

     x = tf.constant([-9, -6, -3, 0, 3, 6, 9])

     activations.relu(x).numpy()
출력  array([0, 0, 0, 0, 3, 6, 9], dtype=int32)
```

relu 함수의 임계값의 기본은 0입니다. threshold 값을 '6'으로 설정해 임계값을 변경합니다. 동일한 x 값을 입력한 후 출력을 보면 6 이하의 값은 모두 0을 리턴합니다. 기준값이 '6'으로 변경된 것을 확인할 수 있습니다. 모델의 성능을 개선하기 위해 threshold 값을 변경할 때 유용할 것 같습니다. 이렇게 활성화 함수는 입력의 선형 결과를 비선형으로 변환시켜 줍니다.

```
x = tf.constant([-9, -6, -3, 0, 3, 6, 9])

# threshold 기본값은 0이며 6으로 설정함
tf.keras.activations.relu(x, threshold=6).numpy()
```
출력   `array([0, 0, 0, 0, 0, 0, 9], dtype=int32)`

심층 신경망의 은닉층이 깊어지는 것을 알아보겠습니다. Dense층을 추가하면 은닉층의 깊이를 설정할 수 있습니다. [그림 3-20]은 3개의 층을 가진 심층 신경망입니다. 2개의 은닉층을 갖고 있네요. 출력층에는 활성화 함수를 지정하지 않았습니다. BMI 예시는 회귀 문제, 출력층의 활성화 함수는 linear를 사용합니다. 결과를 선형 그대로 출력합니다.

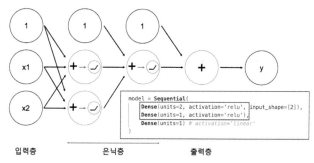

[그림 3-20] BMI 모델을 심층 신경망으로 구성한의 예

케라스 코드로 실습해 보겠습니다. Sequential 클래스로 모델을 생성합니다. Dense층을 중첩해 3개층을 가진 심층 신경망을 구축했습니다.

```
[3]  import tensorflow as tf
     from tensorflow.keras.models import Sequential
     from tensorflow.keras.layers import Dense

     model = Sequential([
             Dense(units=2, activation='relu', input_shape=[2]),
             Dense(units=1, activation='relu'),
             Dense(units=1) # activation='linear'
     ])
```

모델의 학습을 위한 손실 함수 및 옵티마이저를 설정합니다. 다음 장에서 자세히 알아보겠습니다.

```
[4]  model.compile(loss='mae',
                   optimizer='adam',
                   metrics=['mae', 'mse'])
```

모델의 구조를 summary 함수로 출력합니다. 총 11개의 매개변수를 사용했습니다. 첫 번째 은닉층에서는 6개의 매개변수(가중치, 편향)를 사용했네요. [그림 3-20]을 보면 첫 번째 은닉층에 연결된 선이 6개인 것을 확인할 수 있습니다. 다음 은닉층은 3개, 마지막 출력층은 2개입니다. 따라서 사용된 매개변수는 총 11개입니다.

```
[5]    model.summary()
출력    Model: "sequential"

       ─────────────────────────────────────────────────────────
       Layer(type)            Output Shape         Param #
       =========================================================
       dense_1(Dense)         (None, 2)            6

       dense_2(Dense)         (None, 1)            3

       dense_3(Dense)         (None, 1)            2


       =========================================================
       Total params: 11
       Trainable params: 11
       Non-trainable params: 0
       ─────────────────────────────────────────────────────────
```

생성한 심층 신경망 모델의 성능을 알아보겠습니다. 테스트 데이터셋은 다음 장에서 사용할 테스트 데이터셋을 사용하겠습니다. 결과를 보면 loss는 28.5116, mae는 28.5116, mse는 864.5878로 확인됩니다. 다음 장에 더 많은 학습 데이터로 학습한 모델의 성능이 개선되는지 실습해 보겠습니다.

[소스 3-2] DNN-ActivationFunction.ipynb

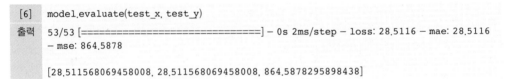

```
[6]    model.evaluate(test_x, test_y)
출력    53/53 [==============================] - 0s 2ms/step - loss: 28.5116 - mae: 28.5116
       - mse: 864.5878

       [28.511568069458008, 28.511568069458008, 864.5878295898438]
```

1.1.6 실습 Weight and Standing Height from NHANES

BMI 예제에서 샘플 데이터를 사용해 모델을 학습하고 예측을 했습니다. 캐글의 데이터셋에서 몸무게와 키 데이터를 입력받아 학습해 보겠습니다. 이전 실습에서는 5개의 데이터로 학습을 진행했습니다. 이번 실습에서는 8,388건의 데이터로 학습 및 예측이 진행됩니다. 학습 데이터가 많아지면 모델의 성능이 개선되는지 실습해 보겠습니다.

캐글 데이터셋에서 몸무게와 키로 검색해 데이터셋을 탐색합니다. NHANES에서 공개 데이터로 제공하는 데이터를 찾았습니다. Data의 라이선스 유형이 CC0:Public Domain인 것을 확인했습니다. 공개적으로 사용할 수 있는 데이터입니다. 데이터를 다운로드합니다.

[그림 3-21] NHANES에서 제공한 몸무게와 키 데이터셋

캐글의 Data Explorer에서 데이터셋의 기초적인 통계를 살펴볼 수 있습니다. 총 데이터는 8,388(total values)건입니다. Weight, Standing Height, BMI 피처(컬럼)의 데이터 분포를 시각화해 볼 수 있습니다. 몸무게와 키가 정규분포를 따르고 있습니다. 그리고 피처의 설명도 간단히 설명돼 있습니다.

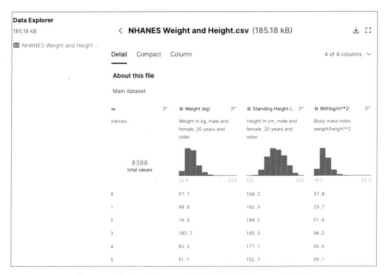

[그림 3-22] 캐글에서 몸무게와 키 데이터셋 데이터 탐색 화면

실습해 보겠습니다. 판다스 라이브러리를 불러옵니다. 다운로드한 CSV 파일을 read_csv 함수로 불러와 data라는 판다스 데이터 프레임에 저장합니다. head 함수를 사용해 저장된 데이터 프레임의 상위 5건을 출력합니다.

```
[1]    import pandas as pd

       data = pd.read_csv('/content/drive/MyDrive/Colab Notebooks/data/NHANES Weight and
       Height/data.csv')

       data.head()
```

출력

	Unnamed: 0	Weight (kg)	Standing Height (cm)	BMI(kg/m**2)
0	0	97.1	160.2	37.8
1	1	98.8	182.3	29.7
2	2	74.3	184.2	21.9
3	3	103.7	185.3	30.2
4	4	83.3	177.1	26.6

info 함수로 데이터의 기초 통계를 확인합니다. 총 데이터는 8,388건이며 non-null로 결측값은 없습니다. flosat64 유형 3개와 Int64 유형 1개의 피처가 있네요. 메모리에서 사용하는 데이터 크기는 262.2KB입니다.

```
[2]    data.info()
```

출력
```
<class 'pandas.core.frame.DataFrame'>
RangeIndex: 8388 entries, 0 to 8387
Data columns(total 4 columns):
 #     Column                Non-Null Count      Dtype
---    ------                --------------      -----
 0     Unnamed: 0            8388 non-null       int64
 1     Weight(kg)           8388 non-null       float64
 2     Standing Height(cm)  8388 non-null       float64
 3     BMI(kg/m**2)         8388 non-null       float64
dtypes: float64(3), int64(1)
memory usage: 262.2 KB
```

모델의 입력으로 사용할 피처를 선택합니다. 몸무게와 키를 피처로 선택했습니다. 우리가 예측해야 할 라벨은 BMI로 설정합니다. 판다스의 copy 함수로 데이터 프레임을 복사해 feature라는 이름의 데이터 프레임을 새롭게 생성합니다. type 함수로 피처와 라벨의 유형을 살펴봅니다. 피처는 데이터 프레임이고 라벨은 시리즈네요. 선택한 피처의 상위 5줄을 head 함수로 출력합니다. 모델의 입력으로 사용할 데이터가 준비됐습니다.

```
[3]    feature_cols = ['Weight(kg)', 'Standing Height(cm)']

       label = data.pop('BMI(kg/m**2)')
       feature = data[feature_cols].copy()

       print(type(feature))
       print(type(label))

       feature.head()
```

출력			
⟨class 'pandas.core.frame.DataFrame'⟩			
⟨class 'pandas.core.series.Series'⟩			

	Weight (kg)	Standing Height (cm)
0	97.1	160.2
1	98.8	182.3
2	74.3	184.2
3	103.7	185.3
4	83.3	177.1

딥러닝과 머신러닝은 학습과 예측(추론)의 2단계가 있습니다. 학습에 사용할 학습(train) 데이터 와 예측 및 평가에 필요한 테스트(test) 데이터셋이 필요합니다. 캐글 데이터셋에서 받은 데이터 는 학습과 테스트 데이터셋이 분리돼 있지 않기 때문에 사이킷런의 train_test_split 함수를 사용해 데이터를 분리합니다. train_test_split 함수의 인자로는 피처와 라벨을 넣고 test_ size를 지정합니다. 0.2는 학습 80%와 테스트 20%로 나눈다는 설정입니다. 0.3인 경우, 학습 70%, 테스트 30%가 됩니다. 학습과 테스트 데이터셋은 보통 20% 또는 30% 정도로 나눕니다. 피처와 라벨이 학습과 테스트로 나눠집니다.

shape 함수로 데이터의 형상을 출력합니다. 학습 데이터셋의 피처(train_x)는 6,710건의 데 이터와 2개의 피처(몸무게, 키)로 구성돼 있습니다. 라벨(train_y)도 6,710건의 데이터와 하나 의 라벨(BMI 지수)로 돼 있네요. 열이 하나인 경우, (6710,)로 출력됩니다. 테스트 데이터셋도 1,678건으로 전체 데이터의 20%가 할당돼 있습니다.

```
[4]  from sklearn.model_selection import train_test_split

     train_x, test_x, train_y, test_y = train_test_split(feature, label, test_size=0.2)

     print('train dataset :', train_x.shape, train_y.shape)
     print('test dataset :', test_x.shape, test_y.shape)
```

출력	train dataset :(6710, 2)(6710,)
	test dataset :(1678, 2)(1678,)

이전에 생성한 모델을 그대로 사용합니다. 모델을 생성하고 컴파일합니다. 동일한 모델과 컴파 일 환경에서 데이터가 많아지는 경우, 모델 성능이 개선되는지 주의깊게 알아보겠습니다.

```
[5]  import tensorflow as tf
     from tensorflow.keras.models import Sequential
     from tensorflow.keras.layers import Dense

     model = Sequential([
             Dense(units=2, activation='relu', input_shape=[2]),
             Dense(units=1, activation='relu'),
             Dense(units=1) # activation='linear'
     ])

     model.compile(loss='mae',
                   optimizer='adam',
                   metrics=['mae', 'mse'])
```

학습을 `fit` 함수로 시작합니다. `fit` 함수의 인자는 학습 데이터의 피처와 라벨을 입력합니다. epochs를 이용해 학습 횟수를 1,000번으로 설정했습니다. 1,000번을 학습하면서 결과를 출력합니다. loss 값이 35.5747에서 5.5509로 점차 줄어드는 것을 확인할 수 있습니다.

```
[6]  %%time

     model.fit(train_x, train_y,
               epochs=1000)
```

출력
```
Epoch 1/1000
210/210 [==============================] – 2s 5ms/step – loss: 35.5747 – mae:
35.5747 – mse: 1299.2231
Epoch 2/1000
210/210 [==============================] – 1s 3ms/step – loss: 30.7246 – mae:
30.7246 – mse: 988.8742
…(생략)…
Epoch 999/1000
210/210 [==============================] – 0s 2ms/step – loss: 5.5509 – mae: 5.5509
– mse: 57.6026
Epoch 1000/1000
210/210 [==============================] – 0s 2ms/step – loss: 5.5509 – mae: 5.5509
– mse: 57.6137


CPU times: user 6min 26s, sys: 22.4 s, total: 6min 48s
Wall time: 7min 23s
⟨keras.callbacks.History at 0x7fe8781bded0⟩
```

evaluate 함수로 모델의 성능을 평가합니다. evaluate 함수의 인자로 테스트셋의 피처와 라벨 값을 입력합니다. loss와 컴파일에 설정한 평가 지표들이 출력됩니다. loss는 5.7630이고 mae는 5.7630, mse는 63.3226입니다. mae, mse는 회귀 모델의 평가 지표입니다.

```
[7]  model.evaluate(test_x, test_y)
```

출력
```
53/53 [==============================] – 0s 2ms/step – loss: 5.7630 – mae: 5.7630 –
mse: 63.3226
[5.763041019439697, 5.763041019439697, 63.322628021240234]
```

샘플 값 하나를 실제로 예측해 보겠습니다. 37.525402가 나왔네요. 5건의 샘플 데이터로 학습 후 예측했던 결과(34.79134)보다 실제값에 좀 더 가까워졌습니다.

```
[8]    x_test = [(91.1, 152.7)]
       # y_test = [39.1]

       print(model.predict(x_test))
```
출력   [[37.525402]]

심층 신경망 모델의 입력 데이터를 5행에서 8,355행으로 증가시키니 모델의 성능이 많이 개선됐습니다. 모델 성능 지표인 mae는 28.5116에서 5.7630으로, mse는 864.5878에서 63.3226으로 개선됐습니다.

1.2   역전파

딥러닝 학습 과정 중 역전파(back propagation)에 대해 알아보겠습니다.

1.2.1 순전파

이전 장에서 순전파의 동작 원리를 실습을 통해 살펴봤습니다. 다양한 입력이 뉴런에 전달됩니다. 전달된 입력값들은 가중치와 편향하고 연산을 수행합니다. 연산된 결과는 뉴런마다 있는 활성화 함수에 입력되고 선형을 비선형으로 변환해 출력됩니다. 이렇게 층마다 1개 이상의 뉴런과 여러 개의 층으로 구성된 신경망을 '심층 신경망'이라고 배웠습니다. 최종 출력층에서는 문제 유형에 맞는 연산과 활성화 함수의 결과를 출력합니다. 이렇게 입력값이 있는 왼쪽에서 출력 방향인 오른쪽으로 진행되는 과정을 '순전파'라고 정의합니다. 모델의 학습은 순전파와 역전파를 하나의 학습이라고 합니다. '학습 데이터로 학습을 5번 한다'라는 의미는 '순전파와 역전파를 5번 수행한다'라는 의미입니다. 역전파에 대해 자세히 알아보겠습니다.

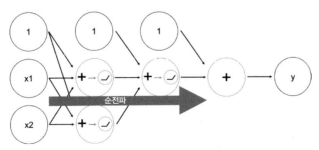

[그림 3-23] 심층 신경망에서 순전파의 예

1.2.2 역전파

역전파는 순전파의 방향과 반대 방향으로 진행되는 동작을 의미합니다. 역전파는 순전파로 예측한 결과가 라벨(정답)에 가까워지도록 오차를 줄여 나가는 과정입니다.

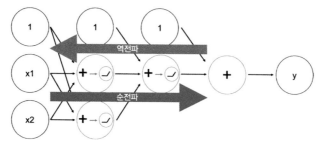

[그림 3-24] 심층 신경망에서 역전파의 예

예를 들어 학습에 필요한 입력 데이터가 100개 있다고 가정해 보겠습니다. 첫 번째 데이터로 순전파를 진행합니다. 이때 각 뉴런 간의 가중치와 편향은 랜덤하게 초기화됩니다. 순전파 동작이 진행되며 예측 결과와 라벨(정답)의 차이를 손실 함수로 계산합니다. 이 차이를 줄이기 위해 역전파 과정이 진행됩니다.

두 번째 데이터가 입력되고 순전파가 진행됩니다. 예측한 값과 라벨의 차이가 이전보다 줄어들었는지, 늘어났는지를 확인합니다. 줄어들었다면 이 방향으로 가중치와 편향에 대한 조정을 계속 이어 나갑니다. 이 과정을 학습 데이터의 수만큼 반복합니다. 반복하면서 예측값과 라벨의 차이가 점차 줄어듭니다. 이 과정 중 가중치와 편향이 지속적으로 변경되는데, 이 과정을 '학습'이라고 합니다.

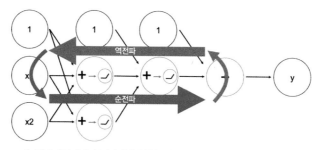

[그림 3-25] 심층 신경망에서의 학습 과정 – 순전파 및 역전파 동작의 예

이때 문제 유형 및 데이터에 맞는 손실 함수, 최적화를 잘 설정해 이 차이를 줄입니다. 이 값을 '하이퍼 매개변수'라고 했습니다. 이런 과정을 통해 각 층과 뉴런 간의 가중치와 편향을 조정해 예측 결과가 라벨에 가깝도록 조정합니다. 다음으로 역전파 시 손실 함수와 최적화에는 어떤 것이 있는지 알아보겠습니다.

1.2.3 손실 함수

이전 장들의 실습에서 케라스 모델을 구성하고 모델을 컴파일했습니다. 컴파일 시 loss에 대한 정의를 했습니다. 역전파를 위한 모델의 손실 함수를 정의하는 과정이었습니다. 손실 함수는 예측값과 실제값의 오차를 계산하는 함수입니다.

케라스의 손실 함수는 [그림 3-26]과 같이 여러 가지가 있습니다. 손실 함수는 '확률 손실 (probabilistic losses) 함수'와 '회귀 손실(regression losses) 함수'로 구분됩니다. 확률 손실 함수는 분류와 같은 확률적인 손실 함수, 회귀 손실 함수는 연속된 수, 수치형 수를 예측하는 손실 함수입니다. 대표적인 회귀 손실 함수 중 mae(mean absolute error)에 대해 알아보겠습니다.

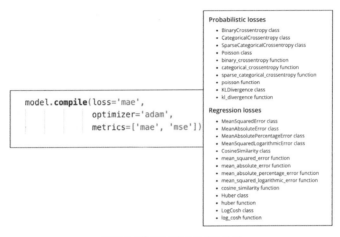

[그림 3-26] 케라스의 손실 함수의 예

mae는 '평균 절대 오차'라고 합니다. 모델 학습 시 순전파를 통해 [그림 3-27]과 같이 예측했습니다. 역전파를 위해 순전파로 예측한 결과와 라벨(정답)의 차이를 평가한다고 했습니다. 여러 평가 방법 중 mae는 예측값과 라벨의 차이를 구하고 절댓값으로 양과 음을 제거합니다. 그리고 이 차이들을 모두 더하고 예측한 데이터 수만큼 나눠 줍니다. 케라스 실습을 통해 직관적으로 이해해 보겠습니다.

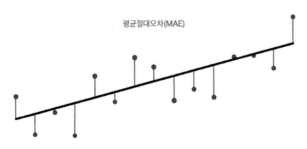

[그림 3-27] 케라스 손실 함수 mae의 예

라벨에 해당하는 정답(y_true)은 '8'과 '10'입니다. 예측한 값(y_pred)은 '6'과 '14'라고 가정합니다. 케라스의 mae 손실 함수인 MeanAbsoluteError 클래스를 mae로 정의하고 라벨(정답)과 예측값을 입력합니다. 출력을 numpy 함수로 변환해 출력해 보니 3이 나왔습니다. 따라서 이번 예제의 손실 함수 mae는 3입니다.

[소스 3-4] Keras-Losses.ipynb

```
[1]  import tensorflow as tf
     from tensorflow.keras.losses import MeanAbsoluteError

     y_true = [8, 10]    # 라벨(정답)
     y_pred = [6, 14]    # 예측값

     mae = MeanAbsoluteError()
     mae(y_true, y_pred).numpy()
출력  3
```

케라스의 손실 함수인 MeanAbsoluteError 클래스를 통해 나온 3이 정말 맞는지 계산해 보겠습니다. 정답과 예측값의 차이를 계산합니다. 8 − 6 = 2, 10 − 14 = −4입니다. 정답과 예측값의 차이를 표현해야 하므로 절댓값을 적용합니다. abs(2) = 2, abs(−4) = 4가 출력됐습니다. 차이를 더하고 예측한 수를 2로 나눠 줍니다. (2 + 4) / 2 = 3이라는 것을 확인할 수 있습니다. 위 실습 결과와 동일합니다.

```
[2]  # loss = abs(y_true − y_pred)
     print(abs(8 − 6))
     print(abs(10 − 14), '\n')

     print((abs(8 − 6) + abs(10 − 14)) / 2)
출력  2
     4

     3.0
```

이 밖에도 손실 함수는 여러 가지가 있습니다. 손실 함수의 사용 목적은 정답과 예측값의 오차를 계산하고 이 차이를 줄여 예측 성능을 높이는 것입니다. 손실 함수로 차이를 알았다면 가중치와 편향을 조정해 이 오차를 줄여야 합니다. 가중치와 편향을 최적화하는 방법을 알아보겠습니다.

1.2.4 최적화, 경사하강법

모델 컴파일 시 optimizer를 정의했습니다. 케라스에서는 SGD, EMSprop, Adam 등과 같이 다양한 최적화를 제공하고 있습니다. 딥러닝의 최적화는 경사하강법을 기반으로 합니다. 경사하강법은 손실 함수의 결과가 최솟값이 되도록 조금씩 이동하면서 최솟값에 도달하면 학습을 멈추는 방법론입니다.

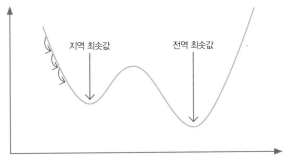

[그림 3-28] 경사하강법 설명

[그림 3-29]는 케라스에서 제공하는 optimizer입니다.

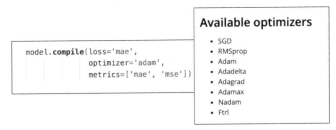

[그림 3-29] 케라스 옵티마이저의 예

케라스에서 경사하강법을 기반으로 최적화를 실습해 보겠습니다. 순차 모델을 구성합니다. 첫 번째 층의 입력은 2개입니다. 몸무게와 키를 입력받을 예정입니다.

[소스 3-5] Keras-Optimizer.ipynb

```
[1]  import tensorflow as tf
     from tensorflow.keras.models import Sequential
     from tensorflow.keras.layers import Input, Dense

     model = Sequential([
             Dense(units=2, activation='relu', input_shape=[2]),
             Dense(units=1) # activation='linear'
     ])
```

모델을 컴파일합니다. 손실 함수는 mae, optimizer는 adam으로 지정합니다. `summary` 함수로 모델의 형상을 출력합니다. 모델이 잘 생성됐습니다.

```
[2]  model.compile(loss='mae',
              optimizer='adam',
                   metrics=['mae', 'mse'])

     model.summary()
```

```
Model: "sequential"

Layer(type)            Output Shape         Param #
=================================================================
dense(Dense)           (None, 2)            6

dense_1(Dense)         (None, 1)            3

=================================================================
Total params: 9
Trainable params: 9
Non-trainable params: 0
```

NHANES 데이터셋을 학습하면서 가중치와 편향이 어떻게 최적화되는지 실습을 통해 알아보겠습니다.

NHANES 데이터셋을 판다스의 read_csv 함수로 불러옵니다. 사용할 피처는 '몸무게'와 '키'입니다. 라벨은 BMI 지수를 pop 함수로 저장합니다. 피처와 유형을 출력해 보면 피처는 판다스 데이터 프레임 유형, 라벨은 판다스 시리즈 유형이네요. head 함수로 학습에 사용할 피처 상위 5건을 출력합니다. 데이터가 잘 불러졌습니다.

[소스 3-6] NHANES-Weight-and-Height.ipynb

```
[1]  import pandas as pd

     data = pd.read_csv('/content/drive/MyDrive/Colab Notebooks/data/NHANES Weight and
     Height/data.csv')

     feature_cols = ['Weight(kg)', 'Standing Height(cm)']

     label = data.pop('BMI(kg/m**2)')
     feature = data[feature_cols].copy()

     print(type(feature))
     print(type(label))

     feature.head()
```
출력
```
<class 'pandas.core.frame.DataFrame'>
<class 'pandas.core.series.Series'>
```

	Weight (kg)	Standing Height (cm)
0	97.1	160.2
1	98.8	182.3
2	74.3	184.2
3	103.7	185.3
4	83.3	177.1

데이터를 학습 데이터와 테스트 데이터로 분리합니다. 사이킷런의 `train_test_split` 함수를 사용해 분리합니다. `test_size`를 '0.2'로 설정해 데이터를 테스트 학습 80%, 20%로 분리합니다. shape로 학습과 테스트 데이터의 피처와 라벨의 형상을 출력합니다.

```
[2]  from sklearn.model_selection import train_test_split

     train_x, test_x, train_y, test_y = train_test_split(feature, label, test_size=0.2)

     print('train dataset :', train_x.shape, train_y.shape)
     print('test dataset :', test_x.shape, test_y.shape)
```

출력
```
train dataset :(6710, 2)(6710,)
test dataset :(1678, 2)(1678,)
```

케라스의 콜백을 정의합니다. 람다 콜백을 사용해 학습 진행 중 각 epoch마다 모델의 가중치를 출력하도록 했습니다.

```
[3]  from keras.callbacks import LambdaCallback

     weights_dict = {}
     weight_callback = LambdaCallback \
     (on_epoch_end=lambda epoch, logs: weights_dict.update({epoch:model.get_weights()}))
```

모델을 생성하고 컴파일합니다. 최적화(optimizer)로는 adam을 선택했습니다.

```
[4]  import tensorflow as tf
     from tensorflow.keras.models import Sequential
     from tensorflow.keras.layers import Dense

     # 모델 생성
     model = Sequential([
             Dense(units=64, activation='relu', input_shape=[2]),
             Dense(units=32, activation='relu'),
             Dense(units=16, activation='relu'),
             Dense(units=1) # activation='linear'
     ])

     # 모델 컴파일
     model.compile(loss='mae',
                   optimizer='adam',
                   metrics=['mae', 'mse'])
```

모델을 학습합니다. 200번의 학습을 진행한 후 각 epoch마다 람나 콜백을 호출합니다. 이때 람다 콜백을 통해 epoch마다 가중치를 출력합니다.

```
[5]  # 모델 학습
     history = model.fit(train_x, train_y,
                         epochs=200,
                         callbacks=[weight_callback])
```

```
Epoch 1/200
210/210 [==============================] − 3s 6ms/step − loss: 5.8217 − mae: 5.8217
− mse: 128.3216
Epoch 2/200
210/210 [==============================] − 1s 5ms/step − loss: 2.9487 − mae: 2.9487
− mse: 13.8384
…(생략)…
Epoch 199/200
210/210 [==============================] − 0s 2ms/step − loss: 0.4797 − mae: 0.4797
− mse: 0.4619
Epoch 200/200
210/210 [==============================] − 0s 2ms/step − loss: 0.4218 − mae: 0.4218
− mse: 0.3371
```

모델을 테스트 데이터로 평가합니다. 손실 함수로 지정한 mae는 0.4266, 모니터링 지표로 설정한 mse는 0.2764로 확인됩니다.

[6]
```
model.evaluate(test_x, test_y)
```
출력
```
53/53 [==============================] − 1s 3ms/step − loss: 0.4266 − mae: 0.4266 −
mse: 0.2764
[0.42658597230911255, 0.42658597230911255, 0.2764243185520172]
```

학습 시 람다 콜백을 호출해 epoch마다의 가중치를 weights_dict에 저장했습니다. 층과 노드 간의 가중치가 어떻게 변하는지 확인합니다.

[7]
```
for epoch,weights in weights_dict.items():
    print("=========================================")
    print("Weights for 1nd Layer of epoch #",epoch+1)
    print(weights[0])
    print("Bias for 1nd Layer of epoch #",epoch+1)
    print(weights[1])
    print("Weights for 2nd Layer of epoch #",epoch+1)
    print(weights[2])
    print("Bias for 2nd Layer of epoch #",epoch+1)
    print(weights[3])
```

출력
```
=================================
Weights for 1nd Layer of epoch # 1
[[-0.02268445 -0.20844914]
 [-0.18747056  0.60078436]]
Bias for 1nd Layer of epoch # 1
[0.         0.01607932]
Weights for 2nd Layer of epoch # 1
[[0.30865383]
 [0.10609602]]
Bias for 2nd Layer of epoch # 1
[0.2100002]
=================================
Weights for 1nd Layer of epoch # 2
[[-0.02268445  0.01145268]
 [-0.18747056  0.76553904]]
Bias for 1nd Layer of epoch # 2
[0.         0.18567131]
Weights for 2nd Layer of epoch # 2
[[0.30865383]
 [0.2221044 ]]
Bias for 2nd Layer of epoch # 2
[0.29884794]
```
```
=================================
Weights for 1nd Layer of epoch # 3
[[-0.02268445  0.09589994]
 [-0.18747056  0.74999595]]
Bias for 1nd Layer of epoch # 3
[0.         0.1776811]
Weights for 2nd Layer of epoch # 3
[[0.30865383]
 [0.21214649]]
Bias for 2nd Layer of epoch # 3
[0.2950744]
=================================
Weights for 1nd Layer of epoch # 4
[[-0.02268445  0.1868209 ]
 [-0.18747056  0.73373777]]
Bias for 1nd Layer of epoch # 4
[0.         0.17179817]
Weights for 2nd Layer of epoch # 4
[[0.30865383]
 [0.20694432]]
Bias for 2nd Layer of epoch # 4
[0.2920034]
```
```
=================================
Weights for 1nd Layer of epoch # 199
[[-0.02268445  0.6752209 ]
 [-0.18747056 -0.14457636]]
Bias for 1nd Layer of epoch # 199
[0.         9.457036]
Weights for 2nd Layer of epoch # 199
[[0.30865383]
 [0.48709705]]
Bias for 2nd Layer of epoch # 199
[9.495776]
=================================
Weights for 1nd Layer of epoch # 200
[[-0.02268445  0.6684029 ]
 [-0.18747056 -0.1459328 ]]
Bias for 1nd Layer of epoch # 200
[0.         9.5088415]
Weights for 2nd Layer of epoch # 200
[[0.30865383]
 [0.48972693]]
Bias for 2nd Layer of epoch # 200
[9.545791]
```

모델 학습 시 리턴되는 loss 정보를 시각화합니다. 학습이 200번 진행되면서 loss 값이 점차 감소하는 것을 확인할 수 있습니다. 초기에는 모델의 가중치와 편향값이 랜덤하게 초기화돼 있어 loss가 크지만, 순전파와 역전파 과정을 반복하면서 가중치와 편향이 경사하강법을 기반으로 한 최적화 과정을 거치면서 loss 값이 줄어드는 것을 확인할 수 있습니다. 다음 장에서는 학습이 너무 많이 되는 경우와 적게 되는 경우, 모델에 어떤 영향을 미치는지 알아보겠습니다.

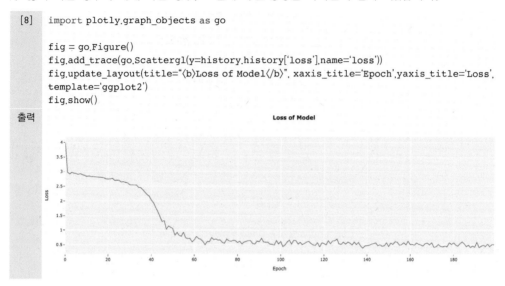

```
[8]  import plotly.graph_objects as go

     fig = go.Figure()
     fig.add_trace(go.Scattergl(y=history.history['loss'],name='loss'))
     fig.update_layout(title="<b>Loss of Model</b>", xaxis_title='Epoch',yaxis_title='Loss',
     template='ggplot2')
     fig.show()
```

1.2.5 과대적합과 과소적합

모델 학습 시 너무 많은 학습은 과대적합을 발생시킵니다. 이와 반대로 너무 적은 학습은 과소적합을 발생시킵니다.

과대적합(over fitting)은 학습이 너무 오래 지속돼 학습 데이터에 모델이 최적화되는 경우를 말합니다. 이런 경우, 모델은 일반화되지 못합니다. 모델을 학습 데이터가 아닌 테스트 데이터로 평가하는 것은 일반화돼 있지 않았으므로 학습 데이터에서의 성능보다 낮은 성능을 확인하게 됩니다. 과대적합을 예방하기 위해 더 많은 학습 데이터를 준비하면 모델을 일반화하는 데 도움이 됩니다. 더 많은 데이터를 구성하거나 준비하기 어렵다면 규제(regularization)와 같은 과대 적합을 예방하는 기법을 사용할 수도 있습니다.

과소적합(under fitting)은 과대적합의 반대되는 경우로, 학습이 너무 적게 돼 성능 개선의 여지가 남아 있는 경우를 말합니다. 과소적합의 예로는 모델의 구조가 단순하거나 학습을 너무 적게 시킨 경우를 들 수 있습니다.

모델을 일반화하기 위해서는 과대적합과 과소적합 사이의 균형을 찾아야 합니다. 가장 많이 사용되는 방법은 검증 데이터셋과 케라스 EarlyStopping 콜백을 사용해 학습해도 개선이 없는 경우, 학습을 중단하도록 하는 것입니다.

[그림 3-30]은 과소적합과 과대적합을 그림으로 표현한 것입니다. 노란색 점이 라벨(정답)입니다. 실선의 곡선이 학습 데이터에 일반화된 모델을 표현하고 있습니다. 왼쪽 그림은 과소적합으로, 모델의 학습이 너무 적게 돼 녹색선과 같은 모델이 학습됐습니다. 오른쪽 그림은 과대적합으로, 너무 많은 학습이 진행돼 학습 데이터에 모델이 최적화됐습니다. 이 경우, 녹색선과 같은 일반화된 모델과 조금 다른 모습을 볼 수 있습니다.

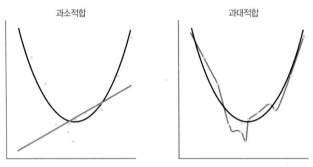

[그림 3-30] 모델 학습 시 과소적합과 과대적합의 예

과소적합과 과대적합이 적용되지 않은 모델을 학습하기 위해서는 검증(validation) 데이터를 사용해야 합니다. 검증 데이터는 학습이 진행되는 매 epoch마다 검증 데이터로 평가가 진행돼 보다 라벨(정답)에 가깝도록 모델을 일반화합니다. [그림 3-31]의 경우, 학습 결과 검증 데이터셋의 loss가 학습 중간 단계부터 줄어들지 않고 더 커지는 것을 볼 수 있습니다. 학습 중간 단계부터 과대적합이 시작됐다고 판단할 수 있습니다.

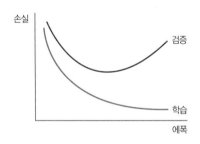

[그림 3-31] 과대적합의 예

이와 반대로 [그림 3-32]의 학습이 중간 단계 이전에 끝났다면 과소적합으로 학습을 더 진행했다면 모델의 성능을 개선할 수 있었을 것입니다. 이런 경우, 학습을 더 진행해 과소적합과 과대적합의 균형 지점을 찾아 모델을 일반화해야 합니다. 케라스의 콜백 중 EarlyStopping을 사용하면 조기에 학습을 중단할 수 있다고 했습니다. 학습 중간 지점에서 학습이 중단되면 좋을 것

같습니다. 이후 실습에서 EarlyStopping을 사용해 학습을 조기 중단하도록 하겠습니다. 이 밖에 드롭아웃을 통해서도 과대적합을 방지할 수 있습니다.

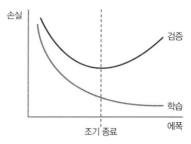

[그림 3-32] 과대적합 예방하는 조기 종료

과대적합과 과소적합의 실습을 위해 NHANES 데이터셋을 사용하겠습니다. 데이터를 불러와 피처와 라벨로 학습할 수 있도록 데이터를 전처리합니다.

[소스 3-7] Underfitting-Overfitting.ipynb

```
[1]  import pandas as pd
     from sklearn.model_selection import train_test_split

     # 데이터 구성 및 준비하기
     data = pd.read_csv('/content/drive/MyDrive/Colab Notebooks/data/NHANES Weight and
     Height/data.csv')

     feature_cols = ['Weight(kg)', 'Standing Height(cm)']

     label = data.pop('BMI(kg/m**2)')
     feature = data[feature_cols].copy()
```

케라스의 순차 모델로 심층 신경망을 구성합니다.

```
[2]  import tensorflow as tf
     from tensorflow.keras.models import Sequential
     from tensorflow.keras.layers import Dense

     # 모델 생성
     model = Sequential([
             Dense(units=64, activation='relu', input_shape=[2]),
             Dense(units=32, activation='relu'),
             Dense(units=16, activation='relu'),
             Dense(units=1) # activation='linear'
     ])

     model.summary()
```

출력   Model: "sequential"

Layer(type)	Output Shape	Param #
dense(Dense)	(None, 64)	192
dense_1(Dense)	(None, 32)	2080
dense_2(Dense)	(None, 16)	528
dense_3(Dense)	(None, 1)	17

```
Total params: 2,817
Trainable params: 2,817
Non-trainable params: 0
```

모델을 컴파일을 합니다. 회귀 문제로 손실 함수는 mae를 사용합니다. 최적화로는 adam을 선택했습니다.

[3] # 모델 컴파일
```
model.compile(loss='mae',
              optimizer='adam',
              metrics=['mae', 'mse'])
```

과대적합을 방지하기 위해 케라스의 EarlyStopping 콜백을 사용합니다. patience를 20으로 설정했습니다. 학습 과정 중 20번 동안 모델 학습에 개선이 없는 경우, 학습을 조기에 중단하라는 설정입니다.

[4] from tensorflow.keras.callbacks import EarlyStopping

```
# 조기 종료
early_stopping = EarlyStopping(patience = 20)
```

데이터를 학습 데이터, 검증 데이터, 테스트 데이터로 구분합니다. 피처와 라벨을 학습과 테스트 데이터로 분리합니다. 학습 데이터는 80%, 테스트 데이터는 20%로 분리했습니다. 이후 학습 데이트를 학습과 검증 데이터로 동일하게 분리합니다. 학습과 검증, 테스트 데이터셋의 형상을 출력해 보면 학습 데이터는 5,368건, 검증은 1,342건, 테스트는 1,678건으로 분류된 것을 확인할 수 있습니다. 과대적합을 방지하기 위한 데이터 전처리 과정이 마무리됐습니다. 모델 학습을 진행해 보겠습니다.

```
[5]    from sklearn.model_selection import train_test_split

       # 학습과 테스트 데이터 분리(학습 80%, 테스트 20%)
       train_x, test_x, train_y, test_y = train_test_split(feature, label, test_size=0.2)
       # 학습과 검증 데이터 분리(학습 80%, 검증 20%)
       train_x, val_x, train_y, val_y = train_test_split(train_x, train_y, test_size=0.2)

       print('train dataset :', train_x.shape, train_y.shape)
       print('validation dataset :', val_x.shape, val_y.shape)
       print('test dataset :', test_x.shape, test_y.shape)
```

```
출력   train dataset :(5368, 2)(5368,)
       validation dataset :(1342, 2)(1342,)
       test dataset :(1678, 2)(1678,)
```

모델 학습을 합니다. 학습 데이터를 피처와 라벨로 순차적으로 입력합니다. 검증 데이터는
validation_data에 피처와 라벨로 입력합니다. 학습은 1,000번으로 지정했습니다. 마지막으로
과대적합 발생 시 조기 종료될 수 있도록 콜백을 지정합니다. early_stopping은 앞에서 지정한
케라스 EarlyStopping 콜백 함수입니다. 1,000번의 학습이 진행됩니다. 진행 도중 104번에서
학습이 중단됐습니다. patience를 지정한 20번만큼 학습의 개선이 없어 중단됐습니다.

```
[6]    history = model.fit(train_x, train_y,
                           validation_data=(val_x, val_y),
                           epochs=1000,
                           callbacks=[early_stopping])
```

```
출력   Epoch 1/1000
       168/168 [==============================] — 3s 9ms/step — loss: 3.9248 — mae: 3.9248
       — mse: 40.1288 — val_loss: 2.8604 — val_mae: 2.8604 — val_mse: 13.2584
       Epoch 2/1000
       168/168 [==============================] — 1s 3ms/step — loss: 2.9471 — mae: 2.9471
       — mse: 13.6748 — val_loss: 2.8460 — val_mae: 2.8460 — val_mse: 13.0656
       …(생략)…
       Epoch 103/1000
       168/168 [==============================] — 0s 2ms/step — loss: 0.7160 — mae: 0.7160
       — mse: 0.9978 — val_loss: 0.4878 — val_mae: 0.4878 — val_mse: 0.5206
       Epoch 104/1000
       168/168 [==============================] — 0s 2ms/step — loss: 0.6505 — mae: 0.6505
       — mse: 0.8044 — val_loss: 0.3395 — val_mae: 0.3395 — val_mse: 0.3955
```

모델 학습 중 loss를 시각화해 보겠습니다. patience로 지정한 20번만큼 loss에 개선이 없었는지
한눈에 살펴볼 수 있습니다.

```
[7]    import plotly.graph_objects as go

       fig = go.Figure()
       fig.add_trace(go.Scattergl(y=history.history['loss'],name='loss'))
       fig.add_trace(go.Scattergl(y=history.history['val_loss'],name='val_loss'))
       fig.update_layout(title="<b>Loss of Model</b>", xaxis_title='Epoch',yaxis_
       title='Loss')
       fig.show()
```

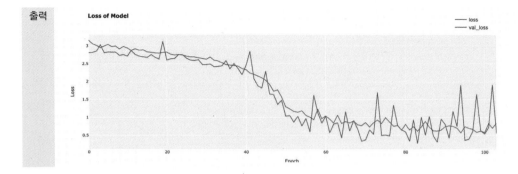

모델로 예측합니다. 테스트 데이터로 예측한 결과 38.394165가 나왔습니다. 라벨(정답)인 39.1과 유사한 결과를 예측했습니다. 케라스의 `EarlyStopping` 콜백을 사용해 과대적합을 방지했더니 모델의 성능이 개선된 것을 확인할 수 있습니다.

```
[8]  x_test = [(91.1, 152.7)]
     #y_test = [39.1]

     print(model.predict(x_test))
```
출력
```
[[38.394165]]
```

모델을 평가합니다. 손실 함수로 지정한 mae는 0.3616으로 평가 결과가 이전보다 좋아졌습니다.

```
[9]  model.evaluate(test_x, test_y)
```
출력
```
53/53 [==============================] - 0s 1ms/step - loss: 0.3616 - mae: 0.3616 -
mse: 0.4038
[0.36158815026283264, 0.36158815026283264, 0.4038422703742981]
```

1.2.6 실습 딥러닝으로 분류 문제 풀기

지금까지 몸무게, 키로 BMI 지수를 예측하는 회귀 모델을 구성해 봤습니다. 이 데이터를 분류 문제로 재정의해 모델을 구성해 보겠습니다. NHANES 데이터를 구성 및 준비합니다. 몸무게, 키, BMI 지수를 확인할 수 있습니다.

[소스 3-8] NHANES-Weight-and-Height_Classification.ipynb

```
[1]  import pandas as pd

     # 데이터 구성 및 준비하기
     data = pd.read_csv('/content/drive/MyDrive/Colab Notebooks/data/NHANES Weight and
     Height/data.csv')

     data.head()
```

	Unnamed: 0	피처		라벨
		Weight (kg)	Standing Height (cm)	BMI(kg/m**2)
0	0	97.1	160.2	37.8
1	1	98.8	182.3	29.7
2	2	74.3	184.2	21.9
3	3	103.7	185.3	30.2
4	4	83.3	177.1	26.6

라벨 데이터인 BMI 지수는 수치형 데이터입니다. 분류 문제로 전환하기 위해 범주형 데이터를 생성합니다. 구간별 저체중, 정상, 과체중, 비만, 고도 비만으로 분류할 수 있는 BMI_Classification 함수를 생성합니다.

```
[2] def BMI_Classification(BMI):
        if BMI <= 18.5:
                    return 0
        elif(18.5 < BMI <= 23):
                    return 1
        elif(23 < BMI <= 25):
                    return 2
        elif(25 < BMI <= 30):
                    return 3
        elif BMI > 30:
                    return 4
```

BMI 지수 데이터에 apply 함수를 사용해 데이터에 BMI_Classification 함수를 실행합니다. 실행된 결과는 BMI_CF 열에 저장합니다. 상위 10개 데이터를 출력해 보면 BMI_CF 열이 추가된 것을 확인할 수 있습니다.

```
[3] data['BMI_CF'] = data['BMI(kg/m**2)'].apply(BMI_Classification)

data.head(10)
```

	Unnamed: 0	Weight (kg)	Standing Height (cm)	BMI(kg/m**2)	BMI_CF
0	0	97.1	160.2	37.8	4
1	1	98.8	182.3	29.7	3
2	2	74.3	184.2	21.9	1
3	3	103.7	185.3	30.2	4
4	4	83.3	177.1	26.6	3
5	5	91.1	152.7	39.1	4
6	6	72.6	158.4	28.9	3
7	7	73.0	161.2	28.1	3
8	8	81.4	161.3	31.3	4
9	9	86.0	167.8	30.5	4

학습을 위해 피처와 라벨을 정의합니다. 피처로는 몸무게와 키를 사용합니다. 라벨은 범주형 피처로 분류한 `BMI_CF` 열을 사용합니다. 데이터 전처리가 마무리됐습니다. 이전 모델에서 라벨로 사용한 BMI(kg/m**2)는 사용하지 않습니다.

```
[4]  feature_cols = ['Weight(kg)', 'Standing Height(cm)']

     label = data.pop('BMI_CF')
     feature = data[feature_cols].copy()
```

딥러닝 모델을 구성하는 데 필요한 라이브러리를 불러옵니다. 텐서플로의 seed 값을 0으로 지정합니다.

```
[5]  import tensorflow as tf
     from tensorflow.keras.models import Sequential
     from tensorflow.keras.layers import Input, Dense

     tf.random.set_seed(0)
```

모델을 생성합니다. 입력층의 `input_shape`를 2로 설정합니다. 2는 위에서 지정한 피처로 몸무게, 키 데이터를 입력합니다. 출력층의 다중 분류 문제이므로 units는 5로 지정합니다. 5는 저체중, 정상, 과체중, 비만, 고도 비만을 의미합니다. 활성화 함수는 softmax로 정의합니다.

```
[6]  # 모델 생성
     model = Sequential([
             Dense(units=64, activation='relu', input_shape=[2]),
             Dense(units=32, activation='relu'),
             Dense(units=16, activation='relu'),
             Dense(units=5, activation='softmax')     # Classification
     ])

     model.summary()
```

출력
```
Model: "sequential"
_____
 Layer(type)            Output Shape          Param #
===============================================================
 dense(Dense)           (None, 64)            192

 dense_1(Dense)         (None, 32)            2080

 dense_2(Dense)         (None, 16)            528

 dense_3(Dense)         (None, 5)             85


===============================================================
Total params: 2,885
Trainable params: 2,885
Non-trainable params: 0
_____
```

모델을 컴파일합니다. 다중 분류 문제로 loss는 sparse_categorical_crossentropy로 설정합니다. 라벨 값이 원-핫 인코딩인 경우, loss는 categorical_crossentropy로 설정하면 됩니다. 최적화는 adam을 사용합니다. 분류 문제로 metrics에는 accuracy를 넣어 줍니다.

```
[7]    # 모델 컴파일
       model.compile(loss='sparse_categorical_crossentropy',
                     optimizer='adam',
                     metrics=['accuracy'])
```

모델 학습을 위해 데이터를 학습, 검증, 테스트 데이터셋으로 분류합니다.

```
[8]    from sklearn.model_selection import train_test_split

       # 학습과 테스트 데이터 분리(학습 80%, 테스트 20%)
       train_x, test_x, train_y, test_y = train_test_split(feature, label, test_size=0.2,
       random_state=0)

       # 학습과 검증 데이터 분리(학습 80%, 검증 20%)
       train_x, val_x, train_y, val_y = train_test_split(train_x, train_y, test_size=0.2,
       random_state=0)

       print('train dataset :', train_x.shape, train_y.shape)
       print('validation dataset :', val_x.shape, val_y.shape)
       print('test dataset :', test_x.shape, test_y.shape)
```

```
출력    train dataset :(5368, 2)(5368,)
       validation dataset :(1342, 2)(1342,)
       test dataset :(1678, 2)(1678,)
```

과대적합을 예방하기 위해 케라스의 EarlyStopping 콜백을 지정합니다. 모델 학습을 1,000번으로 지정한 후 정의한 콜백을 넣어 학습을 시작합니다. 학습이 133번 진행 도중 조기 중단된 것을 확인할 수 있습니다.

```
[9]    from tensorflow.keras.callbacks import EarlyStopping

       # EarlyStopping
       early_stopping = EarlyStopping(patience = 20)

       history = model.fit(train_x, train_y,
                     validation_data=(val_x, val_y),
                     epochs=1000,
                     callbacks=[early_stopping])
```

| 출력 | Epoch 105/1000
168/168 [==============================] − 0s 3ms/step − loss: 0.1467 − accuracy:
0.9437 − val_loss: 0.1164 − val_accuracy: 0.9568
Epoch 106/1000
168/168 [==============================] − 0s 3ms/step − loss: 0.1885 − accuracy:
0.9216 − val_loss: 0.1457 − val_accuracy: 0.9300
Epoch 107/1000
168/168 [==============================] − 0s 2ms/step − loss: 0.1488 − accuracy:
0.9380 − val_loss: 0.1341 − val_accuracy: 0.9389
…(생략)
Epoch 131/1000
168/168 [==============================] − 0s 3ms/step − loss: 0.1726 − accuracy:
0.9270 − val_loss: 0.1073 − val_accuracy: 0.9687
Epoch 132/1000
168/168 [==============================] − 0s 3ms/step − loss: 0.1321 − accuracy:
0.9493 − val_loss: 0.1259 − val_accuracy: 0.9449
Epoch 133/1000
168/168 [==============================] − 0s 3ms/step − loss: 0.1349 − accuracy:
0.9495 − val_loss: 0.1025 − val_accuracy: 0.9747 |

모델 학습 진행 시 loss, val_loss를 시각화합니다. loss는 학습 데이터 val_loss는 검증 데이터의 손실 함수 결과값입니다. 시각화된 결과, 과대적합과 과소적합이 되지는 않았네요.

```
[10]  import plotly.graph_objects as go

      fig = go.Figure()
      fig.add_trace(go.Scattergl(y=history.history['loss'],name='loss'))
      fig.add_trace(go.Scattergl(y=history.history['val_loss'],name='val_loss'))
      fig.update_layout(title="<b>Loss of Model</b>", xaxis_title='Epoch',yaxis_title='Loss',
      template='seaborn')
      fig.show()
```

출력

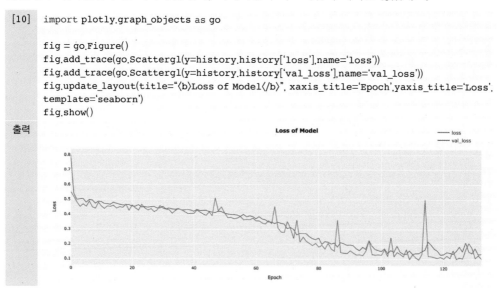

학습된 모델로 예측합니다. 테스트 데이터를 입력해 모델 결과를 확인합니다. 39.1은 4로 고도 비만에 해당합니다. predict 함수의 결과로 테스트 데이터의 피처를 입력하면 라벨 예측값이 출력됩니다. 출력된 결과는 5개(저체중, 정상, 과체중, 비만, 고도 비만) 다중 분류 문제의 확률값으로 출력됐습니다.

```
[11]  x_test = [(91.1, 152.7)]
      # y_test = [39.1] = 4

      print(model.predict(x_test))
출력   [[0.000000e+00 6.090345e-38 5.373266e-19 4.175445e-07 9.999995e-01]]
```

위 확률값은 보기 어려우므로 넘파이(Numpy)의 `argmax` 함수를 사용해 확률값이 가장 높은 값을 출력합니다. 출력해 보니 4로, 고도 비만으로 예측한 것을 확인했습니다.

```
[12]  import numpy as np

      np.argmax(model.predict(x_test))
출력   4
```

모델 평가를 진행합니다. 분류 문제는 회귀의 mae, mse와 같은 평가 결과보다 직관적으로 확인할 수 있습니다. 정확도를 모니터링 지표로 지정했으므로 모델의 정확도를 확인할 수 있습니다. 테스트 데이터의 피처와 라벨을 넣으면 평가 결과가 출력됩니다. loss는 0.1087, accuracy는 0.9726입니다. 정확도는 97%입니다.

```
[13]  model.evaluate(test_x, test_y)
출력   53/53 [==============================] – 0s 3ms/step – loss: 0.1088 – accuracy:
      0.9726
      [0.10876422375440598, 0.9725863933563232]
```

1.2.7 드롭아웃

심층 신경망은 층의 깊이가 깊어지고 노드의 수가 많아짐에 따라 모델 학습 과정 중 가중치가 점차 0에 가까워지면서 기울기가 0에 가까워지는 기울기 소실(Vanishing Gradient) 문제가 발생합니다. 이는 학습이 잘되지 않고 모델의 성능이 떨어지는 현상이 발생합니다. 이 문제를 해결하기 위해 드롭아웃과 배치 정규화 등을 사용할 수 있습니다.

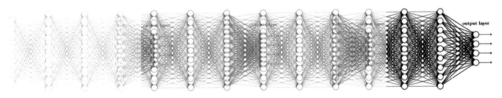

[그림 3-33] 기울기 소실 문제

드롭아웃(Dropout)은 심층 신경망의 모델에서 층과 층 사이의 노드가 임의로 연결되지 않도록 해 기울기 소실 문제를 해결하는 방법입니다. 드롭아웃의 인자에 연결되지 않도록 하는 비율을 정의할 수 있습니다.

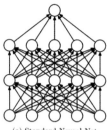
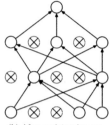

(a) Standard Neural Net   (b) After applying dropout.

[그림 3-34] 드롭아웃의 예

케라스에서 드롭아웃을 어떻게 구현하는지 실습해 보겠습니다. BMI 지수 모델의 코드에서 데이터를 불러오는 부분을 그대로 사용하겠습니다.

[소스 3-9] Dropout-BatchNormalization.ipynb

```
[1]  import pandas as pd
     from sklearn.model_selection import train_test_split

     # 데이터 구성 및 준비하기
     data = pd.read_csv('/content/drive/MyDrive/Colab Notebooks/data/NHANES Weight and
     Height/data.csv')

     def BMI_Classification(BMI):
           if BMI <= 18.5:
                   return 0 # '저체중'
           elif(18.5 < BMI <= 23):
                   return 1 # '정상'
           elif(23 < BMI <= 25):
                   return 2 # '과체중'
           elif(25 < BMI <= 30):
                   return 3 # '비만'
           elif BMI > 30:
                   return 4 # '고도 비만'

     data['BMI_CF'] = data['BMI(kg/m**2)'].apply(BMI_Classification)

     feature_cols = ['Weight(kg)', 'Standing Height(cm)']

     label = data.pop('BMI_CF')
     feature = data[feature_cols].copy()

     # 학습과 테스트 데이터 분리(학습 80%, 테스트 20%)
     train_x, test_x, train_y, test_y = train_test_split(feature, label, test_size=0.2,
     random_state=0)
     # 학습과 검증 데이터 분리(학습 80%, 검증 20%)
     train_x, val_x, train_y, val_y = train_test_split(train_x, train_y, test_size=0.2,
     random_state=0)

     print('train dataset :', train_x.shape, train_y.shape)
     print('validation dataset :', val_x.shape, val_y.shape)
     print('test dataset :', test_x.shape, test_y.shape)
```

| 출력 | train dataset :(5368, 2)(5368,)
validation dataset :(1342, 2)(1342,)
test dataset :(1678, 2)(1678,) |

과대적합을 예방하기 위해 EarlyStopping 콜백 함수를 정의합니다.

```
[2]  from tensorflow.keras.callbacks import EarlyStopping
     from keras.callbacks import LambdaCallback

     # 조기 종료
     early_stopping = EarlyStopping(patience = 20)
```

케라스 순차 모델의 층 사이에 Dropout층을 넣어 줍니다. 인자로 들어간 0.3은 Dropout층 전후
의 연결을 30% 정도 랜덤하게 연결하지 않겠다는 의미입니다.

```
[3]  import tensorflow as tf
     from tensorflow.keras.models import Sequential
     from tensorflow.keras.layers import Input, Dense
     from tensorflow.keras.layers import Dropout, BatchNormalization

     tf.random.set_seed(0)

     # 모델 생성
     model = Sequential([
             Dense(units=1024, activation='relu', input_shape=[2]),
             Dropout(0.3),
             Dense(units=1024, activation='relu'),
             Dropout(0.3),
             Dense(units=1024, activation='relu'),
             Dropout(0.3),
             Dense(units=5, activation='softmax') # Classification
     ])

     # 모델 컴파일
     model.compile(loss='sparse_categorical_crossentropy',
                   optimizer='adam',
                   metrics=['accuracy'])

     model.summary()
```

Model: "sequential"

Layer(type)	Output Shape	Param #
dense(Dense)	(None, 1024)	3072
dropout(Dropout)	(None, 1024)	0
dense_1(Dense)	(None, 1024)	1049600
dropout_1(Dropout)	(None, 1024)	0
dense_2(Dense)	(None, 1024)	1049600
dropout_2(Dropout)	(None, 1024)	0
dense_3(Dense)	(None, 5)	5125

```
Total params: 2,107,397
Trainable params: 2,107,397
Non-trainable params: 0
```

모델을 학습합니다.

```
[4]  history = model.fit(train_x, train_y,
                         validation_data=(val_x, val_y),
                         epochs=1000,
                         callbacks=early_stopping)
```

출력
```
Epoch 1/1000
168/168 [==============================] – 7s 36ms/step – loss: 1.8791 – accuracy:
0.6202 – val_loss: 0.6269 – val_accuracy: 0.7332
Epoch 2/1000
168/168 [==============================] – 6s 33ms/step – loss: 0.6764 – accuracy:
0.7133 – val_loss: 0.5738 – val_accuracy: 0.7683
…(생략)…
Epoch 80/1000
168/168 [==============================] – 6s 34ms/step – loss: 0.3617 – accuracy:
0.8433 – val_loss: 0.8626 – val_accuracy: 0.6766
Epoch 81/1000
168/168 [==============================] – 6s 35ms/step – loss: 0.3369 – accuracy:
0.8530 – val_loss: 1.1626 – val_accuracy: 0.6468
```

학습 결과의 학습과 검증 데이터의 손실값을 시각화합니다.

[5]
```
import plotly.graph_objects as go

fig = go.Figure()
fig.add_trace(go.Scattergl(y=history.history['loss'],name='loss'))
fig.add_trace(go.Scattergl(y=history.history['val_loss'],name='val_loss'))
fig.update_layout(title="<b>Loss of Model</b>", xaxis_title='Epoch',yaxis_title='Loss',
template='plotly')
fig.show()
```

출력
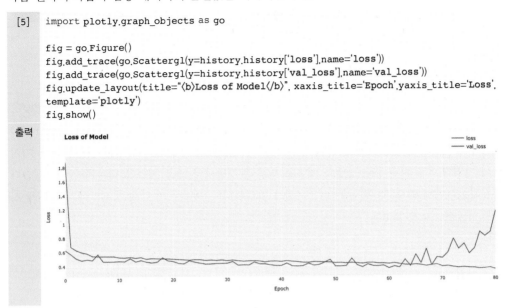

모델을 평가해 보면 정확도가 더 안 좋아졌습니다. 실습 모델의 경우 층이 깊지 않고 노드가 많지 않아 오히려 성능이 떨어지는 결과를 확인할 수 있습니다. 드롭아웃과 배치 정규화 같은 방법을 잘 알고 적절한 곳에 사용하면 성능 개선을 기대해 볼 수 있을 것 같습니다.

[6]
```
model.evaluate(test_x, test_y)
```
출력
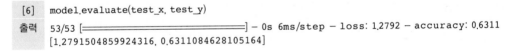
```
53/53 [==============================] - 0s  6ms/step - loss: 1.2792 - accuracy: 0.6311
[1.2791504859924316, 0.6311084628105164]
```

정형 데이터에서 인공 신경망 모델을 생성한 후 회귀·분류 문제를 풀었습니다. 이미지 데이터도 인공 신경망으로 문제를 해결할 수 있습니다. 다만, 이미지라는 특성 때문에 인공 신경망 모델의 Flatten층(데이터를 평탄화하는 층)에서 데이터를 변환할 때 지역적인 특징이 사라집니다. [표 3-1]의 오른쪽 합성곱 신경망 모델의 코드를 보면 Flatten층 전 Conv2D와 MaxPooling2D 층이 반복적으로 연결된 부분을 확인할 수 있습니다. Conv2D, MaxPooling2D층은 어떻게 이미지의 지역적 특징을 추출해 모델의 성능을 인공 신경망보다 좋은 성능을 내는지 알아보겠습니다. 새로운 개념 및 동작 원리에 대한 이해가 필요합니다. 케라스의 합성곱 API 예시를 통해 직관적으로 알아보겠습니다.

[표 3-1] 합성곱 신경망과 인공 신경망 모델 생성 비교

심층 신경망	합성곱 신경망
model = Sequential()	model = Sequential()
	model.add(Conv2D(16,(3, 3), activation='relu', input_shape=(28, 28, 1))) model.add(MaxPooling2D((2, 2))) model.add(Conv2D(32,(3, 3), activation='relu')) model.add(MaxPooling2D((2, 2)))
model.add(Flatten(input_shape=(28, 28))) model.add(Dense(64, activation='relu')) model.add(Dense(10, activation='softmax'))	model.add(Flatten()) model.add(Dense(64, activation='relu')) model.add(Dense(10, activation='softmax'))

2.1 합성곱 신경망

이미지 데이터 처리에 좋은 성능을 내는 합성곱 신경망(Convolution Neural Networks, CNN)의 동작 원리를 알아보겠습니다.

2.1.1 The Convolutional Classifier

합성곱 신경망에는 합성곱층과 풀링층이 반복적으로 사용됩니다. [그림 3-35]에서는 강아지 이미지를 모델의 입력으로 사용합니다. 첫 번째 합성곱-풀링층에서는 저차원의 특성을 추출합니다. 선, 곡선 등과 같은 특성이 추출됩니다. 두 번째 합성곱-풀링층은 첫 번째 층의 결과 피처맵을 통해 고차원의 특성을 추출합니다. 눈, 코, 귀의 특성을 추출했네요. 결과 피처맵을 통해 입력 이

미지가 강아지라는 것을 예측하게 됩니다. 합성곱 신경망은 특성 추출 과정을 하나 이상 둬 이미지의 지역적인 특성을 유지함으로써 이미지 데이터에서 높은 성능을 낼 수 있게 합니다.

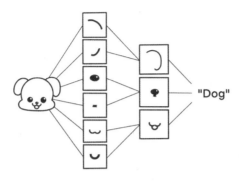

[그림 3-35] 이미지 특징 추출 과정

합성곱 신경망은 심층 신경망에서 특징을 추출하는 합성곱-풀링층이 입력 다음에 포함된 구조입니다. 특징 추출이 끝나면 분류를 하기 위한 심층 신경망에 결과 피처맵을 입력합니다. 이후 과정은 심층 신경망에서 분류하는 과정과 동일합니다. 다음 장에서는 합성곱 신경망을 실습해보겠습니다.

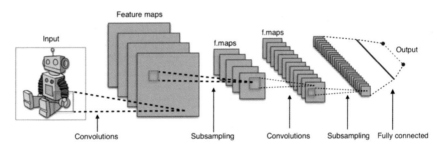

(출처: https://en.wikipedia.org/wiki/Convolutional_neural_network, https://upload.wikimedia.org/wikipedia/commons/6/63/Typical_cnn.png)

[그림 3-36] 합성곱 신경망 전체 구조

2.1.2 Convolution Layers(Conv2D)

케라스의 합성곱층 중 Conv2D층을 사용해 MNIST 데이터셋의 이미지 분류 모델을 실습해 보겠습니다. MNIST의 이미지 데이터는 가로 28, 세로 28로 구성된 2차원 데이터입니다. 2차원이기 때문에 2D에 해당하는 Conv2D층을 사용합니다. 1차원인 경우 Conv1D, 3차원인 경우 Conv3D를 사용합니다.

`input_shape`에는 입력 데이터의 구조를 정의합니다. MNIST의 입력 데이터는 가로 28, 세로 28 크기의 데이터이며, 흑백 이미지로 1채널입니다. (28, 28, 1)로 입력 데이터의 크기를 설정합니다.

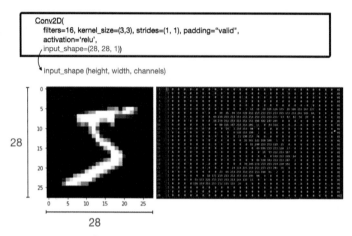

[그림 3-37] Conv2D의 input_shape의 예

합성곱층에는 '필터'와 '커널'이라는 개념이 있습니다. 여러 필터가 모여 있는 것을 '커널'이라고 합니다. 입력 매개변수 중 `filters`를 '16'으로 지정합니다. 이는 16개의 특징을 추출하는 필터를 사용한다는 의미입니다.

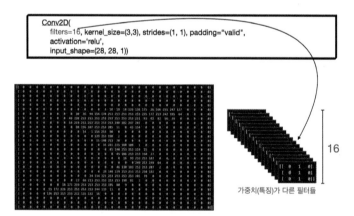

[그림 3-38] Conv2D의 filters의 예

`kernel_size`는 커널의 크기를 정하는 부분입니다. 일반적으로 (3, 3) 또는 (5, 5)를 사용합니다. 데이터의 특징에 따라 변경할 수 있는 부분이므로 조절하면서 최적의 커널 크기를 찾도록 합니다.

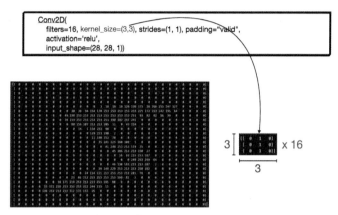

[그림 3-39] Conv2D의 kernel_size의 예

합성곱 연산은 입력 데이터와 필터와의 연산 과정을 말합니다. [그림 3-40]과 같이 입력 데이터와 필터의 각 위치값들이 연산합니다. 첫 번째 연산의 결과는 0이겠네요. 자세한 연산 과정은 [그림 3-40]의 오른쪽 하단을 참고하기 바랍니다. 16개의 필터가 모두 연산을 마칩니다. 그리고 한 칸 옆으로 이동하면서 연산을 계속합니다. 3×3의 필터를 구성하는 숫자들은 인공 신경망에서 배운 가중치입니다. 가중치는 처음 임의로 정의됩니다. 학습이 진행되면 역전파가 진행되면서 필터를 구성하는 가중치들이 업데이트됩니다.

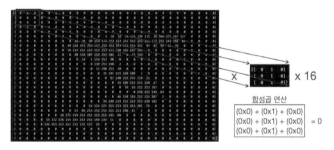

[그림 3-40] 합성곱 연산의 예

합성곱 연산이 끝나면 편향을 더합니다. 그리고 결과를 활성화 함수로 지정한 relu에 입력합니다. 이렇게 나온 결과를 '피처 맵'이라고 합니다. Conv2D의 동작 원리를 계속 알아보겠습니다.

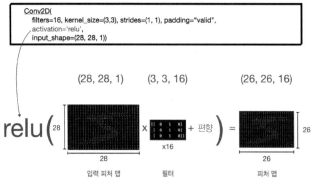

[그림 3-41] Conv2D의 활성화 함수의 예

2.1.3 The Sliding Window

합성곱 연산을 옆으로 1칸씩 이동하면서 계속합니다 이때 이동의 크기를 정하는 부분을 'strides'라고 합니다. (1, 1)이므로 옆으로 1칸씩 이동하고 오른쪽 마지막에서는 아래로 1칸 이동합니다. (1, 1)인 경우, 1이라고도 표현할 수 있습니다.

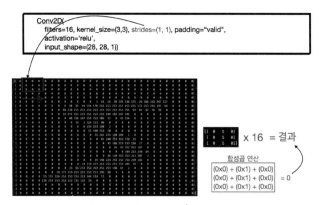

[그림 3-42] Conv2D의 strides의 예

합성곱 연산의 예시를 0이 아닌 값이 있는 부분으로 알아보겠습니다. 결과는 $(49 \times 1) + (18 \times 1) = 67$이 나오네요.

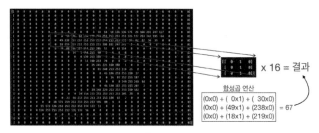

[그림 3-43] 합성곱 연산의 예

합성곱 연산이 마무리되면 결과는 (26, 26) 크기의 집합이 됩니다. 이때 필터를 16개 사용했으므로 (26, 26) 집합이 16개가 있겠네요. Shape는 (26, 26, 16)이 됩니다.

[그림 3-44] 합성곱 연산의 결과

2.1.4 Pooling Layers(MaxPooling2D, AveragePooling2D)

합성곱층인 Conv2D층 이후 MaxPooling2D층이 사용됐습니다. Pooling층의 특징은 유지하면서 크기를 줄여 주는 역할을 합니다. `pool_size`를 (2, 2)로 설정했습니다. 풀링 필터의 크기가 2×2라는 의미입니다.

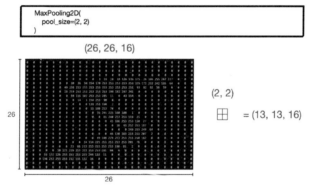

[그림 3-45] MaxPoling2D 사용의 예

합성곱 연산과 같이 풀링 필터를 처음부터 마지막까지 이동하면서 연산합니다. 이때 연산은 MaxPooling의 경우, 가장 큰 값 하나만을 출력합니다.

AveragePooling2D의 경우에는 평균값을 출력합니다. 풀링 필터의 크기가 2×2이므로 4개 값 중 1개만 출력합니다. (26, 26)의 크기는 절반인 (13, 13)으로 줄어듭니다. 이때 최댓값과 평균값을 출력으로 가져가므로 특징은 그대로 전달되는 효과가 있습니다. 크기를 줄여 학습 속도를 높이고 인프라의 부담을 줄여 줄 수 있기 때문에 Conv2D층 뒤에는 Pooling층이 하나의 셋(set)으로 따라옵니다. Conv2D-MaxPooling을 하나의 합성곱층이라고 생각해도 좋습니다.

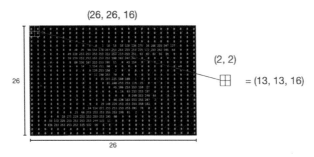

(26, 26, 16)

(2, 2)

= (13, 13, 16)

26

26

[그림 3-46] MaxPoling2D의 풀링 필터 연산 후 결과

Conv2D층에서 설명하지 않은 패딩(padding)에 대해 알아보겠습니다. 합성곱과 풀링층을 거치면 피처맵의 크기가 줄어듭니다. [그림 3-47]과 같이 필터와 크기가 같아지는 경우, 합성곱 연산이 어려워집니다. 입력 데이터와 동일한 크기의 출력 피처맵을 만들기 위해서라도 패딩이라는 개념을 사용합니다.

패딩은 입력 데이터의 주변을 0으로 채워 필터와의 합성곱 연산 시 이미지의 모서리라는 점을 알려 줌으로써 특징 추출에 도움을 주고 입력 피처맵과 출력 피처맵을 같게 만드는 역할을 합니다. 그리고 합성곱 연산 시 입력 피처맵의 크기가 작아 연산되는 값이 연산에 중복적으로 들어가는 것을 분산시키는 효과도 있습니다. 패딩의 설정값에는 vaild와 same이 있습니다. 여기서 vaild는 패딩을 하지 않는다는 의미입니다. 피처맵의 크기가 줄어듭니다. same으로 설정하면 주변을 0으로 채워 합성곱 연산을 하며 입력 피처맵의 크기를 출력 피처맵과 동일하게 유지합니다.

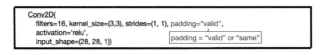

```
Conv2D(
    filters=16, kernel_size=(3,3), strides=(1, 1), padding="valid",
    activation='relu',
    input_shape=(28, 28, 1))                padding = "valid" or "same"
```

입력 피처맵

0	0	0	0	0
0	16	93	252	0
0	0	0	249	0
0	130	183	253	0
0	0	0	0	0

필터

1	0	0
0	1	0
0	0	1

출력 피처맵

16	346	

X ... =

[그림 3-47] Conv2D의 padding의 same의 예

2.1.5 실습 합성곱을 사용해 신경망 개선

MNIST 데이터셋의 인공 신경망 모델의 정확도는 97%였습니다. 결론부터 말하면, 합성곱 신경망 모델을 사용하면 정확도는 99%로 향상됩니다. 그럼 인공 신경망과 합성곱 신경망은 어떻게 다른지 알아보겠습니다.

이번 장에서 배울 내용은 다음과 같습니다.
- 합성곱 신경망을 구성할 필수 라이브러리를 불러오기
- 합성곱 및 풀링층으로 합성곱 신경망 모델 빌드
- 합성곱 활용 방법을 이해해 신경망 개선

합성곱층에 필요한 Conv2D, MaxPooling2D층이 새롭게 추가됐습니다.

[소스 3-10] MNIST_CNN.ipynb

```
[1]  import tensorflow as tf
     from tensorflow.keras import datasets, layers, models
     from tensorflow.keras.models import Sequential
     from tensorflow.keras.layers import Flatten, Dense

     from tensorflow.keras.layers import Conv2D, MaxPooling2D
```

MNIST 데이터셋을 케라스에 빌트인된 `datasets`에서 `load_data` 함수로 손글씨 이미지를 불러옵니다. 텐서플로 및 케라스에서는 학습에 필요한 데이터셋을 빌트인으로 제공하고 있습니다. 케라스는 `tf.keras.datasets`에 넘파이 포맷으로 이미 벡터화된 데이터셋을 제공하고 있습니다. 그 예로는 MNIST, IMDB, Bostton Housing price 등을 들 수 있습니다.

MNIST 데이터셋을 불러온 후 학습과 테스트 데이터셋으로 분리합니다. 이는 인공 신경망에서 실습한 것과 동일합니다. 판다스의 shape로 데이터의 구조를 살펴보면 학습 데이터셋은 60,000개, 테스트 데이터셋은 10,000개로 구성돼 있는 것을 알 수 있습니다. 한 장의 이미지는 가로 28, 세로 28로 구성돼 있습니다. 로드한 데이터는 넘파이 형태로 벡터화돼 있으므로 인공 신경망 모델의 입력으로 바로 사용할 수 있습니다. 다음 장에서는 실제 이미지를 신경망에서 사용할 수 있도록 데이터셋 변환에 대해서도 실습해 볼 예정입니다.

```
[2]  (x_train, y_train),(x_test, y_test) = datasets.mnist.load_data()

     print('\ntrain dataset :', x_train.shape, y_train.shape)
     print('test dataset :', x_test.shape, y_test.shape)
```

출력
```
Downloading data from https://storage.googleapis.com/tensorflow/tf-keras-datasets/
mnist.npz
11493376/11490434 [==============================] - 0s 0us/step
11501568/11490434 [==============================] - 0s 0us/step

train dataset :(60000, 28, 28)(60000,)
test dataset :(10000, 28, 28)(10000,)
```

텐서플로는 더 많은 공식 데이터셋을 `tensorflow_datasets`으로 제공하고 있습니다. 예를 들면 이미지, 오디오, 자연어, 비디오, 정형 데이터 등이 있습니다. `Know Your Data`로 접근하면 텐서플로에서 제공하는 데이터셋을 시각적으로 살펴볼 수 있습니다.

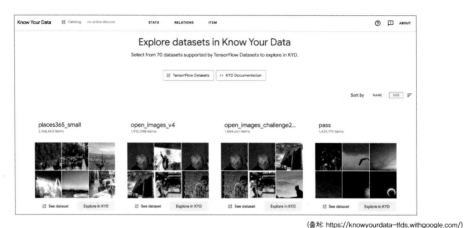

[그림 3-48] Know Your Data 카탈로그 화면

(출처: https://knowyourdata-tfds.withgoogle.com/)

합성곱층에서는 이미지의 차원 정보가 포함돼야 합니다. MNIST는 흑백 이미지, 즉 1차원 이미지입니다. 컬러 이미지의 경우 R, G, B로 3차원입니다. `x_train.shape`의 결과 (60000, 28, 28)로 차원 정보가 포함돼 있지 않습니다. 넘파이의 `reshape` 함수를 사용해 차원 정보를 추가할 수 있습니다. `x_train.shape`의 결과가 (60000, 28, 28, 1)로 차원 정보가 추가된 것을 확인할 수 있습니다. 컬러의 경우, 3을 입력하면 되겠죠. `reshape`를 사용한 `x_test` 데이터셋도 이와 동일하게 차원 정보를 추가합니다. 합성곱 신경망은 데이터 전처리 과정도 조금 다른 부분을 확인할 수 있습니다.

```
[3]   x_train = x_train.reshape((60000, 28, 28, 1))
      x_test = x_test.reshape((10000, 28, 28, 1))

      print('x_train dataset :', x_train.shape)
      print('x_test dataset :', x_test.shape)
출력   x_train dataset : (60000, 28, 28, 1)
      x_test dataset : (10000, 28, 28, 1)
```

모델 성능을 개선하기 위해 0부터 255값인 데이터를 255로 나눠 0과 1 사이의 값으로 정규화합니다. 전후 최솟값, 최댓값을 출력해 보면 데이터의 범위가 변경된 것을 확인할 수 있습니다.

```
[4]   print('Feature scalining - asis')
      print(x_train.min(), '~', x_train.max())
      print(x_test.min(), '~', x_test.max())

      x_train, x_test = x_train / 255.0, x_test / 255.0

      print('Feature scalining - tobe')
      print(x_train.min(), '~', x_train.max())
      print(x_test.min(), '~', x_test.max())
```

출력
```
Feature scalining - asis
0 ~ 255
0 ~ 255
Feature scalining - tobe
0.0 ~ 1.0
0.0 ~ 1.0
```

모델을 순차 모델(sequential)로 생성합니다. 심층 신경망에 없던 층이 추가됐습니다. 이미지의 특징을 추출하는 합성곱과 풀링층입니다. 케라스의 Conv2D, MaxPooling2D층이 사용됐습니다. 입력 데이터가 1차원이면 Conv1D, MaxPooling1D, 3차원이면 Conv3D, MaxPooling3D를 사용합니다. MNIST의 입력 데이터는 2차원으로 Conv2D, MaxPooling2D를 사용했습니다.

첫 번째 합성곱층은 (3, 3) 크기의 필터 16개를 갖고 있으며 입력 데이터는 MNIST의 (28, 28) 크기의 1차원 데이터입니다. 활성화 함수로는 relu를 사용했습니다. 풀링층에는 (2, 2) 크기의 맥스풀링을 설정해 피처맵을 만들어 냅니다.

```
[5]   model = Sequential()

      model.add(Conv2D(filters=16,
                       kernel_size=(3, 3),
                       activation='relu',
                       input_shape=(28, 28, 1)))

      model.add(MaxPooling2D(pool_size=(2, 2)))
```

두 번째 합성곱층에서는 더 많은 필터를 사용합니다. 32개의 필터를 사용하고 풀링층을 거칩니다. 그리고 세 번째 합성곱층에서 64개의 필터를 사용했습니다.

```
[6]   model.add(Conv2D(filters=32,
                       kernel_size=(3, 3),
                       activation='relu'))
      model.add(MaxPooling2D(pool_size=(2, 2)))

      model.add(Conv2D(filters=64,
                       kernel_size=(3, 3),
                       activation='relu'))
```

모델 구조를 summary 함수로 출력합니다. 첫 번째 합성곱층의 매개변수는 160개입니다. 필터 (커널)의 크기는 (3, 3), 차원은 1차원, 커널은 16개입니다. (3×3×1×16) = 144개입니다. 편향 은 커널 수와 동일하므로 16을 더하면 160개가 됩니다. 정리해 보면(커널 크기×차원 수×필터 수) + 편향 = 첫 번째 합성곱층의 매개변수 수입니다. 입력 데이터와 필터와의 합성곱 연산을 통 해 (None, 26, 26, 16)의 출력이 나왔습니다.

두 번째 풀링층을 보면 매개변수 수는 0개로, 가중치와 편향에 영향을 받지 않는다는 것을 알 수 있습니다. 풀링의 크기인 (2, 2)로 피처맵의 크기를 (26, 26)에서 (13,13)으로 줄입니다. 크기를 줄이는 것은 연산의 크기와 학습 속도를 줄여 주면서 특징은 그대로 살리는 효과가 있습니다.

```
[7]   model.summary()
출력   Model: "sequential"

      Layer(type)                      Output Shape          Param #
      =========================================================================
      conv2d(Conv2D)                   (None, 26, 26, 16)     160

      max_pooling2d(MaxPooling2D)      (None, 13, 13, 16)     0

      conv2d_1(Conv2D)                 (None, 11, 11, 32)     4640

      max_pooling2d_1(MaxPooling 2D)   (None, 5, 5, 32)       0

      conv2d_2(Conv2D)                 (None, 3, 3, 64)       18496

      =========================================================================
      Total params: 23,296
      Trainable params: 23,296
      Non-trainable params: 0
```

모델 생성이 마무리되지 않았습니다. 합성곱 신경망은 합성곱과 풀링층에서 데이터의 특징을 추출한 후 심층 신경망에 다시 한번 입력합니다. Flatten으로 2차원 데이터를 1차원으로 평탄 화합니다. 그리고 은닉층을 통해 출력층으로 전달합니다. 라벨의 클래스가 0부터 9까지 총 10개 입니다. 출력층의 units 수를 10으로 지정합니다. 그리고 활성화 함수를 softmax로 지정하고 뉴런의 수를 클래스와 동일하게 10으로 설정합니다.

```
[8]   model.add(Flatten())
      model.add(Dense(units=64, activation='relu'))
      model.add(Dense(units=10, activation='softmax'))
```

합성곱 신경망의 모델이 생성됐습니다. summary 함수를 통해 모델의 형상을 출력합니다.

```
[9]  model.summary()
```

출력
```
Model: "sequential"
```

Layer(type)	Output Shape	Param #
conv2d(Conv2D)	(None, 26, 26, 16)	160
max_pooling2d(MaxPooling2D)	(None, 13, 13, 16)	0
conv2d_1(Conv2D)	(None, 11, 11, 32)	4640
max_pooling2d_1(MaxPooling2D)	(None, 5, 5, 32)	0
conv2d_2(Conv2D)	(None, 3, 3, 64)	18496
flatten(Flatten)	(None, 576)	0
dense(Dense)	(None, 64)	36928
dense_1(Dense)	(None, 10)	650

```
Total params: 60,874
Trainable params: 60,874
Non-trainable params: 0
```

모델을 컴파일합니다.

```
[10]  model.compile(optimizer='adam',
                    loss='sparse_categorical_crossentropy',
                    metrics=['accuracy'])
```

모델을 학습합니다. 검증 데이터셋은 20%로 설정하고 10번 학습합니다. 학습 데이터의 정확도는 99%로 개선된 것을 확인할 수 있습니다. 검증 데이터셋의 정확도는 98%(val_accuracy: 0.9893)입니다.

```
[11]  history = model.fit(x_train, y_train,
                          validation_split=0.2,
                          epochs=10)
```

```
Epoch 1/10
1500/1500 [==============================] - 32s 21ms/step - loss: 0.1903 -
accuracy: 0.9415 - val_loss: 0.0629 - val_accuracy: 0.9797
Epoch 2/10
1500/1500 [==============================] - 30s 20ms/step - loss: 0.0581 -
accuracy: 0.9821 - val_loss: 0.0505 - val_accuracy: 0.9840
Epoch 3/10
1500/1500 [==============================] - 29s 19ms/step - loss: 0.0416 -
accuracy: 0.9870 - val_loss: 0.0464 - val_accuracy: 0.9867
Epoch 4/10
1500/1500 [==============================] - 31s 20ms/step - loss: 0.0333 -
accuracy: 0.9892 - val_loss: 0.0433 - val_accuracy: 0.9872
Epoch 5/10
1500/1500 [==============================] - 29s 19ms/step - loss: 0.0267 -
accuracy: 0.9917 - val_loss: 0.0404 - val_accuracy: 0.9884
Epoch 6/10
1500/1500 [==============================] - 29s 19ms/step - loss: 0.0219 -
accuracy: 0.9930 - val_loss: 0.0400 - val_accuracy: 0.9883
Epoch 7/10
1500/1500 [==============================] - 30s 20ms/step - loss: 0.0190 -
accuracy: 0.9938 - val_loss: 0.0401 - val_accuracy: 0.9885
Epoch 8/10
1500/1500 [==============================] - 29s 19ms/step - loss: 0.0151 -
accuracy: 0.9950 - val_loss: 0.0381 - val_accuracy: 0.9903
Epoch 9/10
1500/1500 [==============================] - 28s 19ms/step - loss: 0.0140 -
accuracy: 0.9951 - val_loss: 0.0411 - val_accuracy: 0.9885
Epoch 10/10
1500/1500 [==============================] - 28s 19ms/step - loss: 0.0121 -
accuracy: 0.9960 - val_loss: 0.0413 - val_accuracy: 0.9893
```

테스트 데이터셋으로 모델의 성능을 평가해 보면 98%(0.9884)의 정확도를 확인할 수 있습니다. 합성곱 신경망의 특징을 추출하는 합성곱과 풀링층에서 이미지 데이터의 특징을 추출해 모델의 성능 개선에 도움이 되는 부분을 확인했습니다.

```
[12]   model.evaluate(x_test, y_test)
```
```
313/313 [==============================] - 3s 8ms/step - loss: 0.0388 - accuracy: 0.9884
[0.038832295686006546, 0.9883999824523926]
```

2.2 데이터 증강

이미지 데이터의 경우, 데이터 증강을 사용해 모델의 성능 개선 및 과대적합 예방 등을 기대할 수 있습니다.

2.2.1 데이터 증강

데이터 증강은 이미지의 크기를 확대, 축소, 반전, 회전 등의 랜덤 변환을 통해 이미지 데이터의 양을 증가시키는 방법입니다. 케라스의 전처리층을 사용해 적용할 수 있습니다. 실습을 통해 자세히 알아보겠습니다.

2.2.2 데이터 증강 실습

텐서플로 데이터셋을 사용하기 위해 라이브러리를 불러옵니다. 텐서플로 데이터셋의 버전을 출력해 보면 4.6.0으로 확인됩니다.

[소스 3-11] Data-Augmentation.ipynb

```
[1]  import tensorflow_datasets as tfds

     tfds.__version__
출력  4.6.0
```

텐서플로 데이터셋 중 rock_paper_scissors를 사용합니다. 가위, 바위, 보 이미지로 구성된 데이터셋입니다. 219MB 정도의 데이터셋이 다운로드됐습니다. 학습 데이터(dataset)와 데이터셋의 정보(info)를 불러옵니다. as_supervised 인자의 기본값은 False입니다. Fasle의 경우, dict 형태로 리턴됩니다. True를 선택해 tuple 형태로 리턴되게 설정합니다.

```
[2]  dataset, info = tfds.load('rock_paper_scissors',
                               split='train',
                               with_info=True,
                               as_supervised=True)

출력  Downloading and preparing dataset rock_paper_scissors/3.0.0(download: 219.53 MiB,
     generated: Unknown size, total: 219.53 MiB) to /root/tensorflow_datasets/rock_paper_
     scissors/3.0.0...
     Dl Completed...: 100%

     2/2 [00:04<00:00, 2.36s/ url]
     Dl Size...: 100%

     219/219 [00:04<00:00, 60.23 MiB/s]

     Shuffling and writing examples to /root/tensorflow_datasets/rock_paper_
     scissors/3.0.0.incompleteQCPHL5/rock_paper_scissors-train.tfrecord
     100%

     2519/2520 [00:00<00:00, 4676.14 examples/s]

     Shuffling and writing examples to /root/tensorflow_datasets/rock_paper_
     scissors/3.0.0.incompleteQCPHL5/rock_paper_scissors-test.tfrecord
     100%

     371/372 [00:00<00:00, 3814.14 examples/s]
     Dataset rock_paper_scissors downloaded and prepared to /root/tensorflow_datasets/
     rock_paper_scissors/3.0.0. Subsequent calls will reuse this data.
```

with_info 인자를 True로 선택했으므로 info에 데이터셋의 정보가 저장돼 있습니다. 이를 실행하면 rock_paper_scissors 데이터셋의 정보를 확인할 수 있습니다. 데이터셋의 이름과 버전, 설명, 데이터셋의 형상 정보 중에서 다양한 정보를 확인할 수 있습니다. splits 정보를 보면 학습과 테스트 데이터셋을 제공하고 있다는 것을 알 수 있습니다. 다른 데이터셋은 학습만을 제공하는 경우 또는 학습, 검증, 테스트 데이터셋을 제공하는 경우도 있습니다. info에서는 데이터셋의 다양한 정보를 확인할 수 있습니다.

```
[3]  Info
출력  tfds.core.DatasetInfo(
         name='rock_paper_scissors',
         version=3.0.0,
         description='Images of hands playing rock, paper, scissor game.',
         homepage='http://laurencemoroney.com/rock-paper-scissors-dataset',
         features=FeaturesDict({
                 'image': Image(shape=(300, 300, 3), dtype=tf.uint8),
                 'label': ClassLabel(shape=(), dtype=tf.int64, num_classes=3),
         }),
         total_num_examples=2892,
         splits={
                 'test': 372,
                 'train': 2520,
         },
         supervised_keys=('image', 'label'),
         citation="""@ONLINE {rps,
         author = "Laurence Moroney",
         title = "Rock, Paper, Scissors Dataset",
         month = "feb",
         year = "2019",
         url = "http://laurencemoroney.com/rock-paper-scissors-dataset"
         }""",
         redistribution_info=,
     )
```

info 정보 중 features의 라벨 값을 출력해 보면 rock, paper, scissors가 사용되고 있다는 것을 알 수 있습니다.

```
[4]  info.features["label"].names
출력  ['rock', 'paper', 'scissors']
```

num_classes로 라벨의 클래스 수도 확인할 수 있습니다. 이번 데이터셋은 3입니다.

```
[5]  info.features['label'].num_classes
출력  3
```

불러온 데이터셋의 이미지 하나를 시각화합니다. 가위로 보이는 이미지가 출력됐습니다.

[6]
```python
import matplotlib.pyplot as plt

image, label = next(iter(dataset))
plt.imshow(image)
```

출력

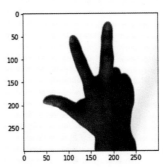

케라스의 전처리층을 사용해 이미지 증강 실습을 해 보겠습니다. RandomContrast층을 사용해 이미지의 컨트라스트를 조정합니다. 인자로 factor를 0.3으로 설정해 컨트라스트 정도를 조절합니다. seed를 0으로 고정해 반복 실행 시 동일한 결과가 나오도록 설정합니다. 데이터 증강을 위한 층을 순차 모델로 생성한 후 이미지를 입력합니다. 결과를 시각화해 보면 원본 이미지의 컨트라스트가 변경된 것을 확인할 수 있습니다. 이렇게 데이터 증강은 원본 이미지에 변화를 줘 데이터의 양을 크게 증가시키는 방법입니다. 컨트라스트 조정 외에 다른 데이터를 증강하는 방법에는 어떤 것이 있는지 계속 알아보겠습니다.

[7]
```python
from tensorflow.keras import Sequential
from tensorflow.keras.layers.experimental.preprocessing import RandomContrast

DataAugmentation_RandomContrast = Sequential([
        RandomContrast(factor=0.3, seed=0)
])

img = DataAugmentation_RandomContrast(image)
plt.imshow(img/255)
```

출력

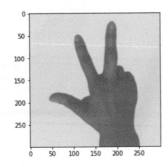

RandomCrop층은 이미지를 임의로 잘라 내는 전처리층입니다. 인자로 높이와 폭을 200으로 설정했습니다. 높이 300, 폭 300의 이미지가 높이 200, 폭 200으로 변경된 것을 확인할 수 있습니다. 데이터의 특징은 그대로 유지되고 있습니다. 가위로 보입니다.

```
[8]  from tensorflow.keras.layers.experimental.preprocessing import RandomCrop

DataAugmentation_RandomCrop = Sequential([
        RandomCrop(height=200, width=200, seed=0)
])

img = DataAugmentation_RandomCrop(image)
plt.imshow(img/255)
```

출력

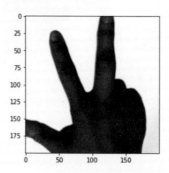

RandomZoom층은 이미지를 임의로 줌하는 전처리층입니다. 인자로 수직과 폭의 줌의 상한과 하한을 정해 줍니다. 결과를 출력해 보면 이미지가 줌돼 있는 부분을 확인할 수 있습니다.

```
[9]  from tensorflow.keras.layers.experimental.preprocessing import RandomZoom

DataAugmentation_RandomZoom = Sequential([
        RandomZoom(height_factor=.8, width_factor=.8)
])

img = DataAugmentation_RandomZoom(image)
plt.imshow(img/255)
```

출력

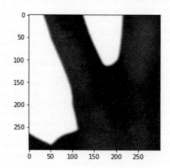

Resizing층은 이미지의 크기를 조정하는 전처리층입니다. 이미지의 높이와 폭을 150으로 조정합니다. Rescaling층은 입력값을 새 범위로 재조정할 수 있습니다. [0, 255] 범위의 입력 크기를 [0, 1] 범위로 조정하려면 scale = 1./255로 설정해야 합니다.

```
[10]   # 크기 및 배율 조정하기
       from tensorflow.keras.layers.experimental.preprocessing import Resizing
       from tensorflow.keras.layers.experimental.preprocessing import Rescaling

       ResizingRescaling = Sequential([
             Resizing(height=150, width=150),
             Rescaling(scale=1./255)
       ])

       img = ResizingRescaling(image)
       plt.imshow(img)
```

출력

RandomFlip층은 이미지를 임의로 뒤집는 전처리층입니다. `mode` 인자에는 `horizontal`, `vertical`, `horizontal_and_vertical`이 있습니다. 기본값은 `horizontal_and_vertical`입니다.

RandomRotation층은 이미지를 임의로 회전시키는 전처리층입니다. `factor` 인자는 회전시키는 방향과 정도를 정할 수 있습니다.

이미지를 데이터 증강층에 입력해 RandomFlip, RandomRotation층이 적용된 이미지의 결과를 출력했습니다. 이미지가 임의로 뒤집히고 회전한 결과를 확인할 수 있습니다.

```
import tensorflow as tf
from tensorflow.keras.layers.experimental.preprocessing import RandomFlip
from tensorflow.keras.layers.experimental.preprocessing import RandomRotation

# 데이터 증강
DataAugmentation = tf.keras.Sequential([
    RandomFlip(mode="horizontal_and_vertical", seed=0),
    RandomRotation(factor=0.2, seed=0)
])

# Add the image to a batch
img = tf.expand_dims(image, 0)

plt.figure(figsize=(10, 10))
for i in range(9):
    augmented_image = DataAugmentation(img)
    ax = plt.subplot(3, 3, i + 1)
    plt.imshow(augmented_image[0/255])
    plt.axis("off")
```

출력

2.2.3 실습 데이터 증강을 이용해 개와 고양이 이미지 분류하기

개와 고양이 데이터셋으로 이미지 데이터 증강을 실습하겠습니다. 개와 고양이 이미지 데이터 셋을 다운로드합니다. get_data 라는 사용자 함수를 사용해 데이터를 다운로드합니다. 데이터 셋이 zip으로 압축돼 있으므로 압축을 해제하고 경로를 리턴합니다. 압축이 해제된 경로에 학습과 검증 데이터셋이 구분돼 있습니다. 경로를 출력해 보겠습니다.

[소스 3-12] Data-Augmentation_Cats-and-Dogs.ipynb-1

```
[1]  import tensorflow as tf
     from tensorflow.keras.utils import get_file
     import os

     train_url = 'https://storage.googleapis.com/mledu-datasets/cats_and_dogs_filtered.
     zip'

     def get_data(fname, origin, extract):
         data_dir = get_file(fname=fname,
                             origin=origin,
                             extract=extract,
                             cache_subdir='/content/drive/MyDrive/Colab Notebooks/data')
         data_dir = os.path.join(os.path.dirname(data_dir), 'cats_and_dogs_filtered')
         return data_dir

     path_dir = get_data('train.zip', train_url, 'True')

     train_dir = os.path.join(path_dir, 'train')
     validation_dir = os.path.join(path_dir, 'validation')

     print('\n', train_dir)
     print(validation_dir)
```

```
출력  Downloading data from https://storage.googleapis.com/mledu-datasets/cats_and_dogs_
      filtered.zip
      68608000/68606236 [==============================] - 1s 0us/step
      68616192/68606236 [==============================] - 1s 0us/step

      /content/drive/MyDrive/Colab Notebooks/data/cats_and_dogs_filtered/train
      /content/drive/MyDrive/Colab Notebooks/data/cats_and_dogs_filtered/validation
```

학습과 검증 이미지 데이터를 데이터셋으로 변환합니다. image_dataset_from_directory 함수를 사용해 디렉터리에 있는 이미지 파일을 tf.data.Dataset으로 변환합니다. 인자로 이미지 데이터가 있는 디렉터리 경로를 directory에 지정해 줍니다. batch_size의 기본값은 32로 설정합니다. image_size로 크기가 다른 이미지를 tf.data.Dataset으로 변환할 때 이미지 크기를 일괄적으로 지정해 줄 수 있습니다. 가로 256, 세로 256로 image_size를 설정합니다. shuffle로 불러온 이미지를 임의로 섞어 줍니다. seed 값을 임의로 지정해 동일한 호출 시 동일한 결과가 나오도록 합니다. 학습과 검증 이미지 파일을 tf.data.Dataset으로 변환했습니다.

```
[2]   from tensorflow.keras.preprocessing import image_dataset_from_directory

      train_ds = image_dataset_from_directory(
           directory=train_dir,
           batch_size=32,# Default: 32
           image_size=(256, 256),# Defaults:(256, 256)
           shuffle=True,# Default: True
           seed=0)

      validation_ds = image_dataset_from_directory(
           directory=validation_dir,
           batch_size=32,# Default: 32
           image_size=(256, 256),# Defaults:(256, 256)
           shuffle=True,# Default: True
           seed=0)
```
출력   Found 2000 files belonging to 2 classes.
      Found 1000 files belonging to 2 classes.

학습 데이터셋의 첫 번째 값을 불러옵니다. 피처의 shape를 출력해 보면 batch_size, image_ size, 채널값이 출력된 것을 알 수 있습니다. 채널은 컬러 이미지로 3이 출력됐네요. 라벨의 shape를 출력해 보면 batch_size 값이 출력됩니다.

```
[3]   for data, labels in train_ds.take(1):
           print(data.shape)
           print(labels.shape)
```
출력   (32, 256, 256, 3)
      (32,)

이미지 데이터 증강을 위해 전처리층을 생성합니다. RandomFlip, RandomRotation을 사용해 이 미지를 임의로 뒤집고 회전합니다. RandomFlip층에 input_shape을 정의합니다. 위에서 확인한 데이터셋의 형상과 동일하게 설정합니다.

```
[4]   from tensorflow.keras import Sequential
      from tensorflow.keras.layers.experimental.preprocessing import RandomFlip,
      RandomRotation

      data_augmentation = Sequential(
           [
           RandomFlip("horizontal_and_vertical", input_shape=(256, 256, 3)),
           RandomRotation(0.3),
           ]
      )
```

prefetch 함수를 사용해 학습 속도를 높입니다. 인자인 buffer_size를 32로 설정해 학습 중 미리 다음의 buffer_size만큼 데이터셋을 준비합니다.

```
[5]  train_ds = train_ds.prefetch(buffer_size=32)
     validation_ds = validation_ds.prefetch(buffer_size=32)
```

케라스의 순차 모델을 사용해 모델을 생성합니다. 데이터 증강층을 거쳐 합성곱 신경망을 통해 이미지의 특징을 추출합니다. Flatten층을 통해 이미지의 2차원 데이터를 1차원으로 평탄화합니다. Dense층을 거쳐 개와 고양이 분류를 할 수 있는 출력층을 통과시킵니다. 개와 고양이 이미지 분류 모델에 맞게 컴파일 값들을 설정합니다. 모델의 구조를 summary 함수로 살펴보겠습니다.

```
[6]  from tensorflow.keras import Sequential
     from tensorflow.keras.layers import Conv2D, MaxPooling2D, Flatten
     from tensorflow.keras.layers import Dense

     model = Sequential([
         data_augmentation,
         Conv2D(16, 3, padding='same', activation='relu'),
         MaxPooling2D(),

         Flatten(),
         Dense(128, activation='relu'),
         Dense(1, activation='sigmoid')
     ])

     model.compile(optimizer='adam',
                   loss="binary_crossentropy",
                   metrics=["accuracy"],
     )

     model.summary()
```

출력   Model: "sequential_3"

Layer(type)	Output Shape	Param #
sequential_2(Sequential)	(None, 256, 256, 3)	0
conv2d_1(Conv2D)	(None, 256, 256, 16)	448
max_pooling2d_1(MaxPooling2D)	(None, 128, 128, 16)	0
flatten_1(Flatten)	(None, 262144)	0
dense_2(Dense)	(None, 128)	33554560
dense_3(Dense)	(None, 1)	129

```
Total params: 33,555,137
Trainable params: 33,555,137
Non-trainable params: 0
```

케라스의 EarlyStopping, ModelCheckpoint 콜백을 설정합니다.

```
[7]   from tensorflow.keras.callbacks import EarlyStopping
      from tensorflow.keras.callbacks import ModelCheckpoint

      callback_EarlyStopping = EarlyStopping(monitor='val_loss', patience=5, verbose=1)
      callback_ModelCheckpoint = ModelCheckpoint(filepath='./ModelCheckpoint',
                          monitor='val_loss',
                          save_weights_only=True,
                          save_best_only=True,
                          verbose=1)
```

모델 학습을 합니다. 학습과 검증 데이터셋을 입력합니다. 학습은 100번으로 설정하고 콜백을 지정해 줍니다. 100번의 학습 도중 25번의 학습에서 조기 종료됐습니다. %%time의 결과, 1시간 12분이 소요됐습니다.

```
[8]   %%time

      history = model.fit(train_ds,
            validation_data=validation_ds,
            epochs=100,
            callbacks=[callback_EarlyStopping, callback_ModelCheckpoint]
      )
```

```
출력   Epoch 1/100
      63/63 [==============================] — ETA: 0s — loss: 684.5444 — accuracy: 0.5140
      Epoch 1: val_loss improved from inf to 120.71101, saving model to ./ModelCheckpoint
      63/63 [==============================] — 110s 2s/step — loss: 684.5444 — accuracy:
      0.5140 — val_loss: 120.7110 — val_accuracy: 0.5080

      ...(생략) ...

      Epoch 6/100
      63/63 [==============================] — ETA: 0s — loss: 3.2500 — accuracy: 0.5785
      Epoch 6: val_loss did not improve from 4.12783
      63/63 [==============================] — 91s 1s/step — loss: 3.2500 — accuracy:
      0.5785 — val_loss: 4.2749 — val_accuracy: 0.6140
      Epoch 7/100
      63/63 [==============================] — ETA: 0s — loss: 2.6225 — accuracy: 0.5955
      Epoch 7: val_loss improved from 4.12783 to 3.11772, saving model to ./ModelCheckpoint
      63/63 [==============================] — 95s 1s/step — loss: 2.6225 — accuracy:
      0.5955 — val_loss: 3.1177 — val_accuracy: 0.5860

      ...(생략) ...

      Epoch 25/100
      63/63 [==============================] — ETA: 0s — loss: 1.1027 — accuracy: 0.5515
      Epoch 25: val_loss did not improve from 1.45650
      63/63 [==============================] — 93s 1s/step — loss: 1.1027 — accuracy:
      0.5515 — val_loss: 1.4738 — val_accuracy: 0.5490
      Epoch 25: early stopping

      CPU times: user 1h 10min 30s, sys: 1min 37s, total: 1h 12min 7s
      Wall time: 53min 20s
```

학습된 모델로 이미지를 예측합니다. 고양이 이미지 파일을 불러와 predict 함수에 입력합니다. 입력 결과, 고양이일 확률은 99.95%, 개일 확률은 0.04%입니다. Cat 폴더의 하위에 있는 Cat.2008.jpg 파일로 예측한 결과, 고양이 사진을 잘 분류했습니다.

```
[9]    from tensorflow.keras.utils import load_img
       from tensorflow.keras.preprocessing.image import img_to_array

       img_path = "/content/drive/MyDrive/Colab Notebooks/data/cats_and_dogs_filtered/
       validation/cats/cat.2008.jpg"

       img = load_img(img_path, target_size=(256, 256))
       img_array = tf.expand_dims(img_to_array(img), 0)

       predictions = model.predict(img_array)

       print('cat', 100 * (1 – predictions[0]))
       print('dog', 100 * predictions[0])
```
출력   cat [99.9526]
       dog [0.04740633]

위에서 예측한 이미지가 고양이가 맞는지 시각화합니다. 출력 결과 고양이 이미지로 확인됩니다.

```
[10]   import matplotlib.pyplot as plt
       img_array /= 255.

       plt.figure(figsize=(5, 5))
       plt.imshow(img_array[0])
       plt.show()
```
출력

모델 학습 시 학습과 검증 데이터셋의 손실과 정확도를 시각화합니다. EarlyStopping 콜백을 사용해 학습이 조기 종료됨으로써 과대적합을 예방할 수 있었습니다.

```
[11]  from plotly.subplots import make_subplots
      import plotly.graph_objects as go

      fig = make_subplots(specs=[[{"secondary_y": True}]])

      # model history
      epoch = history.epoch
      loss = history.history['loss']
      val_loss = history.history['val_loss']
      accuracy = history.history['accuracy']
      val_accuracy = history.history['val_accuracy']

      # Scatter
      fig.add_trace(go.Scatter(x=epoch, y=loss, name="loss"),secondary_y=False,)
      fig.add_trace(go.Scatter(x=epoch, y=val_loss, name="val_loss"),secondary_y=False,)
      fig.add_trace(go.Scatter(x=epoch, y=accuracy, name="accuracy"),secondary_y=True,)
      fig.add_trace(go.Scatter(x=epoch, y=val_accuracy, name="val_accuracy"),secondary_
      y=True,)

      # Templates configuration. Default template: 'plotly'
      # Available templates: ['ggplot2', 'seaborn', 'simple_white', 'plotly','plotly_white',
      'plotly_dark', 'presentation', 'xgridoff','ygridoff', 'gridon', 'none']
      fig.update_layout(title_text="<b>Loss/Accuracy of Model</b>", template='plotly')
      fig.update_xaxes(title_text="Epoch")
      fig.update_yaxes(title_text="Loss", secondary_y=False)
      fig.update_yaxes(title_text="Accuracy", secondary_y=True)
      fig.show()
```

출력

2.3   전이 학습

사전 학습된 모델을 가져와 재사용하면서 적은 데이터로도 모델 성능을 높이고 학습 속도를 빠르게 하는 전이 학습에 대해 알아보겠습니다. 전이 학습을 위한 미세 조정도 알아보면서 이후 모델 학습에 활용할 수 있도록 합니다.

2.3.1 전이 학습

전이 학습(Transger Learning)은 사전 학습된 모델의 네트워크 및 매개변수(가중치, 편향)를 가져와 새로운 모델을 구성할 때 재사용하는 방법입니다. 전이 학습을 사용하면 적은 데이터로도 좋은 모델 성능을 기대할 수 있으며 학습 속도도 높일수 있습니다.

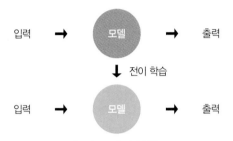

[그림 3-49] 전이 학습

케라스 애플리케이션에서는 사전 학습된 검증된 모델들을 제공하고 있습니다. 코드 몇 줄로 모델의 성능 및 학습 속도를 높일 수 있습니다. [그림 3-50]을 보면 사전 학습된 모델의 매개변수 수를 확인할 수 있습니다. 대규모 데이터셋 및 검증된 모델 구조로 많은 매개변수가 이미 학습돼 있습니다. 전이 학습은 이런 학습 결과를 그대로 가져와 새로운 문제에 재사용하는 방법입니다.

Model	Size (MB)	Top-1	Top-5	Parameters	Depth	Time	Time (ms)
Xception	88	79.0%	94.5%	22.9M	81	109.4	8.1
VGG16	528	71.3%	90.1%	138.4M	16	69.5	4.2
ResNet50	98	74.9%	92.1%	25.6M	107	58.2	4.6
InceptionV3	92	77.9%	93.7%	23.9M	189	42.2	6.9
MobileNet	16	70.4%	89.5%	4.3M	55	22.6	3.4
DenseNet121	33	75.0%	92.3%	8.1M	242	77.1	5.4
NASNetMobile	23	74.4%	91.9%	5.3M	389	27.0	6.7
EfficientNetB0	29	77.1%	93.3%	5.3M	132	46.0	4.9
....							

(출처: https://keras.io/api/applications/)

[그림 3-50] 케라스에서 사전 학습된 모델 제공

모델의 구조가 단순한 VGG16 모델을 예로 들어 설명하겠습니다. VGGNet은 2014년 ILSVRC 대회에서 2등한 모델로, 옥스포드 대학의 VGGNet팀이 만들었습니다. 구조가 단순하면서 성능이 좋아 많이 사용되는 모델입니다. VGGNet에는 VGG11, VGG13, VGG16, VGG19 등 여러 모델이 있습니다. 케라스 API에서는 VGG16, VGG19를 제공하고 있네요. 여기서는 VGG16을 구성해 보겠습니다.

Model	Size (MB)	Top-1 Accuracy	Top-5 Accuracy	Parameters	Depth	Time (ms) per inference step (CPU)	Time (ms) per inference step (GPU)
Xception	88	79.0%	94.5%	22.9M	81	109.4	8.1
VGG16	528	71.3%	90.1%	138.4M	16	69.5	4.2
VGG19	549	71.3%	90.0%	143.7M	19	84.8	4.4
ResNet50	98	74.9%	92.1%	25.6M	107	58.2	4.6

[그림 3-51] 케라스 애플리케이션 모듈 중 VGG16, VGG19 모델

keras.applications 모듈에서 VGG16 모델을 임포트합니다. 입력으로 사용할 Input층을 정의합니다. 입력 이미지의 텐서 크기를 (224, 224, 3)으로 정의합니다. VGG16 함수의 주요 인자는 input_tensor, weights, include_top입니다. input_tensor 또는 input_shape로 모델의 입력을 정의할 수 있습니다. weights는 어떠한 데이터셋으로 학습된 매개변수(가중치, 편향)를 가져올 것인지를 정하는 값입니다. 대규모 데이터셋인 imagenet로 학습된 모델의 가중치를 사용하겠다고 정의하겠습니다. include_top을 False로 정하면 모델의 최하위층의 분류기 역할을 하는 부분을 제외하고 모델을 갖고 오겠다는 의미입니다.

[소스 3-13] Transfer-Learning.ipynb

```
[1]  from tensorflow.keras.applications import VGG16
     from tensorflow.keras.layers import Input

     input_tensor = Input(shape=(224, 224, 3))

     model = VGG16(input_tensor=input_tensor,
                   weights='imagenet',
                   include_top=False)
```

출력
```
Downloading data from https://storage.googleapis.com/tensorflow/keras-
applications/vgg16/vgg16_weights_tf_dim_ordering_tf_kernels_notop.h5
58892288/58889256 [==============================] - 2s 0us/step
58900480/58889256 [==============================] - 2s 0us/step
```

모델의 구조를 출력해 보겠습니다. block1_conv1~5까지 구성된 모델을 볼 수 있습니다. 사전 학습된 VGG16 모델의 매개변수는 총 14,714,688개입니다.

[2]   model.summary()

출력   Model: "vgg16"

Layer(type)	Output Shape	Param #
input_1(InputLayer)	[(None, 224, 224, 3)]	0
block1_conv1(Conv2D)	(None, 224, 224, 64)	1792
block1_conv2(Conv2D)	(None, 224, 224, 64)	36928
block1_pool(MaxPooling2D)	(None, 112, 112, 64)	0
block2_conv1(Conv2D)	(None, 112, 112, 128)	73856
block2_conv2(Conv2D)	(None, 112, 112, 128)	147584
block2_pool(MaxPooling2D)	(None, 56, 56, 128)	0
block3_conv1(Conv2D)	(None, 56, 56, 256)	295168
block3_conv2(Conv2D)	(None, 56, 56, 256)	590080
block3_conv3(Conv2D)	(None, 56, 56, 256)	590080
block3_pool(MaxPooling2D)	(None, 28, 28, 256)	0
block4_conv1(Conv2D)	(None, 28, 28, 512)	1180160
block4_conv2(Conv2D)	(None, 28, 28, 512)	2359808
block4_conv3(Conv2D)	(None, 28, 28, 512)	2359808
block4_pool(MaxPooling2D)	(None, 14, 14, 512)	0
block5_conv1(Conv2D)	(None, 14, 14, 512)	2359808
block5_conv2(Conv2D)	(None, 14, 14, 512)	2359808
block5_conv3(Conv2D)	(None, 14, 14, 512)	2359808
block5_pool(MaxPooling2D)	(None, 7, 7, 512)	0

Total params: 14,714,688
Trainable params: 14,714,688
Non-trainable params: 0

include_top을 True로 하면 block5_conv층 이후 flatten, fc1, fc2, predictions층을 확인할
수 있습니다.

```
[3]    model = VGG16(input_tensor=input_tensor,
                     weights='imagenet',
                     include_top=True)

       model.summary()
```

출력
```
Downloading data from https://storage.googleapis.com/tensorflow/keras-
applications/vgg16/vgg16_weights_tf_dim_ordering_tf_kernels.h5
553467904/553467096 [==============================] – 6s 0us/step
553476096/553467096 [==============================] – 6s 0us/step
Model: "vgg16"

_____
Layer(type)                  Output Shape                Param #
=================================================================
input_1(InputLayer)          [(None, 224, 224, 3)]       0

block1_conv1(Conv2D)         (None, 224, 224, 64)        1792

block1_conv2(Conv2D)         (None, 224, 224, 64)        36928

block1_pool(MaxPooling2D)    (None, 112, 112, 64)        0

…(생략) …

block5_conv1(Conv2D)         (None, 14, 14, 512)         2359808

block5_conv2(Conv2D)         (None, 14, 14, 512)         2359808

block5_conv3(Conv2D)         (None, 14, 14, 512)         2359808

block5_pool(MaxPooling2D)    (None, 7, 7, 512)           0

flatten(Flatten)             (None, 25088)               0

fc1(Dense)                   (None, 4096)                102764544

fc2(Dense)                   (None, 4096)                16781312

predictions(Dense)           (None, 1000)                4097000

=================================================================
Total params: 138,357,544
Trainable params: 138,357,544
Non-trainable params: 0
_____
```

VGG16 모델을 임포트해 사용했던 것처럼 다른 모델도 불러와 사용할 수 있습니다. InceptionV3
모델을 불러오겠습니다. summary 함수로 InceptionV3 모델은 VGG16 모델과 어떻게 다른지 직
접 비교해 보세요.

```
[4]    from tensorflow.keras.applications.inception_v3 import InceptionV3
       from tensorflow.keras.layers import Input

       input_tensor = Input(shape=(224, 224, 3))

       model = InceptionV3(input_tensor=input_tensor,
                           weights='imagenet',
                           include_top=True)
```

출력   Downloading data from https://storage.googleapis.com/tensorflow/keras-
      applications/inception_v3/inception_v3_weights_tf_dim_ordering_tf_kernels.h5
      96116736/96112376 [==============================] – 2s 0us/step
      96124928/96112376 [==============================] – 2s 0us/step

전이 학습을 위해 사전 학습된 모델을 keras.applications 모듈을 임포트해 살펴봤습니다. 다음에는 업스트림과 다운스트림에 대해 알아보겠습니다.

2.3.2 업스트림 작업과 다운스트림 작업

업스트림 작업(upstream task)은 대규모 데이터셋에서 학습을 통해 특징을 추출합니다. 이렇게 추출된 특징은 다운스트림 작업에서 모델의 성능을 높이면서 학습 속도를 빠르게 할 수 있는 기반이 됩니다. 그렇기 때문에 이미지 처리를 하는 비전 및 자연어 처리(natural language processing) 분야에서 전이 학습이 필수로 사용되고 있습니다. 이미지 처리 시 업스트림 작업에서 이미지의 선과 곡선, 색과 질감 등의 일반적인 특징을 추출합니다. 다운스트림 작업(downstream task)에서는 전이 학습을 통해 추출된 특징을 기반으로 이미지를 분류하거나 객체 탐지, 이미지 분할 등과 같은 문제를 해결합니다.

전이 학습이 없다면 많은 데이터셋을 준비 및 구성해 오랜 시간 학습을 통해 모델을 검증해야 합니다. 전이 학습을 통해 업스트림 작업에서 사전 학습된 데이터를 재사용하면서 다운스크림 작업에서는 적은 데이터셋으로도 좋은 모델 성능 및 빠른 학습 속도를 낼 수 있게 됐습니다. 텐서플로 및 케라스 외에도 사전 학습된 유명한 모델을 여러 곳에서 제공하고 있습니다.

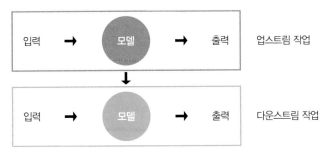

[그림 3-52] 전이 학습의 업스트림 및 다운스트림 작업

2.3.3 사전 학습

사전 학습(PreTraining)은 업스트림 작업에서 학습하는 과정을 의미합니다. VGG16 실습에서 imagenet 데이터셋으로 이미 사전 학습된 모델의 매개변수를 가져와 사용할 수 있었습니다. 이렇게 유명한 모델을 가져와 사용할 수도 있고 직접 모델을 구성한 결과를 사전 학습을 통해 다른 모델에서 재사용할 수도 있습니다.

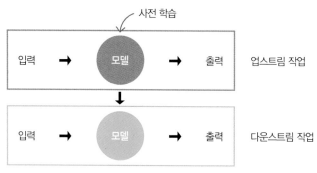

[그림 3-53] 사전 학습

2.3.4 파인 튜닝

다운스트림 작업의 학습 방법은 크게 파인 튜닝(fine tuning), 프롬프트 튜닝(prompt tuning), 인컨텍스트 러닝(in-context learning)으로 나눌 수 있습니다. 파인 튜닝은 다운스트림 작업의 입력 데이터를 모두 사용하고 모델 전체를 학습합니다. 프롬프트 튜닝은 다운스트림 작업의 입력 데이터를 모두 사용하고 모델의 일부만 학습합니다. 인컨텍스트 러닝은 다운스트림 작업의 입력 데이터 일부만을 사용하고 모델은 학습하지 않습니다.

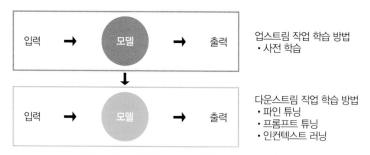

[그림 3-54] 파인튜닝, 프롬프트 튜닝, 인컨텍스트 러닝

전이 학습이 발전하면서 지금도 여러 가지 방법이 발표되고 현업에서 사용되고 있습니다. 다음 장에서는 전이 학습을 실습해 보겠습니다.

2.3.5 실습 전이 학습을 통한 개, 고양이 분류 문제

개와 고양이 이미지 분류 모델을 전이 학습을 통해 구현해 보겠습니다.

이번 장에서 배울 내용은 다음과 같습니다.

- 훈련된 모델 활용(전이 학습)
- 사전 훈련된 모델에서 특성 추출
- 모델에 대한 입력값이 올바른 형태인지 확인
- 테스트 데이터와 신경망의 입력 형태를 일치시킬 수 있어야 함.
- 신경망의 출력 데이터를 테스트 데이터의 지정된 입력 형태와 일치시킬 수 있어야 함.

개와 고양이 이미지 분류를 위한 데이터셋을 불러옵니다. get_file 함수로 url 경로의 데이터를 다운로드합니다. 학습 및 검증 데이터셋의 다운로드된 경로를 출력해 확인합니다.

[소스 3-14] Transfer-Learning_Cats-and-Dogs.ipynb

```
[1]    import tensorflow as tf
       from tensorflow.keras.utils import get_file
       import os

       train_url = 'https://storage.googleapis.com/mledu-datasets/cats_and_dogs_filtered.zip'

       def get_data(fname, origin, extract):
           data_dir = get_file(fname=fname, origin=origin, extract=extract)
           data_dir = os.path.join(os.path.dirname(data_dir), 'cats_and_dogs_filtered')
           return data_dir

       path_dir = get_data('train.zip', train_url, 'True')

       train_dir = os.path.join(path_dir, 'train')
       validation_dir = os.path.join(path_dir, 'validation')

       print('\n', train_dir)
       print(validation_dir)
```

```
출력   Downloading data from https://storage.googleapis.com/mledu-datasets/cats_and_dogs_
       filtered.zip
       68608000/68606236 [==============================] - 0s 0us/step
       68616192/68606236 [==============================] - 0s 0us/step

       /root/.keras/datasets/cats_and_dogs_filtered/train
       /root/.keras/datasets/cats_and_dogs_filtered/validation
```

du 명령어로 다운로드한 경로의 용량을 확인합니다. 다운로드한 데이터는 72MB입니다. 학습 (train) 데이터셋은 48MB, 검증(validation) 데이터셋은 24MB로 확인됩니다. 학습 데이터의 개 는 26MB, 고양이는 23MB인 것을 확인할 수 있습니다.

```
[2]  !du -h /root/.keras/datasets/cats_and_dogs_filtered
```

```
출력  11M  /root/.keras/datasets/cats_and_dogs_filtered/validation/cats
      13M  /root/.keras/datasets/cats_and_dogs_filtered/validation/dogs
      24M  /root/.keras/datasets/cats_and_dogs_filtered/validation
      23M  /root/.keras/datasets/cats_and_dogs_filtered/train/cats
      26M  /root/.keras/datasets/cats_and_dogs_filtered/train/dogs
      48M  /root/.keras/datasets/cats_and_dogs_filtered/train
      72M  /root/.keras/datasets/cats_and_dogs_filtered
```

케라스의 이미지 데이터 전처리 함수인 image_dataset_from_directory를 사용해 이미지 파일 형태의 데이터셋을 tf.data.Dataset 형태로 변환합니다. 이때 batch_size, image_size를 정의할 수 있습니다. shuffle을 true로 설정해 데이터를 섞습니다. seed를 임의로 정해 재수행 시 동일한 결과를 예측할 수 있도록 합니다. 학습과 검증 데이터셋을 tf.data.Dataset으로 변환합니다. 학습 데이터셋은 2,000개의 파일과 2개의 클래스가 변환됐습니다. 검증 데이터셋은 1,000개의 파일과 2개의 클래스가 변환됐습니다.

```
[3]  from tensorflow.keras.preprocessing import image_dataset_from_directory

     train_ds = image_dataset_from_directory(
         directory=train_dir,
         batch_size=32,                        # Default: 32
         image_size=(256, 256),                # Defaults:(256, 256)
         shuffle=True,                         # Default: True
         seed=2022)

     validation_ds = image_dataset_from_directory(
         directory=validation_dir,
         batch_size=32,                        # Default: 32
         image_size=(256, 256),                # Defaults:(256, 256)
         shuffle=True,                         # Default: True
         seed=2022)
```

```
출력  Found 2000 files belonging to 2 classes.
      Found 1000 files belonging to 2 classes.
```

학습 데이터셋의 첫 번째 데이터와 라벨의 형상을 출력합니다. image_dataset_from_directory로 데이터를 불러올 때 정한 batch_size=32, image_size=(256, 256)을 확인할 수 있습니다. 마지막 3은 채널을 의미합니다. 컬러 이미지는 R, G, B로 3채널이며 흑백은 1로 표시됩니다. 라벨 값은 batch_size만큼 표시되네요.

```
[4]  for data, labels in train_ds.take(1):
         print(data.shape)
         print(labels.shape)
```

```
출력  (32, 256, 256, 3)
      (32,)
```

학습 데이터셋에 class_name을 출력합니다. class_name은 이미지 파일이 위치하고 있는 상위 디렉터리명으로 정의됩니다. 위 du 명령어로 데이터셋의 디렉터리 구조를 살펴본 것처럼 cats, dogs로 정의됐습니다. cats 하위 이미지 파일들의 라벨은 cats, dogs 하위 이미지 파일들의 라벨은 dogs를 의미합니다.

```
[5]  class_names = train_ds.class_names

     print(class_names)
```

출력 ['cats', 'dogs']

학습 데이터셋의 첫 번째 배치 수 32개의 데이터셋을 로드한 후 15개의 이미지를 출력합니다. 개와 고양이 사진이 출력됩니다. 이미지 상단에는 라벨 값을 출력했습니다. 전이 학습으로 테스트 데이터셋의 개와 고양이 사진을 얼마나 정확하게 예측하는지 알아보겠습니다.

```
[6]  import matplotlib.pyplot as plt

     plt.figure(figsize=(15, 10))
     for images, labels in train_ds.take(1):
         for i in range(15):
             ax = plt.subplot(3, 5, i + 1)
             plt.imshow(images[i].numpy().astype("uint8"))
             plt.title(class_names[labels[i]])
             plt.axis("off")
```

출력

전이 학습을 실습하기 위한 데이터셋이 준비됐습니다. 레즈넷(ResNet)을 사용해 이미지를 분류
해 보겠습니다. 레즈넷은 ILSVRC 대회에서 우승한 모델입니다. 152계층의 깊은 신경망 구조입
니다. `keras.applications`의 ResNet50을 불러오겠습니다. `input_shape`를 모델의 입력으로 사
용할 이미지 크기와 채널인 (256, 256, 3)으로 정의합니다. `weights`를 imagenet 데이터셋으로 학
습한 매개변수(가중치, 편향)를 가져오도록 설정합니다. `include_top`을 False로 설정해 사전 학
습된 모델의 분류기를 제외하고 가져옵니다. 라벨의 클래스는 cats, dogs로 2를 설정합니다.

```
[7]  from tensorflow.keras.applications import ResNet50

resnet_model = ResNet50(input_shape=[256, 256, 3],
                        weights='imagenet',
                        include_top=False,
                        classes=2)
```

출력
```
Downloading data from https://storage.googleapis.com/tensorflow/keras-
applications/resnet/resnet50_weights_tf_dim_ordering_tf_kernels_notop.h5
94773248/94765736 [==============================] - 1s 0us/step
94781440/94765736 [==============================] - 1s 0us/step
```

전이 학습으로 불러온 모델은 `trainable` 속성을 설정할 수 있습니다. 이 속성을 False로 설정하
면 매개변수값이 고정돼 학습을 통해 매개변수가 업데이트되지 않습니다.

레즈넷 모델의 `trainable`값을 `True`로 설정한 후 모델의 `summary` 함수를 출력합니다. Trainable
params: 23,534,592에서처럼 매개변수가 학습이 가능하다는 것을 확인할 수 있습니다.

```
[8]  resnet_model.trainable = True

resnet_model.summary()
```

출력

conv5_block2_1_conv(Conv2D)	(None, 8, 8, 512)	1049088	['conv5_block1_out[0][0]']
conv5_block2_1_bn(BatchNormalization)	(None, 8, 8, 512)	2048	['conv5_block2_1_conv[0][0]']
conv5_block2_1_relu(Activation)	(None, 8, 8, 512)	0	['conv5_block2_1_bn[0][0]']
conv5_block2_2_conv(Conv2D)	(None, 8, 8, 512)	2359808	['conv5_block2_1_relu[0][0]']
conv5_block2_2_bn(BatchNormalization)	(None, 8, 8, 512)	2048	['conv5_block2_2_conv[0][0]']
conv5_block2_2_relu(Activatio n)	(None, 8, 8, 512)	0	['conv5_block2_2_bn[0][0]']
conv5_block2_3_conv(Conv2D)	(None, 8, 8, 2048)	1050624	['conv5_block2_2_relu[0][0]']
conv5_block2_3_bn(BatchNormalization)	(None, 8, 8, 2048)	8192	['conv5_block2_3_conv[0][0]']
conv5_block2_add(Add) 'conv5_block2_3_bn[0][0]']	(None, 8, 8, 2048)	0	['conv5_block1_out[0][0]',
conv5_block2_out(Activation)	(None, 8, 8, 2048)	0	['conv5_block2_add[0][0]']

conv5_block3_1_conv(Conv2D)	(None, 8, 8, 512)	1049088	['conv5_block2_out[0][0]']
conv5_block3_1_bn(BatchNormalization)	(None, 8, 8, 512)	2048	['conv5_block3_1_conv[0][0]']
conv5_block3_1_relu(Activation)	(None, 8, 8, 512)	0	['conv5_block3_1_bn[0][0]']
conv5_block3_2_conv(Conv2D)	(None, 8, 8, 512)	2359808	['conv5_block3_1_relu[0][0]']
conv5_block3_2_bn(BatchNormalization)	(None, 8, 8, 512)	2048	['conv5_block3_2_conv[0][0]']
conv5_block3_2_relu(Activation)	(None, 8, 8, 512)	0	['conv5_block3_2_bn[0][0]']
conv5_block3_3_conv(Conv2D)	(None, 8, 8, 2048)	1050624	['conv5_block3_2_relu[0][0]']
conv5_block3_3_bn(BatchNormal ization)	(None, 8, 8, 2048)	8192	['conv5_block3_3_conv[0][0]']
conv5_block3_add(Add)	(None, 8, 8, 2048)	0	['conv5_block2_out[0][0]', 'conv5_block3_3_bn[0][0]']
conv5_block3_out(Activation)	(None, 8, 8, 2048)	0	['conv5_block3_add[0][0]']

```
Total params: 23,587,712
Trainable params: 23,534,592
Non-trainable params: 53,120
```

trainable값을 False로 설정한 후 결과를 살펴보면 Trainable params: 0인 것을 확인할 수 있습니다. 이는 전이 학습한 모델의 매개변수를 학습하지 않고 고정한다는 의미입니다. 이번 실습에서는 trainable=False로 설정하겠습니다.

[9]
```
resnet_model.trainable = False

resnet_model.summary()
```
출력
```
Model: "resnet50"
```

…(생략)

```
 conv5_block3_out(Activation) (None, 8, 8, 2048)    0    ['conv5_block3_add[0][0]']
```

```
Total params: 23,587,712
Trainable params: 0
Non-trainable params: 23,587,712
```

개와 고양이 이미지 분류를 케라스의 순차 모델로 구성합니다. Rescaling층으로 입력 이미지의 벡터 값을 정규화합니다. 다음 층에서 전이 학습으로 불러온 resnet_model을 불러옵니다. trainable을 False로 설정해 Non-trainable params가 23,587,712로 출력됩니다. 학습되지 않은 매개변수 수입니다. 이후 분류층을 정의하기 위해 Flatten-Dense-Dropout-Dense를 구성합니다.

```
[10]  from tensorflow.keras.models import Sequential
      from tensorflow.keras.layers import Flatten, Dense, Dropout
      from tensorflow.keras.layers.experimental.preprocessing import Rescaling

      model = Sequential([
              Rescaling(scale=1./255, input_shape=(256, 256, 3)),
              resnet_model,

              Flatten(),
              Dense(units=32, activation='relu'),
              Dropout(0.2),
              Dense(units=1) # class_names: ['cats', 'dogs']
      ])

      model.summary()
```

출력 Model: "sequential"

Layer(type)	Output Shape	Param #
rescaling(Rescaling)	(None, 256, 256, 3)	0
resnet50(Functional)	(None, 8, 8, 2048)	23587712
flatten(Flatten)	(None, 131072)	0
dense(Dense)	(None, 32)	4194336
dropout(Dropout)	(None, 32)	0
dense_1(Dense)	(None, 1)	33

```
Total params: 27,782,081
Trainable params: 4,194,369
Non-trainable params: 23,587,712
```

이미지를 분류하기 위한 모델을 컴파일합니다.

```
[11]  model.compile(optimizer=tf.keras.optimizers.RMSprop(),
                     loss=tf.keras.losses.BinaryCrossentropy(from_logits=True),
                     metrics=['accuracy'])
```

모델을 학습합니다. 학습 및 검증 데이터셋을 입력한 후 5번 학습합니다. 그런 다음 %%time 명령어로 학습 시간을 출력합니다. 총 학습 시간은 57초가 소요됐습니다.

```
[12]  %%time

      history = model.fit(train_ds,
                          validation_data=validation_ds,
                          epochs=5)
```

출력
```
Epoch 1/5
63/63 [==============================] - 14s 213ms/step - loss: 0.7479 - accuracy:
0.5180 - val_loss: 0.7143 - val_accuracy: 0.5100
Epoch 2/5
63/63 [==============================] - 14s 216ms/step - loss: 0.6914 - accuracy:
0.5100 - val_loss: 0.7073 - val_accuracy: 0.5100
Epoch 3/5
63/63 [==============================] - 14s 211ms/step - loss: 0.7320 - accuracy:
0.5165 - val_loss: 0.7067 - val_accuracy: 0.5110
Epoch 4/5
63/63 [==============================] - 14s 215ms/step - loss: 0.6947 - accuracy:
0.5115 - val_loss: 0.7064 - val_accuracy: 0.5090
Epoch 5/5
63/63 [==============================] - 14s 214ms/step - loss: 0.7231 - accuracy:
0.5125 - val_loss: 0.7080 - val_accuracy: 0.5110
CPU times: user 51.5 s, sys: 5.54 s, total: 57 s
Wall time: 1min 15s
```

학습 결과를 시각화합니다. 손실과 정확도를 학습과 검증 데이터셋의 결과로 시각화합니다.

[13]
```
from plotly.subplots import make_subplots
import plotly.graph_objects as go

fig = make_subplots(specs=[[{"secondary_y": True}]])

# model history
epoch = history.epoch
loss = history.history['loss']
val_loss = history.history['val_loss']
accuracy = history.history['accuracy']
val_accuracy = history.history['val_accuracy']

# Scatter
fig.add_trace(go.Scatter(x=epoch, y=loss, name="loss"),secondary_y=False,)
fig.add_trace(go.Scatter(x=epoch, y=val_loss, name="val_loss"),secondary_y=False,)
fig.add_trace(go.Scatter(x=epoch, y=accuracy, name="accuracy"),secondary_y=True,)
fig.add_trace(go.Scatter(x=epoch, y=val_accuracy, name="val_accuracy"),secondary_
y=True,)

# Templates configuration, Default template: 'plotly'
# Available templates: ['ggplot2', 'seaborn', 'simple_white', 'plotly','plotly_white',
'plotly_dark', 'presentation', 'xgridoff','ygridoff', 'gridon', 'none']
fig.update_layout(title_text="<b>Loss/Accuracy of Model</b>", template='plotly')
fig.update_xaxes(title_text="Epoch")
fig.update_yaxes(title_text="Loss", secondary_y=False)
fig.update_yaxes(title_text="Accuracy", secondary_y=True)
fig.show()
```

출력

03 순환 신경망

순환 신경망(Recurrent Neural Network, RNN)의 기본 구조와 동작 원리를 알아보고 순환 신경망의 주요 모델의 사용 사례를 알아보겠습니다.

3.1 순환 신경망의 동작 원리 이해

순환 신경망은 이전 시간 단계의 출력이 다음 시간 단계로 입력되는 완전 연결 신경망(a fully-connected RNN)입니다. 합성곱 신경망과 순환 신경망은 어떤 차이가 있을까요? 합성곱 신경망은 이미지 데이터가 입력으로 주어지면 모델은 커널 단위(3×3 또는 5×5)로 이미지 전체를 이동하면서 지역적인 특징을 추출합니다. 순환 신경망은 지역적인 특징보다 텍스트의 길이가 길어질수록 문맥과 맥락이라는 특징을 잘 추출해야 모델의 성능에 좋은 영향을 미칩니다. 순환 신경망은 어떻게 문맥과 맥락의 특징을 잘 추출하는지 알아보겠습니다.

3.1.1 시퀀스 데이터

순환 신경망은 시퀀스 데이터에서 좋은 성능을 내는 신경망입니다. 시퀀스 데이터(sequence data)는 순서가 의미를 갖습니다. 대표적인 예로는 시계열과 자연어 데이터를 들 수 있습니다.

시계열 데이터의 예시로 [그림 3-55]와 같은 기상청의 날씨 예보가 있습니다. 단기 예보 데이터에는 시간별 날씨, 기온, 체감 온도, 강수량, 강수 확률, 바람, 습도의 데이터가 순차적으로 기록돼 있습니다. 이러한 데이터는 이전 데이터가 현재 데이터에 영향을 미칩니다.

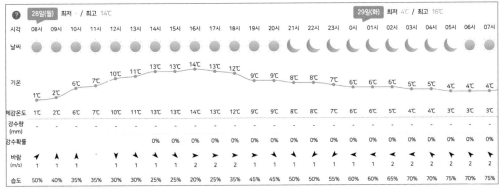

(출처: https://www.weather.go.kr/w/weather/forecast/short-term.do)

[그림 3-55] 시퀀스 데이터의 예, 기상청 단기 예보

자연어 데이터의 예시로 네이버 영화 리뷰 데이터셋을 알아보겠습니다. 네이버 영화 리뷰 데이터셋은 자연어 이해 중 감정 분류 문제 예시로 많이 사용됩니다. 데이터는 200,000건으로 구성돼 있으며 지도학습 문제로 정의할 수 있습니다.

네이버 영화 리뷰 데이터셋은 다음과 같이 구성돼 있습니다.

- id: 데이터의 순서를 나타내는 인덱스입니다.
- document: 네이버 영화 리뷰입니다.
- Label: 영화 리뷰의 긍정(1)과 부정(0)을 나타내는 라벨입니다.

Quick peek

```
$ head ratings_train.txt
id        document        label
9976970 아 더빙.. 진짜 짜증나네요 목소리          0
3819312 흠...포스터보고 초딩영화줄....오버연기조차 가볍지 않구나          1
10265843              너무재밓었다그래서보는것을추천한다          0
9045019 교도소 이야기구먼 ..솔직히 재미는 없다..평점 조정          0
6483659 사이몬페그의 익살스런 연기가 돋보였던 영화!스파이더맨에서 늘어보이기만 했던 커스틴 던스트가 너무나도 이뻐보였다    1
5403919 막 걸음마 뗀 3세부터 초등학교 1학년생인 8살용영화.ㅋㅋㅋ...별반개도 아까움.          0
7797314 원작의 긴장감을 제대로 살려내지못했다.    0
9443947 별 반개도 아깝다 욕나온다 이응경 길용우 연기생활이몇년인지..정말 발로해도 그것보단 낫겟다 납치.감금만반복반복..이드라마는
7156791 액션이 없는데도 재미 있는 몇안되는 영화 1
```

License

(출처: https://github.com/e9t/nsmc)

[그림 3-56] 네이버 영화 리뷰 텍스트 데이터

네이버 영화 리뷰 데이터에 대해 자세히 알아보겠습니다.

- "흠…. 포스터를 보고 초딩 영화인줄…. 오버 연기조차 가볍지 않구나."
  위 리뷰는 긍정일까요? 부정일까요? 여러 번 읽게 되네요. 라벨은 긍정인 1로 분류했습니다. 하나 더 알아보겠습니다.

- "원작의 긴장감을 제대로 살려 내지 못했다."
  위 리뷰는 한 번만 읽어도 부정이라는 것을 알 수 있습니다. '못했다'라는 부정적인 표현으로 쉽게 구분할 수 있습니다.
  긍정과 부정의 리뷰 데이터를 문장으로 합쳐봤습니다. 다음 리뷰는 긍정일까요? 부정일까요?

- "원작의 긴장감을 제대로 살려 내지 못했다. 흠…. 포스터 보고 초딩 영화인줄…. 오버 연기조차 가볍지 않구나. 너무 재밌었다. 그래서 보는 것을 추천한다."

한국어는 문장 마지막에 말의 의도가 나오는 경우가 많습니다. 그래서인지 긍정적인 리뷰인 것 같습니다. 그런데 "너무 재밌었다. 그래서 보는 것을 추천한다"라는 리뷰의 라벨을 보면 부정인 0으로 분류돼 있습니다.

- 부정: "원작의 긴장감을 제대로 살려 내지 못했다."
- 긍정 :"흠…. 포스터를 보고 초딩 영화줄…. 오버 연기조차 가볍지 않구나."
- 부정: "너무 재밌었다. 그래서 보는 것을 추천한다."

부정적인 리뷰 2개와 긍정 리뷰 1개이므로 부정적인 리뷰로 분류해야 할까요?

3.1.2 순환 신경망의 동작 원리 이해

순환 신경망의 동작 원리를 케라스의 SimpleRNN으로 이해해 보겠습니다. 순환 신경망은 입력층, 은닉층, 출력층으로 구성돼 있습니다. 심층 신경망과 유사해 보입니다. 차이는 은닉 상태(hidden state)의 입력층과 은닉층의 깊이가 심층 신경망처럼 깊지 않다는 것입니다.

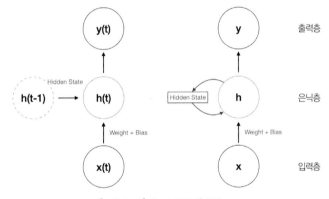

[그림 3-57] SimpleRNN의 구조

[그림 3-58]처럼 X(t)의 입력이 주어졌을 때 H(t)는 X(t)의 입력과 매개변수(가중치, 편향) 그리고 이전 H(t-1)의 은닉 상태값을 입력으로 받습니다. H(t)의 은닉 상태값은 다음 H(t+1)의 입력으로 사용됩니다. 이렇게 이전 상태의 은닉 상태값이 다음 입력의 입력으로 사용되면서 시퀀스 데이터의 특징을 유지할 수 있게 됩니다.

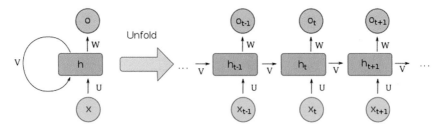

(출처: https://en.wikipedia.org/wiki/File:Recurrent_neural_network_unfold.svg)

[그림 3-58] 순환 신경망 모델 주요 동작

다이어트를 예로 들어 순환 신경망의 동작 원리를 알아보겠습니다. 새해가 돼 다이어트를 결심했습니다. 1월 1일부터 다이어트를 시작합니다. 잘 자고(수면) 잘 먹고(식단) 열심히 활동(운동)합니다. 그러면 몸과 마음도 건강해지겠죠. 새해 첫날부터 1주일 간 다이어트 일기를 작성했습니다. 일기에 기록된 시퀀스 데이터로 순환 신경망 모델을 생성합니다. 순환 신경망으로 목표인 10kg 감량에 언제 성공할 수 있을지 예측해 보겠습니다.

구분	1일	2일	3일	4일	5일	6일	7일
수면(시간)	8	7	9	6	8	7	8
식단(칼로리)	2500	2400	2900	2000	2500	3300	2000
운동(시간)	3	0.5	1	0	2	4	1.5
몸무게(kg)	99	97	97	96	96	98	96

[그림 3-59] 다이어트 일기 시퀀스 데이터

순환 신경망은 심층 신경망을 기본으로 합니다. 심층 신경망에서 순환 신경망까지 발전해 오면서 어떠한 문제가 있고, 어떻게 해결했는지를 알아보겠습니다. [그림 3-60]은 다이어트 기록 데이터로 심층 신경망 모델을 생성했습니다. 7일 동안 기록된 데이터가 있으며 5일 동안의 데이터를 학습에 사용하고 이후 2일 동안을 테스트 데이터로 모델의 성능을 평가, 예측할 수 있습니다. 다만, 목표로 설정한 10kg 감량 몸무게인 89kg가 될 때의 피처(수면, 식단, 운동)가 필요합니다. 발생하지 않은 미래의 피처(수면, 식단, 운동)를 어떻게 준비해 사용할 수 있을까요? 심층 신경망 모델을 잘 만들면 미래의 피처를 예측해 89kg가 되는 일자를 예측할 수 있습니다.

예측한 피처(수면, 식단, 운동)의 불확실한 특징은 얼마나 고려된 모델일지 궁금하네요. 데이터 간의 상관관계를 고려해 불확실성을 줄일 수는 없을까요? 이런 생각에서 시계열 데이터 분석 분야가 발전하게 됐습니다. 전통적인 통계 모델, 최근 많은 주목을 받고 있는 딥러닝이 대표적인 예라고 할 수 있습니다. 시간의 순서와 상관관계가 있는 데이터를 '시계열 데이터'라고 합니다. 시계열 데이터는 대표적인 시퀀스 데이터 중 하나입니다. 데이터를 시계열 데이터의 형태로 준비해 보겠습니다.

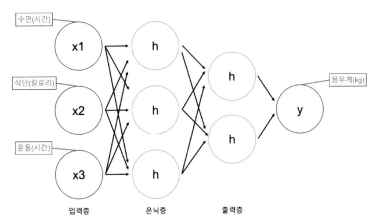

[그림 3-60] 심층 신경망 모델(다이어트 목표 몸무게 예측 모델)

입력 데이터를 기록 일자를 중심으로 정렬하면 [그림 3-61]과 같습니다. 간단하게 설명하기 위해 Date, 몸무게(kg) 피처만을 사용하겠습니다.

Date	수면(시간)	식단(칼로리)	운동(시간)	몸무게(kg)
2022-01-01	8	2500	3	99
2022-01-02	7	2400	0.5	97
2022-01-03	9	2900	1	97
2022-01-04	6	2000	0	96
2022-01-05	8	2500	2	96
2022-01-06	7	3300	4	98
2022-01-07	8	2000	1.5	96

[그림 3-61] 시계열 데이터의 예

시계열 데이터 학습에 필요한 데이터를 [그림 3-62]와 같이 준비했습니다. '2022-01-01'을 기준으로 순환 신경망 구조를 설명하겠습니다.

Date	몸무게(kg)	Date	몸무게(kg)
2021-12-28	101	2022-01-04	96
2021-12-29	103	2022-01-05	96
2021-12-30	100	2022-01-06	98
2021-12-31	99	2022-01-07	96
2022-01-01	99	2022-01-08	97
2022-01-02	97	2022-01-09	96
2022-01-03	97	2022-01-10	95

[그림 3-62] 시계열 데이터 중 Date와 몸무게 피처

순환 신경망은 시계열 데이터 처리에 적합한 딥러닝 모델입니다. 시계열 데이터는 이전 값이 현재에 영향을 미칩니다. 이런 특징을 고려해 이전 데이터의 특징을 현재의 입력과 함께 사용함으로써 모델의 성능을 개선하는 원리입니다.

[그림 3-63]의 순환 신경망의 입력으로 사용될 데이터를 보면서 설명하겠습니다. x는 입력값, (t)는 현재를 의미합니다. (t-1)은 바로 이전 데이터겠죠. 첫 행의 x(t)는 '2022-01-01'의 몸무게가 99kg라는 것을 의미합니다. x(t-1)은 '2021-12-31'의 몸무게가 99kg, x(t-2)는 '2021-12-30'의 몸무게가 100kg라는 것을 의미합니다. t, t-1, t-2와 같은 개념을 '타임 스텝(time step)'이라고 합니다.

심층 신경망에서 x(t)만 입력으로 사용됐다면 순환 신경망에서는 시퀀스 데이터의 특징을 입력으로 사용하기 위해 이전 입력값을 사용합니다. 이번에는 순환 신경망의 구조와 아래 시계열 데이터가 어떻게 입력되는지 알아보겠습니다.

구분	x(t-4)	x(t-3)	x(t-2)	x(t-1)	x(t)	y(t+1)	y(t+2)
2022-01-01	101	103	100	99	99	97	97
2022-01-02	103	100	99	99	97	97	96
2022-01-03	100	99	99	97	97	96	96
2022-01-04	99	99	97	97	96	96	98
2022-01-05	99	97	97	96	96	98	96
2022-01-06	97	97	96	96	98	96	97
2022-01-07	97	96	96	98	96	97	96

입력(피처) / 출력(라벨)

[그림 3-63] 순환 신경망의 피처 및 라벨 설명

순환 신경망에 대해 학습하기 위해 '2022-01-01' 행의 x(t-4) 열이 입력됩니다. 다음 열인 x(t-3)이 입력됩니다. 이때 이전 h(t-4)의 출력인 은닉 상태가 입력으로 사용됩니다. h(t-3)의 입장에서는 2개의 입력을 받습니다. 즉, x(t-3)과 h(t-4)입니다. x(t-4)를 입력했을 때 은닉 상태 입력에 대해 설명하지 않았습니다. x(t-4)에서도 은닉 상태를 입력받습니다. 다만, 이전 은닉 상태가 없기 때문에 랜덤한 값으로 입력받습니다. 은닉 상태는 시퀀스 데이터의 특징을 기억하는 순환 신경망의 주요 기능입니다. 이는 은닉 상태가 다른 심층 신경망, 합성곱 신경망과 구별되는 특징으로, 시퀀스 데이터에서 보다 좋은 성능을 낼 수 있게 해 줍니다.

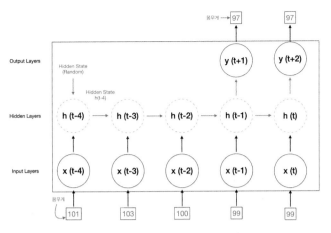

[그림 3-64] 순환 신경망의 입출력의 예

순환 신경망의 마지막 타임 스텝으로 학습이 어떻게 진행되는지 알아보겠습니다. 순환 신경망도 인공 신경망의 한 종류로, 심층 신경망에서 배운 매개변수인 가중치와 편향을 사용해 학습이 진행됩니다. 순환 신경망에서는 은닉 상태라는 새로운 입력이 하나 더 있습니다. 그리고 매개변수값을 모든 타임 스텝에서 공유한다는 특징이 있습니다.

[그림 3-65]를 보면서 학습 과정을 설명하겠습니다. 순환 신경망의 학습을 심층 신경망과 비교해 보겠습니다. 순환 신경망은 '현재 입력'과 '이전 은닉 상태 입력'이라는 2개의 가중치가 있습니다. 가중치 x(Wx, 가중치 현재 입력)와 가중치 h(Wh, 가중치 은닉 상태)로 정의합니다. 입력값과 Wx를 곱하고 이전 은닉 상태와 Wh를 곱합니다. 그리고 결과를 더하고 마지막으로 편향값을 더합니다. 기본적인 연산은 마무리됐습니다. 비선형 변환을 위해 활성화 함수를 적용합니다. 은닉층에서 심층 신경망에 relu를 사용했다면 순환 신경망에서는 tanh를 주로 사용합니다.

- DNN: relu(W × x + b)
- RNN: tanh(Wx × x(t) + Wh × h(t-1) + b(t))

타임스텝 중간 과정인 경우, 다음 은닉층으로 은닉 상태를 내 보내거나 마지막인 경우 출력층으로 결과를 내 보냅니다. 출력층으로 내 보낸 경우에는 문제 유형에 맞는 활성화 함수를 사용해 출력합니다. 이번 예시는 회귀 문제로, 활성화 함수는 linear를 사용하므로 생략해도 괜찮겠네요.

지금까지 순환 신경망의 학습 과정 중 순전파에 대해 알아봤습니다. 이는 다음과 같이 정리할 수 있습니다.

- h(t) = tanh(Wx × x(t) + Wh × h(t-1) + b(t))
- y(t) = softmax(Wy × h(t) + b(t))

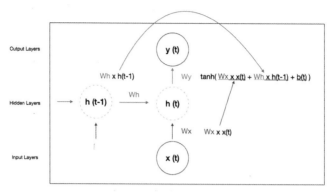

[그림 3-65] 순환 신경망의 순전파의 예

순환 신경망의 순전파 전체 과정을 [그림 3-66]에 표현했습니다. t−4부터 t까지의 가중치와 은 닉 상태 그리고 편향의 연산이 순차적으로 진행됩니다. 예측값과 정답의 손실값 차이도 연산을 통해 계산됩니다.

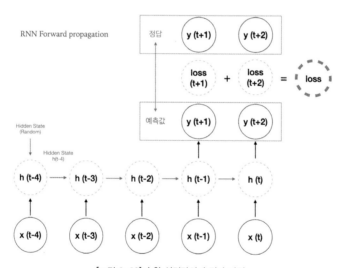

[그림 3-66] 순환 신경망의 순전파 과정

순환 신경망의 동작 원리를 순전파로 예를 들어 살펴봤습니다. 복잡해 보이는 과정을 케라스 API를 사용해 코드 몇 줄로 구현할 수 있습니다. 다음 장에서는 순환 신경망의 주요 모델이 어 떤 문제를 해결할 수 있는지 알아보겠습니다.

3.2　순환 신경망의 주요 모델

순환 신경망의 주요 모델은 입출력의 관점에서 One to Many, Many to One, Many to Many로 구분할 수 있습니다. 하나씩 자세히 알아보겠습니다.

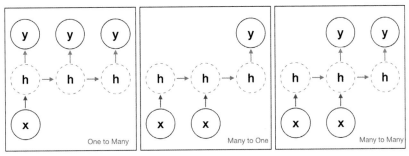

[그림 3-67] 순환 신경망의 주요 모델

3.2.1　One to Many 모델

One to Many는 하나의 입력이 주어지고 여러 개의 출력이 나오는 모델입니다. 대표적인 예로는 이미지를 입력했을 때 이미지를 설명하는 문장이 출력되는 이미지 캡션을 들 수 있습니다. [그림 3-68]은 서핑을 하는 사람의 이미지를 입력했더니 이미지를 설명하는 문장이 출력되는 예시입니다.

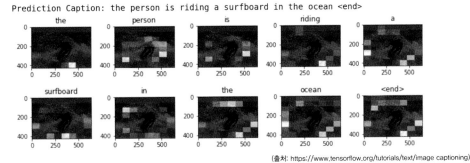

(출처: https://www.tensorflow.org/tutorials/text/image captioning)

[그림 3-68] 순환 신경망의 One to Many의 예

3.2.2　Many to One 모델

Many to One은 여러 개의 입력을 받아 하나를 출력하는 모델입니다. 대표적인 예로는 네이버 영화 리뷰 감정 분류 모델을 들 수 있습니다. 네이버 영화 리뷰 데이터셋을 순환 신경망에 입력합니다. "원작의 긴장감을 제대로 살려내지 못했다"라는 텍스트를 순환 신경망으로 입력하기 위해 띄어쓰기 단위인 토큰 단위로 나눕니다. 첫 번째 토큰인 '원작의'를 입력합니다. 그런 다음 토

큰인 '긴장감을'을 입력합니다. h(t−3) 입력은 x(t−3)과 h(t−4)의 은닉 상태를 입력으로 받습니다. h(t−2)의 입력은 x(t−2)와 h(t−3)의 은닉 상태를 입력으로 받습니다. 이렇게 순차적으로 이전 입력을 기억하면서 다음 입력을 받습니다. h(t)에서는 출력층으로 내 보냅니다. 출력층에서 긍정 또는 부정값을 출력합니다.

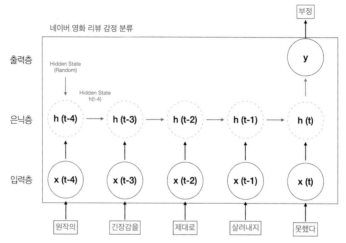

[그림 3-69] 자연어 처리를 위한 순환 신경망의 예

3.2.3 Many to Many 모델

Many to Many 모델은 여러 개의 입출력이 있는 모델입니다. 대표적인 예로는 기계 번역을 들 수 있습니다. 한국어인 '새해 복 많이 받으세요'를 입력하면 영어로 "Happy New Year"라고 출력되는 예시입니다. 기계 번역의 경우, 입출력이 고정돼 있지 않다는 특징이 있습니다.

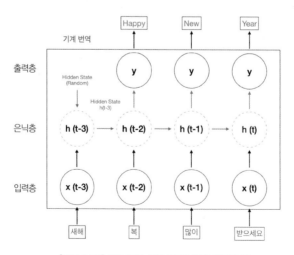

[그림 3-70] 기계 번역 순환 신경망 입력 출력의 예

Many to Many의 다른 예로 자연어 처리 문제인 개체명 인식(Named Entity Recognition) 문제도 있습니다. 개체명 인식 문제는 문장이 입력되면 문장의 인물, 지명, 기관 단체, 날짜, 식물, 수량, 사건, 물건 등과 같은 단어의 의미를 인식하는 것입니다. 예를 들어 [그림 3-71]과 같이 '내일 오후 3시에 가로수길에서 보자!'라는 문장이 있다고 가정해 보겠습니다. 순환 신경망에 이 문장을 입력하면 개체명 인식 모델은 '오후 3시에'라는 부분을 시간, '가로수길에서'라는 부분을 지명으로 인식하는 결과를 출력합니다.

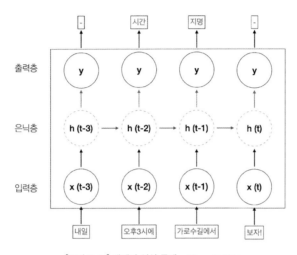

[그림 3-71] 개체명 인식 문제 - Many to Many

지금까지 순환 신경망의 주요 모델에 대해 살펴봤습니다. 다음 장에서는 순환 신경망을 케라스로 구현하는 데 필요한 SimpleRNN, LSTM, GRU에 대해 알아보겠습니다.

3.3 케라스로 순환 신경망 구현하기

순환 신경망을 케라스로 구현해 보겠습니다. 가장 단순한 SimpleRNN부터 실습해 보겠습니다.

3.3.1 SimpleRNN층

케라스에서 순환 신경망을 구현해 보겠습니다. 케라스에서 제공하는 순환 신경망층은 [그림 3-72]와 같이 여러 가지 층이 있습니다. 이번 실습에서는 가장 단순한 SimpleRNN층부터 실습해 보겠습니다.

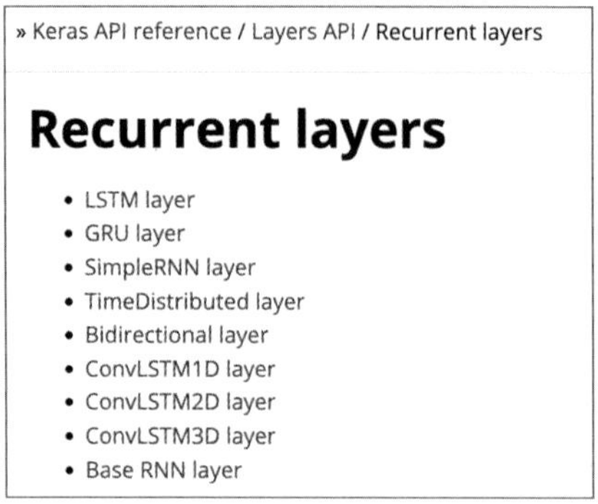
» Keras API reference / Layers API / Recurrent layers

Recurrent layers

- LSTM layer
- GRU layer
- SimpleRNN layer
- TimeDistributed layer
- Bidirectional layer
- ConvLSTM1D layer
- ConvLSTM2D layer
- ConvLSTM3D layer
- Base RNN layer

(출처: https://keras.io/api/layers/#recurrent-layers)

[그림 3-72] 케라스의 순환 신경망층

실습을 위해 시퀀스 데이터를 넘파이로 구성 및 준비하겠습니다. 넘파이의 다차원 배열 3행과 4열로 구성된 행렬 2개를 생성합니다. 4개 단어로 구성된 3개 문장이 2개 있다고 이해하면 좋을 것 같습니다. 딥러닝 모델을 입력하기 위해 문장의 단어를 벡터화했습니다.

[소스 3-15] Keras-SimpleRNN.ipynb

[1]

```
import numpy as np

input_array = np.random.random([2, 3, 4]).astype(np.float32)

print("input_array.shape : ", input_array.shape)
print(input_array)
```

출력

```
input_array.shape : (2, 3, 4)
[[[ 0.69757426  0.3424187   0.09122965  0.69256073]
  [ 0.653682    0.31376764  0.01644252  0.63574725]
  [ 0.44496724  0.7123169   0.8491293   0.9410573 ]]


 [[ 0.46048334  0.60169923  0.06362621  0.7337751 ]
  [ 0.2889402   0.89342016  0.11560992  0.03160966]
  [ 0.00631399  0.60147226  0.69948536  0.9213647 ]]]
```

케라스의 SimpleRNN을 불러옵니다. SimpleRNN의 노드를 5개로 지정합니다. 다차원 배열인 데이터를 `inputs` 인자에 입력합니다. `inputs` 인자의 입력은 [batch, timesteps, feature]의 형태를 가집니다. 출력 결과의 `output.shape`를 보면 (2, 5)로 확인됩니다. 입력값의 차원을 2와 SimpleRNN의 units인 5로 설정했기 때문에 (2, 5)의 출력 데이터 형상을 확인할 수 있습니다.

[2]

```
from tensorflow.keras.layers import SimpleRNN

simple_rnn = SimpleRNN(units=5)
output = simple_rnn(inputs=input_array)

print("output.shape : ", output.shape)
print("\n", output)
```

output.shape : (2, 5)

```
tf.Tensor(
[[ 0.9187062  -0.9672451  -0.97857285  0.96128076  -0.00805387]
 [ 0.8714667  -0.9651594  -0.93850315  0.9114671   -0.15244715]], shape=(2, 5),
dtype=float32)
```

SimpleRNN의 주요 인자에는 return_sequences, return_state가 있습니다.

return_sequences는 출력 시퀀스의 마지막 출력을 반환할 것인지, 전체 시퀀스를 반환할 것인지를 결정합니다. True의 경우, 전체 시퀀스, Flase의 경우 마지막 출력을 반환합니다.

return_state는 마지막 상태를 반환할 것인지의 여부를 결정합니다. return_sequences, return_state의 기본값은 모두 False입니다. return_sequences, return_state를 True로 설정하면 형상 및 반환값을 확인할 수 있습니다. return_sequences의 경우, True로 설정해 전체 시퀀스가 (2, 3, 5)로 반환됐습니다.

```
[3]  from tensorflow.keras.layers import SimpleRNN

     simple_rnn = SimpleRNN(units=5, return_sequences=True, return_state=True)
     timesteps_sequence_output, final_state = simple_rnn(input_array)

     print("timesteps_sequence_output.shape : ", timesteps_sequence_output.shape)
     print("final_state.shape : ", final_state.shape)
```
```
timesteps_sequence_output.shape : (2, 3, 5)
final_state.shape : (2, 5)
```

return_sequences를 True로 설정한 반환값인 timesteps_sequence_output을 출력합니다. 전체 시퀀스 값이 (2, 3, 5)의 형상으로 출력된 것을 확인할 수 있습니다.

```
[4]  print(timesteps_sequence_output)
```
```
tf.Tensor(
[[[ 0.32468924  -0.41294435  -0.21164873 -0.07835123  0.15085846 ]
  [ 0.15842268  -0.75925833  -0.06301196 -0.04751261  0.21004027 ]
  [-0.41118136  -0.5906525   -0.5521607  -0.27839977  0.2351267  ]]

 [[ 0.32278925  -0.4109071   -0.06433222  0.0436383   0.17317781 ]
  [-0.20700653  -0.57373154  0.11292313  -0.41130343 -0.11261142 ]
  [-0.11311259  -0.19947308  -0.2722409   0.05005668 0.6045725  ]]], shape=(2, 3, 5),
dtype=float32)
```

return_state를 True로 설정해 마지막 상태값이 반환됐습니다.

```
[5]  print(final_state)
```
출력
```
tf.Tensor(
[[-0.41118136 -0.5906525  -0.5521607  -0.27839977 0.2351267 ]
 [-0.11311259 -0.19947308 -0.2722409   0.05005668 0.6045725 ]], shape=(2, 5),
dtype=float32)
```

3.3.2 LSTM Layers

LSTM(Long Short-Term Memory)은 순환 신경망의 일종으로, 입력 게이트, 출력 게이트, 망각 게이트를 사용해 기존의 순환 신경망의 문제인 기울기 소실 문제를 개선했습니다. 순환 신경망을 케라스로 구현할 때 SimpleRNN보다 LSTM과 다음에 배울 GRU가 좋은 성능을 내기 때문에 많이 사용됩니다.

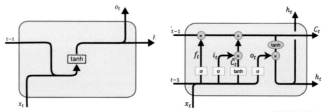

(출처: http://dprogrammer.org/rnn-lstm-gru)

[그림 3-73] RNN(왼쪽)과 LSTM(오른쪽) 비교

LSTM을 실습해 보겠습니다. 시퀀스 데이터를 넘파이로 생성합니다. 넘파이의 다차원 배열 3행과 4열로 구성된 행렬 2개입니다. SimpleRNN에서 사용한 데이터와 동일합니다. 랜덤으로 생성한 값들이므로 데이터가 달라진 것을 확인할 수 있습니다.

[소스 3-16] Keras-LSTM.ipynb

```
[1]  import numpy as np

     input_array = np.random.random([2, 3, 4]).astype(np.float32)

     print("input_array.shape : ", input_array.shape)
     print(input_array)
```
출력
```
input_array.shape : (2, 3, 4)
[[[0.4168955   0.2554785   0.10162111  0.7017745 ]
  [0.5218003   0.17518187  0.2074139   0.66255015]
  [0.20672432  0.72441167  0.85871816  0.5015735 ]]


 [[0.43986085  0.80876595  0.4254965   0.2602996 ]
  [0.9227131   0.5401283   0.8130919   0.54355645]
  [0.61236566  0.14515035  0.8341009   0.70893025]]]
```

케라스의 LSTM을 불러옵니다. LSTM의 노드를 5개로 지정합니다. 다차원 배열인 데이터를 inputs 인자에 입력합니다. inputs 인자의 입력은 [batch, timesteps, feature]의 형태를 가집니다. 출력 결과의 output.shape를 보면 (2,5)로 확인됩니다. 입력값의 차원은 2, LSTM의 units는 5로 설정했으므로 (2, 5)의 출력 데이터 형상을 확인할 수 있습니다. SimpleRNN과 구현 방법 및 결과가 동일합니다.

```
[2]  from tensorflow.keras.layers import LSTM

     lstm = LSTM(units=5)
     output = lstm(inputs=input_array)

     print("output.shape : ", output.shape)
     print(output)
```
```
출력  output.shape : (2, 5)
      tf.Tensor(
      [[ 0.07586919  0.07071654  -0.17593895  -0.09012114  0.28461203 ]
       [ 0.08683874  0.11633949  -0.24110642  -0.20142223  0.29052114 ]], shape=(2, 5),
      dtype=float32)
```

LSTM의 주요 인자에는 return_sequences, return_state가 있습니다. SimpleRNN과 동일한 인자입니다. 다만, 리턴되는 값에 final_carry_state가 추가됐습니다.

```
[3]  from tensorflow.keras.layers import LSTM

     lstm = LSTM(4, return_sequences=True, return_state=True)
     timesteps_sequence_output, final_memory_state, final_carry_state = lstm(input_
     array)

     print(timesteps_sequence_output.shape)
     print(final_memory_state.shape)
     print(final_carry_state.shape)
```
```
출력  (2, 3, 4)
      (2, 4)
      (2, 4)
```

return_sequences를 True로 설정한 반환값인 timesteps_sequence_output[ ]을 출력합니다. 전체 시퀀스 값이 (2, 3, 4)의 형상으로 출력된 것을 확인할 수 있습니다.

```
[4]  print(timesteps_sequence_output)
출력  tf.Tensor(
     [[[-0.07885421  -0.04704835   0.05807102   0.02902974  ]
       [-0.12289635  -0.07950262   0.09755596   0.04069943  ]
       [-0.23717228  -0.18064687   0.2975751    0.00931489  ]]


      [[-0.10900858  -0.09827512   0.12459622  -0.04769305 ]
       [-0.14749533  -0.16359548   0.2338236   -0.06517454 ]
       [-0.15265012  -0.20827746   0.30639645  -0.04932617 ]]], shape=(2, 3, 4), dtype=float32)
```

`return_state`를 True로 설정해 마지막 상태값이 반환됐습니다.

```
[5]  print(final_memory_state)
출력  tf.Tensor(
     [[−0.23717228 −0.18064687  0.2975751   0.00931489 ]
      [−0.15265012 −0.20827746  0.30639645 −0.04932617 ]], shape=(2, 4), dtype=float32)
```

`final_carry_state`를 출력합니다.

```
[6]  print(final_carry_state)
출력  tf.Tensor(
     [[−0.47007316 −0.393071    0.53029037  0.02803186 ]
      [−0.32226723 −0.44349685  0.6265544  −0.14384823 ]], shape=(2, 4), dtype=float32)
```

3.3.3 GRU Layers

GRU(Gated Recurrent Unit)는 순환 신경망의 일종으로, LSTM의 장기 의존성 문제에 대한 해결책을 유지하면서 은닉 상태의 업데이트하는 연산을 개선한 방법입니다. 2014년 뉴욕대학교의 조경현 교수님이 제안한 것입니다.

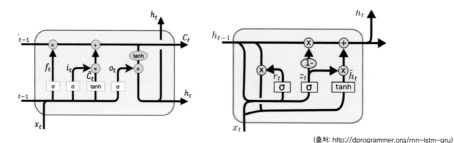

(출처: http://dprogrammer.org/rnn-lstm-gru)

[그림 3-74] LSTM(왼쪽)과 GRU(오른쪽) 비교

GRU를 실습을 통해 알아보겠습니다. 시퀀스 데이터를 넘파이로 생성합니다. 넘파이의 다차원 배열 3행과 4열로 구성된 행렬 2개입니다. SimpleRNN과 LSTM에서 사용한 데이터와 동일합니다.

[소스 3-17] Keras-GRU.ipynb

```
[1]  import numpy as np

     input_array = np.random.random([2, 3, 4]).astype(np.float32)

     print("input_array.shape : ", input_array.shape)
     print(input_array)
```
출력
```
input_array.shape : (2, 3, 4)
[[[0.46851155  0.4719357   0.6290618   0.9469841  ]
  [0.12498556  0.9794337   0.7241958   0.43847725 ]
  [0.8198384   0.2577694   0.277101    0.01560849 ]]


 [[0.6390598   0.92855835  0.04145431  0.7771616  ]
  [0.04114973  0.28228807  0.94802904  0.502731   ]
  [0.37212145  0.07592945  0.23001498  0.08886539 ]]]
```

케라스의 GRU를 불러옵니다. GRU의 노드를 5개로 지정합니다. 다차원 배열인 데이터를 inputs 인자에 입력합니다. inputs 인자의 입력은 [batch, timesteps, feature]의 형태를 가집니다. 출력 결과의 output.shape를 보면(2, 5)로 확인됩니다.

```
[2]  from tensorflow.keras.layers import GRU

     gru = GRU(units=5)

     output = gru(input_array)
     print(output.shape)
```
출력 (2, 5)

LSTM의 주요 인자에는 return_sequences, return_state가 있습니다. SimpleRNN, LSTM과 동일한 인자입니다.

```
[3]  from tensorflow.keras.layers import GRU

     gru = GRU(units=5, return_sequences=True, return_state=True)
     timesteps_sequence_output, final_state = gru(input_array)

     print(timesteps_sequence_output.shape)
     print(final_state.shape)
```
출력 (2, 3, 5)
       (2, 5)

return_sequences를 True로 설정한 반환값인 timesteps_sequence_output을 출력합니다. 전체 시퀀스 값이 (2, 3, 5)의 형상으로 출력된 것을 확인할 수 있습니다.

```
[4]    print(timesteps_sequence_output)
출력    tf.Tensor(
[[[ 0.1595674    -0.02441495    -0.20326036    0.19168623    0.1608506 ]
 [ 0.2175327    -0.12788597    -0.2995419     0.12389988    0.12291545]
 [-0.01344668   -0.05240304    -0.33409357    0.18565881    0.04636181]]


 [[ 0.04859998   -0.22670217    -0.18921196    0.13133405    0.19520731]
 [ 0.18789767    0.028545      -0.2665278     0.18817782    0.08200358]
 [ 0.07752541    0.03233729    -0.23672876    0.19685265    0.04213888]]], shape=(2, 3, 5),
dtype=float32)
```

return_state를 True로 설정해 마지막 상태값이 반환됐습니다.

```
[5]    print(final_state)
출력    tf.Tensor(
[[-0.01344668 -0.05240304    -0.33409357    0.18565881    0.04636181]
 [ 0.07752541    0.03233729    -0.23672876    0.19685265    0.04213888]], shape=(2, 5),
dtype=float32)
```

케라스에서 순환 신경망을 구현하는 SimpleRNN, LSTM, GRU의 구현 방법은 유사합니다. 이후 이미지 및 자연어 데이터를 다루는 장에서 순환 신경망을 사용해 실제 데이터를 어떻게 처리하고 성능은 심층 신경망과 합성곱 신경망보다 어느 정도 개선되는지 알아보겠습니다.

3.3.4 Embedding Layer

케라스의 임베딩층(Embedding Layer)은 양의 정숫값을 고정된 크기의 벡터(Dense Vectors)로 변경합니다. 예를 들어 임베딩층에 [[4], [20]]의 양의 정숫값이 입력되면 [[0.25, 0.1], [0.6, 0.2]]라고 지정한 형태가 출력되도록 할 수 있습니다. 케라스의 임베딩층은 케라스 API에서 확인할 수 있습니다.

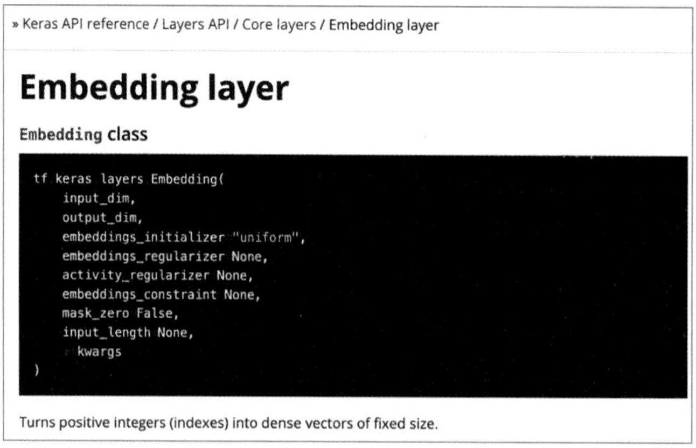

» Keras API reference / Layers API / Core layers / Embedding layer

Embedding layer

Embedding class

```
tf keras layers Embedding(
    input_dim,
    output_dim,
    embeddings_initializer "uniform",
    embeddings_regularizer None,
    activity_regularizer None,
    embeddings_constraint None,
    mask_zero False,
    input_length None,
    kwargs
)
```

Turns positive integers (indexes) into dense vectors of fixed size.

(출처: keras.io)

[그림 3-75] 케라스 임베딩층

케라스 임베딩층을 실습하겠습니다. 임베딩층은 케라스의 Layers API의 하위에 위치하고 있습니다. 임베딩 클래스를 불러옵니다. 입력 데이터를 넘파이의 random.randint를 사용해 동일한 분포의 정수와 난수를 생성합니다. randint 함수의 low = 1, high = 5로 설정합니다. 입력 데이터를 1보다 크고 5보다 작은 1~4까지의 4개 숫자로 생성합니다. size를 이용해 스칼라 또는 벡터 형태로 난수를 생성할 수 있습니다. size = 4로 설정하면 4개의 난수를 설정합니다. 임베딩층의 입력을 위해 벡터 형태인 size = (2, 4)로 생성합니다. shape를 통해 벡터의 형태가 (2, 4)인 것을 확인할 수 있습니다. [소스 3-18]의 출력과 같이 2×4 벡터가 생성됐습니다. 2는 4개, 3은 2개, 4는 2개인 정수 형태의 난수가 생성됐으며 input_array에 입력 데이터가 정의됐습니다.

[소스 3-18] Keras-Embedding-Layer.ipynb

```
[1]    import tensorflow as tf
       from tensorflow.keras import Sequential, layers
       from tensorflow.keras.layers import Embedding

       import numpy as np

       input_array = np.random.randint(low=1, high=5, size=(2, 4))

       print("input_array.shape : ", input_array.shape)
       print(input_array)

출력    input_array.shape : (2, 4)
       [[4 2 2 2]
        [3 4 3 2]]
```

케라스 모델을 생성합니다. Sequential 클래스로 모델을 생성하고 add 함수로 층을 추가합니다. 첫 번째 층은 임베딩층을 불러옵니다. Embedding 클래스의 인자로는 input_dim, output_dim, input_length를 설정했습니다.

input_dim은 입력되는 값의 총 수입니다. 예를 들어 소스는 input_dim=5로 설정했습니다. input_array에는 1, 2, 3, 4가 랜덤하게 정의돼 있습니다. 사용된 정수는 4개로 input_dim에는 사용된 정수의 수를 정의하면 됩니다. 4가 아니라 5를 설정한 부분은 이후 텍스트 데이터를 벡터화해 임베딩층에 입력할 때 서로의 길이가 맞지 않을 경우, 제로 패딩으로 길이를 동일하게 설정하는 전처리가 필요합니다. 이때 제로 패딩 시 길이를 동일하게 하기 위해 0이라는 숫자가 입력됩니다. 0을 고려해 입력값의 인덱스 값에 + 1을 해 input_dim을 설정합니다. 이번 예제에서는 4 + 1로, input_dim은 5로 설정했습니다.

output_dim은 임베딩의 차원입니다. 예를 들어 다음과 같이 다음 층으로 들어가는 임베딩 차원을 정의할 수 있습니다. 다음 소스에서는 output_dim를 '10'으로 설정했습니다.

- output_dim=2 : [[4], [20]] –〉 [[0.25, 0.1], [0.6, −0.2]]

- output_dim=4 : [[4], [20]] –〉 [[0.25, 0.1, 0.5, −0.3], [0.6, −0.2, 0.7, 0.12]]

input_length는 입력 데이터의 길이입니다. input_array의 shape는 (2, 4)입니다. 이는 행과 열을 나타내는 부분으로, 열이 4입니다. 첫 행의 데이터를 보면 [4 2 2 2]로 4개인 것을 확인할 수 있습니다. input_length=4로 설정합니다.

```
[2]   model = Sequential()
      model.add(layers.Embedding(input_dim=5,
                  output_dim=10,
                  input_length=4))

      model.compile(optimizer='adam',
            loss='mse')
```

summary 함수로 모델의 형상을 살펴보겠습니다. 임베딩층의 출력 형태는 4×10입니다. 4개의 값이 10개의 벡터 차원으로 임베딩됐습니다. 임베딩층에서 사용한 매개변수 수는 50개입니다. 4×10의 가중치와 10개의 편향으로 총 50개가 사용된 것을 확인할 수 있습니다.

```
[3]   model.summary()
출력   Model: "sequential"

      Layer(type)            Output Shape        Param #
      =================================================

      embedding(Embedding)   (None, 4, 10)        50

      =================================================
      Total params: 50
      Trainable params: 50
      Non-trainable params: 0
```

임베딩층의 출력을 predict 함수로 출력합니다. 입출력 벡터의 형상과 값을 출력합니다. 첫행의 [4 4 3 4]로 4가 중복해서 나옵니다. 출력 벡터를 보면 4의 경우, [0.00109937 0.00534791~]가 연속으로 출력된 것을 볼 수 있습니다. 지금까지 임베딩층의 기본적인 사용법을 알아봤습니다.

```
[4]   output_array = model.predict(input_array)

      print(input_array)

      print("output_array.shape : ", output_array.shape)
      print("\n", output_array)
```

[[4 4 3 4]
 [2 1 4 2]]
output_array.shape : (2, 4, 10)

[[[0.00109937 0.00534791   0.01896837 −0.02902888 0.02211985
    0.02427714 0.03067346 −0.04974352   0.04265386 −0.03562236]
  [0.00109937 0.00534791   0.01896837 −0.02902888 0.02211985
    0.02427714 0.03067346 −0.04974352   0.04265386 −0.03562236]
  [−0.03959633 −0.00225918 −0.00649384 −0.02053537 −0.01644129
   −0.03698929 −0.02608762 0.00882677   0.04912745 −0.02391042]
  [0.00109937 0.00534791   0.01896837 −0.02902888 0.02211985
    0.02427714 0.03067346 −0.04974352   0.04265386 −0.03562236]]

 [[0.04482791 0.04237951   0.02061795 −0.00116779 0.04268903
   −0.01632651 0.0283482   0.00064091   0.00363617 0.00624413]
  [0.01278097 0.03470108 −0.0334328 −0.03563451 0.043122
    0.04647727 −0.03625575 0.04780352 −0.02422652 −0.01840914]
  [0.00109937 0.00534791   0.01896837 −0.02902888 0.02211985
    0.02427714 0.03067346 −0.04974352   0.04265386 −0.03562236]
  [0.04482791 0.04237951   0.02061795 −0.00116779 0.04268903
   −0.01632651 0.0283482   0.00064091   0.00363617 0.00624413]]]

3.3.5 [실습] 순환 신경망으로 IMDB 감정 분류

순환 신경망을 이용해 IMDB 리뷰 데이터셋으로 감정 분류 모델을 생성하고 분류해 보겠습니다. 필수 라이브러리를 불러옵니다.

[소스 3-19] 3.19_Keras−RNN−IMDB.ipynb

```
[1]  import tensorflow as tf
     from tensorflow import keras
     from tensorflow.keras.preprocessing.sequence import pad_sequences
     from tensorflow.keras.models import Sequential
     from tensorflow.keras.layers import Embedding, GlobalAveragePooling1D, Dense

     from sklearn.model_selection import train_test_split
```

케라스 데이터셋에 내장된 IMDB 데이터셋을 불러옵니다. num_words는 load_data 함수의 인자로 불러온 데이터셋 중 가장 빈번하게 사용된 단어 수를 정의하는 것입니다. 25,000으로 설정했으므로 가장 빈번하게 사용된 단어 25,000건을 사용하겠다는 의미입니다. 학습과 테스트 데이터셋의 형상을 출력해 보면 num_words에 설정한 값과 동일하게 설정된 것을 확인할 수 있습니다.

```
[2]  from tensorflow.keras import datasets

     (x_train, y_train),(x_test, y_test) = datasets.imdb.load_data(num_words=25000)

     print('\ntrain dataset :', x_train.shape, y_train.shape)
     print('test dataset :', x_test.shape, y_test.shape)
```
출력 Downloading data from https://storage.googleapis.com/tensorflow/tf-keras-datasets/
     imdb.npz
     17465344/17464789 [==============================] – 0s 0us/step
     17473536/17464789 [==============================] – 0s 0us/step

     train dataset :(25000,)(25000,)
     test dataset :(25000,)(25000,)

학습 데이터의 첫 번째 피처를 출력해 보겠습니다. 출력한 결과를 보면 임의의 숫자가 나열돼 있습니다. IMDB 영화 리뷰 데이터를 숫자 형태로 인코딩한 부분입니다.

```
[3]  print(x_train[0])
```
출력 [1, 14, 22, 16, 43, 530, 973, 1622, 1385, 65, 458, 4468, 66, 3941, 4, 173, 36, 256, 5, 25, 100, 43,
     838, 112, 50, 670, 22665, 9, 35, 480, 284, 5, 150, 4, 172, 112, 167, 21631, 336, 385, 39, 4, 172,
     4536, 1111, 17, 546, 38, 13, 447, 4, 192, 50, 16, 6, 147, 2025, 19, 14, 22, 4, 1920, 4613, 469, 4,
     22, 71, 87, 12, 16, 43, 530, 38, 76, 15, 13, 1247, 4, 22, 17, 515, 17, 12, 16, 626, 18, 19193, 5,
     62, 386, 12, 8, 316, 8, 106, 5, 4, 2223, 5244, 16, 480, 66, 3785, 33, 4, 130, 12, 16, 38, 619, 5,
     25, 124, 51, 36, 135, 48, 25, 1415, 33, 6, 22, 12, 215, 28, 77, 52, 5, 14, 407, 16, 82, 10311, 8, 4,
     107, 117, 5952, 15, 256, 4, 2, 7, 3766, 5, 723, 36, 71, 43, 530, 476, 26, 400, 317, 46, 7, 4, 12118,
     1029, 13, 104, 88, 4, 381, 15, 297, 98, 32, 2071, 56, 26, 141, 6, 194, 7486, 18, 4, 226, 22, 21,
     134, 476, 26, 480, 5, 144, 30, 5535, 18, 51, 36, 28, 224, 92, 25, 104, 4, 226, 65, 16, 38, 1334, 88,
     12, 16, 283, 5, 16, 4472, 113, 103, 32, 15, 16, 5345, 19, 178, 32]

학습 데이터의 첫 번째 리뷰의 단어 수는 218개, 두 번째 리뷰의 단어 수는 189개로 구성돼 있네요.

```
[4]  len(x_train[0]), len(x_train[1])
```
출력 (218, 189)

get_word_index 함수로 숫자로 벡터화된 값이 어떠한 단어였는지 확인할 수 있습니다. 불러온 값을 word_index에 저장하고 출력해 보겠습니다. 'fawn'이라는 단어는 34701인 숫자로 매핑돼 있습니다. 'tsukino'는 52006, 'nunnery'는 52007로 매핑돼 있습니다.

```
[5]  word_index = datasets.imdb.get_word_index()
     word_index
```
출력 Downloading data from https://storage.googleapis.com/tensorflow/tf-keras-datasets/
     imdb_word_index.json
     1646592/1641221 [==============================] – 0s 0us/step
     1654784/1641221 [==============================] – 0s 0us/step
     {'fawn': 34701,
      'tsukino': 52006,
      'nunnery': 52007,
      'sonja': 16816,
      'vani': 63951,
      'woods': 1408,
      'spiders': 16115,
      …})

IMDB 리뷰의 문장을 구성하는 단어 수는 어떻게 분포돼 있는지 시각화해 보겠습니다. plotly 시각화 라이브러리를 사용해 히스토그램으로 표현했습니다. 100~200단어 사이의 문장이 가장 많이 분포돼 있네요.

[6]
```
import plotly.express as px

review_len = [len(review) for review in x_train]

fig = px.histogram(review_len)
fig.show()
```

출력

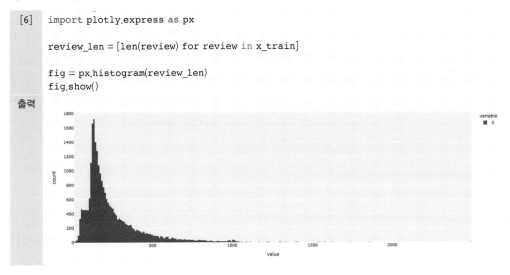

plotly는 `matplotlib`, `seaborn`처럼 파이썬 기반 시각화 라이브러리입니다. 많은 기능을 내장하고 있으며 인터랙티브한 동작을 지원합니다. 예를 들어 그래프 위에 마우스 커서를 올려놓으면 해당 값을 표현해 주기도 합니다. 이 밖에 그래프마다 다양한 기능을 제공하고 있으므로 공식 홈페이지의 가이드를 참고하기 바랍니다.

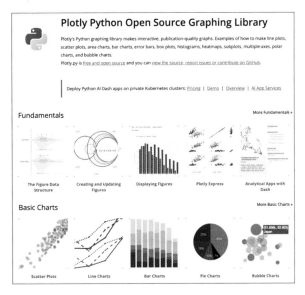

[그림 3-76] Plotly 공식 홈페이지 화면

딥러닝 모델을 입력하기 위해서는 데이터 전처리가 필요합니다. 학습 데이터의 첫 번째, 두 번째 리뷰의 길이는 218, 189로 다릅니다. 또한 딥러닝 모델을 입력하기 위해서는 길이를 동일하게 조정해야 합니다. 이런 과정을 '제로 패딩'이라고 합니다. 케라스의 제로 패딩은 pad_sequences 함수를 사용합니다. 데이터를 인자로 입력하고 maxlen를 설정합니다. maxlen를 256으로 입력했으므로 리뷰 데이터의 단어 수가 256개 이상인 경우는 자르고, 이하인 경우는 0으로 채웁니다. pad_sequences를 적용한 후 리뷰 데이터의 단어 길이를 출력해 보면 maxlen의 256과 동일하게 조정된 것을 확인할 수 있습니다.

[7]
```
from tensorflow.keras.preprocessing.sequence import pad_sequences

print(len(x_train[0]), len(x_train[1]))

x_train = pad_sequences(sequences=x_train, maxlen=256)
x_test = pad_sequences(sequences=x_test, maxlen=256)

print(len(x_train[0]), len(x_train[1]))
```
출력
```
(218, 189)
(256, 256)
```

리뷰 데이터를 출력해 보면 maxlen에 설정한 256보다 적은 길이의 리뷰 데이터는 0으로 채워진다는 것을 확인할 수 있습니다. 0이 앞에서부터 채워졌네요. padding 인자를 사용해 0이 채워지는 부분을 조정할 수 있습니다. 기본값은 pre입니다. pre는 앞에서부터, post는 뒤에서부터 제로 패딩합니다. 데이터의 특징에 따라 모델의 성능이 개선되는 방향으로 선택합니다. 여기서는 기본값인 pre로 진행하겠습니다.

[8]
```
print(x_train[0])
```
출력
```
[    0     0     0     0     0     0     0     0     0     0     0     0
     0     0     0     0     0     0     0     0     0     0     0     0
     0     0     0     0     0     0     0     0     0     0     0     0
     0     0     1    14    22    16    43   530   973  1622  1385    65
   458  4468    66  3941     4   173    36   256     5    25   100    43
   838   112    50   670 22665     9    35   480   284     5   150     4
   172   112   167 21631   336   385    39     4   172  4536  1111    17
   546    38    13   447     4   192    50    16     6   147  2025    19
    14    22     4  1920  4613   469     4    22    71    87    12    16
    43   530    38    76    15    13  1247     4    22    17   515    17
    12    16   626    18 19193     5    62   386    12     8   316     8
   106     5     4  2223  5244    16   480    66  3785    33     4   130
    12    16    38   619     5    25   124    51    36   135    48    25
  1415    33     6    22    12   215    28    77    52     5    14   407
    16    82 10311     8     4   107   117  5952    15   256     4     2
     7  3766     5   723    36    71    43   530   476    26   400   317
    46     7     4 12118  1029    13   104    88     4   381    15   297
    98    32  2071    56    26   141     6   194  7486    18     4   226
    22    21   134   476    26   480     5   144    30  5535    18    51
    36    28   224    92    25   104     4   226    65    16    38  1334
    88    12    16   283     5    16  4472   113   103    32    15    16
  5345    19   178    32]
```

딥러닝 모델을 케라스의 순차 모델로 구현합니다. 이전에 배웠던 워드 임베딩을 사용해 유사한 단어끼리 벡터 공간에 위치시킵니다. IMDB 데이터셋을 불러올 때 num_words를 25,000로 설정 했습니다. Embedding층의 input_dim을 num_words로 입력합니다. output_dim은 출력 벡터의 차원을 정의합니다. 16으로 정의합니다.

```
[9]  from tensorflow.keras.models import Sequential
     from tensorflow.keras.layers import Embedding, LSTM, Dense

     num_words = 25000

     model = Sequential()
     model.add(Embedding(input_dim=num_words, output_dim=16))
     model.add(LSTM(32, return_sequences=True))
     model.add(LSTM(32))
     model.add(Dense(16, activation='relu'))
     model.add(Dense(1, activation='sigmoid'))

     model.summary()
```

출력
```
Model: "sequential_4"
_____
Layer(type)                   Output Shape              Param #
=================================================================
embedding_4(Embedding)        (None, None, 16)          400000

lstm(LSTM)                    (None, None, 32)          6272

lstm_1(LSTM)                  (None, 32)                8320

dense_2(Dense)               (None, 16)                528

dense_3(Dense)               (None, 1)                 17

=================================================================
Total params: 415,137
Trainable params: 415,137
Non-trainable params: 0
_____
```

순환 신경망 중 LSTM을 사용한 모델을 컴파일합니다. 리뷰의 긍정과 부정을 분류하는 이진 분류 문제입니다.

```
[10]  model.compile(optimizer='adam',
                    loss='binary_crossentropy',
                    metrics=['accuracy'])
```

모델 학습 시 성능을 개선하기 위해 학습 데이터를 학습과 검증 데이터셋으로 분류합니다. 사이 킷런의 train_test_split 함수를 사용해 간단하게 분류합니다. 학습 데이터 80%(20,000건)와 검증 데이터 20%(5,000건)로 분류합니다.

```
[11]   from sklearn.model_selection import train_test_split

       x_train, x_val, y_train, y_val = train_test_split(x_train, y_train, test_size=0.2)

       print('train dataset :', x_train.shape, y_train.shape)
       print('validation dataset :', x_val.shape, y_val.shape)
```

출력
```
train dataset :(20000, 256)(20000,)
validation dataset :(5000, 256)(5000,)
```

케라스의 EarlyStopping, ModelCheckpoint 콜백을 정의합니다.

```
[12]   from tensorflow.keras.callbacks import EarlyStopping, ModelCheckpoint

       early_stopping = EarlyStopping(patience = 10)
       checkpoint_model = ModelCheckpoint('ModelCheckpoint.h5')
```

모델을 학습합니다. 학습과 검증 데이터셋을 입력합니다. 학습은 100번으로 정의합니다. batch_size는 256으로 설정하고 콜백을 정의합니다. 100번의 학습 도중 9번에서 조기 종료됐습니다. 모델 학습이 마무리됐으므로 모델의 성능을 평가해 보겠습니다.

```
[13]   history = model.fit(x_train, y_train,
               validation_data=(x_val, y_val),
               epochs=100,
               batch_size=256,
               callbacks=[early_stopping, checkpoint_model])
```

출력
```
Epoch 1/100
79/79 [==============================] – 41s 474ms/step – loss: 0.5721 – accuracy:
0.6844 – val_loss: 0.3723 – val_accuracy: 0.8418
Epoch 2/100
79/79 [==============================] – 37s 467ms/step – loss: 0.2535 – accuracy:
0.8993 – val_loss: 0.2868 – val_accuracy: 0.8828
Epoch 3/100
79/79 [==============================] – 36s 458ms/step – loss: 0.1362 – accuracy:
0.9553 – val_loss: 0.3157 – val_accuracy: 0.8792


…(생략)…


Epoch 8/100
79/79 [==============================] – 37s 466ms/step – loss: 0.0285 – accuracy:
0.9924 – val_loss: 0.5220 – val_accuracy: 0.8534
Epoch 9/100
39/79 [=============>................] – ETA: 17s – loss: 0.0189 – accuracy: 0.9954
```

학습된 모델의 성능을 테스트 데이터셋으로 평가합니다. 평가 결과의 정확도는 83%(0.8341)가 나왔네요.

```
[14]  model.evaluate(x_test,y_test)
```
출력 782/782 [==============================] – 30s 38ms/step – loss: 0.8212 – accuracy: 0.8341
[0.8212067484855652, 0.8340799808502197]

학습 시 리턴되는 값을 `history`에 저장했습니다. 학습과 검증의 각각의 손실과 정확도가 저장 돼 있습니다.

```
[15]  history_dict = history.history
      history_dict.keys()
```
출력 dict_keys(['loss', 'accuracy', 'val_loss', 'val_accuracy'])

`history`의 정확도(accuracy, val_accuracy)를 시각화합니다.

```
[16]  import plotly.graph_objects as go

      fig = go.Figure()
      fig.add_trace(go.Scattergl(y=history.history['accuracy'], name='Train'))
      fig.add_trace(go.Scattergl(y=history.history['val_accuracy'], name='Valid'))
      fig.update_layout(height=500, width=700, title='Accuracy', xaxis_title='Epoch', yaxis_title='Accuracy')
      fig.show()
```

출력

PART 04
다양한 데이터로 케라스

지금까지 딥러닝의 심층 신경망, 합성곱 신경망, 순환 신경망의 동작 원리를 이해하고 실습해 봤습니다. 이번에는 정형 데이터를 활용한 실무에 있을 법한 데이터를 이용해 딥러닝 모델을 실습해 보겠습니다.

1.1 정형 데이터

1.1.1 정형 데이터와 비정형 데이터

정형 데이터는 엑셀, CSV, 데이터베이스에서 보던 표 형태의 데이터를 말합니다. 표 형태로 열과 행으로 구성돼 있습니다. 정형 데이터와 반대되는 개념은 비정형 데이터입니다. 이후 장에서 다룰 이미지, 자연어 등과 같은 데이터들이 비정형 데이터에 속합니다. 정형 데이터와 비정형 데이터의 중간 형태인 반정형 데이터(Semi-Structured Data)도 있습니다. 대표적인 예로는 JSON, XML을 들 수 있습니다. JSON은 애플리케이션에서 데이터를 주고받을 때 많이 사용되는 데이터의 구조입니다.

정형 데이터

반정형 데이터

비정형 데이터

```
Free entry in 2 a wkly comp to
win FA Cup final tkts 21st May
2005. Text FA to 87121 to receive
entry question(std txt rate)T&C's
apply 08452810075over18's FreeMsg
Hey there darling it's been 3
week's now and no word back! I'd
like some fun you up for it
still? Tb ok! XxX std chgs to
send, £1.50 to rcv Even my
brother is not like to speak with
me. They treat me like aids
patent. As per your request
'Melle Melle (Oru Minnaminunginte
Nurungu Vettam)' has been set as
your callertune for all Callers.
Press *9 to copy your friends
Callertune. WINNER!! As a valued
network customer you have been
selected to receivea £900 prize
reward! To claim call
09061701461. Claim code KL341.
Valid 12 hours only.
```

[그림 4-1] 데이터 유형의 예

파이썬의 판다스를 사용하면 정형 데이터와 반정형 데이터를 쉽게 판다스 데이터 프레임 형태로 불러올 수 있습니다. 판다스 데이터 프레임에서 제공하는 많은 기능을 통해 데이터를 처리할수 있습니다. [그림 4-2]는 JSON 형태의 반정형 데이터를 판다스 데이터 프레임으로 변환한 결과입니다. 정형 데이터를 구성하는 용어와 개념에 대해 살펴보겠습니다.

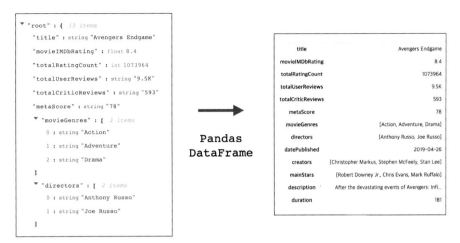

[그림 4-2] JSON을 판다스 데이터 프레임으로 전환

정형 데이터는 행과 열로 구성됩니다. 입력되는 데이터의 유형은 숫자, 문자 등과 같이 다양한 데이터 유형이 있습니다. 데이터가 존재하지 않는 결측값도 있습니다. 결측값을 어떻게 처리하느냐에 따라 모델의 성능에 영향을 미치기도 합니다.

[그림 4-3] 정형 데이터의 예

1.1.2 수치형 데이터와 범주형 데이터

정형 데이터는 '수치형 데이터(Numerical Data)'와 '범주형 데이터(Categorical Data)'로 구분할 수 있습니다. 수치형 데이터는 불량품 수, 판매 수와 같은 '이산형 데이터(Discrete Data)와 키, 몸무게와 같은 '연속형 데이터(Continuous Data)'로 구분됩니다. 범주형 데이터는 등급을 구분하는 '순위형 데이터(Ordinal Data)'와 성별, 지역을 구분하는 '명목형 데이터(Nominal Data)'로 구분됩니다.

이런 구분은 전통적인 통계 학문에서 사용하는 방법입니다. 실습을 통해 다음과 같은 데이터를 머신러닝, 딥러닝에서 숫자로 어떻게 변환하는지에 대해 살펴보겠습니다. 데이터 유형에 따라 변환하는 방법도 조금씩 차이가 있습니다. 데이터의 유형을 잘 알고 특성을 잘 전달하면 모델의 성능을 개선할 수 있습니다.

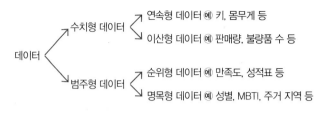

[그림 4-4] 수치형 데이터와 범주형 데이터의 종류

1.2 　실습 인사 데이터로 직원 퇴사 예측하기

정형 데이터의 실습을 위해 캐글의 'HR Analytics: Job Change of Data Scientists' 데이터셋을 사용하겠습니다. 정형 데이터를 이진 분류 모델로 생성하고 예측하는 과정을 실습해 보겠습니다.

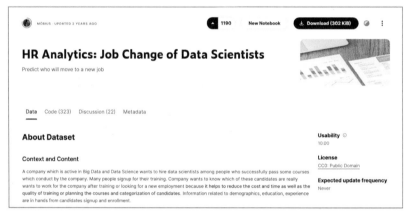

(출처: https://www.kaggle.com/arashnic/hr-analytics-job-change-of-data-scientists)

[그림 4-5] 캐글의 'HR Analytics, Job Change of Data Scientists' 데이터셋

1.2.1 문제 정의

'HR Analytics: Job Change of Data Scientists' 데이터셋은 재직 중인 직원이 이직할 확률을 예측하는 이진 분류 문제입니다. 13개의 직원 정보가 피처로 주어집니다. 라벨은 target 열로, 0이면 '이직을 준비하고 있지 않다', 1이면 '이직을 준비하고 있다'입니다.

표 형태의 정형 데이터입니다. 피처와 라벨에 대한 설명은 [표 4-1]과 같습니다. 데이터의 특성 유형과 데이터 유형을 별도로 기재했습니다. 딥러닝의 입력을 위해 데이터를 숫자형으로 인코딩 시 특성 유형에 따라 변환하는 방법을 실습해 보겠습니다.

[표 4-1] HR Analytics 데이터셋 정보

열	설명	특성 유형		데이터 유형
enrollee_id	Unique ID for candidate	수치형	unique value	int64
city	City code	범주형	Catagorical Variable	object
city_development_index	Developement index of the city(scaled)	수치형	Continous Variable	float64
gender	Gender of candidate	범주형	Catagorical Variable	object
relevent_experience	Relevant experience of candidate	분류	Binary Variable	object
enrolled_university	Type of University course enrolled if any	범주형	Catagorical Variable	object
education_level	Education level of candidate	범주형	Catagorical Variable	object
major_discipline	Education major discipline of candidate	범주형	Catagorical Variable	object
experience	Candidate total experience in years	버킷형	Ordinal Variable	object
company_size	No of employees in current employer's company	버킷형	Ordinal Catagorical variable	object
company_type	Type of current employer	범주형	Catagorical Variable	object
last_new_job	Difference in years between previous job and current job	범주형	Catagorical Variable	object
training_hours	training hours completed	수치형	Continous variable	int64
target	0 – Not looking for job change, 1 – Looking for a job change	분류	Binary Variable	float64

1.2.2 판다스 프로파일로 EDA하기

판다스, 넘파이, 텐서플로, 케라스 라이브러리를 불러옵니다. CSV 파일을 불러와 데이터 프레임에 넣기 위해 판다스 라이브러리를 사용하겠습니다. 판다스는 데이터 분석에 필요한 라이브러리를 제공합니다. 데이터를 다루는 기본적인 판다스 라이브러리 사용법을 익혀 두기를 권합니다.

[소스 4-1] HR-Analytics.ipynb

```
[1]  import pandas as pd
     import numpy as np
     import tensorflow as tf
     import tensorflow.keras as keras
```

캐글 데이터셋에서 데이디를 다운로드한 후 구글 코랩에 업로드합니다. 학습 데이터를 판다스의 read_csv 함수로 읽어와 train이라는 판다스 데이터 프레임에 저장합니다. 테스트 데이터는 라벨 값이 없으므로 사용하지 않습니다.

```
[2]  train = pd.read_csv('/content/drive/MyDrive/Colab Notebooks/data/HR Analytics: Job
     Change of Data Scientists/aug_train.csv')
```

모델의 성능을 평가하기 위해 학습 데이터를 학습과 테스트 데이터로 분리합니다. 학습 시 성능을 개선하기 위해 학습 데이터를 학습과 검증 데이터셋으로 분리합니다. 각각 분리 시 비율은 20%(0.2)로 분리합니다. 학습 데이터는 12,260건, 검증은 3,066건입니다. 테스트 데이터는 3,832건으로 분리됐습니다. 이렇게 분리하는 방법을 '홀드아웃(hold-out)'이라고 합니다.

```
[3]  from sklearn.model_selection import train_test_split

     train, test = train_test_split(train, test_size=0.2, random_state=0)
     train, val = train_test_split(train, test_size=0.2, random_state=0)

     print('train & validation Dataset : ', train.shape, val.shape)
     print('test         Dataset : ', test.shape)
```
출력
```
train & validation Dataset : (12260, 14)(3066, 14)
test Dataset : (3832, 14)
```

학습 데이터를 판다스의 `info` 함수를 통해 살펴보겠습니다. 총 14개의 컬럼으로 구성돼 있으며 12,260건이 있네요. 각 컬럼명과 자료형, 결측값 수를 확인할 수 있습니다. `enrollee_id` 컬럼의 경우 12,260으로, 총 건수와 동일하므로 결측값이 없다고 판단할 수 있습니다. `gender` 컬럼은 9,423건으로 2,837건의 결측값을 확인할 수 있습니다. 데이터의 자료형별 숫자도 확인할 수 있습니다. float64 유형은 2개, int64는 2개, object는 10개입니다. object는 문자형입니다. 학습 데이터는 12,260건, 메모리 사용량은 1.4MB입니다.

```
[4]  train.info()
```
출력
```
<class 'pandas.core.frame.DataFrame'>
Int64Index: 12260 entries, 17241 to 7891
Data columns(total 14 columns):
 #    Column                 Non-Null Count    Dtype
---   ------                 --------------    -----
 0    enrollee_id            12260 non-null    int64
 1    city                   12260 non-null    object
 2    city_development_index 12260 non-null    float64
 3    gender                 9423 non-null     object
 4    relevent_experience    12260 non-null    object
 5    enrolled_university    12005 non-null    object
 6    education_level        11962 non-null    object
 7    major_discipline       10438 non-null    object
 8    experience             12214 non-null    object
 9    company_size           8437 non-null     object
 10   company_type           8317 non-null     object
 11   last_new_job           11999 non-null    object
 12   training_hours         12260 non-null    int64
 13   target                 12260 non-null    float64
dtypes: float64(2), int64(2), object(10)
memory usage: 1.4+MB
```

판다스의 info 함수로 학습 데이터의 많은 정보를 확인할 수 있었습니다. 판다스 프로파일링을 통해 기초적인 데이터 통계 및 데이터 분석에 필요한 정보를 추출할 수 있습니다. 간단한 명령 어로 데이터의 기초 통계를 파악하는 데 유용합니다. 실습을 통해 살펴보겠습니다.

pandas_profiling 라이브러리를 불러옵니다. profile_report 함수로 학습 데이터를 실행합니다. 1.4MB 정도의 데이터에 대해 12초 정도가 소요됐습니다. Overview에서는 학습 데이터의 전반적인 리포팅 정보를 출력합니다. Dataset Statistics에서는 컬럼 수, 총 건수, 결측값 수와 비율, 중복 건수와 비율, 메모리 사용률, 데이터별 평균 메모리 사용량 등이 표시됩니다. Variable type에서는 컬럼의 특성 유형 수를 표시해 줍니다. 수치형이 4개, 범주형이 11개로 표시됩니다.

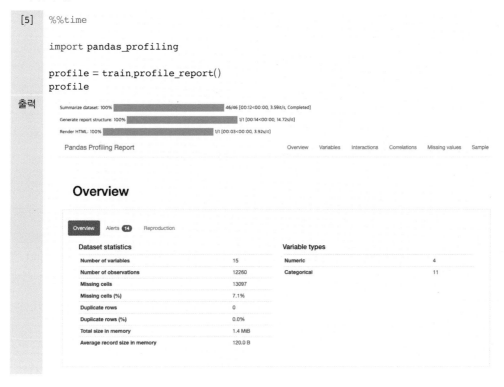

구글 코랩에서 pandas_profiling 실행 시 오류가 발생할 수 있습니다. 코랩에 설치된 라이브러리들 간의 버전이 충돌 또는 다른 문제로 실행되지 않는 경우가 있습니다. 이런 경우, pandas_profiling 버전을 업그레이드해 보고 런타임 메뉴 바에서 [런타임 다시 시작]을 실행한 후 재실행해 보면 정상적으로 출력됩니다. 오류가 발생할 경우, 오류에 대한 라이브러리가 설치돼 있지 않은 경우도 있으므로 설치를 추가로 진행하면 원하는 결과를 확인할 수 있습니다. 구글 코랩에 설치된 라이브러리들이 지속적으로 업그레이드되고 있어 이러한 문제가 발생할 수 있다는 점을 참고하기 바랍니다.

`!pip install pandas-profiling==3.1.0`

```
# !pip install --upgrade pandas-profiling
# !pip install markupsafe==2.0.1
```

판다스 프로파일링은 피처별 기초 통계 정보도 출력해 줍니다. 성별(Gender) 피처의 다양한 정보를 리포팅해 주고 있습니다. Distinct는 3입니다. 성별 피처는 Male, Female, Other의 3가지 값으로 구성돼 있습니다. Male은 8,445건, Female은 775건, Other는 129건입니다. 결측값(Missing)은 2,911건으로 비율은 23.7%입니다. 출력 결과의 하단에는 `Length` 및 `Characters and Unicode`, `Unique`, `Sample`에 관한 정보를 제공합니다.

gender			Male 8445
Categorical	Distinct	3	Female 775
	Distinct (%)	< 0.1%	Other 129
MISSING	Missing	2911	
	Missing (%)	23.7%	
	Memory size	95.9 KiB	

[Toggle details]

Overview　Categories　Words　Characters

Length		Characters and Unicode		Unique			Sample	
Max length	6	Total characters	39075	Unique	0	❓	1st row	Male
Median length	4	Distinct characters	10	Unique (%)	0.0%		2nd row	Male
Mean length	4.1795914	Distinct categories	2	❓			3rd row	Male
Min length	4	Distinct scripts	1	❓			4th row	Male
		Distinct blocks	1	❓			5th row	Male

[그림 4-6] pandas_profiling의 Variables 정보

피처(Variables), 상관관계(Correlations), 결측값(Missing Values), 샘플 데이터(Sample Data) 정보도 확인할 수 있습니다. 코딩 3줄로 이렇게 많은 정보를 간단히 살펴볼 수 있으므로 데이터를 이해하는 데 많은 도움이 됩니다.

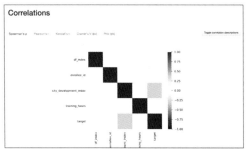
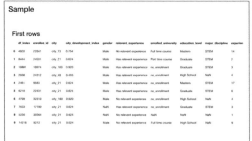

[그림 4-7] pandas_profiling의 다양한 정보

1.2.3 feature_column로 데이터 전처리하기

타이타닉 예제에서는 사이킷런의 라벨 인코딩으로 문자를 숫자로 변환했습니다. 이번 실습에서는 텐서플로의 feature_column을 사용해 인코딩해 보겠습니다. feature_column은 수치형, 범주형, 임베딩, 버킷형, 해시 특성, 교차 특성 열로 변환할 수 있습니다. 이번 데이터셋은 수치형과 범주형, 임베딩 열을 사용해 데이터 전처리를 하겠습니다.

수치형 열은 실수 특성을 표현할 때 사용합니다. 데이터 프레임 열을 변형 없이 feature_columns 리스트에 저장합니다. info 및 판다스 프로파일링에서 확인한 수치형 피처를 대상으로 처리합니다. 라벨 열을 제외하면 enrollee_id, city_development_index, training_hours 열이 대상이네요. feature_column의 numeric_column 함수에 수치형 피처를 입력하면 인코딩이 적용됩니다.

```
[7]   from tensorflow import feature_column

      feature_columns = []

      # 수치형 피처
      for numeric_col in ['enrollee_id', 'city_development_index', 'training_hours']:
          feature_columns.append(feature_column.numeric_column(numeric_col))
```

범주형 열인 성별 값의 범위를 확인합니다. value_counts 함수의 출력 결과를 보면 Male은 8,496건, Female은 808건, 기타는 114건으로 확인됩니다.

```
[8]   train['gender'].value_counts()
출력   Male     8496
      Female   808
      Other    114
      Name: gender, dtype: int64
```

범주형 열은 성별과 같이 범주를 나타내는 데이터형에 사용됩니다. 타이타닉 예제에서 성별을 1, 2와 같은 크기를 갖는 숫자로 라벨 인코딩을 했다면 feature_column에서는 원-핫 인코딩으로 처리할 수 있습니다. 원-핫 인코딩은 범주값에 따라 피처가 생성되고 값을 0과 1로 표현하는 방법입니다. 값이 0과 1로 표현되므로 모델이 값에 큰 특징 또는 의미를 부여하지 않습니다. 성별의 예로 들면 성별 피처가 2개로 구분됩니다. 성별-남, 성별-여로 구분되고 남자인 경우 성별-남은 1, 성별-여는 0의 값으로 원-핫 인코딩됩니다. 이번 실습에서는 gender, relevent_experience, enrolled_university 피처를 범주형 열로 처리했습니다. 값의 범위가 크지 않은 피처를 선정했으며 범위가 큰 경우에는 다음 실습 코드에서 임베딩 열로 처리하겠습니다. 범위라는 것은 남, 여와 같이 값의 가짓수를 말합니다.

```python
# 범주형 피처
gender = feature_column.categorical_column_with_vocabulary_list(
        'gender', ['Male', 'Female', 'Other'])
gender_one_hot = feature_column.indicator_column(gender)
feature_columns.append(gender_one_hot)

relevent_experience = feature_column.categorical_column_with_vocabulary_list(
        'relevent_experience', ['Has relevent experience', 'No relevent experience'])
relevent_experience_one_hot = feature_column.indicator_column(relevent_
experience)
feature_columns.append(relevent_experience_one_hot)

enrolled_university = feature_column.categorical_column_with_vocabulary_list(
        'enrolled_university', ['no_enrollment', 'Full time course', 'Part time course'])
enrolled_university_one_hot = feature_column.indicator_column(enrolled_
university)
feature_columns.append(enrolled_university_one_hot)
```

데이터 문자열 값의 종류가 많은 범주형 데이터인 경우, 원-핫 인코딩으로 처리 시 피처 수가
많아지고 학습 및 연산 시 많은 시간이 소요됩니다. 이런 경우, 고차원 원-핫 인코딩으로 데이
터를 표현하는 대신, 임베딩 열로 저차원의 데이터로 표현하는 것이 효과적입니다. 0과 1이 아
니라 0.3088106, −0.5345306과 같은 벡터로 표현됩니다.

```python
# 임베딩 피처
education_level = feature_column.categorical_column_with_vocabulary_list(
        'education_level', ['Graduate', 'High School', 'Masters', 'Primary School', 'Phd'])
education_level_embedding = feature_column.embedding_column(education_level,
dimension=10)

feature_columns.append(education_level_embedding)

# 임베딩 피처
company_size = feature_column.categorical_column_with_vocabulary_list(
        'company_size', ['50-99', '100-500', '10000+', '10/49', '1000-4999', '<10', '500-999',
'5000-9999'])
company_size_embedding = feature_column.embedding_column(company_size,
dimension=10)

feature_columns.append(company_size_embedding)
```

임베딩 열의 입력된 city 피처를 보면 121가지의 값으로 구성돼 있다는 것을 알 수 있습니다.
city 열의 값 중 city_103이 2,814건으로 가장 많네요. 그다음으로 city_21, city_16 순입니다.
이런 값이 121개가 있다는 것입니다. 이런 경우, 범주형 열보다는 임베딩 열을 사용하는 것이
딥러닝 처리에 효과적입니다. 원-핫 인코딩을 사용한다면 121개의 피처가 추가돼야 합니다. 이
런 피처가 여러 개 있으면 모델의 성능에 영향을 미칩니다.

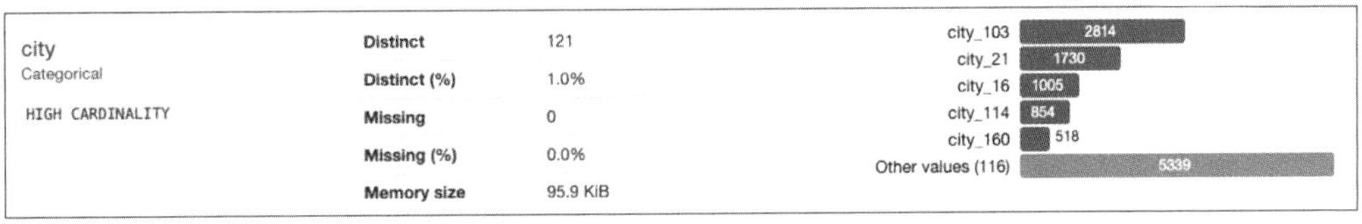

city Categorical HIGH CARDINALITY	Distinct	121
	Distinct (%)	1.0%
	Missing	0
	Missing (%)	0.0%
	Memory size	95.9 KiB

city_103	2814
city_21	1730
city_16	1005
city_114	854
city_160	518
Other values (116)	5339

[그림 4-8] city 컬럼의 데이터 분포

문자를 숫자로 변환하는 인코딩 외에도 데이터 전처리에는 결측값 처리가 있습니다. dropana 함수로 결측값이 있는 행을 삭제합니다. 결측값을 처리하는 방법은 삭제하는 방법 외에도 여러 가지가 있습니다. 평균값 또는 중앙값으로 넣어 주기도 하고 앞, 뒤 데이터를 보고 유사하게 넣어 주기도 합니다. 주어진 데이터의 특징 및 문제의 맥락을 확인해 모델의 성능을 개선하는 방향으로 결측값을 처리합니다. 여기서는 결측값 행을 삭제하겠습니다.

```
[11]    train = train.dropna()
        val = val.dropna()
        test = test.dropna()
```

판다스의 함수를 생성해 학습과 검증, 테스트 데이터를 처리합니다. 함수는 반복적인 작업 및 재사용하는 경우에 유용하기 때문에 사용 방법을 알아 두면 좋습니다.

tf.data.Dataset을 사용해 입력 파이프라인을 만들어 보겠습니다. 판다스의 데이터 프레임을 tf.data.Dataset으로 저장합니다. 함수의 인자로 입력받은 데이터 프레임을 dataframe에 복사합니다. 판다스의 pop 함수를 사용해 피처와 라벨을 분리합니다. 분리된 피처와 라벨을 from_tensor_slices로 ds에 저장합니다. 학습 데이터를 셔플할 것인지도 입력 매개변수에 따라 결정합니다. 셔플은 데이터를 랜덤하게 섞어 주는 것을 의미합니다. 그런 다음 한 번에 처리할 수 있는 데이터의 수인 배치 크기를 지정합니다. 기본값은 '32'입니다.

```
[12]    def dataframe_to_dataset(dataframe, shuffle=True, batch_size=32):
            dataframe = dataframe.copy()
            labels = dataframe.pop('target')
            ds = tf.data.Dataset.from_tensor_slices((dict(dataframe), labels))
            if shuffle:
                    ds = ds.shuffle(buffer_size=len(dataframe))
            ds = ds.batch(batch_size)
            return ds
```

배치 크기는 32로 설정한 후 학습과 검증, 테스트 데이터 프레임을 dataframe_to_dataset 함수를 사용해 tf.data.Dataset으로 변환합니다.

```
[13]    batch_size = 32

        train_ds = dataframe_to_dataset(train, batch_size=batch_size)
        val_ds = dataframe_to_dataset(val, shuffle=False, batch_size=batch_size)
        test_ds = dataframe_to_dataset(test, shuffle=False, batch_size=batch_size)
```

1.2.4 모델 빌드 및 컴파일

DenseFeatures에 앞에서 데이터 전처리한 feature_columns 리스트를 입력합니다.

```
[14]   from tensorflow.keras.layers import DenseFeatures

       DenseFeatures_Layer = DenseFeatures(feature_columns)
```

모델을 다양한 층으로 생성합니다. feature_column을 사용했기 때문에 입력층을 DenseFeatures 층으로 처리했습니다. 출력층은 이진 분류로 sigmoid를 사용했습니다.

```
[15]   from tensorflow.keras.models import Sequential
       from tensorflow.keras.layers import Dense

       model = Sequential([
           DenseFeatures_Layer,
           Dense(128, activation='relu'),
           Dense(64, activation='relu'),
           Dense(32, activation='relu'),
           Dense(1, activation='sigmoid')
       ])
```

모델을 컴파일합니다. 평가 지표로는 정확도를 사용합니다.

```
[16]   model.compile(optimizer='adam',
                     loss='binary_crossentropy',
                     metrics=['accuracy'])
```

1.2.5 콜백을 사용해 훈련 주기의 마지막을 트리거

학습이 끝날 때마다 호출할 수 있는 콜백을 지정합니다. EarlyStopping은 학습 데이터에 학습이 과대적합되지 않도록 하는 설정입니다. patience를 10으로 지정했습니다. 학습과 검증 데이터를 비교해 검증 데이터가 10번 이상의 개선 효과가 없으면 학습을 중지하라는 설정입니다. '학습을 100번하라'라고 해도 개선이 없다면 중간에 끝날 수 있습니다. ModelCheckpoint는 학습이 진행될 때 가장 좋은 성능을 내는 모델 정보를 체크해 저장할 수 있도록 하는 설정입니다. 100번의 학습 중 가장 좋은 모델을 저장함으로써 이후 재사용할 수 있도록 합니다.

```
[17]   from tensorflow.keras.callbacks import EarlyStopping, ModelCheckpoint

       early_stopping = EarlyStopping(patience = 10)
       checkpoint_model = ModelCheckpoint('ModelCheckpoint.h5')
```

모델 학습을 합니다. 학습과 검증 데이터를 입력한 후 100번을 학습하고 콜백은 앞 코드에서 설정한 early_stopping, checkpoint_model을 지정합니다. 1번 학습(epoch)이 끝날 때마다 콜백을 호출합니다. 출력에서는 100번의 학습을 지정했지만, 31번 epoch에서 학습이 조기 종료(early_stopping)됐습니다. history에 저장된 손실(loss), 정확도 값을 이용해 학습과 검증 데이터의 추이를 그래프로 살펴보겠습니다. 학습 데이터에 과대적합됐는지, 과소적합됐는지 확인하는 중요한 지표가 되는 값입니다.

```
[18]  history = model.fit(train_ds,
                validation_data=val_ds,
                epochs=100,
                callbacks=[early_stopping, checkpoint_model])
```

출력
```
Epoch 1/100
182/182 [==============================] - 3s 7ms/step - loss: 26.6880 - accuracy:
0.7350 - val_loss: 22.5723 - val_accuracy: 0.2003
Epoch 2/100
182/182 [==============================] - 1s 5ms/step - loss: 14.9045 - accuracy:
0.7323 - val_loss: 7.5015 - val_accuracy: 0.8263
Epoch 3/100
182/182 [==============================] - 2s 9ms/step - loss: 12.5295 - accuracy:
0.7364 - val_loss: 10.6190 - val_accuracy: 0.8270
…(생략) …
Epoch 29/100
182/182 [==============================] - 1s 4ms/step - loss: 0.4551 - accuracy:
0.8368 - val_loss: 0.4760 - val_accuracy: 0.8263
Epoch 30/100
182/182 [==============================] - 1s 4ms/step - loss: 0.4652 - accuracy:
0.8364 - val_loss: 0.4817 - val_accuracy: 0.8263
Epoch 31/100
182/182 [==============================] - 1s 4ms/step - loss: 0.4749 - accuracy:
0.8368 - val_loss: 0.4981 - val_accuracy: 0.8263
```

테스트 데이터로 모델을 평가합니다. 정확도가 83%네요. 데이터 전처리 및 모델, 하이퍼 매개변수 튜닝을 통해 모델의 성능을 개선할 수 있을 것 같습니다.

```
[19]  loss, accuracy = model.evaluate(test_ds)
      print("accuracy: ", accuracy)
```

출력
```
56/56 [==============================] - 0s 3ms/step - loss: 0.4985 - accuracy:
0.8342
accuracy:        0.8341851234436035
```

1.2.6 훈련된 모델의 플롯 손실 및 정확도

학습 시 history에 저장된 데이터로 손실과 컴파일 시 평가 지표로 지정한 정확도의 추이를 그 래프로 그려 봅니다. 검증 데이터가 불규칙하게 튀는 구간이 다소 보입니다. 이 밖에는 학습 데 이터와 동일한 추이를 보이는 것을 확인할 수 있습니다.

```python
[20]  from plotly.subplots import make_subplots
      import plotly.graph_objects as go

      fig = make_subplots(specs=[[{"secondary_y": True}]])

      # model history
      epoch = history.epoch
      loss = history.history['loss']
      val_loss = history.history['val_loss']
      accuracy = history.history['accuracy']
      val_accuracy = history.history['val_accuracy']

      # Scatter
      fig.add_trace(go.Scatter(x=epoch, y=loss, name="loss"),secondary_y=False,)
      fig.add_trace(go.Scatter(x=epoch, y=val_loss, name="val_loss"),secondary_y=False,)
      fig.add_trace(go.Scatter(x=epoch, y=accuracy, name="accuracy"),secondary_y=True,)
      fig.add_trace(go.Scatter(x=epoch, y=val_accuracy, name="val_accuracy"),secondary_
      y=True,)

      # Templates configuration. Default template: 'plotly'
      # Available templates: ['ggplot2', 'seaborn', 'simple_white', 'plotly','plotly_white',
      'plotly_dark', 'presentation', 'xgridoff','ygridoff', 'gridon', 'none']
      fig.update_layout(title_text="<b>Loss/Accuracy of Model</b>", template='plotly')
      fig.update_xaxes(title_text="Epoch")
      fig.update_yaxes(title_text="Loss", secondary_y=False)
      fig.update_yaxes(title_text="Accuracy", secondary_y=True)
      fig.show()
```

출력

이번에는 공개된 이미지 데이터셋에 대해 알아보고 이미지 데이터에서의 딥러닝 문제 유형에는 어떤 것이 있는지 살펴보겠습니다. iBeans 데이터셋으로 이미지 분류 모델을 구현해 보겠습니다.

2.1   이미지 데이터

이미지 데이터셋과 이미지 문제(컴퓨터 비전)의 유형에 대해 알아보겠습니다.

2.1.1 이미지 데이터셋 소개

케라스의 tf.keras.datasets 모듈에는 넘파일 형태로 벡터화된 데이터가 내장돼 있습니다. 이 중 MNIST, CIFAR10, CIFAR100, Fashion MNIST 데이터셋이 이미지 데이터입니다. 해당 데이터셋에 대해 알아보겠습니다.

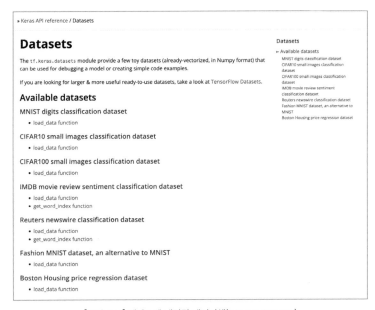

[그림 4-9] 케라스에 내장된 데이터셋(tf.keras.datasets)

MNIST 데이터셋은 0에서 9까지의 손글씨 이미지 데이터입니다. 60,000개의 학습 데이터와 10,000개의 테스트 데이터로 구성돼 있습니다.

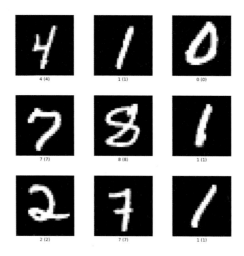

[그림 4-10] MNIST 데이터셋

CIFAR10 데이터셋은 비행기, 자동차 등과 같은 10개의 라벨을 가진 32×32 컬러 이미지 데이터입니다. 학습 데이터는 50,000개, 테스트 데이터는 10,000개로 데이터는 총 60,000개입니다. CIFAR100도 있으며 CIFAR10과 차이는 라벨 값이 10~100개라는 것입니다.

Here are the classes in the dataset, as well as 10 random images from each:

[그림 4-11] CIFAR10 데이터셋

이 밖에 공개된 데이터셋으로는 CIFAR-10, CIFAR-100, Fashion MNIST, ImageNet, MS COCO, Cityscapes, Open Image 등이 있습니다.

2.1.2 이미지 데이터

이미지는 '픽셀'이라는 작은 점으로 구성돼 있습니다. 이 픽셀은 컴퓨터가 표현할 수 있어야 하므로 숫자 0에서 255 사이의 숫자로 이뤄집니다. MNIST 데이터셋의 이미지 중 하나를 불러와 자세히 살펴보겠습니다. [그림 4-12]는 숫자 5를 손글씨로 작성한 이미지입니다. 이미지의 크기는 가로 28, 세로 28입니다. [그림 4-12]의 오른쪽을 보면 숫자 5가 수많은 숫자로 구성돼 있는 것을 알 수 있습니다. 5를 나타내는 부분에 큰 숫자로 표현돼 있네요. 이 숫자는 이미지의 명도에 따라 0부터 255로 표현돼 있습니다. 흑백 이미지는 1개의 채널로 구성돼 있습니다.

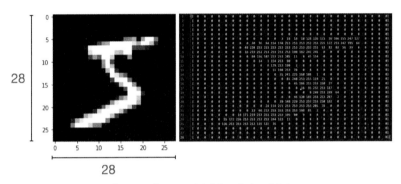

[그림 4-12] MNIST 데이터셋 중 숫자 5 이미지

CIFAR10 데이터셋의 이미지 한 장을 불러옵니다. 개구리 이미지로 가로 32, 세로 32로 구성된 컬럼 이미지입니다. 컬러의 경우, 3개의 채널(R, G, B)로 구성돼 있습니다.

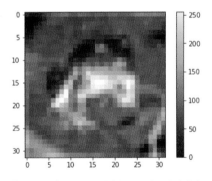

[그림 4-13] CIFAR10 데이터셋 중 개구리 이미지

2.1.3 이미지 데이터를 다루는 문제들

이미지 및 영상을 다루는 분야를 '컴퓨터 비전'이라고 합니다. 컴퓨터 비전의 문제 유형에는 객체 분류 및 인식, 이미지 분할, 이미지 캡셔닝, 객체 검출, 객체 추적 등 다양한 연구 분야가 있습니다. [표 4-2]는 컴퓨터 비전의 문제 유형에 대한 설명을 정리한 것입니다. 다음 실습에서는 이미지 분류를 실습해 보겠습니다.

[표 4-2] 컴퓨터 비전 기술

구분	내용
이미지 분류 및 인식 (image classification & recognition)	이미지를 인식하고 분류하는 기술
이미지 분할 (image segmentation)	이미지에서 의미 있는 부분을 분할하는 기술
이미지 캡셔닝 (image captioning)	이미지를 인식해 텍스트로 설명하는 기술
객체 검출 (object detection & Localization)	이미지 또는 영상에서 객체를 검출하고 그 위치를 바운딩 박스로 표시하는 기술
객체 추적 (object tracking)	영상 속에서 객체를 추적하는 기술

2.2 　실습 iBeans 이미지 분류

IBeans 이미지 데이터셋으로 객체 분류 모델을 정의하고 예측해 보겠습니다.

2.2.1 문제 정의

콩은 아프리카의 중요한 곡물 식품입니다. 콩은 동아프리카의 취학 연령 아동에게 중요한 단백질 공급원입니다. iBeans는 1,296장의 콩 식물 이미지로 구성된 데이터셋입니다. 라벨이 주어진 지도학습으로, 라벨은 콩 식물의 건강 상태를 3가지 클래스(Healthy Class, Angular Leaf Spot, Bean Rust)로 구분한 데이터셋입니다. 콩 식물의 이미지로 콩의 건강 상태를 분류할 수 있는 딥러닝 모델을 구현해 건강한 식물을 재배할 수 있는 환경을 마련할 수 있도록 합니다.

2.2.2 실제 다양한 형태와 크기의 실제 이미지 데이터셋 처리하기

딥러닝 및 이미지 처리에 필요한 케라스 라이브러리를 불러옵니다.

[소스 4-2] ibeans.ipynb

```
[1]   import tensorflow as tf
      from tensorflow.keras.utils import get_file
      from tensorflow.keras.preprocessing import image_dataset_from_directory

      from tensorflow.keras.models import Sequential
      from tensorflow.keras.layers import Conv2D, MaxPooling2D, Flatten, Dense, Dropout
      from tensorflow.keras.layers.experimental.preprocessing import Rescaling

      import os
      import pathlib
```

ibeans 데이터셋을 불러오겠습니다. 학습 및 검증 데이터셋이 zip 파일로 압축돼 있습니다. 케라스의 utils 라이브러리의 get_file 함수를 사용해 zip 파일의 압축을 해제하고 지정한 경로에 데이터셋을 저장하겠습니다. fname에 볼러올 파일명, origin에는 불러올 경로 또는 URL 주소를 넣습니다. extract는 압축 해제 여부를 결정합니다. cache_subdir은 압축을 풀고 저장할 하위 디렉터리 경로를 지정합니다. 학습과 검증 데이터셋을 불러옵니다.

```
[2]   from tensorflow.keras.utils import get_file

      import os
      import pathlib

      train_url = "https://storage.googleapis.com/ibeans/train.zip"
      validation_url = "https://storage.googleapis.com/ibeans/validation.zip"

      def get_data(fname, origin, extract):
          data_dir = get_file(fname=fname,
                              origin=origin,
                              extract=extract,
                              cache_subdir='/content/drive/MyDrive/Colab Notebooks/
      data/ibeans')
          data_dir = os.path.join(os.path.dirname(data_dir))
          return data_dir

      train_dir = get_data('train.zip', train_url, 'True')
      validation_dir = get_data('validation.zip', validation_url, 'True')

      train_dir = os.path.join(train_dir, 'train')
      validation_dir = os.path.join(validation_dir, 'validation')

      print(train_dir)
      print(validation_dir)
```

출력   Downloading data from https://storage.googleapis.com/ibeans/train.zip
      143818752/143812152 [==============================] - 2s 0us/step
      143826944/143812152 [==============================] - 2s 0us/step
      Downloading data from https://storage.googleapis.com/ibeans/validation.zip
      18505728/18504213 [==============================] - 1s 0us/step
      18513920/18504213 [==============================] - 1s 0us/step

      /content/drive/MyDrive/Colab Notebooks/input/ibeans/train
      /content/drive/MyDrive/Colab Notebooks/input/ibeans/validation

zip 파일의 압축이 풀렸는지 확인합니다. ibeans 폴더 하위에는 train과 validation 폴더가 있습니다. 각 폴더에는 ibeans의 3가지 클래스가 폴더로 구분돼 있습니다. 폴더의 하위에는 클래스에 맞는 이미지가 모여 있습니다. 지정한 디렉터리에 정상적으로 zip 파일이 풀렸습니다.

```
[3]   !du -h '/content/drive/MyDrive/Colab Notebooks/data/ibeans/train'
출력   48M   /content/drive/MyDrive/Colab Notebooks/data/ibeans/train/healthy
       46M   /content/drive/MyDrive/Colab Notebooks/data/ibeans/train/angular_leaf_spot
       45M   /content/drive/MyDrive/Colab Notebooks/data/ibeans/train/bean_rust
       138M  /content/drive/MyDrive/Colab Notebooks/data/ibeans/train
```

케라스의 image_dataset_from_directory로 디렉터리의 이미지들을 데이터셋으로 저장합니다. image_dataset_from_directory 인자 중 directory에 학습과 검증 데이터가 있는 위치를 지정합니다. batch_size는 기본값인 '32'로 설정합니다. 다른 크기와 형태의 이미지를 image_size를 지정해 데이터셋에 저장합니다. 가로 256, 세로 256으로 저장했습니다. 셔플로 데이터를 섞습니다. seed 값을 넣어 반복 수행 시 동일한 결과가 나오도록 합니다. 실행 결과, 학습 데이터셋은 1,034개의 이미지를 찾았고 3개의 클래스가 있다고 출력됐습니다. 검증 데이터셋은 133개의 이미지와 3개의 클래스를 찾았네요.

```
[4]   from tensorflow.keras.preprocessing import image_dataset_from_directory

      train_ds = image_dataset_from_directory(
          directory=train_dir,
          batch_size=32,            # Default: 32
          image_size=(256, 256),    # Defaults:(256, 256)
          shuffle=True,             # Default: True
          seed=0
      )

      validation_ds = image_dataset_from_directory(
          directory=validation_dir,
          batch_size=32,            # Default: 32
          image_size=(256, 256),    # Defaults:(256, 256)
          shuffle=True,             # Default: True
          seed=0
      )
출력   Found 1034 files belonging to 3 classes.
      Found 133 files belonging to 3 classes.
```

학습 데이터셋의 첫 번째 데이터를 불러옵니다. data를 shape로 보면 (32, 256, 256, 3)으로 출력됩니다. 32는 배치 크기, 가로 256, 세로 256은 이미지 크기입니다. 컬러 이미지이므로 3개의 채널을 사용한 것을 확인할 수 있습니다. 32개 이미지의 라벨 값도 32개로 확인됩니다.

```
[5]   for data, labels in train_ds.take(1):
          print(data.shape)
          print(labels.shape)
출력   (32, 256, 256, 3)
      (32,)
```

클래스도 class_names로 확인할 수 있습니다. 데이터를 불러오면 하위 디렉터리에 클래스명으로 폴더가 나왔습니다. 3개의 폴더를 확인했으며 angular_leaf_spot, bean_rust, healthy라는 클래스명이 출력됐습니다.

```
[6]   class_names = train_ds.class_names

      print(class_names)
```
출력   ['angular_leaf_spot', 'bean_rust', 'healthy']

이미지 25장을 시각화해 보겠습니다. healthy는 건강한 상태, angular_leaf_spot, bean_rust는 병든 상태를 나타냅니다. 이미지의 상단에 있는 클래스명으로 확연히 구분할 수 있네요.

```
[7]   import matplotlib.pyplot as plt

      plt.figure(figsize=(15, 15))
      for images, labels in train_ds.take(1):
          for i in range(25):
              ax = plt.subplot(5, 5, i + 1)
              plt.imshow(images[i].numpy().astype("uint8"))
              plt.title(class_names[labels[i]])
              plt.axis("off")
```
출력

2.2.3 모델 생성 및 학습

케라스 모델을 생성합니다. 모델의 성능을 개선하기 위한 데이터 전처리를 위해 Rescaling층에서 입력 데이터를 (256, 256, 3)으로 받은 후 Scale을 1./255로 설정해 0과 1 사이의 값으로 정규화합니다. 합성곱-풀링층을 사용해 이미지의 특징을 추출합니다. 저차원에서 고차원으로 합성곱-풀링층을 쌓아 추출합니다. 필터의 수도 16, 32, 64개로 점차 늘리고 커널(필터의 집합)의 크기는 (3×3)을 사용합니다. 3×3은 3으로도 입력할 수 있습니다. 패딩의 경우, same으로 설정해 제로 패딩을 적용합니다. 입력 피처맵의 크기가 출력 피처맵에서도 유지되겠네요. 활성화 함수로는 합성곱 신경망에서 성능이 좋다는 relu를 사용합니다. 합성곱-풀링층에서 특징을 추출했다면 Flatten층을 사용해 완전 연결층의 입력으로 넣습니다. 출력층은 클래스가 3개이므로 units를 3으로 설정했습니다.

```
[8]  from tensorflow.keras.models import Sequential
     from tensorflow.keras.layers import Conv2D, MaxPooling2D, Flatten, Dense
     from tensorflow.keras.layers.experimental.preprocessing import Rescaling

     model = Sequential([
             Rescaling(scale=1./255, input_shape=(256, 256, 3)),

             Conv2D(filters=16, kernel_size=3, padding='same', activation='relu'),
             MaxPooling2D(),
             Conv2D(filters=32, kernel_size=3, padding='same', activation='relu'),
             MaxPooling2D(),
             Conv2D(filters=64, kernel_size=3, padding='same', activation='relu'),
             MaxPooling2D(),

             Flatten(),
             Dense(units=128, activation='relu'),
             Dense(units=3)        # class_names: ['angular_leaf_spot', 'bean_rust', 'healthy']
     ])
```

summary 함수를 사용해 모델의 구조와 매개변수 수를 확인합니다. 총 8,412,707개의 매개변수가 사용됐네요.

```
[9]  model.summary()
```

출력   Model: "sequential"

Layer(type)	Output Shape	Param #
rescaling(Rescaling)	(None, 256, 256, 3)	0
conv2d(Conv2D)	(None, 256, 256, 16)	448
max_pooling2d(MaxPooling2D)	(None, 128, 128, 16)	0
conv2d_1(Conv2D)	(None, 128, 128, 32)	4640
max_pooling2d_1(MaxPooling2D)	(None, 64, 64, 32)	0
conv2d_2(Conv2D)	(None, 64, 64, 64)	18496
max_pooling2d_2(MaxPooling2D)	(None, 32, 32, 64)	0
flatten(Flatten)	(None, 65536)	0
dense(Dense)	(None, 128)	8388736
dense_1(Dense)	(None, 3)	387

```
Total params: 8,412,707
Trainable params: 8,412,707
Non-trainable params: 0
```

모델을 컴파일합니다.

```
[10]  model.compile(optimizer='adam',
                    loss=tf.keras.losses.SparseCategoricalCrossentropy(from_logits=True),
                    metrics=['accuracy'])
```

EarlyStopping, ModelCheckpoint 콜백을 정의합니다.

```
[11]  from tensorflow.keras.callbacks import EarlyStopping, ModelCheckpoint

      early_stopping = EarlyStopping(patience = 10)
      checkpoint_model = ModelCheckpoint('ModelCheckpoint.h5')
```

이미지 데이터를 이용해 모델을 학습해 보겠습니다. %%time 명령어로 소요 시간을 측정할 수 있습니다. 이번 학습은 34분이 소요됐습니다. 학습은 100번으로 설정하고 early_stopping 콜백으로 설정해, 학습 개선이 없는 경우 조기 종료되도록 합니다. 첫 번째 학습에서는 정확도가 47%(0.4797)로 시작해 100%(1.0000)로 학습을 마무리했습니다. 학습 데이터에 비해 검증 데이터의 정확도는 63%(0.6316)로 시작해 78%(0.7895)로 끝나는 것을 확인할 수 있습니다. 시각화해 다시 살펴보겠습니다.

```
[12]  %%time

      history = model.fit(train_ds,
                          validation_data=validation_ds,
                          epochs=100,
                          callbacks=[early_stopping, checkpoint_model])
```

출력
```
Epoch 1/100
33/33 [==============================] ─ 73s 2s/step ─ loss: 1.1720 ─ accuracy:
0.4797 ─ val_loss: 0.8526 ─ val_accuracy: 0.6316
Epoch 2/100
33/33 [==============================] ─ 69s 2s/step ─ loss: 0.7655 ─ accuracy:
0.6518 ─ val_loss: 0.6473 ─ val_accuracy: 0.7293
Epoch 3/100
33/33 [==============================] ─ 68s 2s/step ─ loss: 0.5973 ─ accuracy:
0.7611 ─ val_loss: 0.8172 ─ val_accuracy: 0.6316
…(생략) …
33/33 [==============================] ─ 69s 2s/step ─ loss: 0.0125 ─ accuracy:
0.9990 ─ val_loss: 0.7999 ─ val_accuracy: 0.8045
Epoch 14/100
33/33 [==============================] ─ 70s 2s/step ─ loss: 0.0059 ─ accuracy:
1.0000 ─ val_loss: 0.8618 ─ val_accuracy: 0.7970
Epoch 15/100
33/33 [==============================] ─ 71s 2s/step ─ loss: 0.0049 ─ accuracy:
1.0000 ─ val_loss: 0.9637 ─ val_accuracy: 0.7895
Epoch 16/100
33/33 [==============================] ─ 70s 2s/step ─ loss: 0.0021 ─ accuracy:
1.0000 ─ val_loss: 0.9869 ─ val_accuracy: 0.7895

CPU times: user 33min 47s, sys: 35.7 s, total: 34min 23s
Wall time: 21min 1s
```

plotly 라이브러리를 활용해 손실과 정확도를 시각화합니다.

```
[13]  from plotly.subplots import make_subplots
      import plotly.graph_objects as go

      fig = make_subplots(specs=[[{"secondary_y": True}]])

      # model history
      epoch = history.epoch
      loss = history.history['loss']
      val_loss = history.history['val_loss']
      accuracy = history.history['accuracy']
      val_accuracy = history.history['val_accuracy']

      # Scatter
      fig.add_trace(go.Scatter(x=epoch, y=loss, name="loss"),secondary_y=False,)
      fig.add_trace(go.Scatter(x=epoch, y=val_loss, name="val_loss"),secondary_y=False,)
      fig.add_trace(go.Scatter(x=epoch, y=accuracy, name="accuracy"),secondary_y=True,)
      fig.add_trace(go.Scatter(x=epoch, y=val_accuracy, name="val_accuracy"),secondary_
      y=True,)

      # Templates configuration. Default template: 'plotly'
      # Available templates: ['ggplot2', 'seaborn', 'simple_white', 'plotly','plotly_white',
      'plotly_dark', 'presentation', 'xgridoff','ygridoff', 'gridon', 'none']
      fig.update_layout(title_text="<b>Loss/Accuracy of Model</b>", template='plotly')
      fig.update_xaxes(title_text="Epoch")
      fig.update_yaxes(title_text="Loss", secondary_y=False)
      fig.update_yaxes(title_text="Accuracy", secondary_y=True)
      fig.show()
```

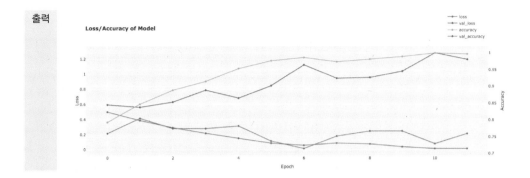

2.2.4 이미지 확장을 이용해 과대적합 예방

모델의 과대적합을 줄이는 데 대표적으로 사용하는 방법은 학습 데이터를 증강시키는 것입니다. 이 밖에도 정규화와 드롭아웃, 모델의 복잡도를 단순화하는 방법 등 주어진 문제와 데이터 상황에 맞는 실험을 통해 개선할 수 있습니다. 이번 실습에서는 학습 데이터의 양을 늘려 과대적합을 방지해 보겠습니다.

케라스의 preprocessing을 사용하면 데이터 증강을 사용할 수 있습니다. 이를 적용하는 데는 모델에 층을 포함시키는 방법과 데이터셋에 바로 적용하는 방법이 있습니다. 이번 실습에서는 첫 번째 방법을 사용하겠습니다.

Data_Augmentation이라는 전처리층을 생성한 후 RandomFlip, RandomRotation, RandomZoom을 사용해 이미지의 크기와 배율 등을 임의로 조정합니다. 매개변수값에 따라 정도를 조절할 수 있습니다. input_shape로 데이터 입력의 형상을 동일하게 정의했습니다.

```
[14]  from tensorflow.keras.layers.experimental.preprocessing import RandomFlip,
      RandomRotation, RandomZoom

      Data_Augmentation = Sequential(
          [
          RandomFlip("horizontal", input_shape=(256, 256, 3)),
          RandomRotation(0.1),
          RandomZoom(0.1),
          ]
      )
```

모델을 생성합니다. 입력층으로 이미 정의한 Data_Augmentation층을 사용합니다. Rescaling으로 이미지의 크기를 스케일링합니다. 이후 합성곱-풀링층을 사용해 특징을 추출하는 과정을 거칩니다. 추출된 특징을 완전 연결층에 입력해 출력층에서 다중 분류를 진행합니다. summary 함수로 모델의 구조와 매개변수를 확인해 봅니다.

```
[15]  from tensorflow.keras.models import Sequential
      from tensorflow.keras.layers import Conv2D, MaxPooling2D, Flatten, Dense, Dropout
      from tensorflow.keras.layers.experimental.preprocessing import Rescaling

      model = Sequential([
            Data_Augmentation,
            Rescaling(1./255),

            Conv2D(16, 3, padding='same', activation='relu'),
            MaxPooling2D(),
            Conv2D(32, 3, padding='same', activation='relu'),
            MaxPooling2D(),
            Conv2D(64, 3, padding='same', activation='relu'),
            MaxPooling2D(),
            Dropout(0.2),

            Flatten(),
            Dense(128, activation='relu'),
            Dense(3)          # class_names: ['angular_leaf_spot', 'bean_rust', 'healthy']
      ])

      model.summary()
```

출력   Model: "sequential_2"

Layer(type)	Output Shape	Param #
sequential_1(Sequential)	(None, 256, 256, 3)	0
rescaling_1(Rescaling)	(None, 256, 256, 3)	0
conv2d_3(Conv2D)	(None, 256, 256, 16)	448
max_pooling2d_3(MaxPooling2D)	(None, 128, 128, 16)	0
conv2d_4(Conv2D)	(None, 128, 128, 32)	4640
max_pooling2d_4(MaxPooling2D)	(None, 64, 64, 32)	0
conv2d_5(Conv2D)	(None, 64, 64, 64)	18496
max_pooling2d_5(MaxPooling2D)	(None, 32, 32, 64)	0
dropout(Dropout)	(None, 32, 32, 64)	0
flatten_1(Flatten)	(None, 65536)	0
dense_2(Dense)	(None, 128)	8388736
dense_3(Dense)	(None, 3)	387

```
Total params: 8,412,707
Trainable params: 8,412,707
Non-trainable params: 0
```

모델을 컴파일한 후 학습을 진행합니다. 이전 모델에서는 16번 학습 후 조기 종료됐습니다. 데이터 증강으로 개선한 모델에서는 34번 학습 후 조기 종료된 것을 확인할 수 있습니다. 학습은 1시간 24분이 소요됐습니다. 데이터 증강을 통해 검증 데이터셋의 정확도가 78%(0.7895)에서 82%(0.8271)로 개선된 것을 확인할 수 있습니다.

```
[16]  %%time

      model.compile(optimizer='adam',
              loss=tf.keras.losses.SparseCategoricalCrossentropy(from_logits=True),
              metrics=['accuracy'])

      history = model.fit(train_ds,
                          validation_data=validation_ds,
                          epochs=100,
                          callbacks=[early_stopping, checkpoint_model])
```

출력
```
Epoch 1/100
33/33 [==============================] - 86s 3s/step - loss: 1.1076 - accuracy:
0.4913 - val_loss: 0.8525 - val_accuracy: 0.5789
Epoch 2/100
33/33 [==============================] - 80s 2s/step - loss: 0.8031 - accuracy:
0.6412 - val_loss: 0.6653 - val_accuracy: 0.7444
Epoch 3/100
33/33 [==============================] - 81s 2s/step - loss: 0.6928 - accuracy:
0.6973 - val_loss: 0.6188 - val_accuracy: 0.6917
…(생략) …
Epoch 32/100
33/33 [==============================] - 80s 2s/step - loss: 0.2623 - accuracy:
0.9091 - val_loss: 0.4320 - val_accuracy: 0.8195
Epoch 33/100
33/33 [==============================] - 80s 2s/step - loss: 0.2498 - accuracy:
0.8965 - val_loss: 0.4305 - val_accuracy: 0.8271
Epoch 34/100
33/33 [==============================] - 80s 2s/step - loss: 0.2789 - accuracy:
0.8859 - val_loss: 0.5250 - val_accuracy: 0.8271
CPU times: user 1h 22min 52s, sys: 2min 1s, total: 1h 24min 53s
Wall time: 48min 10s
```

데이터 증강을 통해 학습 결과의 손실과 정확도를 시각화했습니다. 데이터 증강 전에는 학습 데이터에 과대적합됐다면 데이터 증강 후에는 학습 데이터와 검증 데이터가 유사하게 개선되는 모습을 보입니다. 모델이 이전보다 일반화됐습니다.

```
from plotly.subplots import make_subplots
import plotly.graph_objects as go

fig = make_subplots(specs=[[{"secondary_y": True}]])

# model history
epoch = history.epoch
loss = history.history['loss']
val_loss = history.history['val_loss']
accuracy = history.history['accuracy']
val_accuracy = history.history['val_accuracy']

# Scatter
fig.add_trace(go.Scatter(x=epoch, y=loss, name="loss"),secondary_y=False,)
fig.add_trace(go.Scatter(x=epoch, y=val_loss, name="val_loss"),secondary_y=False,)
fig.add_trace(go.Scatter(x=epoch, y=accuracy, name="accuracy"),secondary_y=True,)
fig.add_trace(go.Scatter(x=epoch, y=val_accuracy, name="val_accuracy"),secondary_
y=True,)

# Templates configuration, Default template: 'plotly'
# Available templates: ['ggplot2', 'seaborn', 'simple_white', 'plotly','plotly_white',
'plotly_dark', 'presentation', 'xgridoff','ygridoff', 'gridon', 'none']
fig.update_layout(title_text="<b>Loss/Accuracy of Model</b>", template='plotly')
fig.update_xaxes(title_text="Epoch")
fig.update_yaxes(title_text="Loss", secondary_y=False)
fig.update_yaxes(title_text="Accuracy", secondary_y=True)
fig.show()
```

출력

자연어 처리의 데이터인 텍스트 데이터에 대해 알아보겠습니다. 그리고 스팸 문자 분류 모델을 생성해 보겠습니다.

3.1 자연어 처리

자연어는 사람들이 일상적으로 쓰는 언어입니다. 언어는 무척 다양합니다. 대표적인 예로 영어, 모국어인 한국어가 있습니다. 영어와 한국어는 같은 언어지만, 자연어 처리하는 방법이 조금씩 달라집니다. 예를 들어 영어는 띄어쓰기가 잘돼 있어 문장에서 단어를 분리하기가 한국어에 비해 편리합니다. 한국어는 '은', '는', '이', '가'와 같은 조사가 단어에 포함돼 있으므로 조사를 데이터 전처리하는 과정이 추가됩니다. 자연어 처리를 위한 텍스트 데이터를 처리하는 방법에 대해 알아보겠습니다.

3.1.1 말뭉치

말뭉치(Corpus)는 자연어 처리 및 분석, 연구의 목적으로 구성된 언어의 집합입니다. 영어 말뭉치는 구글의 엔그램 말뭉치, 미국 국립 말뭉치 등이 있으며 한국어 말뭉치는 국립국어원의 모두의 말뭉치, 한국어 위키백과, 네이버 영화 리뷰 말뭉치 등이 있습니다. 이 밖에 캐글 데이터셋에서도 다양한 말뭉치를 찾아볼 수 있습니다.

자연어 처리를 위한 말뭉치를 찾았다면 데이터를 불러와 기초적인 통계 정보 및 탐색적 데이터 분석(EDA)을 실시해 자연어를 이해해 보겠습니다.

(출처: https://corpus.korean.go.kr/)

(출처: https://www.kaggle.com/datasets)

[그림 4-14] 말뭉치 다운로드하기[국립국어원 모두의 말뭉치(왼쪽), 캐글 데이터셋(오른쪽)]

3.1.2 탐색적 데이터 분석

자연어 데이터를 불러왔다면 기초적인 통계 분석 및 탐색적 데이터 분석(EDA)을 합니다. 탐색적 데이터 분석은 다음 장의 스팸 메시지 분류 실습에서 자세히 알아보겠습니다.

- 기초적인 통계 정보 확인(데이터의 형상 및 데이터 유형 등)
- 각 리뷰의 문자 길이 분포(문자 길이)
- 많이 사용된 단어
- 긍정, 부정 데이터의 분포
- 각 리뷰의 단어 개수 분포(단어 개수)
- 특수 문자 및 대문자, 소문자 비율

탐색적 데이터 분석 과정을 통해 자연어 데이터에 대한 이해가 높아졌다면, 자연어 데이터 전처리를 진행합니다.

3.2 자연어 데이터 전처리

자연어 데이처 전처리 과정인 토큰화, 데이터 정제, 표제어 추출, 어간 추출, 불용어 제거, 패딩 처리에 대해 알아보고 실습해 보겠습니다.

3.2.1 토큰화

토큰화(Tokenization)는 문장을 의미가 있는 단어 수준으로 나누는 과정을 말합니다. 파이썬 기반 한국어 자연어 처리 패키지인 KoNLPy를 사용해 설명하겠습니다. 공식 홈페이지의 설치 과정을 통해 KoNLPy를 설치합니다.

- KoNLPy 공식 홈페이지: https://konlpy.org/ko/latest/install/

[소스 4-3] Tokenization.ipynb

```
[1]  !pip3 install konlpy
```

```
출력  Looking in indexes: https://pypi.org/simple, https://us-python.pkg.dev/colab-wheels/
     public/simple/
     Collecting konlpy
             Downloading konlpy-0.6.0-py2.py3-none-any.whl(19.4 MB)
             |████████████████████████████████| 19.4 MB 3.7 MB/s
     Collecting JPype1>=0.7.0
             Downloading JPype1-1.4.0-cp37-cp37m-manylinux_2_5_x86_64.manylinux1_x86_64.
     whl(453 kB)
             |████████████████████████████████| 453 kB 58.5 MB/s
     Requirement already satisfied: lxml>=4.1.0 in /usr/local/lib/python3.7/dist-
     packages(from konlpy)(4.2.6)
     Requirement already satisfied: numpy>=1.6 in /usr/local/lib/python3.7/dist-
     packages(from konlpy)(1.21.6)
     Requirement already satisfied: typing-extensions in /usr/local/lib/python3.7/dist-
     packages(from JPype1>=0.7.0->konlpy)(4.1.1)
     Installing collected packages: JPype1, konlpy
     Successfully installed JPype1-1.4.0 konlpy-0.6.0
```

KoNLPy에 포함돼 있는 Okt 형태소 분석기를 사용하겠습니다. Okt 라이브러리를 불러온 후 정의합니다.

```
[2]    from konlpy.tag import Okt

       okt = Okt()
```

Okt 형태소 분석기로 스티븐잡스의 스탠퍼드 대학 연설문 중 한 구절을 토큰화해 보겠습니다. 영어와 한국어를 토큰화할 때 어떠한 차이가 있는지 살펴보겠습니다. 영어 문장인 'the first story is about connection the dots.'를 토큰화하면 띄어쓰기 기준으로 단어 하나하나가 토큰화된 것을 확인할 수 있습니다.

```
[3]    okt.morphs('the first story is about connection the dots.')
출력    ['the', 'first', 'story', 'is', 'about', 'connection', 'the', 'dots', '.']
```

한국어 문장 '첫 번째 이야기는 점들의 연결에 관한 것이다'를 토큰화하면 조사가 첫 번째는 '첫'과 '번째', 이야기는 '이야기', '는'으로 분리돼 토큰화된 것을 확인할 수 있습니다. 이렇게 영어와 한국어는 언어가 나타내는 특징에 따라 자연어 처리 방법이 달라질 수 있습니다.

```
[4]    okt.morphs('첫 번째 이야기는 점들의 연결에 관한 것이다.')
출력    ['첫', '번째', '이야기', '는', '점', '들', '의', '연결', '에', '관', '한', '것', '이다', '.']
```

3.2.2 데이터 정제

데이터 정제(Cleaning Data)는 모델의 성능 개선에 도움을 주지 못하는 데이터를 정제하는 과정을 말합니다. 예를 들어 영어의 경우, 대문자와 소문자를 하나로 통합하거나, 불필요한 단어를 제거하거나, 등장 빈도 및 길이가 짧은 단어를 제거하는 데이터 정제 작업을 실시합니다.

데이터 정제를 실습해 보겠습니다. 웹에서 크롤링으로 가져온 텍스트 데이터를 정제해 보겠습니다. HTML 태그는 모델 성능에 도움이 되지 않으므로 데이터 정제를 통해 제거합니다. BeautifulSoup 라이브러리를 사용하면 HTML 태그를 파싱해 원하는 데이터만을 추출할 수 있습니다. HTML의 <a> 태그가 포함된 문장을 BeautifulSoup를 통해 파싱하고 get_text 함수를 통해 태그가 제외된 문장만을 추출했습니다. 데이터 정제에는 이렇게 다양한 라이브러리가 있습니다. 데이터에 적합한 방법을 찾아 시간을 절약해 보세요.

• BeautifulSoup 공식 홈페이지: https://www.crummy.com/software/BeautifulSoup/bs4/doc/

[소스 4-4] Data-Cleaning.ipynb

```
[1]    from bs4 import BeautifulSoup

       markup = '<a href="http://example.com/">I linked to <i>example.com</i></a>'
       soup = BeautifulSoup(markup, 'html.parser')

       soup.get_text()
```

출력   I linked to example.com

BeautifulSoup는 HTML 및 XML 파일에서 데이터를 꺼내기 위한 Python 라이브러리입니다. 이 도구는 자주 사용하는 파서와 함께 구문 분석 트리 탐색, 검색 및 수정할 수 있는 방법을 제공합니다.

(출처: https://www.crummy.com/software/BeautifulSoup/bs4/doc/)

[그림 4-15] BeautifulSoup 공식 문서

3.2.3 표제어 추출

자연어에서의 정규화는 토큰화 및 정제 과정을 거친 후 의미가 같은 토큰을 통합하는 과정입니다. 대표적으로 표제어 추출(Lemmatization), 어간 추출(Stemming) 방법을 사용합니다.

실습을 위해 NLTK(Natural Language Toolkit)를 사용할 예정입니다. NLTK는 파이썬 기반 자연어 처리 도구입니다. 오픈 소스 기반으로 50개 이상의 말뭉치를 포함하고 있습니다. 토큰화, 형태소 분석 등을 제공하고 있습니다.

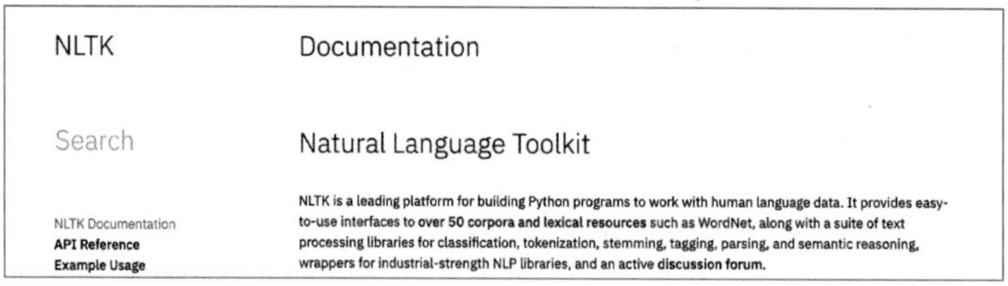

(출처: https://www.nltk.org/index.html)

[그림 4-16] NLTK 공식 홈페이지

NLTK를 사용해 형태소 분석인 표제어 추출, 어간 추출을 실습해 보겠습니다. NLTK를 설치합니다.

[소스 4-5] NLTK-Lemmatization.ipynb

```
[1]  !pip install --user -U nltk
```

출력
```
Looking in indexes: https://pypi.org/simple, https://us-python.pkg.dev/colab-wheels/
public/simple/
Requirement already satisfied: nltk in /usr/local/lib/python3.7/dist-packages(3.7)
Requirement already satisfied: regex>=2021.8.3 in /usr/local/lib/python3.7/dist-
packages(from nltk)(2022.6.2)
Requirement already satisfied: tqdm in /usr/local/lib/python3.7/dist-packages(from
nltk)(4.64.0)
Requirement already satisfied: joblib in /usr/local/lib/python3.7/dist-
packages(from nltk)(1.1.0)
Requirement already satisfied: click in /usr/local/lib/python3.7/dist-
packages(from nltk)(7.1.2)
```

NLTK에 포함된 말뭉치인 wordnet, omw-1.4를 다운로드합니다.

```
[2]  import nltk

     nltk.download('wordnet')
     nltk.download('omw-1.4')
```

출력
```
[nltk_data] Downloading package wordnet to /root/nltk_data...
[nltk_data]     Package wordnet is already up-to-date!
[nltk_data] Downloading package omw-1.4 to /root/nltk_data...
[nltk_data]     Package omw-1.4 is already up-to-date!
True
```

표제어 추출(Lemmatization)은 주어진 단어에서 표제어를 추출하는 과정입니다. 예를 들어 bad, worse, worst라는 단어의 표제어는 bad로 추출됩니다. 이렇게 표제어 추출을 통해 단어의 수를 줄일 수 있습니다. 딥러닝의 입력으로 보면 차원의 수를 줄인다는 의미가 될 수 있습니다.

```
[3]  from nltk.stem import WordNetLemmatizer
     wnl = WordNetLemmatizer()

     print(wnl.lemmatize('bad'))
     print(wnl.lemmatize('worse', pos='a'))
     print(wnl.lemmatize('worst', pos='a'))
```

출력
```
bad
bad
bad
```

`nltk.stem` 패키지의 `WordNetLemmatizer` 라이브러리를 불러옵니다. `lemmatize` 함수를 사용해 `teach`, `teaches`, `taught`, `teaching`을 입력합니다. pos를 v(동사)로 설정해 표제어를 추출해 보면 teach라는 동일한 값이 출력됩니다. pos 인자의 기본값은 n(명사)입니다. pos 인자는 n(명사), v(동사), a(형용사), r(부사)로 설정할 수 있습니다.

```
[4]   from nltk.stem import WordNetLemmatizer
      wnl = WordNetLemmatizer()

      # teach
      # 3인칭 단수 현재 teaches
      # 과거형 taught
      # 과거 분사 taught
      # 현재 분사 teaching

      print(wnl.lemmatize('teach', pos='v'))
      print(wnl.lemmatize('teaches', pos='v'))
      print(wnl.lemmatize('taught', pos='v'))
      print(wnl.lemmatize('teaching', pos='v'))
```

출력
```
teach
teach
teach
teach
```

3.2.4 어간 추출

어간 추출(Stemming)은 단어의 과거형, 과거 분사, 현재 분사 등과 같은 변형을 하나의 단어로 어간을 추출하는 과정입니다. 예를 들어 play라는 단어의 3인칭 단수 현재형은 plays, 과거형은 played, 과거 분사형은 played, 현재 분사형은 playing이 될 수 있습니다. plays, played, playing의 어간 추출 과정을 거치면 모두 play라는 단어가 추출되는 것을 확인할 수 있습니다. 표제어를 추출하고 차원을 줄인다는 부분에서는 동일합니다. 그럼 어떤 부분이 표제어 추출과 다른지 실습을 통해 알아보겠습니다.

nltk.stem 패키지의 PorterStemmer 라이브러리를 불러옵니다. stem 함수를 사용해 play, plays, played, playing을 입력합니다. 어간을 추출한 결과는 play로, 모두 동일한 결과가 추출됐습니다. stem 함수의 인자로는 to_lowercase가 있습니다. 기본값은 True로, 입력값을 모두 소문자로 변환하도록 돼 있습니다.

[소스 4-6] NLTK-Stemming.ipynb

```
[1]   from nltk.stem import PorterStemmer

      stemmer = PorterStemmer()

      # 3인칭 단수 현재 plays
      # 과거형 played
      # 과거 분사 played
      # 현재 분사 playing

      print(stemmer.stem('play'))
      print(stemmer.stem('plays'))
      print(stemmer.stem('played'))
      print(stemmer.stem('playing'))
```

```
play
play
play
play
```

표제어 추출과 어간 추출이 다른 부분을 실습해 보겠습니다. 표제어 추출에서 teach, teaches, teaching, taught는 표제어가 teach로 추출됐습니다. ~es, ~ing는 잘 제거돼 어간인 teach가 잘 추출됐습니다. 어간 추출에서 taught는 teach로 추출하지 못한 부분을 확인했습니다. 어간 추출의 경우, 접미사의 불규칙 변환을 중심으로 추출하다 보니 발생한 부분입니다. 이렇게 표제어 추출과 어간 추출은 주어진 단어, 문장에 따라 정규화하는 방법이 조금씩 다릅니다. 데이터 전처리 과정 중 정규화 과정을 반복하면서 단어의 수를 줄이고 모델의 성능이 개선되는 방향으로 자연어 데이터를 전처리합니다.

```
[2]    from nltk.stem import PorterStemmer

       stemmer = PorterStemmer()

       print(stemmer.stem('teach'))
       print(stemmer.stem('teaches'))
       print(stemmer.stem('teaching'))
       print(stemmer.stem('taught'))
```
출력
```
teach
teach
teach
taught
```

3.2.5 불용어 제거

불용어는 '문장에서 자주 등장하지만, 의미가 없는 단어'를 말합니다. 예를 들어 영어에서는 'a', 'an', 'the', 'and', 'or', 'is', 'I', 'my', 한국어에서는 '은', '는', '이', '가', '그러나', '그리고' 등이 있습니다. 불용어를 정의하고 제거하는 데이터 전처리를 과정을 반복합니다. 그리고 모델의 성능이 개선됐는지 살펴봐야 합니다. 자연어 처리의 'n-gram'을 사용하는 경우, 불용어 제거에 따른 전후 단어 관계의 의미가 사라지면서 모델의 성능에 영향을 미칠 수 있습니다. 영어 불용어를 제거하는 실습을 해 보겠습니다.

NLTK의 nltk.corpus의 stopwords 라이브러리를 불러옵니다. stopwords 말뭉치를 다운로드한 후 영어 불용어를 출력합니다. nltk.corpus의 영어 불용어에는 'I', 'me', 'my', 'myself', 'we' 등 179개가 등록돼 있습니다.

[소스 4-7] StopWords.ipynb

```
[1]  import nltk
     from nltk.corpus import stopwords

     nltk.download('stopwords')

     stopwords = stopwords.words('english')

     print('\n', stopwords)
     print('\n', len(stopwords))
```

출력
```
[nltk_data] Downloading package stopwords to /root/nltk_data...
[nltk_data] Package stopwords is already up-to-date!

['i', 'me', 'my', 'myself', 'we', 'our', 'ours', 'ourselves', 'you', "you're", "you've", "you'll",
"you'd", 'your', 'yours', 'yourself', 'yourselves', 'he', 'him', 'his', 'himself', 'she',
"she's", 'her', 'hers', 'herself', 'it', "it's", 'its', 'itself', 'they', 'them', 'their', 'theirs',
'themselves', 'what', 'which', 'who', 'whom', 'this', 'that', "that'll", 'these', 'those', 'am', 'is',
'are', 'was', 'were', 'be', 'been', 'being', 'have', 'has', 'had', 'having', 'do', 'does', 'did', 'doing',
'a', 'an', 'the', 'and', 'but', 'if', 'or', 'because', 'as', 'until', 'while', 'of', 'at', 'by', 'for', 'with',
'about', 'against', 'between', 'into', 'through', 'during', 'before', 'after', 'above', 'below',
'to', 'from', 'up', 'down', 'in', 'out', 'on', 'off', 'over', 'under', 'again', 'further', 'then', 'once',
'here', 'there', 'when', 'where', 'why', 'how', 'all', 'any', 'both', 'each', 'few', 'more', 'most',
'other', 'some', 'such', 'no', 'nor', 'not', 'only', 'own', 'same', 'so', 'than', 'too', 'very', 's',
't', 'can', 'will', 'just', 'don', "don't", 'should', "should've", 'now', 'd', 'll', 'm', 'o', 're', 've',
'y', 'ain', 'aren', "aren't", 'couldn', "couldn't", 'didn', "didn't", 'doesn', "doesn't", 'hadn',
"hadn't", 'hasn', "hasn't", 'haven', "haven't", 'isn', "isn't", 'ma', 'mightn', "mightn't", 'mustn',
"mustn't", 'needn', "needn't", 'shan', "shan't", 'shouldn', "shouldn't", 'wasn', "wasn't", 'weren',
"weren't", 'won', "won't", 'wouldn', "wouldn't"]

179
```

불용어를 제거하기 위해서는 문장을 토큰화해야 합니다. 앞 예제에서는 KoNLPy를 사용해 토큰화했습니다. 이번에는 `nltk.tokenize`를 사용해 토큰화해 보겠습니다. NLTK 라이브러리를 불러온 후 문장 토큰화에 사용할 punkt를 다운로드합니다. 스티븐잡스의 스탠퍼드 연설문의 한 문장을 가져왔습니다. `word_tokenize` 함수에 넣어 토큰화합니다. 출력 결과를 보면 띄어쓰기 기준으로 잘 토큰화된 것을 확인할 수 있습니다.

```
[2]  from nltk.tokenize import word_tokenize
     import nltk
     nltk.download('punkt')

     s = 'The first story is about connecting the dots.'
     print('\n', word_tokenize(s))
```

출력
```
[nltk_data] Downloading package punkt to /root/nltk_data...
[nltk_data] Package punkt is already up-to-date!

['The', 'first', 'story', 'is', 'about', 'connecting', 'the', 'dots', '.']
```

불용어를 제거하겠습니다. 파이썬의 List Comprehension(반복문)을 사용해 nltk.corpus의 stopwords에 저장된 179개의 영문 불용어와 비교하면서 불용어를 제외한 단어를 출력합니다. 불용어 제거 전후를 보면 불용어인 is, about, the가 제거된 부분을 확인할 수 있습니다.

```
[3]    print(word_tokenize(s))

       print([word for word in word_tokenize(s) if word not in stopwords])
```

출력
```
['The', 'first', 'story', 'is', 'about', 'connecting', 'the', 'dots', '.']
['The', 'first', 'story', 'connecting', 'dots', '.']
```

한국어의 불용어 제거 과정도 이와 동일합니다. 한국어의 경우, KoNLPy의 형태소 분석을 통해 토큰화한 후 불용어를 제거하면 됩니다. 한국어 불용어를 '는', '들', '을', '것', '하는', '입니다'로 정의합니다. okt 형태소 분석기로 한국어 문장을 토큰화한 후 불용어를 제거합니다. to-be를 보면 불용어로 정의한 단어들이 제거돼 출력됐습니다. 불용어 목록 중 '하는'이 있습니다. 단어 중 '연결하는'이라는 단어가 '연결'과 '하는'으로 분리되지 않았으므로 불용어 목록의 '하는'이 제거되지 않았습니다. 토큰화 과정을 좀 더 상세하게 진행해 토큰을 세밀하게 나눴다면 '하는'은 불용어로 분리돼 제거됐을 것입니다. 한국어 불용어로 정의한 '는', '들', '을', '것', '입니다'가 제거된 것을 확인할 수 있습니다. 이렇게 영어와 한국어의 불용어를 제거하는 과정을 실습했습니다.

```
[4]    from konlpy.tag import Okt

       okt = Okt()
       okt_tokenize = okt.morphs('첫 번째 이야기는 점들을 연결하는 것입니다.')

       stopwords = ['는', '들', '을', '것', '하는', '입니다']

       print('\n as-is : ', okt_tokenize)
       print('\n to-be : ', [word for word in okt_tokenize if word not in stopwords])
```

출력
```
 as-is : ['첫', '번째', '이야기', '는', '점', '들', '을', '연결하는', '것', '입니다', '.']

 to-be : ['첫', '번째', '이야기', '점', '연결하는', '.']
```

3.2.6 패딩 처리

자연어 처리에서의 패딩은 서로 다른 문장의 길이를 동일하게 하는 과정을 말합니다. 예를 들어 IMDB 영화 리뷰 데이터셋의 첫 번째와 두 번째 리뷰 데이터의 단어의 길이를 출력해 보겠습니다. 첫 번째 리뷰는 218개, 두 번째 리뷰는 189개의 단어로 구성돼 있습니다. 이렇게 자연어 처리 시 서로 다른 길이를 동일하게 맞춰 주는 데이터 전처리 과정을 통해 딥러닝의 입력 데이터를 준비 및 구성합니다. 패딩을 처리하는 데는 여러 가지 방법이 있습니다. 다음의 경우, 189로 길이를 제한해 첫 번째 리뷰의 189개 이상의 단어를 제거할 수 있습니다. 이 밖에 218개로 길이를 고정하고 두 번째 리뷰의 189 이후는 0으로 채우는 방법도 있습니다.

[소스 4-8] Padding.ipynb

```
[1]  from tensorflow.keras import datasets

     (x_train, y_train),(x_test, y_test) = datasets.imdb.load_data(num_words=25000)

     len(x_train[0]), len(x_train[1])
출력  (218, 189)
```

케라스의 pad_sequences 함수를 사용하면 간단하게 패딩 처리를 할 수 있습니다. pad_sequences 함수의 인자로 sequences에 시퀀스 데이터를 입력합니다. maxlen는 시퀀스 데이터의 최대 길이입니다. 패딩 후 첫 번째, 두 번째 리뷰 데이터의 길이를 출력해 보면 256, 256로 길이가 동일하게 설정된 것을 확인할 수 있습니다.

```
[2]  from tensorflow.keras.preprocessing.sequence import pad_sequences

     print(len(x_train[0]), len(x_train[1]))

     x_train = pad_sequences(sequences=x_train, maxlen=256, padding='pre')
     x_test = pad_sequences(sequences=x_test, maxlen=256, padding='pre')

     print(len(x_train[0]), len(x_train[1]))
출력  218 189
     256 256
```

padding 인자는 pre, post로 시퀀스 데이터의 전과 후에 0으로 패딩을 설정할 수 있습니다. 기본값은 pre로 앞을 0으로 채웁니다. 패딩 처리된 두 번째 리뷰 데이터를 출력해 보면 문장의 앞 부분에 0으로 패딩된 부분을 확인할 수 있습니다. post로 설정하면 뒤를 0으로 패딩 처리합니다.

```
[3]    x_train[1]
출력   array([0,      0,      0,      0,      0,      0,      0,      0,      0,
              0,      0,      0,      0,      0,      0,      0,      0,      0,
              0,      0,      0,      0,      0,      0,      0,      0,      0,
              0,      0,      0,      0,      0,      0,      0,      0,      0,
              0,      0,      0,      0,      0,      0,      0,      0,      0,
              0,      0,      0,      0,      0,      0,      0,      0,      0,
              0,      0,      0,      0,      1,      194,    1153,   194,    8255,
              78,     228,    5,      6,      1463,   4369,   5012,   134,    26,
              4,      715,    8,      118,    1634,   14,     394,    20,     13,
              119,    954,    189,    102,    5,      207,    110,    3103,   21,
              14,     69,     188,    8,      30,     23,     7,      4,      249,
              126,    93,     4,      114,    9,      2300,   1523,   5,      647,
              4,      116,    9,      35,     8163,   4,      229,    9,      340,
              1322,   4,      118,    9,      4,      130,    4901,   19,     4,
              1002,   5,      89,     29,     952,    46,     37,     4,      455,
              9,      45,     43,     38,     1543,   1905,   398,    4,      1649,
              26,     6853,   5,      163,    11,     3215,   10156,  4,      1153,
              9,      194,    775,    7,      8255,   11596,  349,    2637,   148,
              605,    15358,  8003,   15,     123,    125,    68,     23141,  6853,
              15,     349,    165,    4362,   98,     5,      4,      228,    9,
              43,     2,      1157,   15,     299,    120,    5,      120,    174,
              11,     220,    175,    136,    50,     9,      4373,   228,    8255,
              5,      2,      656,    245,    2350,   5,      4,      9837,   131,
              152,    491,    18,     2,      32,     7464,   1212,   14,     9,
              6,      371,    78,     22,     625,    64,     1382,   9,      8,
              168,    145,    23,     4,      1690,   15,     16,     4,      1355,
              5,      28,     6,      52,     154,    462,    33,     89,     78,
              285,    16,     145,    95], dtype=int32)
```

....

3.3   실습 스팸 문자 분류

....

지금까지 자연어를 처리하는 방법에 대해 알아봤습니다. 이번에는 캐글 데이터셋 중 스팸 문자 분류 데이터셋을 다운로드한 후 분류 모델을 순환 신경망으로 구성해 보겠습니다.

3.3.1 문제 정의

스팸 메시지를 분류하는 모델을 생성해 보겠습니다. 주어신 텍스트 메시지를 이용해 스팸 여부를 분류하는 모델입니다. 이전 IMDB 영화 리뷰의 긍정과 부정과 같은 분류 문제입니다. IMDB의 경우, 텍스트 데이터가 벡터화돼 있는 상태에서 모델을 생성했다면 이번 스팸 메시지는 자연어 상태인 텍스트를 자연어 데이터 전처리 과정을 거쳐 케라스로 분류 모델을 생성합니다. 데이터는 캐글의 데이터셋에서 text로 검색해 라이선스가 'CC0: Public Domain'으로 돼 있는 'Spam Text Message Classification'을 사용합니다.

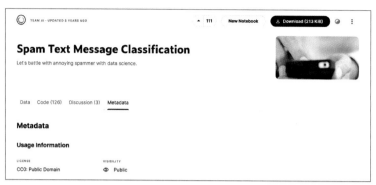

(출처: https://www.kaggle.com/datasets/team-ai/spam-text-message-classification)
[그림 4-17] 스팸 문자 분류 데이터셋

3.3.2 데이터 불러오기

캐글에서 데이터를 다운로드한 후 코랩의 구글 드라이브에 데이터를 업로드합니다. 업로드한 경로를 복사해 file_path에 지정합니다. 코랩의 업로드한 경로는 파일에서 오른쪽 마우스 버튼을 클릭하면 경로 복사를 할 수 있습니다. 판다스의 read_cav 함수로 데이터를 불러와 판다스 데이터 프레임에 저장합니다. 판다스의 head 함수로 상위 5행을 출력해 보면 라벨에 해당하는 카테고리와 피처에 해당하는 메시지 피처를 확인할 수 있습니다.

[소스 4-9] spam-text-message-classification.ipynb

```
[1]  import pandas as pd

     file_path = '/content/drive/MyDrive/Colab Notebooks/data/Spam Text Message
     Classification/SPAM text message 20170820 - Data.csv'

     df = pd.read_csv(file_path)

     df.head()
```

출력

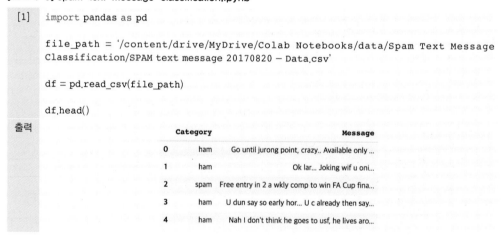

3.3.3 자연어 탐색적 데이터 분석

데이터의 기초적인 통계 정보를 확인합니다. 형상을 shape로 출력해 보면 5,572행과 2열로 구성돼 있다는 것을 알 수 있습니다.

```
[2]   # 1. 기초적인 통계 정보 확인(데이터의 형상 및 데이터 유형 등)

      df.shape
```
출력   (5572, 2)

info 함수로 더 많은 통계 정보를 확인합니다. 카테고리와 메시지라는 2개의 피처가 있으며 데이터 유형은 object로 문자열입니다. 5,572행과 2열을 메모리에 로드하면 크기가 87KB인 것을 확인할 수 있습니다.

```
[3]   df.info()
```
출력
```
<class 'pandas.core.frame.DataFrame'>
RangeIndex: 5572 entries, 0 to 5571
Data columns(total 2 columns):
 #     Column      Non-Null Count       Dtype
---    ------      --------------       -----
 0     Category    5572 non-null        object
 1     Message     5572 non-null        object
dtypes: object(2)
memory usage: 87.2+ KB
```

describe 함수로도 다른 관점의 기초적인 통계 정보를 확인할 수 있습니다. unique를 보면 카테고리는 2개의 값을 가지며 메시지는 5,572건 중 5,157건의 고유한 값을 갖고 있다는 것을 확인할 수 있습니다.

```
[4]   df.describe()
```
출력

	Category	Message
count	5572	5572
unique	2	5157
top	ham	Sorry, I'll call later
freq	4825	30

데이터 프레임의 카테고리 피처를 value_counts 함수를 이용해 출력합니다. 카테고리 피처는 라벨 값으로, 스팸은 747건, 스팸이 아닌 값(ham)은 4,825건으로 확인됩니다. 전체 데이터 중 스팸에 해당하는 메시지는 13% 정도라는 것을 간단한 계산으로 확인할 수 있습니다.

```
# 2. 긍정, 부정 데이터의 분포

df['Category'].value_counts()
```

출력
```
ham    4825
spam   747
Name: Category, dtype: int64
```

라벨에 해당하는 카테고리 열의 값을 시각화해 보겠습니다. plotly 라이브러리를 사용해 ham, spam의 값을 시각화할 수 있습니다. 시각화했더니 차이가 더 뚜렷하게 보입니다.

[6]
```
import plotly.express as px

fig = px.bar(df['Category'].value_counts(),
             width=500,
             height=300)
fig.show()
```

출력

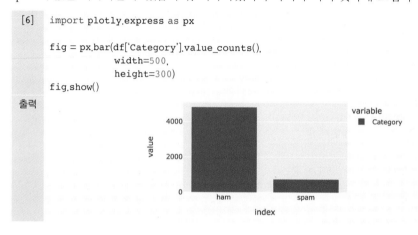

자연어 데이터의 탐색적 데이터 분석 중 텍스트의 길이도 분석 대상입니다. 예를 들어 메시지 하나를 살펴보면 'OK lar…'로 시작하는 문장이 있습니다. 이 텍스트의 길이는 '29'입니다.

[7]
```
# 3. 각 리뷰의 문자 길이 분포(문자 길이)

print(df['Message'][1])
print(len(df['Message'][1]))
```

출력
```
Ok lar... Joking wif u oni...
29
```

좀 더 긴 문장을 출력한 후 살펴보면 길이가 155인 것을 확인할 수 있습니다.

[8]
```
print(df['Message'][2], '\n')

print(len(df['Message'][2]))
```

출력
```
Free entry in 2 a wkly comp to win FA Cup final tkts 21st May 2005. Text FA to 87121 to
receive entry question(std txt rate)T&C's apply 08452810075over18's

155
```

피처에 해당하는 메시지 열의 최대, 최소, 평균, 표준편차, 중앙값, 1/2/3 사분위에 해당하는 값을 출력할 수 있습니다. 메시지 전체 열에 len 함수를 적용한 값을 message_lenght에 저장하고 넘파이의 max, min, mean, std, median, percentile 함수를 사용해 텍스트의 기초적인 통계 정보를 출력합니다. 가장 긴 메시지는 '910', 가장 짧은 메시지는 '2'입니다. 평균적으로 80의 길이를 갖고 있으며 표준편차는 '59', 중앙값은 '61'입니다. 1사분위는 '35', 3사분위는 '122'로 확인됩니다. 이렇게 피처에 해당하는 텍스트 데이터에 대한 기초적인 통계 정보를 분석해 데이터에 대한 이해를 더 잘할 수 있게 됐습니다.

```python
[9]  import numpy as np

message_lenght = df['Message'].astype(str).apply(len)

print('최댓값: {}'.format(np.max(message_lenght)))
print('최솟값: {}'.format(np.min(message_lenght)))
print('평균값: {:.2f}'.format(np.mean(message_lenght)))
print('표준편차: {:.2f}'.format(np.std(message_lenght)))
print('중앙값: {}'.format(np.median(message_lenght)))

print('25 백분위 수: {}'.format(np.percentile(message_lenght, 25)))
print('50 백분위 수: {}'.format(np.percentile(message_lenght, 50)))
print('75 백분위 수: {}'.format(np.percentile(message_lenght, 75)))
```

출력
```
최댓값: 910
최솟값: 2
평균값: 80.37
표준편차: 59.92
중앙값: 61.0
25 백분위 수: 35.75
50 백분위 수: 61.0
75 백분위 수: 122.0
```

메시지 열의 길이를 시각해 보면 다른 관점에서 데이터를 한눈에 파악할 수 있습니다.

```python
[10]  import plotly.express as px

message_lenght = df['Message'].astype(str).apply(len)

fig = px.histogram(message_lenght)
fig.show()
```

출력

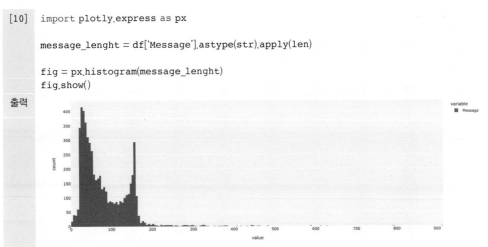

메시지의 길이에 대한 탐색적 데이터 분석이 가능하다면 메시지의 단어 수로도 기초적인 데이터 분석을 할 수 있습니다. split 함수를 사용해 띄어쓰기로 단어를 구분하고 len 함수로 메시지에 포함된 단어의 수를 word_count에 저장합니다. 이렇게 저장된 값을 메시지의 길이와 같이 출력합니다. 최대 단어의 수는 171개, 최소 단어의 수는 1개입니다. 메시지는 평균 15개의 단어로 구성돼 있으며 표준편차는 11개, 중앙값은 12개 입니다. 1사분위는 7개, 3사분위는 23개입니다.

```
[11]  # 4. 각 리뷰의 단어 개수 분포(단어 개수)

      word_count = df['Message'].astype(str).apply(lambda x:len(x.split(' ')))

      print('최댓값: {}'.format(np.max(word_count)))
      print('최솟값: {}'.format(np.min(word_count)))
      print('평균값: {:.2f}'.format(np.mean(word_count)))
      print('표준편차: {:.2f}'.format(np.std(word_count)))
      print('중앙값: {}'.format(np.median(word_count)))

      print('25 백분위 수: {}'.format(np.percentile(word_count, 25)))
      print('50 백분위 수: {}'.format(np.percentile(word_count, 50)))
      print('75 백분위 수: {}'.format(np.percentile(word_count, 75)))
```

```
출력   최댓값: 171
      최솟값: 1
      평균값: 15.66
      표준편차: 11.49
      중앙값: 12.0
      25 백분위 수: 7.0
      50 백분위 수: 12.0
      75 백분위 수: 23.0
```

메시지의 단어 수를 시각화합니다. 길이와 유사한 그래프가 그려지면서도 조금 다른 양상을 보입니다. plotly 라이브러리를 사용하면 시각화된 화면에 마우스 커서를 올려놓았을 때 상호 작용하므로 분석하는 데 도움이 됩니다. 예를 들어 마우스 커서를 올려놓으면 위치한 곳의 데이터 값이 출력됩니다.

```
[12]  import plotly.express as px

      word_count = df['Message'].astype(str).apply(lambda x:len(x.split(' ')))

      fig = px.histogram(word_count)
      fig.show()
```

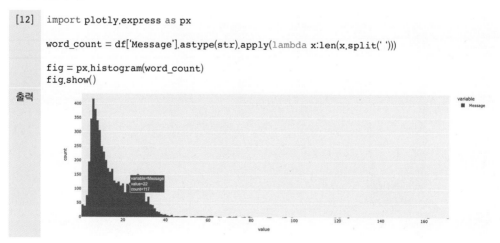

메시지의 길이와 단어 단위의 기초적인 통계를 살펴봤다면 특수 문자, 대문자, 소문자가 문자에 얼마나 포함돼 있는지도 살펴볼 수 있습니다. 예를 들어 물음표, 마침표, 대문자가 사용된 수 등을 살펴보면서 메시지에 대한 특징을 분석할 수 있습니다. 출력된 결과를 보면 물음표는 전체 메시지 중 21%, 마침표는 65%, 대문자는 98%, 숫자가 포함된 메시지는 26%가 사용됐습니다. 이렇게 데이터의 특징을 다양한 관점에서 분석하면서 탐색적 데이터 분석을 수행하다 보면 메시지를 이해할 수 있고 모델을 구성할 때 특징을 활용해 좋은 성능을 낼 수도 있습니다.

```
[13]  # 5. 특수 문자 및 대문자, 소문자 비율

      # 물음표가 구두점으로 쓰임
      qmarks = np.mean(df['Message'].apply(lambda x: '?' in x))
      # 마침표
      fullstop = np.mean(df['Message'].apply(lambda x: '.' in x))
      # 첫 번째 대문자
      capital_first = np.mean(df['Message'].apply(lambda x: x[0].isupper()))
      # 대문자가 몇 개
      capitals = np.mean(df['Message'].apply(lambda x: max([y.isupper() for y in x])))
      # 숫자가 몇 개
      numbers = np.mean(df['Message'].apply(lambda x: max([y.isdigit() for y in x])))

      print('물음표가 있는 질문: {:.2f}%'.format(qmarks * 100))
      print('마침표가 있는 질문: {:.2f}%'.format(fullstop * 100))
      print('첫 글자가 대문자인 질문: {:.2f}%'.format(capital_first * 100))
      print('대문자가 있는 질문: {:.2f}%'.format(capitals * 100))
      print('숫자가 있는 질문: {:.2f}%'.format(numbers * 100))
```

출력
물음표가 있는 질문: 21.97%
마침표가 있는 질문: 65.61%
첫 글자가 대문자인 질문: 95.37%
대문자가 있는 질문: 98.42%
숫자가 있는 질문: 26.20%

메시지 중 가장 많이 사용된 단어를 wordcloud를 사용해 시각화합니다. wordcloud 라이브러리를 불러온 후 가로/세로 값을 지정하고 데이터를 입력합니다. 출력된 결과를 보면 will, now, lt, gt, got, ok, love, time과 같은 단어가 크게 표현된 것을 알 수 있습니다. 글자의 크기는 빈도에 따라 시각화됩니다. lt, gt는 비교 표현식으로, lt는 '작다', gt는 '크다'를 의미합니다. 메시지 중 비교 표현식이 왜 들어갔는지 포함된 메시지를 출력해 탐색적 데이터 분석을 수행하면 데이터 전처리 및 모델 성능에 도움이 되는 데이터를 만들 수 있습니다. 지금까지 탐색적 데이터 분석에 대해 알아봤으므로 이번에는 자연어 데이터에 관련된 데이터 전처리에 대해 알아보겠습니다.

```
[14]    # 6. 많이 사용된 단어
        from wordcloud import WordCloud
        import matplotlib.pyplot as plt

        cloud = WordCloud(width=800, height=600).generate("".join(df['Message']))
        plt.figure(figsize=(20, 15))
        plt.imshow(cloud)
        plt.axis('off')
```
출력

3.3.4 자연어 데이터 전처리

자연어 데이터 전처리 과정을 거쳐 모델 성능에 도움이 되지 않는 데이터들을 전처리합니다. 첫 번째 과정으로 '데이터 정제(Data Cleaning)'를 진행합니다. 데이터 정제할 데이터를 출력합니다.

```
[15]    #1. 데이터 정제(Data Cleaning)

        df['Message'][2]
```
출력
```
Free entry in 2 a wkly comp to win FA Cup final tkts 21st May 2005. Text FA to 87121
to receive entry question(std txt rate)T&C's apply 08452810075over18's
```

파이썬에서 제공하는 정규 표현식 모듈인 re를 사용해 데이터 정제를 합니다. re.sub 함수와 정규 표현식을 사용하면 입력 문자열을 치환할 수 있습니다. re.sub 함수의 인자는 re.sub(정규 표현식, 입력 문자열, 치환할 문자열)입니다. 다음 코드를 보면 정규 표현식으로는 영어와 한글이 아닌 문자를 찾아 공백으로 치환합니다. 치환한 결과를 출력해 보면 숫자와 특수 문자가 공백으로 치환된 부분을 확인할 수 있습니다.

```
[16]    import re

        # 영어와 한글이 아닌 문자는 공백으로 변환
        message_text = re.sub('[^a-zA-Zㄱ-ㅎㅏ-ㅣ가-힣]', ' ', df['Message'][2])
        print(message_text)
```
출력
```
Free entry in a wkly comp to win FA Cup final tkts st May Text FA to to receive entry
question std txt rate T C s apply overs
```

자연어 탐색적 데이터 분석 진행 시 대문자가 포함된 문장은 전체 98%였습니다. 앞 문장에도 대문자가 포함돼 있네요. 같은 단어라도 대소 문자가 구분돼 다른 단어로 인식합니다. 의도적으로 대소 문자를 구분한 문장이나 단어가 아니라면 대부분은 모델의 성능에 영향을 미치지 않습니다. 데이터 정제 과정에서 모든 문장을 소문자로 정제합니다. 다음 불용어 제거 작업을 위해 공백을 기준으로 단어를 분리했습니다. 영어 문장이기 때문에 단어를 띄어쓰기로 분리해도 어느 정도 잘 분리됩니다. 한국어의 경우, 띄어쓰기가 잘 안 돼 있는 경우가 많기 때문에 형태소 분석 등을 통해 데이터에 맞는 데이터 전처리 및 토큰화 과정이 반복적으로 수행됩니다. 그럼 불용어 제거에 대해 알아보겠습니다.

[17]
```
# 소문자 변환
print('대문자가 있는 질문: {:.2f}%'.format(capitals * 100))

message_lower_text = message_text.lower().split()

print(message_lower_text)
```
출력
```
대문자가 있는 질문: 98.42%

['free', 'entry', 'in', 'a', 'wkly', 'comp', 'to', 'win', 'fa', 'cup', 'final', 'tkts', 'st', 'may', 'text', 'fa', 'to', 'to', 'receive', 'entry', 'question', 'std', 'txt', 'rate', 't', 'c', 's', 'apply', 'over', 's']
```

불용어 제거는 '빈번하게 사용되는 단어이지만, 모델의 성능에 도움이 되지 않는 단어를 불용어로 정의해 데이터 전처리 과정에서 제거하는 과정'을 말합니다. 예를 들어 영문의 경우 'i', 'you', 'he', 'is', 'are' 등이 불용어로 정의돼 제거 대상이 됩니다. 한국어의 경우, '나', '너', '은', '는', '이', '가'와 같은 조사가 될 수 있습니다. 파이썬 자연어 처리 패키지인 NLTK의 말뭉치 중 불용어를 다운로드해 사용합니다. 불용어 말뭉치를 다운로드한 후 언어를 'english'로 정의합니다. 영어 불용어를 출력해 보면 불용어가 179개라는 것을 확인할 수 있습니다.

[18]
```
# 3. 불용어(Stopword) 제거

import nltk
from nltk.corpus import stopwords

nltk.download('stopwords')

stopwords = stopwords.words('english')

print('\n', stopwords)
print('\n', len(stopwords))
```

[nltk_data] Downloading package stopwords to /root/nltk_data...
[nltk_data]   Unzipping corpora/stopwords.zip.

['i', 'me', 'my', 'myself', 'we', 'our', 'ours', 'ourselves', 'you', "you're", "you've", "you'll",
"you'd", 'your', 'yours', 'yourself', 'yourselves', 'he', 'him', 'his', 'himself', 'she',
"she's", 'her', 'hers', 'herself', 'it', "it's", 'its', 'itself', 'they', 'them', 'their', 'theirs',
'themselves', 'what', 'which', 'who', 'whom', 'this', 'that', "that'll", 'these', 'those', 'am', 'is',
'are', 'was', 'were', 'be', 'been', 'being', 'have', 'has', 'had', 'having', 'do', 'does', 'did', 'doing',
'a', 'an', 'the', 'and', 'but', 'if', 'or', 'because', 'as', 'until', 'while', 'of', 'at', 'by', 'for', 'with',
'about', 'against', 'between', 'into', 'through', 'during', 'before', 'after', 'above', 'below',
'to', 'from', 'up', 'down', 'in', 'out', 'on', 'off', 'over', 'under', 'again', 'further', 'then', 'once',
'here', 'there', 'when', 'where', 'why', 'how', 'all', 'any', 'both', 'each', 'few', 'more', 'most',
'other', 'some', 'such', 'no', 'nor', 'not', 'only', 'own', 'same', 'so', 'than', 'too', 'very', 's',
't', 'can', 'will', 'just', 'don', "don't", 'should', "should've", 'now', 'd', 'll', 'm', 'o', 're', 've',
'y', 'ain', 'aren', "aren't", 'couldn', "couldn't", 'didn', "didn't", 'doesn', "doesn't", 'hadn',
"hadn't", 'hasn', "hasn't", 'haven', "haven't", 'isn', "isn't", 'ma', 'mightn', "mightn't", 'mustn',
"mustn't", 'needn', "needn't", 'shan', "shan't", 'shouldn', "shouldn't", 'wasn', "wasn't", 'weren',
"weren't", 'won', "won't", 'wouldn', "wouldn't"]

179

데이터 정제 과정에서 저장한 문장 중 불용어를 제거합니다. 전후를 비교해 보면 'in', 'a', 'to', 't', 's'가 불용어로 정의돼 있어 제거된 부분을 확인할 수 있습니다. 불용어 제거 및 모델 성능 평가를 반복하면서 모델에 어떤 영향을 미치는지 반복적으로 확인하면서 모델의 성능이 개선되는 방향으로 불용어 제거를 진행합니다. 자연어 데이터 전처리 과정은 이 과정을 반복 및 실험하면서 모델의 성능을 개선합니다.

```
[19] print(message_lower_text)

print([word for word in message_lower_text if word not in stopwords])
```
['free', 'entry', 'in', 'a', 'wkly', 'comp', 'to', 'win', 'fa', 'cup', 'final', 'tkts', 'st', 'may', 'text',
'fa', 'to', 'to', 'receive', 'entry', 'question', 'std', 'txt', 'rate', 't', 'c', 's', 'apply', 'over', 's']
['free', 'entry', 'wkly', 'comp', 'win', 'fa', 'cup', 'final', 'tkts', 'st', 'may', 'text', 'fa', 'receive',
'entry', 'question', 'std', 'txt', 'rate', 'c', 'apply']

데이터 정규화 과정을 통해 단어의 특징을 유지하면서 전체 단어의 수를 줄여 모델의 성능을 개선합니다. 전체 단어의 수가 줄어든다는 의미는 차원의 수가 줄어든다는 의미입니다. 자연어 처리 중 정규화는 '표제어 추출(Lemmatization)'과 '어간 추출(Stemming)'이 있다고 했습니다. 이번 실습에서는 어간 추출을 적용해 보겠습니다. NLTK의 PorterStemmer를 사용해 어간 추출을 적용했습니다. entry가 entri, wkly가 wkli, tkts가 tkt, receive가 receiv, apply가 appli로 추출돼 정규화됐습니다.

```
[20]   # 5. 정규화(Normalization): 어간 추출

       from nltk.stem import PorterStemmer

       stemmer = nltk.stem.PorterStemmer()

       message_lower_stemmer_text = [stemmer.stem(w) for w in message_lower_text]

       print(message_lower_text, '\n')
       print(message_lower_stemmer_text)
```

출력
```
['free', 'entry', 'in', 'a', 'wkly', 'comp', 'to', 'win', 'fa', 'cup', 'final', 'tkts', 'st', 'may', 'text',
'fa', 'to', 'to', 'receive', 'entry', 'question', 'std', 'txt', 'rate', 't', 'c', 's', 'apply', 'over', 's']

['free', 'entri', 'in', 'a', 'wkli', 'comp', 'to', 'win', 'fa', 'cup', 'final', 'tkt', 'st', 'may', 'text',
'fa', 'to', 'to', 'receiv', 'entri', 'question', 'std', 'txt', 'rate', 't', 'c', 's', 'appli', 'over', 's']
```

데이터 정제 및 불용어 제거, 정규화(어간 추출) 과정을 파이썬 함수로 만들어 데이터에 일괄 적용할 수 있도록 합니다. message_to_word 함수를 생성한 후 인자로는 텍스트를 입력받습니다. 입력된 텍스트는 데이터 정제 과정을 거칩니다. 크롤링한 데이터라면 BeautifulSoup를 사용해 HTML을 제거합니다. 정규 표현식을 사용해 영문이 아닌 텍스트를 모두 공백으로 치환합니다. 대문자는 모두 소문자로 변환합니다. 입력된 텍스트를 잘 살펴보고 데이터 정제 과정이 필요할 때마다 추가해 구현하면 됩니다. 그리고 불용어 제거 과정을 거칩니다. 불용어는 NLTK의 영어 불용어 말뭉치를 사용합니다. 앞에서 stopwords로 정의했습니다. 데이터 정규화 과정 중 어간 추출을 사용해 같은 의미의 단어를 하나로 변환합니다. 불용어를 제거하기 위해 공백을 기준으로 분리한 단어를 하나의 문자열로 결합해 단어를 문장 수준으로 반환합니다.

```
[21]   # 2~5 과정 데이터 전처리

       def message_to_words(raw_message):
           # 1. HTML 제거
           #raw_message = BeautifulSoup(raw_message, 'html.parser').get_text()

           # 2. 영문자가 아닌 문자는 공백으로 치환
           #letters_only = re.sub('[^a-zA-Zㄱ-ㅎㅏ-ㅣ가-힣]', ' ', raw_message)
           letters_only = re.sub('[^a-zA-Z]', ' ', raw_message)

           # 3. 소문자 변환
           words = letters_only.lower().split()

           # 4. Stopwords 불용어 제거
           meaningful_words = [w for w in words if not w in stopwords]

           # 5. 어간 추출
           stemming_words = [stemmer.stem(w) for w in meaningful_words]

           # 6. 공백으로 구분된 문자열로 결합해 결과를 반환
           return(' '.join(stemming_words))
```

실습에서 사용한 텍스트 하나를 `message_to_words` 함수에 입력합니다. 자연어 데이터 전처리 과정을 거친 텍스트는 길이가 155에서 99로 줄어든 것을 확인할 수 있습니다. 문장을 살펴보면 영문을 제외한 숫자, 특수 문자가 제거됐으며 모두 소문자로 변환된 것을 알 수 있습니다. 'in', 'a'와 같은 불용어로 정의된 단어들은 제거됐고 wkly는 wkli와 같이 어간 추출을 통해 정규화됐습니다.

```
[22]  clean_message = message_to_words(df['Message'][2])

      print(len(df['Message'][2]))
      print(df['Message'][2], '\n')
      print(len(clean_message))
      print(clean_message)
```

```
출력  155
      Free entry in 2 a wkly comp to win FA Cup final tkts 21st May 2005. Text FA to 87121
      to receive entry question(std txt rate)T&C's apply 08452810075over18's

      99
      free entri wkli comp win fa cup final tkt st may text fa receiv entri question std
      txt rate c appli
```

이번 실습에 사용된 데이터의 크기는 작습니다. 자연어 처리를 하다 보면 처리할 데이터의 양이 많습니다. 프로세스 기반 병렬 처리를 위해 multiprocessing을 사용하면 병렬 처리를 통해 속도를 향상시킬 수 있습니다. 이번에는 병렬 처리할 수 있는 함수들을 정의해 보겠습니다.

```
[23]  from multiprocessing import Pool

      def _apply_df(args):
          df, func, kwargs = args
          return df.apply(func, **kwargs)


      def apply_by_multiprocessing(df, func, **kwargs):
          # 키워드 항목 중 workers 매개변수를 꺼냄
          workers = kwargs.pop('workers')
          # 위에서 가져온 workers 수로 프로세스 풀을 정의
          pool = Pool(processes=workers)
          # 실행할 함수와 데이터 프레임을 워커의 수만큼 나눠 작업
          result = pool.map(_apply_df, [(d, func, kwargs)
          for d in np.array_split(df, workers)])
          pool.close()
          # 작업 결과를 합쳐 반환
          return pd.concat(list(result))
```

앞에서 정의한 병렬 처리 함수에 메시지 데이터를 적용해 자연어 데이터 전처리를 적용합니다. workers를 4로 처리해 병렬 처리합니다. 실행하는 환경의 cpu의 core 수를 확인해 병렬 처리 수를 정의하면 효율적으로 처리할 수 있습니다. 이렇게 처리된 데이터를 Message_clean에 저장합니다. df 데이터 프레임을 출력해 보면 자연어 데이터 전처리 전후의 데이터를 한눈에 확인할 수 있습니다. 또한 잘 적용된 부분도 확인할 수 있습니다.

```
[24]  clean_train_message = apply_by_multiprocessing(df['Message'], message_to_words,
      workers=4)

      df['Message_clean'] = clean_train_message

      df
```

출력

	Category	Message	Message_clean
0	ham	Go until jurong point, crazy.. Available only ...	go jurong point crazi avail bugi n great world...
1	ham	Ok lar... Joking wif u oni...	ok lar joke wif u oni
2	spam	Free entry in 2 a wkly comp to win FA Cup fina...	free entri wkli comp win fa cup final tkt st m...
3	ham	U dun say so early hor... U c already then say...	u dun say earli hor u c alreadi say
4	ham	Nah I don't think he goes to usf, he lives aro...	nah think goe usf live around though
...	...	...	...
5567	spam	This is the 2nd time we have tried 2 contact u...	nd time tri contact u u pound prize claim easi...
5568	ham	Will ü b going to esplanade fr home?	b go esplanad fr home
5569	ham	Pity, * was in mood for that. So...any other s...	piti mood suggest
5570	ham	The guy did some bitching but I acted like i'd...	guy bitch act like interest buy someth els nex...
5571	ham	Rofl. Its true to its name	rofl true name

5572 rows × 3 columns

자연어 데이터 전처리 전후 텍스트의 기초 통계를 비교해 보겠습니다. 텍스트의 최대 길이는 910에서 412, 최소 길이는 2에서 0으로 줄어들었습니다. 길이의 평균은 80에서 46이 됐네요. 탐색적 데이터 분석을 반복하면서 데이터 전처리 과정을 반복하고 모델 성능에 개선이 있는지 살펴보는 과정을 진행하는 것이 좋을 것 같습니다. 그다음 많이 사용된 단어의 변화가 있었는지 확인합니다.

```
[25]  message_lenght = df['Message'].astype(str).apply(len)
      message_clean_len = df['Message_clean'].astype(str).apply(len)

      print('Message')
      print('최댓값: {}'.format(np.max(message_lenght)))
      print('최솟값: {}'.format(np.min(message_lenght)))
      print('평균값: {:.2f}'.format(np.mean(message_lenght)))
      print('표준편차: {:.2f}'.format(np.std(message_lenght)))
      print('중앙값: {}'.format(np.median(message_lenght)), '\n')

      print('Message_clean')
      print('최댓값: {}'.format(np.max(message_clean_len)))
      print('최솟값: {}'.format(np.min(message_clean_len)))
      print('평균값: {:.2f}'.format(np.mean(message_clean_len)))
      print('표준편차: {:.2f}'.format(np.std(message_clean_len)))
      print('중앙값: {}'.format(np.median(message_clean_len)))
```

출력
```
Message
최댓값: 910
최솟값: 2
평균값: 80.37
표준편차: 59.92
중앙값: 61.0

Message_clean
최댓값: 412
최솟값: 0
평균값: 46.18
표준편차: 35.74
중앙값: 35.0
```

자연어 데이터 전처리 후 많이 사용된 단어의 변화가 있었는지 Wordcloud로 출력해 보겠습니다. 데이터 전처리 전에는 'will', 'now', 'lt', 'gt', 'got', 'ok', 'love', 'time', 데이터 전처리 후에는 'go', 'ok', 'call', 'need', 'day'와 같은 단어가 많이 사용됐습니다. 'lt', 'gt'의 경우, 탐색적 데이터 분석을 통해 불필요한 부분을 불용어로 정의한 후 제거하는 과정을 적용해 볼 수도 있습니다.

```
[26]  from wordcloud import WordCloud

      cloud = WordCloud(width=800, height=600).generate(" ".join(df['Message_clean']))

      plt.figure(figsize=(20, 15))
      plt.imshow(cloud)
      plt.axis('off')
```

모델에 입력할 수 있는 형태로 문자를 숫자로 인코딩합니다. 판다스의 replace를 사용해 간단히 변환합니다. 라벨에 해당하는 카테고리 열을 스팸이 아닌 경우(ham) 0, 스팸인 경우(spam) 1로 변환합니다.

```
[27]  # 데이터 분리 및 기본적인 데이터 전처리

      df['Category'] = df['Category'].replace(['ham','spam'],[0,1])
```

메시지 데이터 중에 중복 데이터가 있다면 판다스의 drop_duplicates 함수를 사용해 제거합니다. 5,572건의 행 중 중복을 제거했더니 5,056건으로 줄어든 것을 확인할 수 있습니다. 516건의 중복 데이터가 사라졌습니다.

```
[28]  print(df.shape)

      df.drop_duplicates(subset=['Message_clean'], inplace=True)

      print(df.shape)
```
출력
```
(5572, 3)
(5056, 3)
```

자연어 데이터 전처리가 적용된 데이터를 판다스의 sort_values 함수를 이용해 데이터를 내림차순, 오름차순으로 정렬합니다. 출력된 데이터 중 Message_clean 값이 공백 값이라는 것을 확인할 수 있습니다. 결측값 데이터가 아니라 ' '와 같이 빈 값이 입력된 경우입니다. 이런 경우는 데이터를 정렬하면서 눈으로 살펴보면 쉽게 찾을 수 있습니다. 앞 코드에서 중복을 제거했으므로 빈 값이 하나만 출력됐습니다. 빈 값조차도 중복이 많았던 것입니다.

```
[29]  df.sort_values(by='Message_clean',ascending=True)
```
출력

	Category	Message	Message_clean
253	0	What you doing?how are you?	
5323	0	Aah bless! How's your arm?	aah bless arm
4257	0	Aah! A cuddle would be lush! I'd need lots of ...	aah cuddl would lush need lot tea soup kind fumbl
156	0	Aaoooright are you at work?	aaoooright work
427	0	aathi..where are you dear..	aathi dear
...	...	...	...
628	0	Yup i thk they r e teacher said that will make...	yup thk r e teacher said make face look longer...
3672	0	Yup. Thk of u oso boring wat.	yup thk u oso bore wat
3378	0	Yup. Wun believe wat? U really neva c e msg i ...	yup wun believ wat u realli neva c e msg sent ...
2685	0	Yupz... I've oredi booked slots 4 my weekends ...	yupz oredi book slot weekend liao
1035	0	ZOE IT JUST HIT ME 2 IM FUCKING SHITIN MYSELF ...	zoe hit im fuck shitin il defo tri hardest cum...

5056 rows × 3 columns

모델을 입력해도 빈 값은 입력될 수 없으므로 253번 행의 빈 값을 제거해 보겠습니다. 판다스의
drop 함수로 253행의 인덱스 값을 입력해 행을 삭제합니다. 삭제한 후 다시 sort_values 함수
로 정렬해 보면 빈 값인 253번 행이 삭제된 것을 확인할 수 있습니다.

```
[30]  df = df.drop(253)
      df.sort_values(by='Message_clean',ascending=True)
```
출력

	Category	Message	Message_clean
5323	0	Aah bless! How's your arm?	aah bless arm
4257	0	Aah! A cuddle would be lush! I'd need lots of ...	aah cuddl would lush need lot tea soup kind fumbl
156	0	Aaoooright are you at work?	aaoooright work
427	0	aathi..where are you dear..	aathi dear
2456	0	Abeg, make profit. But its a start. Are you us...	abeg make profit start use get sponsor next event
...	...	...	...
628	0	Yup i thk they r e teacher said that will make...	yup thk r e teacher said make face look longer...
3672	0	Yup. Thk of u oso boring wat.	yup thk u oso bore wat
3378	0	Yup. Wun believe wat? U really neva c e msg i ...	yup wun believ wat u realli neva c e msg sent ...
2685	0	Yupz... I've oredi booked slots 4 my weekends ...	yupz oredi book slot weekend liao
1035	0	ZOE IT JUST HIT ME 2 IM FUCKING SHITIN MYSELF ...	zoe hit im fuck shitin il defo tri hardest cum...

5055 rows × 3 columns

이번 실습에서의 자연어 데이터 전처리 과정이 완료됐습니다. 모델 입력을 위해 데이터를 학습
과 테스트 그리고 피처와 라벨로 분류합니다. 학습과 테스트는 80%와 20%로 분류하고 ramdom_
state 값을 0, 동일한 난수 발생을 위해 0으로 고정합니다. 데이터 분류 시 데이터가 섞이지 않
도록 'shuffle'을 'None'으로 정의합니다. 기본값은 'True'입니다.

```
[31]   from sklearn.model_selection import train_test_split

       X_data = df['Message_clean']
       y_data = df['Category']

       X_train, X_test, y_train, y_test = train_test_split(X_data, y_data,
                                                           test_size=0.2,
                                                           random_state=0,
                                                           shuffle=None)
```

사이킷런의 `train_test_split`으로 분류한 데이터의 형상을 출력합니다. 학습 데이터는 4,044행, 텍스트는 1,011행으로 확인됩니다.

```
[32]   print(X_train.shape, y_train.shape)

       print(X_test.shape, y_test.shape)
출력   (4044,)(4044,)
       (1011,)(1011,)
```

자연어 처리를 위한 단어 수준의 입력 데이터를 만들기 위해 토큰화 과정을 진행합니다. 케라스의 `Tokenizer` 클래스를 불러옵니다. 학습 데이터를 `fit_on_texts`, `texts_to_sequences` 함수를 통해 문장을 단어 수준으로 토큰화하고 숫자의 형태를 벡터화합니다. 'oki thanx'라는 문장이 [631, 313]과 같이 숫자 형태로 벡터화된 것을 확인할 수 있습니다.

```
[33]   # 토큰화(Tokenization)

       from tensorflow.keras.preprocessing.text import Tokenizer

       tokenizer = Tokenizer()
       tokenizer.fit_on_texts(X_train)

       X_train_tokenizer = tokenizer.texts_to_sequences(X_train)

       print(X_train[2:3])
       print(X_train_tokenizer[2])
출력   2599   oki thanx
       Name: Message_clean, dtype: object
       [631, 313]
```

토큰화를 진행하면서 단어 사전에 631은 oki, 313은 thanx로 저장돼 있는 부분을 확인할 수 있습니다. `index_word`로 확인할 수 있습니다. 이와 반대로 `word_index`에 문자를 입력하면 벡터화된 숫자를 확인할 수 있습니다.

```
[34]  index_to_word = tokenizer.index_word

      print(index_to_word[631])
      print(index_to_word[313])
출력  oki
      thanx
```

단어 사전을 출력해 보겠습니다. 단어 사전에는 1은 u, 2는 call, 10은 day로 저장돼 있는 것을
확인할 수 있습니다. 자연어 정규화 과정을 통해 이 단어 사전의 크기를 줄일 수 있습니다. 데이
터의 차원을 축소해 모델의 성능을 개선할 수 있으므로 자연어 데이터 전처리 과정 중 정규화 과
정을 적용하기도 합니다. 모델의 입력으로 사용되는 데이터에 대한 탐색적 데이터 분석을 통해
데이터를 이해하고 여러 가지 실험과 평가를 통해 자연어 데이터 전처리 과정을 최적화합니다.

```
[35]  print(tokenizer.index_word)
출력  {1: 'u', 2: 'call', 3: 'go', 4: 'get', 5: 'ur', 6: 'come', 7: 'gt', 8: 'lt', 9: 'ok', 10: 'day' …
```

자연어 데이터의 특징 중 길이가 모두 다른 부분이 있습니다. 토큰화 및 벡터화 된 문장 3개를
출력해 보겠습니다. 3개 문장의 길이가 모두 다릅니다. 첫 번째 문장은 11개, 8개, 2개입니다.
모델의 입력을 위해 길이를 모두 같게 처리해야 하는데, 이 과정을 '패딩 처리한다'라고 합니다.

```
[36]  # 패딩 처리

      X_train_tokenizer[0:3]
출력  [[   46  1849,    9,  1217,  1850,   223,    17,  1851,    39,   535,   810],
      [   23,   509,   97,   171,  1059,  1218,   126,  1852],
      [  631,   313]]
```

케라스의 pad_sequences 함수를 사용하면 패딩 처리를 쉽게 할 수 있습니다. 첫 번째 문장의 최
대 길이는 11개였습니다. pad_sequences 함수의 maxlen 인자를 11로 지정해 패딩 처리합니다.
이렇게 패딩 처리 후 결과를 출력해 보면 두 번째, 세 번째 문장의 앞이 0으로 채워진 것을 확인
할 수 있습니다. 그리고 두 번째, 세 번째 문장의 최대 길이가 첫 번째 문장과 같이 11개로 정의
된 것을 확인할 수 있습니다. 참고로 padding 인자를 post로 지정하면 패딩되는 방향이 앞이 아
닌 뒤를 0으로 패딩합니다. 기본값은 pre로 돼 있으므로 다음과 같이 앞이 0으로 패딩됩니다.

```
[37]  from tensorflow.keras.preprocessing.sequence import pad_sequences

      max_len = 11
      X_train_padded = pad_sequences(X_train_tokenizer[0:3], maxlen = max_len)
      X_train_padded
출력  array([[46,  1849,    9,  1217,  1850,   223,    17,  1851,    39,   535,    810],
             [ 0,     0,    0,    23,   509,    97,   171,  1059,  1218,   126,   1852],
             [ 0,     0,    0,     0,     0,     0,     0,     0,     0,   631,    313]],
            dtype=int32)
```

자연어 데이터 전처리 후 메시지의 최대 길이는 412, 평균은 45였습니다. 패딩의 최대 길이를 200으로 지정해 패딩 처리를 하겠습니다. 200보다 긴 메시지는 잘라지고 200보다 짧은 데이터는 0으로 패딩됩니다. maxlen 값은 하이퍼 매개변수 값으로 실험과 평가를 반복하면서 최적값을 찾아가도록 합니다.

```
[38]   from tensorflow.keras.preprocessing.sequence import pad_sequences

       # message 최댓값: 412
       # message 평균값: 45.11

       max_len = 200
       X_train_padded = pad_sequences(X_train_tokenizer, maxlen = max_len)
```

3.3.5 모델 생성

순환 신경망의 기본적인 SimpleRNN으로 모델을 생성합니다.

```
[39]   from tensorflow.keras.models import Sequential
       from tensorflow.keras.layers import SimpleRNN, Embedding, Dense

       vocab_size = len(index_to_word) + 1
       embedding_dim = 32
       hidden_units = 32

       model = Sequential()
       model.add(Embedding(vocab_size, embedding_dim))
       model.add(SimpleRNN(hidden_units))
       model.add(Dense(1, activation='sigmoid'))

       model.compile(optimizer='rmsprop',
                     loss='binary_crossentropy',
                     metrics=['accvracy'])
```

케라스의 EarlyStopping, ModelCheckpoint콜백 함수를 정의합니다.

```
[40]   from tensorflow.keras.callbacks import EarlyStopping, ModelCheckpoint

       earlyetopping_callback = EarlyStopping(monitor="val_loss",
           patience=10)

       modelcheckpoint_callback = ModelCheckpoint(
           filepath="best_checkpoint_model.h5",
           monitor="val_loss",
           save_weights_only=True,
           save_best_only=True,
           verbose=1)
```

3.3.6 SimpleRNN 모델 학습 및 평가

모델 학습을 50번 진행합니다. 학습 데이터를 검증 데이터셋으로 20%(0.2)로 분류해 학습합니다. batch_size를 64로 정의한 후 EarlyStopping, ModelCheckpoint 콜백 함수를 지정하고 학습을 시작합니다. 학습이 13번째에서 조기 종료된 것을 확인할 수 있습니다.

```
[41]  %%time
      history = model.fit(X_train_padded, y_train,
                          validation_split=0.2,
                          epochs=50,
                          batch_size=64,
                          callbacks=[earlyetopping_callback, modelcheckpoint_callback])
```

```
출력  Epoch 1/50
      102/102 [==============================] - ETA: 0s - loss: 0.4548 - acc: 0.8164
      Epoch 1: val_loss improved from inf to 0.26138, saving model to best_checkpoint_
      model.h5
      102/102 [==============================] - 16s 118ms/step - loss: 0.4548 - acc:
      0.8164 - val_loss: 0.2614 - val_acc: 0.8838
      Epoch 2/50
      102/102 [==============================] - ETA: 0s - loss: 0.1030 - acc: 0.9731
      Epoch 2: val_loss improved from 0.26138 to 0.25928, saving model to best_checkpoint_
      model.h5
      102/102 [==============================] - 5s 45ms/step - loss: 0.1030 - acc: 0.9731
      - val_loss: 0.2593 - val_acc: 0.8912
      …(생략) …
      Epoch 13/50
      102/102 [==============================] - ETA: 0s - loss: 0.0037 - acc: 0.9988
      Epoch 13: val_loss did not improve from 0.07029
      102/102 [==============================] - 5s 45ms/step - loss: 0.0037 - acc: 0.9988
      - val_loss: 0.1545 - val_acc: 0.9703

      CPU times: user 1min 40s, sys: 6.08 s, total: 1min 46s
      Wall time: 1min 11s
```

테스트 데이터셋에 토큰화 및 숫자 형태의 벡터화 과정을 적용합니다. 테스트 데이터셋의 모델 평가 해 보면 정확도가 97%(0.9753)인 것을 확인할 수 있습니다.

```
[42]  X_test_tokenizer = tokenizer.texts_to_sequences(X_test)
      X_test_padded = pad_sequences(X_test_tokenizer, maxlen = max_len)

      print("\n테스트 정확도: %.4f" %(model.evaluate(X_test_padded, y_test)[1]))
```

```
출력  32/32 [==============================] - 1s 28ms/step - loss: 0.1214 - acc: 0.9753

      테스트 정확도: 0.9753
```

모델 학습 과정 중 손실과 정확도를 학습과 검증으로 구분해 시각화합니다. 학습 데이터에 과대 적합되는 경향이 보이고 EarlyStopping 콜백에 따라 학습이 조기 종료되는 것을 확인할 수 있습니다.

```
from plotly.subplots import make_subplots
import plotly.graph_objects as go

fig = make_subplots(specs=[[{"secondary_y": True}]])

# model history
epoch = history.epoch
loss = history.history['loss']
val_loss = history.history['val_loss']
accuracy = history.history['accuracy']
val_accuracy = history.history['val_accuracy']

# Scatter
fig.add_trace(go.Scatter(x=epoch, y=loss, name="loss"),secondary_y=False,)
fig.add_trace(go.Scatter(x=epoch, y=val_loss, name="val_loss"),secondary_y=False,)
fig.add_trace(go.Scatter(x=epoch, y=accuracy, name="accuracy"),secondary_y=True,)
fig.add_trace(go.Scatter(x=epoch, y=val_accuracy, name="val_accuracy"),secondary_
y=True,)

# Templates configuration, Default template: 'plotly'
# Available templates: ['ggplot2', 'seaborn', 'simple_white', 'plotly','plotly_white',
'plotly_dark', 'presentation', 'xgridoff','ygridoff', 'gridon', 'none']
fig.update_layout(title_text="<b>Loss/Accuracy of Model</b>", template='plotly')
fig.update_xaxes(title_text="Epoch")
fig.update_yaxes(title_text="Loss", secondary_y=False)
fig.update_yaxes(title_text="Accuracy", secondary_y=True)
fig.show()
```

 출력

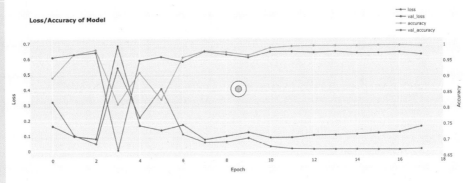

3.3.7 LSTM 모델 학습 및 평가

LSTM으로 모델을 생성하고 학습한 후에 평가해 보겠습니다. 모델 생성은 모두 동일하며 SimpleRNN을 LSTM층으로 변경했습니다. 학습이 진행되는 도중 15번째에서 조기 종료되는 것을 확인할 수 있습니다. SimpleRNN 모델의 학습 시간은 1분 46초, LSTM 모델의 학습 시간은 4분 13초가 소요됐습니다.

```
[44] %%time
     from tensorflow.keras.models import Sequential
     from tensorflow.keras.layers import LSTM, Embedding, Dense

     vocab_size = len(index_to_word) + 1
     embedding_dim = 32
     hidden_units = 32

     lstm_model = Sequential()
     lstm_model.add(Embedding(vocab_size, embedding_dim))
     lstm_model.add(LSTM(hidden_units))
     lstm_model.add(Dense(1, activation='sigmoid'))

     lstm_model.compile(optimizer='rmsprop',
                        loss='binary_crossentropy',
                        metrics=['acc'])

     history = lstm_model.fit(X_train_padded, y_train,
                        validation_split=0.2,
                        epochs=50,
                        batch_size=32,
                        callbacks=[earlyetopping_callback, modelcheckpoint_callback])
```

출력
```
Epoch 1/50
102/102 [==============================] — ETA: 0s — loss: 0.2667 — acc: 0.8998
Epoch 1: val_loss did not improve from 0.07029
102/102 [==============================] — 15s 120ms/step — loss: 0.2667 — acc:
0.8998 — val_loss: 0.1365 — val_acc: 0.9555
…(생략)…
Epoch 15/50
102/102 [==============================] — ETA: 0s — loss: 0.0025 — acc: 0.9997
Epoch 15: val_loss did not improve from 0.06756
102/102 [==============================] — 10s 96ms/step — loss: 0.0025 — acc:
0.9997 — val_loss: 0.1605 — val_acc: 0.9753

CPU times: user 4min 1s, sys: 11.3 s, total: 4min 13s
Wall time: 2min 34s
```

테스트 데이터셋의 정확도는 98%(0.9812)로 평가됐습니다. 정확도가 SimpleRNN보다 높다는 것을 알 수 있습니다.

```
[45] print("\n테스트 정확도: %.4f" %(lstm_model.evaluate(X_test_padded, y_test)[1]))
```
출력
```
32/32 [==============================] — 1s 19ms/step — loss: 0.1243 — acc: 0.9812

테스트 정확도: 0.9812
```

3.3.8 GRU 모델 학습 및 평가

LSTM을 확인했다면 GRU도 사용해 평가 결과를 확인하겠습니다. 이번 학습에서는 13번째에서 학습이 조기 종료됐습니다. GRU 모델의 학습 시간은 3분 38초가 소요됐습니다.

```
[46]  %%time
      from tensorflow.keras.models import Sequential
      from tensorflow.keras.layers import GRU, Embedding, Dense

      vocab_size = len(index_to_word) + 1
      embedding_dim = 32
      hidden_units = 32

      gru_model = Sequential()
      gru_model.add(Embedding(vocab_size, embedding_dim))
      gru_model.add(GRU(hidden_units))
      gru_model.add(Dense(1, activation='sigmoid'))

      gru_model.compile(optimizer='rmsprop',
              loss='binary_crossentropy',
              metrics=['acc'])

      history = gru_model.fit(X_train_padded, y_train,
              validation_split=0.2,
              epochs=50,
              batch_size=32,
              callbacks=[earlyetopping_callback, modelcheckpoint_callback])
```

출력
```
Epoch 1/50
102/102 [==============================] — ETA: 0s — loss: 0.2372 — acc: 0.9122
Epoch 1: val_loss did not improve from 0.06756
102/102 [==============================] — 12s 97ms/step — loss: 0.2372 — acc:
0.9122 — val_loss: 0.1010 — val_acc: 0.9716
…(생략)…
Epoch 13/50
102/102 [==============================] — ETA: 0s — loss: 0.0038 — acc: 0.9994
Epoch 13: val_loss did not improve from 0.06756
102/102 [==============================] — 10s 93ms/step — loss: 0.0038 — acc:
0.9994 — val_loss: 0.1427 — val_acc: 0.9740


CPU times: user 3min 29s, sys: 9.54 s, total: 3min 38s
Wall time: 2min 7s
```

GRU 테스트 데이터셋 평가 결과의 정확도는 98%(0.9812)입니다. LSTM과 동일하게 나왔네요. 모델의 하이퍼 매개변수 값들을 소성하면서 최석화하면 다른 평가 결과도 예상해 볼 수 있을 것 같습니다.

```
[47]  print("\n테스트 정확도: %.4f" %(gru_model.evaluate(X_test_padded, y_test)[1]))
```

출력
```
32/32 [==============================] — 1s 16ms/step — loss: 0.1153 — acc: 0.9812


테스트 정확도: 0.9812
```

이번에는 시계열 데이터의 정의와 특징에 대해 알아보고 실습을 통해 네이버 주식 데이터의 종가를 예측해 보겠습니다.

4.1 시계열 데이터

시계열 데이터는 '시퀀스 데이터'입니다. 시퀀스 데이터는 과거의 데이터가 현재 또는 미래에 영향을 미칠 수 있습니다. 이 때문에 순환 신경망에서 좋은 성능을 기대해 볼 수 있습니다. 시계열 데이터의 대표적인 예로는 주식 예측, 기업의 매출과 시장 수요 예측, 기상 예측, 게임 이상 유저 탐지 등을 들 수 있습니다.

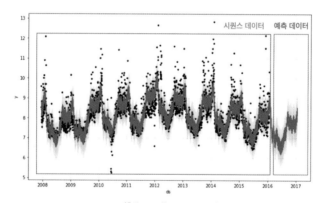

(출처: https://databricks.com/blog/2020/01/27/time-series-forecasting-prophet-spark.html)

[그림 4-18] 시계열 데이터 시각화 및 예측의 예

4.1.1 정상성과 비정상성

시계열 데이터는 정상성(Stationary)과 비정상성(Non-Stationary) 데이터로 구분할 수 있습니다. '정상성 데이터'는 시간이 지남에 따라 통계적 특징(평균과 분산)의 차이가 없는 데이터를 말합니다. 정상성 데이터는 트렌드, 계절성 등의 특징이 없습니다. 비정상성 데이터는 시간이 지남에 따라 통계적 특징(평균과 분산)의 변화가 있고 트렌드, 계절성, 주기성을 가진 데이터를 말합니다.

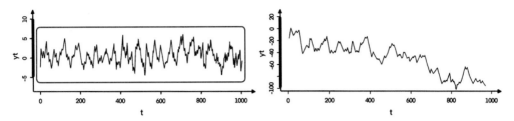

[그림 4-19] 시계열 데이터의 정상성(왼쪽)과 비정상성(오른쪽)의 예

4.1.2 비정상성 데이터를 정상성 데이터로 변환하기

시계열 데이터를 분석하기 위해 비정상성 데이터를 정상성 데이터로 변환합니다. 변환할 때는
차분, 로그 변환 등과 같은 방법을 사용해 평균을 정상화하거나 분산을 안정화하는 방법을 사용
할 수 있습니다. 예를 들어 비정상성 데이터에서 트렌드와 계정성 데이터를 차분하면 정상성 데
이터로 변환할 수 있습니다. 이렇게 비정상성 데이터를 정상성 데이터로 변환하면 시계열 데이
터의 평균과 분산이 일정해져 시계열 예측을 할 수 있습니다.

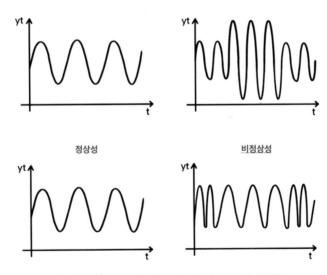

[그림 4-20] 시계열 데이터의 정상성과 비정상성 데이터 비교

4.2   시계열 데이터의 특징

시계열 데이터에는 '트렌드', '계절성', '주기성', '불규칙성'이라는 4가지 특징이 있습니다. 각각의 특징에 대해 알아보겠습니다.

4.2.1 트렌드

시계열 데이터의 트렌드(Trend)는 시간이 지남에 따라 상향, 하락, 유지되는 경향이 있습니다. 예를 들어 [그림 4-21]의 왼쪽을 살펴보면 1980년부터 2020년까지의 국내 총생산(GDP)은 캐나다와 한국 모두 상향 트렌드를 가진다고 말할 수 있습니다. 이와 반대로 오른쪽은 한국 인구의 하락 트렌드를 갖고 있다고 말할 수 있습니다. 이렇게 시계열 데이터는 장기적으로 트렌드라는 특징을 가집니다.

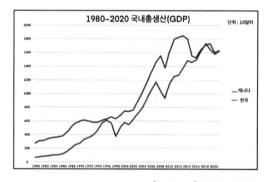

[그림 4-21] 시계열 데이터의 트렌드의 예

4.2.2 계절성

시계열 데이터는 계절성(Seasonality)이라는 특징이 있습니다. 주, 월, 분기, 반기, 연 단위의 계절성 요인에 따른 반복적인 주기를 '계절성이 있다'라고 표현합니다. [그림 4-22]는 구글 트렌드에서 수영복을 검색한 결과입니다. 2004년부터 2022년까지 여름에 수영복 검색어의 사용 빈도가 많은 것을 확인할 수 있습니다. '매년 여름마다 반복적으로 수영복 검색어 사용의 계절성이 있다'라고 할 수 있습니다. 즉, 계절성은 '주기가 일정하다'라는 특징이 있습니다. 바로 이 점이 다음에 배울 주기성(Cycle)과의 차이라고 할 수 있습니다.

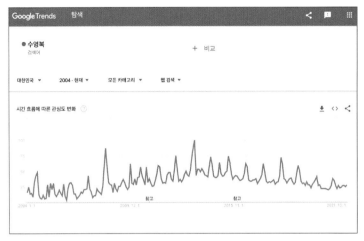

[그림 4-22] 시계열 데이터의 계절성의 예(구글 트렌드에서 수영복 검색)

4.2.3 주기성

주기성(Cycle)은 계절성과 달리 일정한 주기(년, 반기, 분기 등)를 따르지 않는 상향과 하락의 주기를 말합니다. [그림 4-23]은 대한민국의 경기 순환 주기를 나타낸 것입니다. 경기 순환 주기가 39개월, 63개월, 60개월, 46개월과 같이 유지됐습니다. 주기의 특징은 있지만, 계절성은 보이지 않습니다.

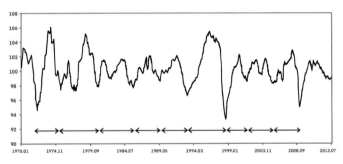

[그림 4-23] 시계열 데이터의 주기성의 예(대한민국 경기 순환주기)

4.2.4 불규칙성

시계열 데이터에서 트렌드와 계절성, 주기성을 제외하면 불규칙성(Irregular)을 확인할 수 있습니다.

4.3　시계열 데이터 생성 및 처리

시계열 데이터를 생성해 보고 시계열 분석에 필요한 DatetimeIndex, Resample, Shift, Rolling을 실습해 보겠습니다.

4.3.1　pandas.DatetimeIndex

판다스의 DatetimeIndex 클래스에 대해 알아보겠습니다. date_range 함수를 사용하면 시계열 데이터를 생성할 수 있습니다. date_range 함수의 인자로 start를 2022년 1월 1일로 설정하고 end는 2022년 1월 31일로 입력합니다. 출력 결과를 보면 DatetimeIndex 타입의 시계열 데이터가 2022년 1월 1일부터 2022년 1월 31일까지 출력되는 것을 확인할 수 있습니다. freq는 일을 나타내는 D로 출력됐습니다.

[소스 4-10] DatetimeIndex.ipynb

```
[1]  import pandas as pd

     pd.date_range(start="2022-01-01", end="2022-01-31")
출력  DatetimeIndex(['2022-01-01', '2022-01-02', '2022-01-03', '2022-01-04',
                     '2022-01-05', '2022-01-06', '2022-01-07', '2022-01-08',
                     '2022-01-09', '2022-01-10', '2022-01-11', '2022-01-12',
                     '2022-01-13', '2022-01-14', '2022-01-15', '2022-01-16',
                     '2022-01-17', '2022-01-18', '2022-01-19', '2022-01-20',
                     '2022-01-21', '2022-01-22', '2022-01-23', '2022-01-24',
                     '2022-01-25', '2022-01-26', '2022-01-27', '2022-01-28',
                     '2022-01-29', '2022-01-30', '2022-01-31'],
                    dtype='datetime64[ns]', freq='D')
```

date_range 함수의 end 인자 대신 periods를 31로 지정하고 실행해도 동일한 결과를 출력합니다. freq 인자의 기본값은 D로 일자 기준으로 시계열 데이터를 생성하여 출력되는 것을 확인할 수 있습니다.

```
[2]  pd.date_range("2022-01-01", periods=31, freq="D")
출력  DatetimeIndex(['2022-01-01', '2022-01-02', '2022-01-03', '2022-01-04',
                     '2022-01-05', '2022-01-06', '2022-01-07', '2022-01-08',
                     '2022-01-09', '2022-01-10', '2022-01-11', '2022-01-12',
                     '2022-01-13', '2022-01-14', '2022-01-15', '2022-01-16',
                     '2022-01-17', '2022-01-18', '2022-01-19', '2022-01-20',
                     '2022-01-21', '2022-01-22', '2022-01-23', '2022-01-24',
                     '2022-01-25', '2022-01-26', '2022-01-27', '2022-01-28',
                     '2022-01-29', '2022-01-30', '2022-01-31'],
                    dtype='datetime64[ns]', freq='D')
```

freq를 Y로 지정하면 년 단위 주기로 데이터가 생성됩니다. periods 인자는 생성할 기간의 수를 지정하는 인자입니다. 다음의 코드는 2022년 1월 1일을 기준으로 3년 주기의 데이터를 생성하라는 의미입니다. 출력 결과를 보면 2022년 12월 31일, 2023년 12월 31일, 2024년 12월 31일이 출력됐습니다. 특이한 점은 12월 31일로 매년 말일 기준으로 데이터가 생성된 것을 확인할 수 있습니다.

```
[3]  pd.date_range(start="2022-01-01", periods=3, freq="Y")
출력  DatetimeIndex(['2022-12-31', '2023-12-31', '2024-12-31'], dtype='datetime64[ns]',
      freq='A-DEC')
```

freq를 M으로 변경 후 출력해 보겠습니다. 월 주기의 데이터가 생성됐습니다. 2022년 1월 부터 12월까지 매월 말일 기준으로 데이터가 생성됐습니다.

```
[3]  pd.date_range("2022-01-01", periods=12, freq="M")
출력  DatetimeIndex(['2022-01-31', '2022-02-28', '2022-03-31', '2022-04-30',
                    '2022-05-31', '2022-06-30', '2022-07-31', '2022-08-31',
                    '2022-09-30', '2022-10-31', '2022-11-30', '2022-12-31'],
              dtype='datetime64[ns]', freq='M')
```

freq를 h로 변경해서 출력해 보면 시간 주기로 데이터가 생성됩니다.

```
[5]  pd.date_range("2022-01-01", periods=24, freq="h")
출력  DatetimeIndex(['2022-01-01 00:00:00', '2022-01-01 01:00:00',
                    '2022-01-01 02:00:00', '2022-01-01 03:00:00',
                    '2022-01-01 04:00:00', '2022-01-01 05:00:00',
                    '2022-01-01 06:00:00', '2022-01-01 07:00:00',
                    '2022-01-01 08:00:00', '2022-01-01 09:00:00',
                    '2022-01-01 10:00:00', '2022-01-01 11:00:00',
                    '2022-01-01 12:00:00', '2022-01-01 13:00:00',
                    '2022-01-01 14:00:00', '2022-01-01 15:00:00',
                    '2022-01-01 16:00:00', '2022-01-01 17:00:00',
                    '2022-01-01 18:00:00', '2022-01-01 19:00:00',
                    '2022-01-01 20:00:00', '2022-01-01 21:00:00',
                    '2022-01-01 22:00:00', '2022-01-01 23:00:00'],
              dtype='datetime64[ns]', freq='H')
```

freq를 T로 변경해서 출력해 보면 분 단위로 데이터가 생성됐습니다.

```
[6]  pd.date_range("2022-01-01", periods=60, freq="T")
출력  DatetimeIndex(['2022-01-01 00:00:00', '2022-01-01 00:01:00',
                    '2022-01-01 00:02:00', '2022-01-01 00:03:00',
                    '2022-01-01 00:04:00', '2022-01-01 00:05:00',
                    '2022-01-01 00:06:00', '2022-01-01 00:07:00',
                    '2022-01-01 00:08:00', '2022-01-01 00:09:00',
                    '2022-01-01 00:10:00', '2022-01-01 00:11:00',
                    '2022-01-01 00:12:00', '2022-01-01 00:13:00',
                    '2022-01-01 00:14:00', '2022-01-01 00:15:00',
                    '2022-01-01 00:16:00', '2022-01-01 00:17:00',
                    '2022-01-01 00:18:00', '2022-01-01 00:19:00',
```

```
            '2022-01-01 00:20:00', '2022-01-01 00:21:00',
            '2022-01-01 00:22:00', '2022-01-01 00:23:00',
            '2022-01-01 00:24:00', '2022-01-01 00:25:00',
            '2022-01-01 00:26:00', '2022-01-01 00:27:00',
            '2022-01-01 00:28:00', '2022-01-01 00:29:00',
            '2022-01-01 00:30:00', '2022-01-01 00:31:00',
            '2022-01-01 00:32:00', '2022-01-01 00:33:00',
            '2022-01-01 00:34:00', '2022-01-01 00:35:00',
            '2022-01-01 00:36:00', '2022-01-01 00:37:00',
            '2022-01-01 00:38:00', '2022-01-01 00:39:00',
            '2022-01-01 00:40:00', '2022-01-01 00:41:00',
            '2022-01-01 00:42:00', '2022-01-01 00:43:00',
            '2022-01-01 00:44:00', '2022-01-01 00:45:00',
            '2022-01-01 00:46:00', '2022-01-01 00:47:00',
            '2022-01-01 00:48:00', '2022-01-01 00:49:00',
            '2022-01-01 00:50:00', '2022-01-01 00:51:00',
            '2022-01-01 00:52:00', '2022-01-01 00:53:00',
            '2022-01-01 00:54:00', '2022-01-01 00:55:00',
            '2022-01-01 00:56:00', '2022-01-01 00:57:00',
            '2022-01-01 00:58:00', '2022-01-01 00:59:00'],
           dtype='datetime64[ns]', freq='T')
```

freq를 s는 초 단위입니다.

```
[7]   pd.date_range("2022-01-01", periods=60, freq="s")
```

출력
```
DatetimeIndex(['2022-01-01 00:00:00', '2022-01-01 00:00:01',
            '2022-01-01 00:00:02', '2022-01-01 00:00:03',
            '2022-01-01 00:00:04', '2022-01-01 00:00:05',
            '2022-01-01 00:00:06', '2022-01-01 00:00:07',
            '2022-01-01 00:00:08', '2022-01-01 00:00:09',
            '2022-01-01 00:00:10', '2022-01-01 00:00:11',
            '2022-01-01 00:00:12', '2022-01-01 00:00:13',
            '2022-01-01 00:00:14', '2022-01-01 00:00:15',
            '2022-01-01 00:00:16', '2022-01-01 00:00:17',
            '2022-01-01 00:00:18', '2022-01-01 00:00:19',
            '2022-01-01 00:00:20', '2022-01-01 00:00:21',
            '2022-01-01 00:00:22', '2022-01-01 00:00:23',
            '2022-01-01 00:00:24', '2022-01-01 00:00:25',
            '2022-01-01 00:00:26', '2022-01-01 00:00:27',
            '2022-01-01 00:00:28', '2022-01-01 00:00:29',
            '2022-01-01 00:00:30', '2022-01-01 00:00:31',
            '2022-01-01 00:00:32', '2022-01-01 00:00:33',
            '2022-01-01 00:00:34', '2022-01-01 00:00:35',
            '2022-01-01 00:00:36', '2022-01-01 00:00:37',
            '2022-01-01 00:00:38', '2022-01-01 00:00:39',
            '2022-01-01 00:00:40', '2022-01-01 00:00:41',
            '2022-01-01 00:00:42', '2022-01-01 00:00:43',
            '2022-01-01 00:00:44', '2022-01-01 00:00:45',
            '2022-01-01 00:00:46', '2022-01-01 00:00:47',
            '2022-01-01 00:00:48', '2022-01-01 00:00:49',
            '2022-01-01 00:00:50', '2022-01-01 00:00:51',
            '2022-01-01 00:00:52', '2022-01-01 00:00:53',
            '2022-01-01 00:00:54', '2022-01-01 00:00:55',
            '2022-01-01 00:00:56', '2022-01-01 00:00:57',
            '2022-01-01 00:00:58', '2022-01-01 00:00:59'],
           dtype='datetime64[ns]', freq='S')
```

dayofweek는 요일을 출력합니다. 2022년 1월 3일는 0을 리턴했습니다. 0은 월요일을 의미합니다. 1은 화요일, 2는 수요일, 3는 목요일, 4는 금요일, 5는 토요일, 6는 일요일입니다. 시계열 데이터 분석 시 요일 피처를 추가할 때 유용하게 사용할 수 있습니다.

```
[8]  day = pd.date_range('2022-01-01', '2022-01-09', freq='D').to_series()

     day.dt.dayofweek
```

출력	
2022-01-01	5
2022-01-02	6
2022-01-03	0
2022-01-04	1
2022-01-05	2
2022-01-06	3
2022-01-07	4
2022-01-08	5
2022-01-09	6
Freq: D, dtype: int64	

is_month_start, is_month_end는 시계열 데이터가 월의 시작과 끝인지를 여부를 True, False로 출력해줍니다. 시계열 데이터 처리 시 유용하게 사용할 수 있습니다.

```
[9]  day = pd.Series(pd.date_range("2022-02-27", periods=4))

     print(day, '\n')

     print(day.dt.is_month_start, '\n')
     print(day.dt.is_month_end)
```

```
출력  0     2022-02-27
     1     2022-02-28
     2     2022-03-01
     3     2022-03-02
     dtype: datetime64[ns]

     0     False
     1     False
     2     True
     3     False
     dtype: bool

     0     False
     1     True
     2     False
     3     False
     dtype: bool
```

4.3.2 주가 데이터셋 만들기

주가 데이터셋을 생성하기 위해 2022년 1월 1일부터 1월 31일까지의 시계열 데이터셋을 생성합니다. 파이썬의 date_range 함수로 31개의 일자별 데이터셋을 생성 후 index에 저장합니다. 판다스 데이터 프레임 생성 시 index로 사용합니다.

[소스 4-11] Pandas-DataFrame-Data.ipynb

```
[1]  import pandas as pd

     index = pd.date_range("2022-01-01", periods=31, freq="D")

     index

출력  DatetimeIndex(['2022-01-01', '2022-01-02', '2022-01-03', '2022-01-04',
                     '2022-01-05', '2022-01-06', '2022-01-07', '2022-01-08',
                     '2022-01-09', '2022-01-10', '2022-01-11', '2022-01-12',
                     '2022-01-13', '2022-01-14', '2022-01-15', '2022-01-16',
                     '2022-01-17', '2022-01-18', '2022-01-19', '2022-01-20',
                     '2022-01-21', '2022-01-22', '2022-01-23', '2022-01-24',
                     '2022-01-25', '2022-01-26', '2022-01-27', '2022-01-28',
                     '2022-01-29', '2022-01-30', '2022-01-31'],
                    dtype='datetime64[ns]', freq='D')
```

넘파이의 randint 함수를 사용해 0부터 100 사이의 랜덤값 31개를 data에 저장합니다. 판다스 데이터 프레임을 df 라는 이름으로 생성합니다. 위에서 생성한 index, data를 입력하고 피처명은 종가인 Close로 정의합니다. 생성한 데이터 프레임을 head 함수로 출력해 보면 0부터 100사이의 값으로 생성된 시계열 데이터의 상위 5개가 출력됩니다.

```
[2]  import numpy as np

     data = np.random.randint(0, 100, size=31)

     df = pd.DataFrame(data=data, index=index, columns=["Close"])
     print(df.head())

출력         Close
     2022-01-01    13
     2022-01-02    17
     2022-01-03    29
     2022-01-04    2
     2022-01-05    95
```

plot 함수로 데이터 프레임을 출력합니다. Close 피처의 값이 0부터 100 사이의 랜덤값으로 잘 생성돼 있는 것을 확인할 수 있습니다.

[3] df.plot()

출력

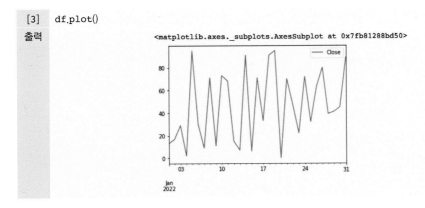

주식 데이터의 5가지 피처를 생성합니다. 넘파이로 램덤한 데이터를 생성시 size를 31행과 5열로 정의했습니다. 이렇게 생성한 데이터 프레임을 출력해 보면 주식 데이터셋하고 비슷한 데이터셋이 생성된 것을 확인할 수 있습니다. 데이터 값은 설명을 쉽게하기 위해 0부터 100으로 생성했습니다.

[4]
```
import numpy as np

data = np.random.randint(0, 100, size=(31, 5))

df = pd.DataFrame(data=data, index=index, columns=["Open", "High", "Low", "Close", "Volume"])
df.head()
```

출력

	Open	High	Low	Close	Volume
2022-01-01	18	38	38	67	27
2022-01-02	21	49	1	84	42
2022-01-03	71	95	33	37	47
2022-01-04	7	69	84	15	61
2022-01-05	8	21	50	8	11

plot 함수로 Open, Close 열을 시각화했습니다.

[5] df[["Open", "Close"]].plot(figsize=(15,5))

출력

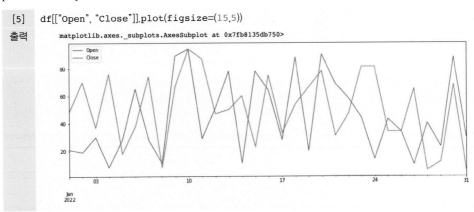

info 함수로 데이터셋의 정보를 확인합니다.

```
[6]  df.info()
```

출력
```
<class 'pandas.core.frame.DataFrame'>
DatetimeIndex: 31 entries, 2022-01-01 to 2022-01-31
Freq: D
Data columns (total 5 columns):
 #   Column  Non-Null Count  Dtype
---  ------  --------------  -----
 0   Open    31 non-null     int64
 1   High    31 non-null     int64
 2   Low     31 non-null     int64
 3   Close   31 non-null     int64
 4   Volume  31 non-null     int64
dtypes: int64(5)
memory usage: 1.5 KB
```

4.3.3 pandas.DataFrame.resample

판다스의 resample을 사용하면 그룹별 연산을 쉽게 처리할 수 있습니다. 실습을 위해서 2010년부터 2021년까지의 일자별 데이터셋을 생성합니다. 생성한 데이터셋을 출력합니다.

[소스 4-12] Pandas-DataFrame-Resample.ipynb

```
[1]  import pandas as pd
     import numpy as np

     index = pd.date_range(start="2010-01-01", end="2021-12-31")
     data = np.random.randint(0, 100, size=(len(index), 5))

     df = pd.DataFrame(data=data, index=index, columns=["Open", "High", "Low", "Close",
     "Volume"])
     df.head()
```

출력

	Open	High	Low	Close	Volume
2010-01-01	3	66	45	88	92
2010-01-02	87	54	97	86	98
2010-01-03	51	21	9	95	56
2010-01-04	64	59	82	23	25
2010-01-05	88	6	32	62	32

판다스의 groupby 함수를 사용하여 연도별 평균을 출력합니다. 2010년부터 2021년까지 연도별 평균이 출력됐습니다.

[2] `df.groupby([df.index.year]).mean()`

출력

	Open	High	Low	Close	Volume
2010	49.421918	50.060274	48.161644	50.958904	47.183562
2011	51.276712	51.030137	51.775342	48.621918	48.734247
2012	49.469945	50.057377	51.032787	51.893443	48.644809
2013	49.495890	48.539726	50.646575	50.315068	51.331507
2014	49.147945	48.202740	50.605479	49.600000	49.153425
2015	49.252055	50.073973	49.161644	48.663014	49.353425
2016	51.316940	50.234973	47.666667	49.155738	48.136612
2017	51.208219	50.084932	49.232877	49.309589	48.701370
2018	51.865753	48.052055	49.279452	48.726027	49.232877
2019	49.227397	48.657534	50.753425	50.895890	48.413699
2020	49.625683	50.016393	51.161202	50.614754	46.642077
2021	50.043836	50.717808	49.608219	46.901370	49.767123

이번에는 매년 월별 평균을 집계합니다. groupby 함수의 인자로 년과 월을 리스트로 입력 후 평균을 집계합니다. 출력 결과를 보면 원하는 결과가 잘 출력된 것을 확인할 수 있습니다.

[3] `df.groupby([df.index.year, df.index.month]).mean()`

출력

		Open	High	Low	Close	Volume
2010	1	50.903226	49.290323	47.483871	47.096774	47.258065
	2	37.750000	49.321429	43.000000	47.607143	49.357143
	3	52.290323	52.612903	49.677419	38.000000	44.064516
	4	48.500000	53.000000	52.133333	55.533333	45.300000
	5	48.354839	48.967742	49.032258	53.548387	55.064516
...	...	...	...	...	...	...
2021	8	53.870968	46.225806	42.064516	46.935484	54.870968
	9	51.166667	52.300000	46.500000	52.466667	53.466667
	10	45.032258	53.516129	56.580645	50.161290	42.838710
	11	48.566667	52.566667	51.966667	37.900000	54.166667
	12	48.354839	49.483871	52.000000	43.193548	49.612903

144 rows × 5 columns

그럼 이제는 판다스의 resample을 사용해서 동일한 결과를 출력해 보겠습니다. resample 함수의 인자로 rule를 A로 입력하고 평균을 출력합니다.

```
[4]  # ruleDateOffset, Timedelta or str
     # A : year end frequency

     df.resample(rule='A').mean().head()
```

출력

	Open	High	Low	Close	Volume
2010-12-31	49.421918	50.060274	48.161644	50.958904	47.183562
2011-12-31	51.276712	51.030137	51.775342	48.621918	48.734247
2012-12-31	49.469945	50.057377	51.032787	51.893443	48.644809
2013-12-31	49.495890	48.539726	50.646575	50.315068	51.331507
2014-12-31	49.147945	48.202740	50.605479	49.600000	49.153425

이번에는 연도 월별 평균을 출력합니다. rule 인자를 M으로 입력하면 동일한 결과가 출력됩니다. 이렇게 rule의 값을 년(A), 월(M), 주(W), 일(D), 시간(H), 분(M), 초(S) 등이 있습니다. 간단히 rule 값만 변경하여 원하는 집계 결과를 확인할 수 있습니다.

```
[5]  # ruleDateOffset, Timedelta or str
     # M : month end frequency

     df.resample(rule='M').mean().head()
```

출력

	Open	High	Low	Close	Volume
2010-01-31	50.903226	49.290323	47.483871	47.096774	47.258065
2010-02-28	37.750000	49.321429	43.000000	47.607143	49.357143
2010-03-31	52.290323	52.612903	49.677419	38.000000	44.064516
2010-04-30	48.500000	53.000000	52.133333	55.533333	45.300000
2010-05-31	48.354839	48.967742	49.032258	53.548387	55.064516

연도 월별 평균이 아닌 최솟값을 출력할 수도 있습니다. mean 함수 대신 min 함수를 사용하면 월별 최솟값을 출력합니다.

```
[6]  df.resample(rule='M').min().head()
```

출력

	Open	High	Low	Close	Volume
2010-01-31	1	6	1	0	1
2010-02-28	0	1	2	0	1
2010-03-31	0	2	0	0	0
2010-04-30	11	13	4	0	3
2010-05-31	8	2	3	9	0

최댓값은 max 함수를 사용하면 확인할 수 있습니다.

```
[7]  df.resample(rule='M').max().head()
```

	Open	High	Low	Close	Volume
2010-01-31	94	94	99	95	99
2010-02-28	94	95	96	97	98
2010-03-31	94	98	96	99	99
2010-04-30	98	99	93	92	89
2010-05-31	96	97	93	95	98

일자별 데이터셋을 resample을 사용하여 Downsample하겠습니다. rule를 7D로 설정합니다. 7D는 7일 단위로 집계 후 평균을 출력합니다. 일자별 데이터셋이 7일 단위의 평균값으로 Downsample 됐습니다. Downsample의 반대는 Upsample입니다.

```
[8]  df.resample(rule='7D').mean()
```

	Open	High	Low	Close	Volume
2022-01-01	28.428571	48.142857	38.857143	51.571429	32.000000
2022-01-08	51.857143	54.857143	32.142857	59.000000	46.428571
2022-01-15	62.428571	47.000000	49.142857	51.428571	51.571429
2022-01-22	34.714286	49.428571	52.285714	49.714286	65.571429
2022-01-29	47.000000	39.333333	40.000000	28.666667	38.000000

resample을 사용하여 Upsample을 실습해 보겠습니다. rule 인자의 값을 12H로 입력합니다. 일자별 데이터셋을 12시간 단위로 Upsample했습니다. 출력 결과를 보면 일자별 데이터셋이 12시간 단위로 Upsample 됐으며 데이터는 NaN 값으로 채워진 것을 확인할 수 있습니다.

```
[9]  df.resample('12H').mean()
```

	Open	High	Low	Close	Volume
2022-01-01 00:00:00	29.0	49.0	60.0	58.0	67.0
2022-01-01 12:00:00	NaN	NaN	NaN	NaN	NaN
2022-01-02 00:00:00	90.0	5.0	37.0	50.0	97.0
2022-01-02 12:00:00	NaN	NaN	NaN	NaN	NaN
2022-01-03 00:00:00	73.0	52.0	38.0	71.0	28.0
...	...	...	...	...	...
2022-01-29 00:00:00	56.0	25.0	72.0	77.0	27.0
2022-01-29 12:00:00	NaN	NaN	NaN	NaN	NaN
2022-01-30 00:00:00	81.0	54.0	72.0	51.0	22.0
2022-01-30 12:00:00	NaN	NaN	NaN	NaN	NaN
2022-01-31 00:00:00	98.0	55.0	98.0	65.0	59.0

61 rows × 5 columns

이번에는 Upsample 후 생성된 NaN 값을 처리하는 방법을 배우도록 하겠습니다. pad 함수를 사용하면 이전값으로 NaN값이 채워집니다. ffill 함수도 동일한 기능을 합니다.

```
[10]  df.resample('12H').pad().head(6)
```
출력

	Open	High	Low	Close	Volume
2022-01-01 00:00:00	29	49	60	58	67
2022-01-01 12:00:00	29	49	60	58	67
2022-01-02 00:00:00	90	5	37	50	97
2022-01-02 12:00:00	90	5	37	50	97
2022-01-03 00:00:00	73	52	38	71	28
2022-01-03 12:00:00	73	52	38	71	28

bfill 함수를 사용하면 이후 값으로 NaN 값이 채워집니다. 1월 1일 12시 데이터가 이후 Open 값이 90으로 채워진 것을 확인할 수 있습니다. 이렇게 다양한 방법으로 결측값(NaN)을 처리할 수 있습니다.

```
[11]  df.resample('12H').bfill().head(6)
```
출력

	Open	High	Low	Close	Volume
2022-01-01 00:00:00	29	49	60	58	67
2022-01-01 12:00:00	90	5	37	50	97
2022-01-02 00:00:00	90	5	37	50	97
2022-01-02 12:00:00	73	52	38	71	28
2022-01-03 00:00:00	73	52	38	71	28
2022-01-03 12:00:00	84	38	9	66	20

4.3.4 pandas.DataFrame.shift

시계열 데이터는 시퀀스 데이터입니다. 현재의 데이터는 이전 데이터에 영향을 받습니다. 이런 특징 때문에 이전 데이터를 현재 데이터에 새로운 피처로 넣어 주면 모델의 예측 성능이 개선되기도 합니다. 이런 이전 데이터를 Lag(지연값)라고 합니다.

Lag 데이터를 생성시 판다스의 shift 함수를 사용하면 간편하게 구현할 수 있습니다. shift 함수의 인자로 periods를 1로 설정하면 데이터가 인덱스 기준으로 한칸씩 아래로 이동합니다.

[소스 4-13] Pandas_DataFrame_shift.ipynb

```
[1]  df.shift(periods=1).head()
```
출력

	Open	High	Low	Close	Volume
2022-01-01	NaN	NaN	NaN	NaN	NaN
2022-01-02	96.0	86.0	19.0	93.0	66.0
2022-01-03	74.0	66.0	16.0	52.0	67.0
2022-01-04	33.0	26.0	15.0	57.0	99.0
2022-01-05	97.0	50.0	97.0	53.0	45.0

shift 함수의 periods 인자값을 −1로 설정하면 마지막 데이터값이 위로 1칸씩 이동하게 됩니다.

```
[2]  df.shift(periods=-1).tail()
```
출력

	Open	High	Low	Close	Volume
2022-01-27	20.0	89.0	59.0	23.0	58.0
2022-01-28	48.0	57.0	33.0	16.0	22.0
2022-01-29	50.0	24.0	36.0	88.0	80.0
2022-01-30	63.0	78.0	83.0	80.0	17.0
2022-01-31	NaN	NaN	NaN	NaN	NaN

head 함수로 상위 5행을 출력해 보면 1월 2일 데이터가 1월 1일로 이동해 있는것을 확인할 수 있습니다.

```
[3]  df.shift(periods=-1).head()
```
출력

	Open	High	Low	Close	Volume
2022-01-01	74.0	66.0	16.0	52.0	67.0
2022-01-02	33.0	26.0	15.0	57.0	99.0
2022-01-03	97.0	50.0	97.0	53.0	45.0
2022-01-04	51.0	98.0	23.0	59.0	92.0
2022-01-05	81.0	65.0	22.0	88.0	1.0

shift 함수의 fill_value 인자에 대해 알아보겠습니다. shift 처리 후 생성된 결측값(NaN)을 fill_value에 지정한 값으로 채울 수 있습니다. 아래 코드를 보면 fill_value를 0으로 지정했습니다. periods를 2로 설정하여 2만큼 아래로 shift됐고 2022년 1월 1일과 2일 데이터가 결측값이 됐습니다. fill_value 인자를 0으로 설정했기에 결측값이 0으로 변경된 것을 확인할 수 있습니다. 모델 입력 시 결측값을 전처리하는 데 유용한 인자입니다.

```
[4]  df.shift(periods=2, fill_value=0).head()
```
출력

	Open	High	Low	Close	Volume
2022-01-01	0	0	0	0	0
2022-01-02	0	0	0	0	0
2022-01-03	96	86	19	93	66
2022-01-04	74	66	16	52	67
2022-01-05	33	26	15	57	99

shift 함수의 freq 인자에 대해 알아보겠습니다. 일자별 시계열 데이터셋이기에 freq의 인자를 D로 설정합니다. 출력된 결과를 보면 shift 된 데이터만이 출력되는 것을 확인할 수 있습니다. periods가 2로 정의했기에 2022년 1월 1일과 2일 데이터가 2만큼 shift 됐고 2022년 1월 3일부터 데이터가 출력됐습니다.

```
[5]  df.shift(periods=2, freq="D").head()
```
출력

	Open	High	Low	Close	Volume
2022-01-03	96	86	19	93	66
2022-01-04	74	66	16	52	67
2022-01-05	33	26	15	57	99
2022-01-06	97	50	97	53	45
2022-01-07	51	98	23	59	92

shift 함수가 인덱스를 기준으로 데이터를 이동했다면 tshift 함수는 데이터를 기준으로 인덱스를 이동합니다. periods를 1로 지정 후 출력해 보면 데이터는 그대로 있고 위로 인덱스가 한 칸씩 이동한 것을 확인할 수 있습니다.

```
[6]  df.tshift(periods=1, freq="D").head()
```
출력

	Open	High	Low	Close	Volume
2022-01-02	96	86	19	93	66
2022-01-03	74	66	16	52	67
2022-01-04	33	26	15	57	99
2022-01-05	97	50	97	53	45
2022-01-06	51	98	23	59	92

tshift 함수의 periods 값을 −1로 지정하면 데이터는 그대로 있고 인덱스가 한칸씩 아래로 이동한 것을 확인할 수 있습니다. 2021년 12월 31일 데이터가 첫행으로 출력됐습니다.

```
[7]     df.tshift(periods=-1, freq="D").head()
```

출력

	Open	High	Low	Close	Volume
2021-12-31	96	86	19	93	66
2022-01-01	74	66	16	52	67
2022-01-02	33	26	15	57	99
2022-01-03	97	50	97	53	45
2022-01-04	51	98	23	59	92

4.3.5 pandas.DataFrame.rolling

시계열 데이터에서 잡음을 제거하여 모델의 성능을 개선하기 위해 사용하는 방법 중 단순이동
평균(simple moving average, SMA), 지수이동평균(exponential moving average, EMA)을 살펴보
겠습니다.

판다스의 rolling 함수를 사용하면 단순이동평균을 쉽게 구현할 수 있습니다. 실습할 데이터셋을
생성합니다. 2022년 1월 1일부터 5일까지의 시계열 데이터와 쉬운 이해를 위해 0부터 4까지의
순차적인 데이터를 생성합니다.

[소스 4-14] Pandas-DataFrame-rolling.ipynb

```
[1]     import pandas as pd
        import numpy as np

        index = pd.date_range(start="2022-01-01", end="2022-01-05")
        data = np.array(range(5))

        df = pd.DataFrame(data=data, index=index, columns=["Close"])
        df.head()
```

출력

	Close
2022-01-01	0
2022-01-02	1
2022-01-03	2
2022-01-04	3
2022-01-05	4

rolling 함수의 window 인자에 대해 알아보겠습니다. windows 인자를 2로 설정하면 2행 단위
의 논리적인 연산이 가능합니다. 아래 예시를 보면 2022년 1월 1일과 바로 이전 데이터가 하나
의 윈도우로 묶입니다. 이전 데이터는 없기에 결측값으로 출력됩니다. 다음 윈도우는 1월 1일과
2일이 하나의 윈도우로 묶이고 합계를 출력하면 0+1=1이 출력됩니다. 다음 윈도우는 1월 2일
과 3일이 윈도우로 묶이고 1+2=3이 출력됩니다. 이렇게 순차적으로 설정한 윈도우 단위로 연
산을 수행하게 됩니다.

```
[2]   df.rolling(window=2).sum()
```

	Close
2022-01-01	NaN
2022-01-02	1.0
2022-01-03	3.0
2022-01-04	5.0
2022-01-05	7.0

이번에는 window 인자를 3으로 설정했습니다. 1월 1일과 2일 데이터는 결측값을 출력했습니다. 1월 3일 데이터는 1일과 2일, 3일 데이터의 합계(0+1+2=3)가 출력됐습니다.

```
[3]   df.rolling(window=3).sum()
```

	Close
2022-01-01	NaN
2022-01-02	NaN
2022-01-03	3.0
2022-01-04	6.0
2022-01-05	9.0

min_periods 인자는 window 크기와 동일하게 설정됩니다. windows 인자로 지정한 값이 작을 경우 결측값(NaN)으로 표시할지 아니면 min_periods 인자로 지정한 값을 충족할때 값을 출력할지 정의할 수 있습니다. window 인자가 2인 경우 2022년 01월 01일의 종가는 NaN으로 표시됩니다. 이 경우 min_periods는 windows 와 동일하게 2를 기본값으로 설정됩니다. 이때 min_periods를 1로 설정하면 2022년 01월 01일의 종가는 기존 0 값 1개만을 사용하여 NaN가 아닌 0을 출력합니다. min_periods 값은 windows 값을 초과할 수 없습니다. 아래의 경우 min_periods를 3으로 설정하면 에러가 발생합니다.

```
[4]   df.rolling(window=2, min_periods=1).sum()
```

	Close
2022-01-01	0.0
2022-01-02	1.0
2022-01-03	3.0
2022-01-04	5.0
2022-01-05	7.0

rolling 함수 만큼이나 자주 사용되는 expanding 함수를 실습해 보겠습니다. rolling 함수가 이동평균을 계산한다면 expanding 함수는 시계열 데이터를 이동하면서 누적값을 계산하는 함수입니다. 2022년 1월 1일부터 1월 5일까지 누적 총합을 출력했습니다. sum 함수를 mean(평균), median(중앙값), std(표준편차) 등으로 변경하여 원하는 누적 결과를 출력할 수도 있습니다.

```
[5]  df.expanding().sum()
```

출력

	Close
2022-01-01	0.0
2022-01-02	1.0
2022-01-03	3.0
2022-01-04	6.0
2022-01-05	10.0

ewm 함수는 지수가중함수(Exponetial Moving Average)입니다. 시계열 데이터 특성을 고려하여 최근 데이터에 가중치를 부여한 후에 이동평균을 계산하는 함수입니다. 가중치를 정의하는 인자로는 com, span, halflife, or alpha가 있습니다. 이번 실습에서는 span을 2로 설정하여 가중치 정도를 정의했습니다. 지수가중함수의 출력을 보면 2022년 1월 5일 데이터는 3.520661로 출력 결과를 확인할 수 있습니다. ewn 함수의 인자 및 값을 변경해가면서 지수가중함수를 적용해 보면 좋을 것 같습니다.

```
[6]  df['Close'].ewm(span=2).mean()
```

출력
```
2022-01-01    0.000000
2022-01-02    0.750000
2022-01-03    1.615385
2022-01-04    2.550000
2022-01-05    3.520661
Freq: D, Name: Close, dtype: float64
```

4.3.6 실습 finance-datareader

지금까지 배운 시계열 데이터 처리 방법을 실습해 보겠습니다. 데이터는 finance-datareader 라이브러리를 사용하여 데이터를 불러오겠습니다.

finance-datareader는 금융 데이터 수집 라이브러리 입니다. 주식의 거래소별 전체 종목 코드와 가격 등을 제공하고 있습니다. pandas-datareader 라이브러리를 동일한 기능을 제공하지만 일부 기능을 보완하여 제공하고 있습니다. pip를 사용하여 finance-datareader를 설치합니다.

[소스 4-15] Finance-DataReader.ipynb

```
[1]  !pip install -U finance-datareader
```

출력
```
Looking in indexes: https://pypi.org/simple, https://us-python.pkg.dev/colab-wheels/
public/simple/
Collecting finance-datareader
  Downloading finance_datareader-0.9.34-py3-none-any.whl (17 kB)
Requirement already satisfied: requests>=2.3.0 in /usr/local/lib/python3.7/dist-
packages (from finance-datareader) (2.23.0)
Requirement already satisfied: pandas>=0.19.2 in /usr/local/lib/python3.7/dist-
packages (from finance-datareader) (1.3.5)
Requirement already satisfied: tqdm in /usr/local/lib/python3.7/dist-packages (from
finance-datareader) (4.64.0)
Requirement already satisfied: lxml in /usr/local/lib/python3.7/dist-packages (from
finance-datareader) (4.9.1)
Collecting requests-file
  Downloading requests_file-1.5.1-py2.py3-none-any.whl (3.7 kB)
Requirement already satisfied: python-dateutil>=2.7.3 in /usr/local/lib/python3.7/
dist-packages (from pandas>=0.19.2->finance-datareader) (2.8.2)
Requirement already satisfied: pytz>=2017.3 in /usr/local/lib/python3.7/dist-
packages (from pandas>=0.19.2->finance-datareader) (2022.2.1)
Requirement already satisfied: numpy>=1.17.3 in /usr/local/lib/python3.7/dist-
packages (from pandas>=0.19.2->finance-datareader) (1.21.6)
Requirement already satisfied: six>=1.5 in /usr/local/lib/python3.7/dist-packages
(from python-dateutil>=2.7.3->pandas>=0.19.2->finance-datareader) (1.15.0)
Requirement already satisfied: chardet<4,>=3.0.2 in /usr/local/lib/python3.7/dist-
packages (from requests>=2.3.0->finance-datareader) (3.0.4)
Requirement already satisfied: idna<3,>=2.5 in /usr/local/lib/python3.7/dist-
packages (from requests>=2.3.0->finance-datareader) (2.10)
Requirement already satisfied: certifi>=2017.4.17 in /usr/local/lib/python3.7/dist-
packages (from requests>=2.3.0->finance-datareader) (2022.6.15)
Requirement already satisfied: urllib3!=1.25.0,!=1.25.1,<1.26,>=1.21.1 in /usr/local/
lib/python3.7/dist-packages (from requests>=2.3.0->finance-datareader) (1.24.3)
Installing collected packages: requests-file, finance-datareader
Successfully installed finance-datareader-0.9.34 requests-file-1.5.1
```

finance-datareader 버전을 확인해 보겠습니다. 이번 실습에서 사용할 버전은 0.9.34 입니다.

```
[2]  import FinanceDataReader as fdr

     fdr.__version__
```

출력 0.9.34

finance-datareader 라이브러리를 fdr로 정의하고 StockListing 함수로 한국거래소 상장 종목 전체를 df_krx 데이터 프레임에 저장합니다. 상위 5줄을 출력해 보면 한국거래소 상장 종목 목록이 출력됩니다. StockListing 인자값으로 KRX(한국거래소), KOSPI(코스피), NASDAQ(나스닥), NYSE(뉴욕증권거래소)를 정의후 해당 상장 종목을 가져올수도 있습니다.

```
[3]  import FinanceDataReader as fdr

     df_krx = fdr.StockListing('KRX')
     df_krx.head()
```

출력

	Symbol	Market	Name	Sector	Industry	ListingDate	SettleMonth	Representative
0	060310	KOSDAQ	3S	전자부품 제조업	반도체 웨이퍼 캐리어	2002-04-23	03월	김세완
1	095570	KOSPI	AJ네트웍스	산업용 기계 및 장비 임대업	렌탈(파렛트, OA장비, 건설장비)	2015-08-21	12월	박대현, 손삼달
2	006840	KOSPI	AK홀딩스	기타 금융업	지주사업	1999-08-11	12월	채형석, 이석주(각자 대표이사)
3	054620	KOSDAQ	APS홀딩스	기타 금융업	인터넷 트래픽 솔루션	2001-12-04	12월	정기로
4	265520	KOSDAQ	AP시스템	특수 목적용 기계 제조업	디스플레이 제조 장비	2017-04-07	12월	김영주

한국거래소에 등록된 삼성전자 정보를 출력해 보겠습니다. df_krx 데이터 프레임에 Name을 삼성전자로 필터링 후 출력해 보면 정보가 출력됩니다.

```
[4]  df_krx[df_krx["Name"] == "삼성전자"]
```

출력

	Symbol	Market	Name	Sector	Industry
4277	005930	KOSPI	삼성전자	통신 및 방송 장비 제조업	IMT2000 서비스용 동기식 기지국,교환국장비,데이터단말기,동영상휴대폰, 핵심칩,반...

삼성전자 주식 데이터를 2010년 1월 1일부터 2022년 가지의 데이터를 df에 저장합니다. 상위 10줄을 출력해 보면 Open(시가), High(고가), Low(저가), Close(종가), Volume(거래량), Change(대비) 피처를 확인할 수 있습니다.

```
[5]  import FinanceDataReader as fdr

     df = fdr.DataReader('005930', '2010-01-01', '2022-12-31')
     df.head(10)
```

출력

Date	Open	High	Low	Close	Volume	Change
2010-01-04	16060	16180	16000	16180	239271	0.012516
2010-01-05	16520	16580	16300	16440	559219	0.016069
2010-01-06	16580	16820	16520	16820	459755	0.023114
2010-01-07	16820	16820	16260	16260	443237	-0.033294
2010-01-08	16400	16420	16120	16420	295798	0.009840
2010-01-11	16420	16460	15940	15940	398901	-0.029233
2010-01-12	15940	16180	15900	16180	384460	0.015056
2010-01-13	16100	16119	15940	15940	267619	-0.014833
2010-01-14	16120	16620	16000	16540	532705	0.037641
2010-01-15	16640	16860	16580	16840	398401	0.018138

삼성전자의 종가 데이터를 시각화합니다. 우상향 되는 트랜드를 가진 시계열 데이터로 확인됩니다.

[6] df["Close"].plot()
출력

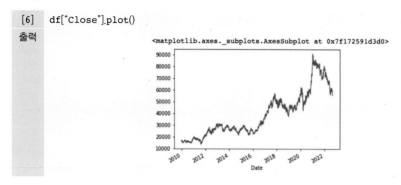

종가를 기준으로 이동평균을 주 단위(7일)로 설정 후 시각화했습니다. 이동평균을 주 단위로 설정했기 때문에 이전 시각화한 결과 보다 조금 더 부드럽게 시각화 됐습니다. 이상치(Outlier)가 있었다면 이동평균의 영향으로 완만해졌을 것 같습니다.

[7] df["Close"].rolling(7).mean().plot(figsize=(10,5))
출력

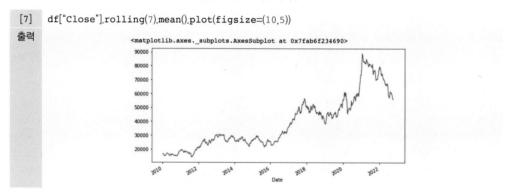

판다스의 expanding 함수를 사용해 누적평균을 시각화해 보겠습니다. 종가에 대한 누적 평균을 7로 설정하여 시각화해 보니 이동평균하고는 다른 그래프가 시각화됐습니다. 주식데이터를 분석하는 방법 중 이동평균, 누적평균 등이 필요할 경우 간단히 구현할 수 있게 됐습니다.

[8] df["Close"].expanding(7).mean().plot(figsize=(10,5))
출력

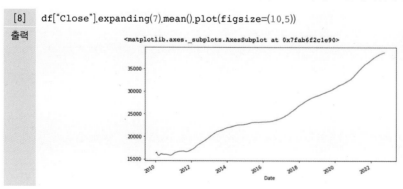

판다스의 rolling 함수를 사용해 이동평균을 출력해 보겠습니다. 상위 14개 데이터를 출력해 보면 설정한 window 기준 rolling 연산을 한 2010년 1월 12일부터 결과가 출력되는 것을 확인할 수 있습니다.

[9] `df.rolling(window=7).mean().head(14)`

출력

Date	Open	High	Low	Close	Volume	Change
2010-01-04	NaN	NaN	NaN	NaN	NaN	NaN
2010-01-05	NaN	NaN	NaN	NaN	NaN	NaN
2010-01-06	NaN	NaN	NaN	NaN	NaN	NaN
2010-01-07	NaN	NaN	NaN	NaN	NaN	NaN
2010-01-08	NaN	NaN	NaN	NaN	NaN	NaN
2010-01-11	NaN	NaN	NaN	NaN	NaN	NaN
2010-01-12	16391.428571	16494.285714	16148.571429	16320.000000	397234.428571	0.002010
2010-01-13	16397.142857	16485.571429	16140.000000	16285.714286	401284.142857	-0.001897
2010-01-14	16340.000000	16491.285714	16097.142857	16300.000000	397496.428571	0.001185
2010-01-15	16348.571429	16497.000000	16105.714286	16302.857143	388731.571429	0.000474
2010-01-18	16345.714286	16511.285714	16148.571429	16388.571429	362796.428571	0.005400
2010-01-19	16431.428571	16594.142857	16194.285714	16394.285714	355012.142857	0.000605
2010-01-20	16437.142857	16634.142857	16268.571429	16500.000000	352927.142857	0.006690
2010-01-21	16502.857143	16751.285714	16340.000000	16617.142857	346596.857143	0.007280

판다스의 ewm 함수를 사용해 지수가중평균도 출력해 봅니다. 이번에 인자는 com을 사용하여 가중치를 다르게 했습니다.

[10] `df.ewm(com=0.5).mean()`

출력

Date	Open	High	Low	Close	Volume	Change
2010-01-04	16060.000000	16180.000000	16000.000000	16180.000000	2.392710e+05	0.012516
2010-01-05	16405.000000	16480.000000	16225.000000	16375.000000	4.792320e+05	0.015181
2010-01-06	16526.153846	16715.384615	16429.230769	16683.076923	4.657479e+05	0.020673
2010-01-07	16724.500000	16786.000000	16315.000000	16397.500000	4.505530e+05	-0.015754
2010-01-08	16507.272727	16540.991736	16184.462810	16412.561983	3.469567e+05	0.001379
...	...	...	...	...	...	...
2022-09-16	56000.518430	56669.377094	55691.596880	56242.785208	1.312326e+07	-0.001412
2022-09-19	56200.172810	56889.792365	55897.198960	56347.595069	1.256019e+07	0.001902
2022-09-20	56333.390937	56963.264122	55832.399653	55982.531690	1.354771e+07	-0.006458
2022-09-21	55711.130312	55987.754707	55277.466551	55527.510563	1.242504e+07	-0.008126
2022-09-22	54970.376771	55129.251569	54625.822184	54775.836854	1.259190e+07	-0.013559

3140 rows × 6 columns

4.4 실습 네이버 주식 데이터로 종가 예측

시계열 데이터를 분석 예측하는 방법은 역사가 깊습니다. 전통적인 통계 모델들 부터 다양한 방법들이 있습니다. 이번장에서는 시퀀스 데이터에서 좋은 성능을 내는 순환 신경망을 통해 네이버 주식 데이터의 종가를 예측하는 모델을 구축해 보겠습니다.

4.4.1 문제 정의

2011년 부터 2021년까지의 네이버 주식 데이터를 기반으로 2022년 상반기 네이버 주식 데이터의 종가를 예측합니다.

4.4.2 데이터 구성 및 준비(pandas-datareader)

판다스의 pandas-datareader를 사용하여 원격 데이터에 접근하여 네이버 주식 데이터를 불러오도록 합니다. pandas-datareader를 설치합니다.

[소스 4-16] Stock-Time-Series.ipynb

```
[1] !pip install pandas-datareader
출력  Collecting git+https://github.com/pydata/pandas-datareader.git
       Cloning https://github.com/pydata/pandas-datareader.git to /private/var/
     folders/8m/plzt7gkx7p527jd_zmjpcvn80000gn/T/pip-req-build-c2elpqlc
       Running command git clone -q https://github.com/pydata/pandas-datareader.git /
     private/var/folders/8m/plzt7gkx7p527jd_zmjpcvn80000gn/T/pip-req-build-c2elpqlc
       Resolved https://github.com/pydata/pandas-datareader.git to commit
     3f1d590e6e67cf30aa516d3b1f1921b5c45ccc4b
     Collecting lxml
       Downloading lxml-4.8.0.tar.gz (3.2 MB)
       |████████████████████████████████| 3.2 MB 18.3 MB/s
     … (생략)
     Building wheels for collected packages: pandas-datareader, lxml
       Building wheel for pandas-datareader (setup.py) … done
       Created wheel for pandas-datareader: filename=pandas_
     datareader-0.11.0.dev0+9.g3f1d590-py3-none-any.whl size=109746
     sha256=b5602b526172bf52097ff7dbf74bececc704c5374addb7bdd774eec7139e2168
       Stored in directory: /private/var/folders/8m/plzt7gkx7p527jd_
     zmjpcvn80000gn/T/pip-ephem-wheel-cache-cfe6ota2/wheels/8e/ee/
     f8/83ddbd27100f359877dac9de223dd44e42750c8ec60b3fe253
       Building wheel for lxml (setup.py) … done
       Created wheel for lxml: filename=lxml-4.8.0-
     cp310-cp310-macosx_11_0_arm64.whl size=1444051
     sha256=c509d6264eb91f13ac7e75a41ce59789520e57fb61269b895856946a7e0f0d04
       Stored in directory: /Users/hansung/Library/Caches/pip/wheels/
     e4/52/34/64064e2e2f1ce84d212a6dde6676f3227846210a7996fc2530
     Successfully built pandas-datareader lxml
     Installing collected packages: lxml, pandas-datareader
     Successfully installed lxml-4.8.0 pandas-datareader-0.11.0.dev0+9.g3f1d590
```

pandas-datareader의 DataReader 함수를 사용하여 네이버의 코스피(KOSPI) 데이터를 불러옵니다. 2011년 1월 1일부터 2022년 6월까지의 코스피 데이터를 data 데이터 프레임에 저장합니다. Shape를 출력해 보면 2,832행과 5열로 구성된 것을 확인할 수 있습니다. tail 함수로 최근 5행의 데이터를 출력합니다. 코스피의 시계열 데이터를 확인할 수 있습니다.

```
[2]    import pandas_datareader.data as web

       data = web.DataReader('035420', 'naver', start='2011-01-01', end='2022-06-30')

       print(data.shape)
       data.tail()
```

```
출력    (2832, 5)
                Open      High      Low       Close     Volume
       Date
       2022-06-24    238500    250000    236000    247500    990710
       2022-06-27    247500    253500    244500    249000    634239
       2022-06-28    248500    253000    246000    252500    460119
       2022-06-29    246500    249000    244500    246500    464699
       2022-06-30    241500    245000    236500    240000    764891
```

info 함수로 데이터의 기본 정보를 확인합니다. 판다스 데이터 프레임의 인덱스로 설정된 Date는 DatetimeIndex로 설정돼 있습니다. 2832건이며 2011년 1월 3일부터 2022년 6월 30일로 분포돼 있습니다. 피처들의 데이터 타입은 모두 object입니다.

```
[3]    data.info()
출력    <class 'pandas.core.frame.DataFrame'>
       DatetimeIndex: 2832 entries, 2011-01-03 to 2022-06-30
       Data columns (total 5 columns):
        #    Column    Non-Null Count    Dtype
       ---   ------    --------------    -----
        0    Open      2832 non-null     object
        1    High      2832 non-null     object
        2    Low       2832 non-null     object
        3    Close     2832 non-null     object
        4    Volume    2832 non-null     object
       dtypes: object(5)
       memory usage: 132.8+ KB
```

4.4.3 데이터 전처리

Open, High, Low, Close, Volume의 데이터 타입은 Object입니다. astype 함수를 사용해 피처의 데이터 타입을 Object에서 int64로 변환합니다.

```
[4]  data = data.astype('int')

     data.info()
```

출력
```
<class 'pandas.core.frame.DataFrame'>
DatetimeIndex: 2832 entries, 2011-01-03 to 2022-06-30
Data columns (total 5 columns):
 #    Column   Non-Null Count   Dtype
---   ------   --------------   -----
 0    Open     2832 non-null    int64
 1    High     2832 non-null    int64
 2    Low      2832 non-null    int64
 3    Close    2832 non-null    int64
 4    Volume   2832 non-null    int64
dtypes: int64(5)
memory usage: 132.8 KB
```

df 데이터 프레임의 데이터를 학습과 검증, 테스트 데이터셋으로 기간별로 분류합니다. 학습 데이터는 2011년 1월 부터 2020년 12월까지 10년치 데이터로 분류합니다. 검증 데이터셋은 2021년 1월 부터 12월까지 1년 데이터입니다. 테스트 데이터셋은 2022년 1월부터 6월까지의 6개월 데이터입니다. shape으로 학습, 검증, 테스트 데이터셋의 행수를 확인할 수 있습니다.

```
[5]  # 데이터 분할
     train_df = data['2011-1':'2020-12'].copy()
     val_df = data['2021-1':'2021-12'].copy()
     test_df = data['2022-1':].copy()

     print('train_df.shape', train_df.shape)
     print('val_df.shape',   val_df.shape)
     print('test_df.shape',  test_df.shape)
```

출력
```
train_df.shape (2463, 5)
val_df.shape (248, 5)
test_df.shape (121, 5)
```

정규화 과정을 거쳐 데이터를 전처리합니다. 0과 1 사이의 값으로 정규화를 거치면 정규화 전 보다 모델 성능의 개선을 기대해 볼 수 있습니다. 정규화한 결과를 출력해 봅니다.

```
[6]  # 데이터 정규화(Normalization)
     train_max = train_df.max()
     train_min = train_df.min()

     train_df = (train_df - train_min) / (train_max - train_min)
     val_df = (val_df - train_min) / (train_max - train_min)
     test_df = (test_df - train_min) / (train_max - train_min)

     train_df.head()
```

	Open	High	Low	Close	Volume
Date					
2011-01-03	0.213297	0.207602	0.205221	0.051382	0.028787
2011-01-04	0.208175	0.203986	0.202425	0.051382	0.028788
2011-01-05	0.203988	0.205798	0.204291	0.052488	0.035352
2011-01-06	0.209107	0.203986	0.204755	0.051382	0.036038
2011-01-07	0.206318	0.205798	0.206624	0.055251	0.038215
...	...	...	...	...	...
2020-12-23	0.856083	0.832853	0.841010	0.806384	0.095771
2020-12-24	0.844214	0.819885	0.832095	0.799343	0.085417
2020-12-28	0.836795	0.814121	0.832095	0.795823	0.101394
2020-12-29	0.835312	0.821326	0.833581	0.802863	0.095407
2020-12-30	0.845697	0.844380	0.843982	0.836306	0.224399

[2463 rows x 5 columns]

케라스의 timeseries_dataset_from_array 함수를 사용하여 배열로 제공된 시계열 데이터에서 슬라이딩 윈도우 데이터 집합을 생성합니다. timeseries_dataset_from_array 함수의 인자로 data, targets 인자로 x_train, y_train를 입력합니다. 해당 data, targets 인자는 생략이 가능합니다. sequence_length 인자는 출력 시퀀스의 길이입니다. windows_length 변수로 주단위인 7로 입력했습니다. batch_size는 시계열 데이터의 샘플 수를 지정하여 배치 단위를 설정합니다. 이렇게 설정한 윈도우 데이터중 첫번째 배치를 inputs, targets의 형상을 출력합니다.

```
[7]  from tensorflow.keras.preprocessing import timeseries_dataset_from_array

window_length = 7

x_train = train_df.values
y_train = train_df['Close'].iloc[window_length:]

train_ds = timeseries_dataset_from_array(
        x_train, y_train,
        sequence_length=window_length,
        batch_size=32
)

for batch in train_ds.take(1):
        inputs, targets = batch

print("Input shape:", inputs.numpy().shape)
print("Target shape:", targets.numpy().shape)
```

출력
```
Input shape: (32, 7, 5)
Target shape: (32, 5)
```

검증 데이터셋도 시계열 데이터를 슬라이딩 윈도우 데이터 집합을 생성합니다.

```
[8]   from tensorflow.keras.preprocessing import timeseries_dataset_from_array

      window_length = 7

      x_val = val_df.values
      y_val = val_df['Close'].iloc[window_length:]

      val_ds = timeseries_dataset_from_array(
              x_val, y_val,
              sequence_length=window_length,
              batch_size=32
      )

      for batch in val_ds.take(1):
              inputs, targets = batch

      print("Input shape:", inputs.numpy().shape)
      print("Target shape:", targets.numpy().shape)
```

출력 Input shape: (32, 7, 5)
      Target shape: (32, 5)

4.4.4 모델 생성

순환 신경망인 LSTM으로 모델을 생성하고 컴파일합니다.

```
[9]   from tensorflow.keras import Model
      from tensorflow.keras.layers import Input, LSTM, Dense

      inputs = Input(shape=(7, 5))
      x = LSTM(32)(inputs)
      outputs = Dense(1)(x)

      model = Model(inputs=inputs, outputs=outputs)
      model.compile(optimizer='adam', loss='mse', metrics=['mae'])

      model.summary()
```

출력 Model: "model"

Layer (type)	Output Shape	Param #
input_1 (InputLayer)	[(None, 7, 5)]	0
lstm (LSTM)	(None, 32)	4864
dense (Dense)	(None, 1)	33

```
Total params: 4,897
Trainable params: 4,897
Non-trainable params: 0
```

4.4.5 모델 학습

모델 학습을 위해 케라스의 콜백을 정의합니다. 과대적합, 과소적합을 방지하기 위해 케라스의
EarlyStopping을 정의합니다. ModelCheckpoint 콜백을 정의하여 학습시 가장 학습 결과가 좋은
값을 저장하고 이후 사용하도록 합니다.

```
[10]   from tensorflow.keras.callbacks import EarlyStopping, ModelCheckpoint

       earlyetopping_callback = EarlyStopping(monitor="val_loss",
                                   patience=10)

       modelcheckpoint_callback = ModelCheckpoint(filepath="best_checkpoint_model.h5",
                                   monitor="val_loss",
                                   save_weights_only=True,
                                   save_best_only=True,
                                   verbose=1)
```

모델 학습을 합니다. 학습 데이터를 100번 학습합니다. 검증 데이터셋도 정의하고 배치사이즈
는 기본값인 32로 설정합니다. 정의한 콜백도 정의합니다. 학습 100번 중 15번 학습을 하고 학
습이 종료됐습니다. 학습 중 개선된 학습 결과는 "saving model to best_checkpoint_model.h5"
같이 저장되는 부분을 확인할 수 있습니다.

```
[11]   %%time

       history = model.fit(train_ds,
               epochs=100,
               validation_data=val_ds,
               batch_size = 32,
               callbacks=[earlyetopping_callback, modelcheckpoint_callback]
       )
```

출력
```
Epoch 1/100
75/77 [===========================>.] — ETA: 0s — loss: 0.0053 — mae: 0.0560
Epoch 1: val_loss improved from inf to 0.01213, saving model to best_checkpoint_model.h5
77/77 [============================] — 5s 17ms/step — loss: 0.0054 — mae: 0.0564 —
val_loss: 0.0121 — val_mae: 0.0991
Epoch 2/100
72/77 [==========================..] — ETA: 0s — loss: 0.0068 — mae: 0.0553
Epoch 2: val_loss improved from 0.01213 to 0.00404, saving model to best_checkpoint_model.h5
77/77 [============================] — 1s 11ms/step — loss: 0.0064 — mae: 0.0536 —
val_loss: 0.0040 — val_mae: 0.0545
Epoch 3/100
77/77 [============================] — ETA: 0s — loss: 6.5955e-04 — mae: 0.0181
Epoch 3: val_loss improved from 0.00404 to 0.00223, saving model to best_checkpoint_model.h5
77/77 [============================] — 1s 11ms/step — loss: 6.5955e-04 — mae:
0.0181 — val_loss: 0.0022 — val_mae: 0.0382
… (생략) …
Epoch 14/100
70/77 [==========================>...] — ETA: 0s — loss: 4.8897e-04 — mae: 0.0161
Epoch 14: val_loss did not improve from 0.00210
77/77 [============================] — 1s 11ms/step — loss: 5.4119e-04 — mae:
0.0171 — val_loss: 0.0047 — val_mae: 0.0578
Epoch 15/100
71/77 [==========================>...] — ETA: 0s — loss: 4.5781e-04 — mae: 0.0156
Epoch 15: val_loss did not improve from 0.00210
77/77 [============================] — 1s 11ms/step — loss: 5.0960e-04 — mae:
0.0165 — val_loss: 0.0049 — val_mae: 0.0590
CPU times: user 20.8 s, sys: 2.86 s, total: 23.7 s
Wall time: 22.2 s
```

모델 학습 결과를 시각화합니다. 학습시 학습 데이터와 검증 데이터의 손실값을 살펴볼 수 있습니다. 과대적합과 과소적합은 보이지 않네요. 케라스 EarlyStopping 콜백으로 학습이 조기 종료된 덕분입니다.

[12]
```
import plotly.graph_objects as go

fig = go.Figure()
fig.add_trace(go.Scattergl(y=history.history['loss'],name='loss'))
fig.add_trace(go.Scattergl(y=history.history['val_loss'],name='val_loss'))
fig.update_layout(title="<b>Loss of Model</b>", xaxis_title='Epoch',yaxis_title='Loss',
template='seaborn')
fig.show()
```

출력

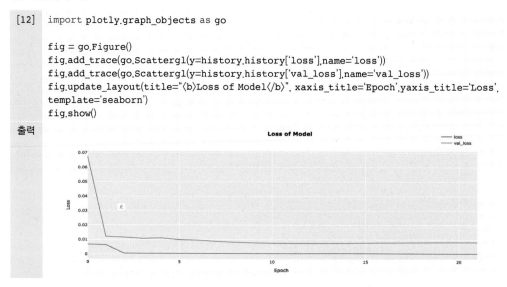

4.4.7 모델 예측

ModelCheckpoint 체크포인트로 가장 성능이 좋은 가중치 정보들을 불러옵니다.

[13]
```
model.load_weights('best_checkpoint_model.h5')
```

테스트 데이터셋도 시계열 데이터를 슬라이딩 윈도우 데이터 집합을 생성합니다.

[14]
```
from tensorflow.keras.preprocessing import timeseries_dataset_from_array

window_length = 7

x_test = test_df.values
y_test = test_df['Close'].iloc[window_length:]

test_ds = timeseries_dataset_from_array(
        x_test, y_test,
        sequence_length=window_length,
        batch_size=32
)

for batch in test_ds.take(1):
    inputs, targets = batch

print("Input shape:", inputs.numpy().shape)
print("Target shape:", targets.numpy().shape)
```

출력
```
Input shape: (32, 7, 5)
Target shape: (32, 5)
```

테스트 데이터셋으로 모델에 입력해 예측합니다. 예측한 결과의 형상을 확인해 보면 114행과 1열로 예측한 것을 알 수 있습니다.

```
[15]  # 예측
      pred = model.predict(test_ds)
      pred.shape
```
출력 (114, 1)

예측한 결과와 실제값을 시각화해 비교합니다. 비슷한 트렌드를 갖고 있지만, 예측한 값이 좀 더 늦게 실제값을 반영하고 있는 것 같습니다. 시퀀스 데이터 전처리 및 피처 엔지니어링, 모델 구성, 하이퍼 매개변수 튜닝 등을 통해 모델의 성능을 개선할 수 있을 것 같습니다.

```
[16]  import plotly.graph_objects as go

      fig = go.Figure()
      fig.add_trace(go.Scattergl(y=test_numpy, name='actual'))
      fig.add_trace(go.Scattergl(y=pred.reshape(114,), name='prediction'))
      fig.update_layout(title="<b>네이버 종가 예측</b>", xaxis_title='Date',yaxis_title='Close',
      template='seaborn')
      fig.show()
```

출력

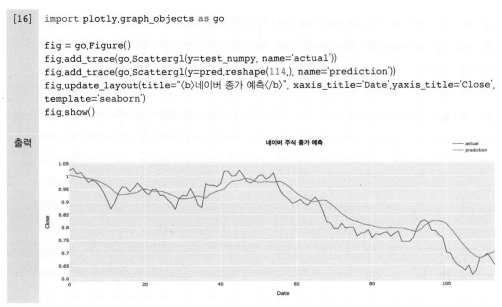

PART 05

케라스 에코 시스템

케라스 프로젝트는 딥러닝 구축 및 학습을 위한 핵심 케라스 API를 제공합니다. 케라스 에코 시스템(Keras Eco System)은 케라스 API 외에 머신러닝 및 딥러닝의 시작부터 끝까지의 워크플로에 필요한 모든 단계를 제공하기 위한 에코 시스템을 제공합니다. 케라스 에코 시스템에는 어떤 것들이 있고 사용 방법은 무엇인지 알아보겠습니다.

모델 학습 후 모델의 성능을 개선하기 위해 하이퍼 매개변수 튜닝을 진행합니다. 모델을 구성한 후 학습, 평가를 반복하면서 구간별 하이퍼 매개변수를 바꿔가면서 성능 개선을 진행합니다. 많은 시간이 소요되고 과정 또한 복잡합니다. 케라스 에코 시스템의 케라스 튜너(Keras Tuner)를 사용하면 하이퍼 매개변수 튜닝 과정을 어느 정도 자동화할 수 있습니다. 실습을 통해 사용 방법을 알아보겠습니다. 케라스 튜너를 설치합니다.

[소스 5-1] KerasTuner.ipynb

```
[1]  pip install keras_tuner
출력  Collecting keras_tuner
         Downloading keras_tuner-1.1.3-py3-none-any.whl(133 kB)
         |■■■■■■■■■■■■■■■■■■■■■■■■■■■■■■■■■■■■| 133 kB 4.9 MB/s
     Collecting kt-legacy
         Downloading kt_legacy-1.0.4-py3-none-any.whl(9.6 kB)
     …(생략) …
     Successfully installed keras-tuner-1.1.3 kt-legacy-1.0.4
```

실습을 위한 MNIST 데이터셋을 구성 및 준비합니다. 데이터를 불러온 후 정규화합니다.

```
[2]  import tensorflow as tf
     from tensorflow.keras import datasets

     import keras_tuner as kt

     mnist = datasets.mnist
     (x_train, y_train),(x_test, y_test) = mnist.load_data()
     x_train, x_test = x_train / 255.0, x_test / 255.0
출력  Downloading data from https://storage.googleapis.com/tensorflow/tf-keras-datasets/
     mnist.npz
     11493376/11490434 [==============================] – 0s 0us/step
     11501568/11490434 [==============================] – 0s 0us/step
```

모델을 생성하기 위해 순차 모델을 파이썬의 함수 형태로 구성합니다. 하이퍼 매개변수 입력값으로 사용할 hp_unit, hp_lr을 정의합니다. hp_unit은 Dense층의 유닉 수 범위를 정의합니다. 최소(min_value)는 16에서 최대(max_value) 512까지 16개 단계로 증가시키면서 hp_unit 값이 입력될 수 있도록 정의합니다. hp_lr은 모델 컴파일 시 옵티마이저의 러닝 레이트(learning_rate) 값을 1e-2, 1e-3, 1e-4로 조절해가면서 최적화할 수 있도록 정의합니다. hp_unit, hp_lr은 모델의 층과 컴파일 시 하이퍼 매개변수 값에 위치시킵니다.

```
[3]  from tensorflow.keras.models import Sequential
     from tensorflow.keras.layers import Flatten, Dense
     from tensorflow.keras.optimizers import Adam

     def get_model(hp):
         hp_unit = hp.Int('units', min_value = 16, max_value = 512, step = 16)
         hp_lr = hp.Choice('learning_rate', values = [1e-2, 1e-3, 1e-4])

         model = Sequential()
         model.add(Flatten(input_shape=(28, 28)))
         model.add(Dense(hp_unit, activation='relu'))
         model.add(Dense(hp_unit, activation='relu'))
         model.add(Dense(10, activation='softmax'))
         model.compile(optimizer = Adam(learning_rate = hp_lr),
                       loss='sparse_categorical_crossentropy',
                       metrics=['accuracy'],
         )
         return model
```

케라스 튜너의 Hyperband 함수로 모델 및 저장할 디렉터리, 최대 학습 수, 평가할 지표, 프로젝트의 이름을 정의합니다.

```
[4]  kerastuner = kt.Hyperband(get_model,
                       directory = 'my_dir',
                       objective = 'val_accuracy',
                       max_epochs = 5,
                       factor = 3,
                       project_name = 'kerastuner-mnist')
```

케라스 튜너의 search 함수를 통해 하이퍼 매개변수 튜닝을 시작합니다. 모델 학습을 진행하면서 앞에서 지정한 hp_unit, hp_lr의 범위값들을 대입하고 hyperband 함수에 지정한 값을 참고해 최고의 성능의 하이퍼 매개변수 값을 탐색하게 됩니다. 케라스 모델 Dense층의 최적의 unit 수는 400개입니다. 러닝 레이트 값은 0.001이네요.

```
[5]   kerastuner.search(x_train, y_train,
                        validation_data =(x_test, y_test),
                        epochs = 5)

      best_hps = kerastuner.get_best_hyperparameters(num_trials = 1)[0]

      print('best parameter – units : ', best_hps.get('units'))
      print('best parameter – learning_rate : ', best_hps.get('learning_rate'))
```

출력
```
Trial 10 Complete [00h 01m 08s]
val_accuracy: 0.9783999919891357

Best val_accuracy So Far: 0.9783999919891357
Total elapsed time: 00h 05m 53s
INFO:tensorflow:Oracle triggered exit
best parameter – units : 400
best parameter – learning_rate : 0.001
```

이렇게 탐색한 하이퍼 매개변수 값을 참고해 모델을 빌드합니다. 빌드된 모델로 학습을 진행하고 모델을 평가합니다. 정확도는 97%(0.97), 손실은 0.07로 확인됩니다.

```
[6]   model = kerastuner.hypermodel.build(best_hps)

      history = model.fit(x_train, y_train,
                          validation_split=0.2,
                          epochs = 5)

      loss, accuracy = model.evaluate(x_test, y_test)

      print('\naccuracy:', accuracy)
      print('loss:', loss)
```

출력
```
Epoch 1/5
1500/1500 [==============================] – 11s 7ms/step – loss: 0.2059 –
accuracy: 0.9383 – val_loss: 0.1137 – val_accuracy: 0.9662
Epoch 2/5
1500/1500 [==============================] – 11s 7ms/step – loss: 0.0835 –
accuracy: 0.9746 – val_loss: 0.1112 – val_accuracy: 0.9660
Epoch 3/5
1500/1500 [==============================] – 11s 7ms/step – loss: 0.0582 –
accuracy: 0.9818 – val_loss: 0.1024 – val_accuracy: 0.9701
Epoch 4/5
1500/1500 [==============================] – 11s 7ms/step – loss: 0.0453 –
accuracy: 0.9856 – val_loss: 0.0981 – val_accuracy: 0.9734
Epoch 5/5
1500/1500 [==============================] – 11s 7ms/step – loss: 0.0361 –
accuracy: 0.9881 – val_loss: 0.0996 – val_accuracy: 0.9750
313/313 [==============================] – 1s 4ms/step – loss: 0.0775 – accuracy:
0.9791

accuracy: 0.9790999889373779
loss: 0.07754082977771759
```

오토케라스(AutoKeras)는 텍사스 A&M 대학(Texas A&M University)의 데이터 랩(DATA Lab)에서 공개한 AutoML 시스템입니다. AutoML은 'Automated Machine Learning'의 약자로, 머신러닝 파이프라인의 일련의 과정을 자동화하는 시스템입니다. 데이터만 있다면 초보자도 쉽게 모델을 생성하고 예측 결과를 얻을 수 있습니다.

[그림 5-1] 오토케라스 로고

Tip

AutoKeras 1.0 버전은 2020년 1월에 릴리즈됐습니다.

오토케라스는 케라스의 철학인 '단순한(Simple)', '유연한(Flexible)', '강한(Powerful)'을 바탕으로, 최소한의 명령어로 최대의 성능을 내는 데 초점을 맞추고 있습니다. 텐서플로, 케라스, 파이토치에서는 mnist 이미지를 분류하기 위해 수십 줄의 코드가 사용되지만, 오토케라스는 단 6줄로 예측할 수 있고 좋은 성능을 유지할 수 있습니다.

[소스 5-2]는 오토케라스의 mnist 이미지 분류 코드입니다. 오토케라스는 매우 간단한 인터페이스를 제공하며 초보자도 쉽고 빠르게 사용할 수 있습니다.

[소스 5-2] AutoKeras.ipynb

```
[1]    import autokeras as ak
       from tensorflow.keras.datasets import mnist

       (x_train, y_train),(x_test, y_test) = mnist.load_data()
       clf = ak.ImageClassifier()
       clf.fit(x_train, y_train, epochs=5)
       results = clf.predict(x_test)
```

2.1 모델 생성(단일 vs. 다중)

오토케라스는 이미지, 텍스트, 정형 데이터 등과 같은 다양한 데이터의 분류(Classification), 회귀(Regression), 시계열 예측(Time Series Forcasting), Multi-Model and Multi-Task를 예측합니다. [표 5-1]은 오토케라스에서 제공하는 다양한 클래스입니다. 이를 단일 모델로 정의합니다.

[표 5-1] 오토케라스 클래스의 종류(단일 모델)

클래스	문제 유형	데이터 유형
ImageClassification	분류	이미지
ImageRegression	회귀	이미지
TextClassification	분류	텍스트
TextRegression	회귀	텍스트
StructureDataClassification	분류	정형 데이터
StructuredDataRegression	회귀	정형 데이터
TimeSeriesForcasting	시계열 예측	시계열 데이터

다중 모델(Multi Model)은 AutoModel을 사용해 다중 입출력을 구현한 모델을 말합니다. AutoModel의 구현 방법은 인라인 방식으로 입출력을 지정하는 방식과 케라스 Function API와 블록을 연결해 고수준의 아키텍처를 구현하는 방식으로 나뉩니다.

[소스 5-3]은 인라인 방식의 구현 방식으로, Sequential API와 유사합니다.

[소스 5-3] AutoKeras.ipynb

```
[1]   # 라이브러리 로드
      import autokeras as ak

      # 모델 생성
      ak.AutoModel(
          inputs=[ak.ImageInput(), ak.TextInput()],
          outputs=[ak.ClassificationHead(), ak.RegressionHead()]
      )
```

출력 〈autokeras.auto_model.AutoModel at 0x7f93633e0250〉

두 번째 구현은 블록을 사용한 Function API 방식입니다.

```
[2]   # 라이브러리 로드
      import autokeras as ak

      # 이미지 입출력 생성
      image_input = ak.ImageInput()
      image_output = ak.ImageBlock()(image_input)

      # 텍스트 입출력 생성
      text_input = ak.TextInput()
      text_output = ak.TextBlock()(text_input)

      output = ak.Merge()([image_output, text_output])
      classification_output = ak.ClassificationHead()(output)
      regression_output = ak.RegressionHead()(output)

      # 모델 생성
      ak.AutoModel(
          inputs=[image_input, text_input],
          outputs=[classification_output, regression_output]
      )
```
출력   〈autokeras.auto_model.AutoModel at 0x7f9362b3cb10〉

보스턴 주택 및 UCI 공기 품질 데이터로 단일 모델과 다중 모델을 구현해 보고 성능을 비교합니다.

[표 5-2] 실습 환경 정의

데이터	문제 유형	단일 모델	다중 모델
보스턴 주택 데이터	회귀	StructuredDataRegression()	AutoModel()
UCI 공기 품질 데이터	시계열 예측	TimeSeriesForcasting()	

2.2 단일 모델 생성

보스턴 주택은 1970년 후반 보스턴 지역 주택의 특징을 13가지 피처로 정의한 데이터입니다. 피처는 주택 범죄율, 방의 개수, 고속도로 접근성, 흑인 거주 비율 등으로 주택 가격을 예측하는 회귀 문제입니다.

오토케라스를 설치한 후 보스턴 주택 가격 예측을 실습해 보겠습니다. 파이썬 라이브러리를 설치할 수 있는 pip를 사용해 오토케라스를 설치합니다.

[소스 5-4] AutoKeras-Boston-Housing.ipynb

[1]	# pip 패키지로 오토케라스 설치
	`!pip install autokeras`
출력	Looking in indexes: https://pypi.org/simple, https://us-python.pkg.dev/colab-wheels/ public/simple/ Collecting autokeras 　　Downloading autokeras-1.0.19-py3-none-any.whl(162 kB) 　　|███████████████████████████████████████| 162 kB 5.1 MB/s …(생략)… Installing collected packages: kt-legacy, keras-tuner, autokeras Successfully installed autokeras-1.0.19 keras-tuner-1.1.3 kt-legacy-1.0.4

Tip

파이썬 3.5 버전 이상, 텐서플러 2.3.0 버전 이상이 설치돼 있어야 합니다.

코랩에서 오토케라스 및 기본 라이브러리를 불러옵니다. 보스턴 주택 데이터는 케라스 API에서 제공하는 데이터셋(Built-in Small Datasets)에 포함돼 있습니다. load_data 함수를 이용해 데이터를 불러옵니다. load_data 함수의 매개변수에는 path, test_split, seed가 있습니다. path의 경우, 데이터셋을 로컬에 캐시하면 경로를 지정할 때 사용합니다. test_split은 테스트셋의 비율을 정하는 값입니다. 0.2(20%)로 설정했으며 전체 데이터 506건 중 102건(20%)이 테스트셋에 할당됩니다. seed는 데이터를 섞기 위한 임의의 고정값입니다. seed 설정을 하지 않을 경우 테스트셋이 랜덤하게 분할될 수 있어 예측값이 달라질 수 있습니다. 반드시 설정해 같은 결과를 재현할 수 있도록 해야 합니다. X_train, X_test는 피처가 저장되며 y_train, y_test에는 라벨이 할당됩니다. 여기서 설명 변수는 '범죄율', '방의 개수' 등이며 라벨은 '주택 가격 변수'입니다.

```
[2]    # 라이브러리 로드
       import pandas as pd
       import numpy as np
       import tensorflow as tf
       import autokeras as ak

       from tensorflow.keras.datasets import boston_housing

       # 데이터셋 라이브러리 및 데이터 로드
       (X_train, y_train),(X_test, y_test) = boston_housing.load_data(test_split=0.2, seed=486)

       # 데이터 형태 출력
       print("\ntrain : ", X_train.shape, y_train.shape)
       print("test : ", X_test.shape, y_test.shape)
```

```
Downloading data from https://storage.googleapis.com/tensorflow/tf-keras-datasets/
boston_housing.npz
57344/57026 [==============================] - 0s 0us/step
65536/57026 [==============================] - 0s 0us/step

train : (404, 13)(404,)
test : (102, 13)(102,)
```

정형 데이터 회귀 문제를 예측하는 StructuredDataRegressor 클래스 객체를 생성합니다. Overwrite로 모델을 재사용하지 않고 매번 생성해 덮어쓰도록 합니다. 기본값은 False로 기존에 생성한 모델이 있다면 재사용됩니다. max_trials를 3으로 설정해 가장 좋은 모델을 3번까지만 찾습니다. 기본값은 '100'이며 최적의 모델을 찾는다면 이전에 종료될 수 있습니다. fit 함수에 훈련 데이터셋의 설명 변수와 목표 변수를 넣고 10번의 학습을 수행합니다.

[3]
```python
# 모델 생성
reg = ak.StructuredDataRegressor(overwrite=True, max_trials=3, seed=486)

# 모델 학습
reg.fit(X_train, y_train, epochs=10)
```

출력
```
Trial 3 Complete [00h 00m 06s]
val_loss: 561.8250732421875

Best val_loss So Far: 86.06900024414062
Total elapsed time: 00h 00m 23s
INFO:tensorflow:Oracle triggered exit
Epoch 1/10
13/13 [==============================] - 1s 3ms/step - loss: 530.1454 - mean_
squared_error: 530.1454
Epoch 2/10
13/13 [==============================] - 0s 4ms/step - loss: 493.5405 - mean_
squared_error: 493.5405
Epoch 3/10
13/13 [==============================] - 0s 3ms/step - loss: 448.8300 - mean_
squared_error: 448.8300
Epoch 4/10
13/13 [==============================] - 0s 3ms/step - loss: 392.5567 - mean_
squared_error: 392.5567
Epoch 5/10
13/13 [==============================] - 0s 3ms/step - loss: 324.2661 - mean_
squared_error: 324.2661
Epoch 6/10
13/13 [==============================] - 0s 3ms/step - loss: 248.1333 - mean_
squared_error: 248.1333
Epoch 7/10
13/13 [==============================] - 0s 3ms/step - loss: 173.1891 - mean_
squared_error: 173.1891
Epoch 8/10
13/13 [==============================] - 0s 3ms/step - loss: 112.1665 - mean_
squared_error: 112.1665
Epoch 9/10
13/13 [==============================] - 0s 3ms/step - loss: 74.9235 - mean_
squared_error: 74.9235
Epoch 10/10
13/13 [==============================] - 0s 5ms/step - loss: 58.0582 - mean_
squared_error: 58.0582
INFO:tensorflow:Assets written to: ./structured_data_regressor/best_model/assets
⟨keras.callbacks.History at 0x7fb765cd7150⟩
```

predict 함수에 테스트셋의 피처 13가지를 입력하면 라벨의 예측값을 확인할 수 있습니다. 상위 2개의 주택 가격 예측값을 출력해 보니 17.637808, 20.1344811(단위: 1,000달러)로 예측했습니다. evaluate 함수에 테스트셋의 설명 및 목표 변숫값을 넣으면 모델의 평가 결과를 확인할 수 있습니다. 회귀 성능을 평가하는 mse는 57.7593가 나온 것을 확인할 수 있습니다. 이후 다중 모델과의 성능을 비교해 봅니다.

```
[4]    # 모델 예측
       predicted_y = reg.predict(X_test)
       print(predicted_y[:2])    # 상위 예측값 2건 출력

       # 모델 평가
       print(reg.evaluate(X_test, y_test))
출력    4/4 [==============================] - 0s 7ms/step
       [[17.637808][20.134481]]
       4/4 [==============================] - 0s 5ms/step - loss: 57.7593 - mean_squared_
       error: 57.7593
       [57.7592887878418, 57.7592887878418]
```

2.3 다중 모델 생성

다중 모델은 AutoModel을 사용해 생성합니다. 다중 모델은 다중 입출력이 가능합니다. 케라스 Function API와 같이 네트워크를 원하는 층으로 생성할 수 있다는 장점이 있습니다.

데이터 로드는 단일 모델과 동일합니다. 단일 모델과 동일한 데이터로 AutoModel을 사용한 다중 모델의 학습 및 예측, 성능 평가를 비교해 보겠습니다.

[소스 5-5] AutoKeras-Multi-Model.ipynb

```
[1]    # 라이브러리 로드
       import pandas as pd
       import numpy as np
       import tensorflow as tf
       import autokeras as ak

       from tensorflow.keras.datasets import boston_housing

       # 데이터셋 라이브러리 및 데이터 로드
       (X_train, y_train),(X_test, y_test) = boston_housing.load_data(test_split=0.2, seed=486)
출력    Downloading data from https://storage.googleapis.com/tensorflow/tf-keras-datasets/
       boston_housing.npz
       57344/57026 [==============================] - 0s 0us/step
       65536/57026 [==============================] - 0s 0us/step
```

AutoModel의 Function API를 사용한 블록 연결 방식을 사용해 AutoModel을 생성합니다. 마치 케라스의 Function API와 유사합니다. 입력 노드는 StructuredDataInput를 설정하고 출력 블록은 RegressionHead를 지정합니다. 출력 블록에 입력 노드를 연결합니다. 블록으로는 ConvBlock, DenseBlock, Embedding, ResNetBlock, RNNBLock, XceptionBlock, ImageBlock, Normalization, TextToIntSequenve 등이 제공되고 있습니다. 블록은 케라스 네트워크의 사용자 정의로 생성할 수 있습니다. fit 함수에 훈련 데이터셋을 입력한 후 10번 학습합니다.

```
[2]   # 입력 및 출력 생성
      Structured_input = ak.StructuredDataInput()
      Regression_output = ak.RegressionHead()(Structured_input)

      # 모델 생성
      reg_AutoModel = ak.AutoModel(
            inputs=[Structured_input], outputs=[Regression_output],
            overwrite=True, max_trials=3, seed=486
      )

      # 모델 학습
      reg_AutoModel.fit(X_train, y_train,
                        epochs=10)
```

출력
```
Trial 3 Complete [00h 00m 03s]
val_loss: 422.6937255859375

Best val_loss So Far: 66.328125
Total elapsed time: 00h 00m 12s
INFO:tensorflow:Oracle triggered exit
Epoch 1/10
13/13 [==============================] - 0s 2ms/step - loss: 6481.0815 - mean_
squared_error: 6481.0815
Epoch 2/10
13/13 [==============================] - 0s 2ms/step - loss: 2799.8159 - mean_
squared_error: 2799.8159
Epoch 3/10
13/13 [==============================] - 0s 2ms/step - loss: 1514.3065 - mean_
squared_error: 1514.3065
Epoch 4/10
13/13 [==============================] - 0s 2ms/step - loss: 865.7355 - mean_
squared_error: 865.7355
Epoch 5/10
13/13 [==============================] - 0s 2ms/step - loss: 497.5530 - mean_
squared_error: 497.5530
Epoch 6/10
13/13 [==============================] - 0s 2ms/step - loss: 346.2903 - mean_
squared_error: 346.2903
Epoch 7/10
13/13 [==============================] - 0s 2ms/step - loss: 228.8118 - mean_
squared_error: 228.8118
Epoch 8/10
13/13 [==============================] - 0s 2ms/step - loss: 224.6207 - mean_
squared_error: 224.6207
Epoch 9/10
13/13 [==============================] - 0s 2ms/step - loss: 218.0707 - mean_
squared_error: 218.0707
Epoch 10/10
13/13 [==============================] - 0s 2ms/step - loss: 182.9576 - mean_
squared_error: 182.9576
INFO:tensorflow:Assets written to: ./auto_model/best_model/assets
<keras.callbacks.History at 0x7f4aed480b10>
```

evaluate 함수에 테스트셋 데이터를 입력한 후 지도학습 회귀에 많이 사용되는 mse를 확인합니다. mse는 136.5278로 확인됩니다. 단일 모델의 경우, 57.7593으로 더 좋은 성능이 나왔습니다. 데이터의 형태와 다중 입출력 그리고 다양한 블록 또는 사용자 블록을 정의해 네트워크를 설계하고 모델을 생성할 수 있다는 점에서 AutoModel을 활용한 다중 모델은 의미가 있습니다. 자신의 환경에 맞게 단일 또는 다중 모델 방법을 사용해 예측하거나 문제를 해결해 나가길 기대합니다.

```
[3]    # 모델 평가
       reg_AutoModel.evaluate(X_test, y_test)
```

출력
```
4/4 [==============================] - 0s 4ms/step - loss: 136.5278 - mean_squared_
error: 136.5278
[136.52784729003906, 136.52784729003906]
```

2.4 시계열 예측 모델

시계열 예측은 시간의 축과 과정의 데이터를 기반으로 미래를 예측하는 문제입니다. 지도학습의 회귀로 구분되며 시간의 축으로 데이터가 정렬 돼 있다는 특징이 있습니다.

UCI 공기 품질 데이터는 공기 중에 존재하는 여러 가지 물질을 측정한 14개의 설명 변수와 AH라는 목표 변수를 예측하는 시계열 문제입니다. 이탈리아에 위치하고 있는 도시에서 측정됐으며 2004년 3월부터 2005년 2월까지 1년 동안 수집된 데이터입니다. 모든 설명 변수의 농도값은 시간당 평균값입니다. 데이터는 754KB 크기의 CSV 파일입니다.

라이브러리를 로드합니다. UCI 공기 품질 데이터를 read_CSV 함수로 불러줍니다. CSV 파일을 데이터셋에 판다스 데이터 프레임 형태로 로드합니다. 판다스 shape로 데이터의 변수와 건수를 확인할 수 있습니다.

[소스 5-6] AutoKeras-TimeSeries-Forecaster.ipynb

```
[1]   # 라이브러리 로드
      import pandas as pd
      import tensorflow as tf
      import autokeras as ak

      # 판다스 데이터 프레임으로 로드
      dataset_dir = "/content/drive/MyDrive/Colab Notebooks/data/AirQualityUCI/
      AirQualityUCI.csv"

      dataset = pd.read_csv(dataset_dir, sep=';')

      # 데이터 형태 및 컬럼 출력
      print(dataset.shape, '\n')
      print(dataset.columns)
```
```
출력   (9471, 17)

      Index(['Date', 'Time', 'CO(GT)', 'PT08.S1(CO)', 'NMHC(GT)', 'C6H6(GT)',
             'PT08.S2(NMHC)', 'NOx(GT)', 'PT08.S3(NOx)', 'NO2(GT)', 'PT08.S4(NO2)',
             'PT08.S5(O3)', 'T', 'RH', 'AH', 'Unnamed: 15', 'Unnamed: 16'],
            dtype='object')
```

데이터 전처리를 위해 불필요한 'Unnamed: 15', 'Unnamed 16' 변수를 삭제합니다. 결측값은
dropna 함수를 사용해 결측값이 포함된 행을 삭제합니다. ','값은 모두 '.'로 치환합니다.

```
[2]   # 불필요한 컬럼 삭제
      dataset = dataset[dataset.columns[:-2]]

      # 결측값 NA로 치환
      dataset = dataset.dropna()

      # 특정 값 치환
      dataset = dataset.replace(",", ".", regex=True)
```

모델의 성능을 높이기 위해 훈련 데이터셋을 훈련과 검증 데이터셋으로 분리합니다. 판다스의
슬라이싱을 사용해 검증 데이터셋을 분리합니다. 훈련과 검증은 70:30으로 슬라이싱해 저장합
니다. 훈련 데이터는 6,549건, 검증 데이터는 2,808건으로 나눠진 것을 확인할 수 있습니다.

```
[3]   # 검증 데이터셋 분리(30%)
      val_split = int(len(dataset) * 0.7)
      data_train = dataset[:val_split]
      validation_data = dataset[val_split:]

      # 데이터 형태 출력
      print(data_train.shape)
      print(validation_data.shape)
```
```
출력   (6549, 15)
      (2808, 15)
```

훈련과 검증 데이터셋의 피처와 라벨을 머신러닝 학습에 사용할 수 있는 형태로 분리합니다. 데이터 유형도 실수형으로 변환합니다. 피처는 data_x, data_x_val, data_x_test, 라벨은 data_y, data_y_val로 구분된 것을 확인할 수 있습니다.

```
[4]  # 데이터 유형 형 변환
     data_x = data_train[["CO(GT)","PT08.S1(CO)","NMHC(GT)","C6H6(GT)", "PT08.
     S2(NMHC)","NOx(GT)","PT08.S3(NOx)","NO2(GT)","PT08.S4(NO2)", "PT08.S5(O3)", "T","RH",]].
     astype("float64")
     data_x_val = validation_data[["CO(GT)","PT08.S1(CO)","NMHC(GT)","C6H6(GT)", "PT08.
     S2(NMHC)","NOx(GT)","PT08.S3(NOx)","NO2(GT)","PT08.S4(NO2)", "PT08.S5(O3)", "T","RH",]].
     astype("float64")
     data_x_test = dataset[["CO(GT)","PT08.S1(CO)","NMHC(GT)","C6H6(GT)", "PT08.
     S2(NMHC)","NOx(GT)","PT08.S3(NOx)","NO2(GT)","PT08.S4(NO2)", "PT08.S5(O3)", "T","RH",]].
     astype("float64")

     # 정답값 데이터 프레임 분리
     data_y = data_train["AH"].astype("float64")
     data_y_val = validation_data["AH"].astype("float64")

     # 데이터 형태 출력
     print(data_x.shape)
     print(data_y.shape)
출력  (6549, 12)
     (6549,)
```

오토케라스에서 제공하는 시계열 예측 클래스인 TimeseriesForecaster로 모델을 생성합니다. 목적 함수는 val_loss로 설정했으며 학습 시간을 최소화하기 위해 max_trials를 1로 설정해 하나의 모델만 학습되도록 했습니다. fit 함수에 훈련 및 검증 데이터셋을 입력합니다. 배치 크기는 '32'로 설정하고 10번 수행되도록 합니다. 훈련 데이터는 6,549건, 배치 크기는 32로 설정하면 1개의 epoch당 205번 수행되는 것을 확인할 수 있습니다(205 = 6549/32). 1번 수행 시마다 목표 함수와 손실 함수의 값이 출력됩니다.

```
[5]  # 모델 생성
     clf = ak.TimeseriesForecaster(
          lookback=3, predict_from=1, predict_until=10,
          max_trials=1, objective="val_loss",
     )

     # 모델 훈련
     clf.fit(
          x=data_x, y=data_y,
          validation_data=(data_x_val, data_y_val),
          batch_size=32, epochs=10,
     )
```

출력   val_loss: 2552.39453125

Best val_loss So Far: 2552.39453125
Total elapsed time: 00h 01m 07s
INFO:tensorflow:Oracle triggered exit

Epoch 1/10
205/205 [==============================] − 18s 33ms/step − loss: 900.3079 − mean_
squared_error: 900.3079 − val_loss: 3083.4766 − val_mean_squared_error: 3083.4766
Epoch 2/10
205/205 [==============================] − 4s 18ms/step − loss: 871.2820 − mean_
squared_error: 871.2820 − val_loss: 2976.7288 − val_mean_squared_error: 2976.7288
…(생략)…
Epoch 9/10
205/205 [==============================] − 4s 18ms/step − loss: 759.8782 − mean_
squared_error: 759.8782 − val_loss: 2687.6643 − val_mean_squared_error: 2687.6643
Epoch 10/10
205/205 [==============================] − 4s 17ms/step − loss: 750.8626 − mean_
squared_error: 750.8626 − val_loss: 2653.6394 − val_mean_squared_error: 2653.6394

시계열 예측을 위해 predict 함수에 테스트 데이터셋의 피처를 입력합니다. evaluate 함수로
성능을 평가해 보면 mse는 2653.6394가 나옵니다. max_trials 및 배치 크기, epoch 등과 같은
값을 변경하면 좀 더 좋은 성능을 확인할 수 있습니다.

[6]   # 모델 예측
predictions = clf.predict(data_x_test)

# 모델 평가
print(clf.evaluate(data_x_val, data_y_val))

출력   293/293 [==============================] − 3s 10ms/step
88/88 [==============================] − 3s 7ms/step − loss: 2653.6394 − mean_
squared_error: 2653.6394
[2653.639404296875, 2653.639404296875]

3.1 케라스 튜너

케라스 튜너는 하이퍼 매개변수 검색의 문제점을 해결하기 위한, 사용하기 쉽고 확장 가능한 하이퍼 매개변수 최적화 프레임워크입니다. 실행별 정의 구문을 사용해 검색 공간을 쉽게 구성한 후 사용 가능한 검색 알고리즘 중 하나를 활용해 모델에 가장 적합한 하이퍼 매개변수 값을 찾을 수 있습니다. 케라스 튜너는 Bayesian Optimization, Hyperband 및 Random Search 알고리즘이 기본으로 제공되며, 연구자들이 새로운 검색 알고리즘을 실험하기 위해 쉽게 확장할 수 있도록 설계됐습니다.

3.2 오토케라스

오토케라스는 케라스를 기반으로 하는 AutoML 시스템입니다. 오토케라스의 목표는 모든 사람이 기계학습에 액세스할 수 있도록 하는 것입니다. 고급 엔드 투 엔드 API를 제공합니다. 대표적인 예로는 ImageClassifier를 들 수 있습니다. TextClassifier는 기계학습 문제를 단 몇 줄로 해결할 수 있고 아키텍처 검색을 수행할 수 있는 유연한 구성 요소를 제공합니다.

3.3 텐서플로 클라우드

텐서플로 클라우드(TensorFlow Cloud)는 로컬 환경을 구글 클라우드(Google Cloud)에 연결해주는 라이브러리입니다.

텐서플로 클라우드 레포지토리(TensorFlow Cloud Repository)는 로컬 모델 빌드 및 디버깅에서 구글 클라우드의 분산형 학습 및 하이퍼 매개변수 조정으로 쉽게 전환할 수 있는 API를 제공합니다. 클라우드 콘솔(Cloud Console)을 사용하지 않고 Colab, Kaggle Notebook 또는 로컬 스크립트 파일 내에서 클라우드를 직접 미세 조정하거나 학습을 위한 모델을 전송할 수 있습니다.

구글의 케라스 팀이 관리하는 텐서플로 클라우드는 대규모 실행을 지원하는 유틸리티 셋입니다.

3.4　TensorFlow.js

TensorFlow.js는 웹 브라우저 및 Node.js에서 머신러닝 모델을 학습시키고 배포하기 위한 자바 스크립트 라이브러리입니다.

TensorFlow.js는 웹 브라우저 또는 Node.js 서버에서 텐서플로 모델을 실행할 수 있는 텐서플로의 자바스크립트 런타임입니다. 훈련과 추론을 위해 웹 브라우저에서 직접 케라스 모델을 미세 조정하거나 재교육하는 기능을 포함해 기본적으로 Keras 모델 로드를 지원합니다.

3.5　텐서플로 라이트

텐서플로 라이트(TensorFlow Lite)는 개발자가 모바일, 내장형 기기, 사물 인터넷(IoT) 기기에서 모델을 실행할 수 있도록 지원해 기기 내에서 머신러닝을 사용할 수 있도록 하는 도구 모음입니다. 텐서플로 라이트는 케라스 모델을 기본적으로 지원하는 효율적인 온디바이스 추론을 위한 런타임으로 안드로이드(Android), iOS 또는 임베디드 기기에 모델을 배포할 수 있습니다.

3.6　텐서플로 모델 최적화 도구

텐서플로 모델 최적화 도구(TensorFlow Model Optimization Toolkit)는 배포 및 실행을 목적으로 ML 모델을 최적화하기 위한 도구 모음입니다. 이 도구 모음은 다양하게 활용할 수 있으며 다음과 같은 이점을 얻기 위해 사용되는 여러 기술을 지원합니다.

텐서플로 모델 최적화 도구는 추론 모델을 더 빠르고 메모리 효율적으로 만드는 유틸리티 셋입니다. 기본적으로 케라스 모델을 지원하며 Keras API 위에 직접 구축됩니다.

3.7　TFX integration

TFX는 텐서플로를 기반으로 하는 구글의 프로덕션 규모 머신러닝 플랫폼입니다. 머신러닝 시스템을 정의, 시작, 모니터링을 하는 데 공통으로 필요한 구성 요소를 통합할 수 있는 구성 프레임워크 및 공유 라이브러리를 제공합니다.

TFX는 프로덕션 머신 러닝 파이프라인을 배포, 유지, 관리하기 위한 엔드 투 엔드 플랫폼입니다. TFX는 기본적으로 케라스 모델을 지원합니다.

부록

01 ┃ 텐서플러 개발자 자격증 취득하기

텐서플로 개발자 자격증(Tensorflow Developer Certification) 시험에 대해 알아보고 자격증을 취득하기 위해서는 어떻게 해야 하는지를 알아보겠습니다.

1.1　시험 정보

텐서플로 개발자 자격증 시험은 온라인으로 치러지며 미화 100달러가 필요합니다. 사전 준비물과 시험 환경이 세팅돼야 시험에 응시할 수 있습니다. 시험은 5시간 동안 진행됩니다. 시험의 세부 사항은 뒷부분에서 알아보겠습니다. 시험 결과는 시험 접수 시 등록한 이메일로 발송됩니다(디지털 인증서 형태). 시험 재응시 기간은 회차별로 다릅니다. 첫 번째 응시 후 14일 지나야 응시할 수 있으며, 두 번째는 2개월, 세 번째는 1년이 지나야 재응시할 수 있습니다. 자격증의 유효 기간은 36개월입니다. 갱신을 하기 위해서는 등록 절차 및 인증 과정을 다시 거쳐야 합니다.

[부록 표 1-1] 텐서플러 개발자 자격증 시험 정보

구분	내용
목표	TensorFlow 2.x로 모델을 빌드해 문제를 해결할 수 있는지 테스트
비용	미화 100달러(응시료를 결제한 날로부터 6개월 이내 시험 응시 가능)
응시 방법	온라인 시험
사전 준비물	• 여권, 운전면허증, 주민등록증 사진 중 택일해서 업로드 • 셀프 업로드 필요(웹캠이 있는 노트북으로 접수 과정 도중에 진행되는 것이 좋음) • PC 또는 노트북(웹캠 필요)
시험 환경	• PyCharm IDE + TensorFLow Exam 플러그인 • 시험 응시 중 인터넷 접속은 텐서플로 공식 문서 웹 사이트에서만 허용됩니다.
시험 시간	5시간(시험 시간 5시간 초과 후 제출하지 않으면 자동 제출됨)
시험 결과	시험 등록 시 사용한 메일로 발송됨(디지털 인증서)
시험 재응시	• 첫 번째 응시 후 시험에 통과하지 못하면 14일이 지나야 재응시 가능 • 두 번째는 2개월이 지나야 시험에 재응시 가능 • 세 번째는 1년이 지나야 재응시 가능
자격증 유효 기간	• 인증서 유효 기간은 디지털 배지를 받은 날짜로부터 36개월 후에 인증 만료됨 • 갱신하려면 등록 절차 및 인증 과정을 다시 거쳐야 함

1.2 문제 유형

텐서플로 개발자 자격증 시험에서는 다음 기술을 테스트합니다. 자세한 내용 및 최신 정보는 구글 공식 웹 사이트에서 제공하는 'TF_Certificate_Candidate_Handbook_ko.pdf'를 참고하기 바랍니다.

[부록 표 1-2] 텐서플러 개발자 자격증 문제 유형

구분	내용
텐서플로 개발자 역량	텐서플로를 통해 소프트웨어 프로그램을 개발하는 방법을 이해하고 있어야 하고 ML 실무자로서 작업하는 데 필요한 정보를 찾을 수 있다는 점을 입증해야 합니다.
신경망 모델 빌드 및 학습	TensorFlow 2.x를 활용해 머신러닝과 딥러닝의 가장 중요하고 기본적인 원칙을 이해하고 있어야 합니다.
이미지 분류	TensorFlow 2.x를 활용해 심층 신경망 및 합성곱 신경망으로 이미지 인식 및 객체 탐지 모델을 빌드하는 방법을 이해하고 있어야 합니다.
자연어 처리	텐서플로를 통해 신경망을 활용하는 방법을 이해하고 있어야 하며 자연어 처리 문제를 처리해야 합니다.
시계열, 시퀀스 예측	텐서플로에서 시계열 및 예측 문제를 해결하는 방법을 이해하고 있어야 합니다.

케라스(tf.keras)를 사용해 신경망 모델을 빌드, 학습하고 예측할 수 있어야 합니다. 이미지 데이터를 합성곱 신경망으로 분류하고, 자연어(텍스트) 데이터를 순환 신경망을 통해 처리할 수 있어야 하며, 시퀀스 모델을 통해 시계열 데이터의 문제를 해결할 수 있어야 합니다.

총 100점 만점 중 90점 이상을 받아야 합격입니다. 5문제가 주어지며 1번 문제가 가장 난이도가 낮고, 5번 문제가 가장 높습니다. 난이도별 점수 배점이 다릅니다. 난이도가 높으면 배점이 더 높습니다.

1.3 시험 환경 구성하기

시험에 응시할 수 있는 환경을 설정합니다. 'Setting up your environment for the TF Developer Certificate exam.pdf'에서 최신 정보를 확인할 수 있습니다.

현재 시험 응시 환경 설성은 [부록 표 1-3]과 같습니다.

[부록 표 1-3] 시험 환경 설정 기준

구분	내용
Python	Make sure you have Python 3.8 installed on your computer.
PyCharm	Install version 2021.1(or any version of 2021) of PyCharm.

파이썬 3.8을 설치한 후(https://www.python.org/downloads/), PyCharm을 설치합니다 (https://www.jetbrains.com/ko-kr/pycharm/download). 다운로드 웹 페이지에 접속한 후 Community 버전을 다운로드합니다. OS는 자신의 환경에 맞게 다운로드해 설치하면 됩니다. 여기서는 MacOS를 기준으로 설명합니다. 윈도우의 경우에도 절차는 동일하므로 진행하는 데 큰 어려움은 없을 것입니다.

[부록 그림 1-1] PyCharm 다운로드

파이참을 설치했으면 첫 화면의 [New Project]를 선택해 프로젝트를 생성합니다.

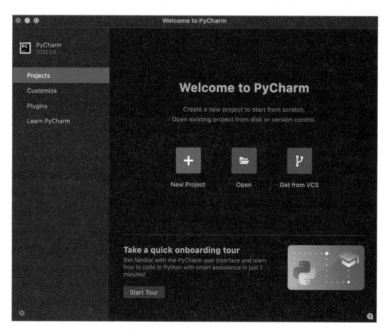

[부록 그림 1-2] 파이참 설치 후 첫 화면

프로젝트명은 'TF_Certificate'로 생성합니다. 파이썬의 인터프리터 환경은 아나콘다(Conda)를 선택합니다. 아나콘다 또는 미니콘다는 개발 환경 구축에서 이미 설치했습니다.

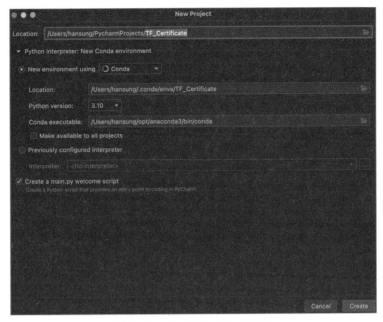

[부록 그림 1-3] 파이참 프로젝트 생성하기

TF_Certificate 프로젝트가 생성되면 파이참의 왼쪽 메뉴의 TF_Certificate 하위에 main.py 파일이 생성됩니다. 기본적으로 생성된 main.py를 실행해 보면 하단에 'Hi, PyCharm'이 출력됩니다. 파이참 설치 및 프로젝트를 생성했습니다.

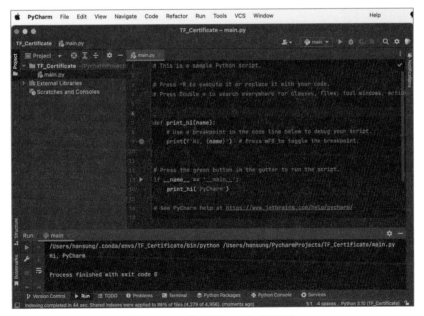

[부록 그림 1-4] 파이참 프로젝트 생성하기

파이참을 설치했다면 TensorFlow Exam 플러그인을 설치할 차례입니다. 파이참을 실행합니다. 파이참 메뉴 중 [Perferences]를 선택합니다.

[부록 그림 1-5] PyCharm Plugins 실행 화면

Plugins 메뉴에서 'Tensorflow Developers Certification'을 검색합니다. 검색된 플러그인 용량은 7MB입니다. [Install] 버튼을 선택해 플러그인을 설치합니다.

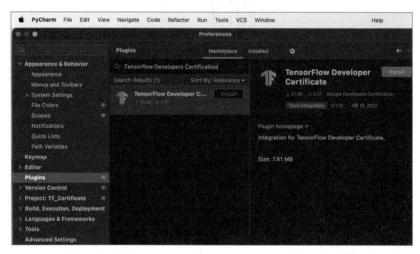

[부록 그림 1-6] "Tensorflow Developers Certification" 플러그인 설치 화면

'Tensorflow Developers Certification' 플러그인을 설치한 후 파이참을 재실행합니다. [Restart] 버튼을 선택합니다.

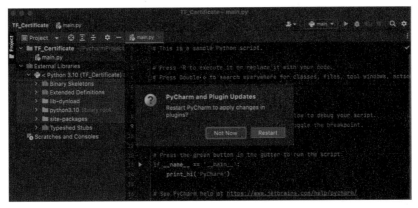

[부록 그림 1-7] 파이참 재실행 화면

파이참을 재시작하면 오른쪽 상단에 [Start Exam] 버튼이 생성됩니다. 텐서플로 개발자 자격증(Tensorflow Developer Certification) 시험 환경 구성이 완료됐습니다.

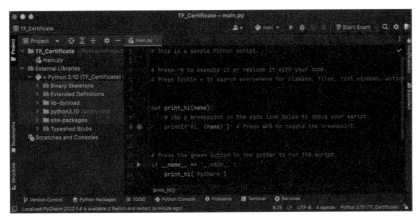

[부록 그림 1-8] 플러그인 설치 후 파이참 화면

미니콘다 및 아나콘다 환경에서 텐서플러 자격증 시험을 위한 가상 환경을 생성합니다. tfcert에
파이썬은 3.8 버전으로 가상 환경을 생성합니다.

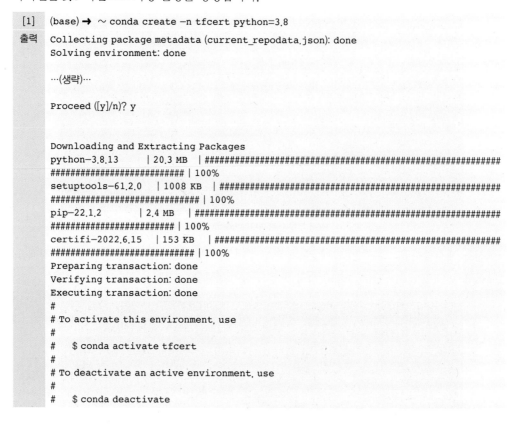

```
[1]   (base) ➜  ~ conda create -n tfcert python=3.8
출력   Collecting package metadata (current_repodata.json): done
      Solving environment: done

      …(생략)…

      Proceed ([y]/n)? y


      Downloading and Extracting Packages
      python-3.8.13     | 20.3 MB  | ####################################################
      ######################### | 100%
      setuptools-61.2.0  | 1008 KB  | ####################################################
      ######################### | 100%
      pip-22.1.2        | 2.4 MB   | ####################################################
      ######################### | 100%
      certifi-2022.6.15  | 153 KB   | ####################################################
      ######################### | 100%
      Preparing transaction: done
      Verifying transaction: done
      Executing transaction: done
      #
      # To activate this environment, use
      #
      #     $ conda activate tfcert
      #
      # To deactivate an active environment, use
      #
      #     $ conda deactivate
```

생성된 가상 환경 목록을 출력합니다. tfcert라는 가상 환경이 ~/opt/anaconda3/envs/tfcert에 생
성됐습니다.

```
[2]   (base) ➜  ~ conda env list
출력   # conda environments:
      #
      base               *  /Users/hansung/opt/anaconda3
      tfcert                /Users/hansung/opt/anaconda3/envs/tfcert
```

tfcert 가상 환경으로 이동합니다. 이동하면 프롬프트(prompt)가 (base)에서 (tfcert)로 변경된 것
을 확인할 수 있습니다.

```
[3]   (base) ➜  ~ conda activate tfcert
출력   (tfcert) ➜  ~
```

tfcert 가상 환경에 텐서플로 및 텐서플로 데이터셋을 설치합니다.

```
[4]   (tfcert) ➜ ~ pip install tensorflow==2.8.0
      (tfcert) ➜ ~ pip install tensorflow-datasets==3.2.1
```

파이참에서 tfcert 가상 환경을 선택하면 텐서플러 자격증의 시험 환경 준비가 마무리됩니다.

1.4   시험 안내 및 주의사항

시험에 관한 정보는 시간이 지남에 따라 갱신됩니다. 시험에 응시하고자 하는 분들은 텐서플러 공식 홈페이지를 반드시 확인해야 합니다.

• TensorFlow 개발자 인증 응시자 안내서: TF_Certificate_Candidate_Handbook_ko.pdf

[부록 그림 1-9] 텐서플로 인증 프로그램 접속 화면

1.5 텐서플로 자격증 학습 웹 사이트

텐서플로 자격증 취득에 도움이 되는 온라인 과정을 소개합니다. 런어데이(learnaday.kr) 교육 플랫폼에 텐서플로 자격증 취득(온라인) 과정이 있습니다. 온라인 과정 및 슬랙 채널을 운영하고 있습니다. 온라인 과정은 텐서플로 기본부터 시험 환경 설명, 문제 유형 분석 및 5가지 문제 유형을 살펴봅니다. 슬랙에서는 Q&A 및 정보를 취득할 수 있습니다. 자격증을 준비하고 있다면 많은 도움이 될 것입니다.

[부록 그림 1-10] 텐서플로 자격증 취득 과정

캐글은 데이터 예측 모델 및 분석 대회 플랫폼입니다. 전 세계 데이터 과학자들과 온라인으로 특정 문제를 해결하기 위해 경쟁을 하는 대회 또는 놀이터입니다. 캐글은 2010년에 설립됐고 2017년에는 구글에 인수됐습니다.

국내에는 데이콘(Dacon), 인공지능 팩토리(AI Factory)와 같은 데이터 분석 플랫폼이 있습니다. 이 밖에도 카카오 아레나, COMPAS, 빅콘테스트 대회 등이 매년 개최되고 있습니다. 카카오 아레나의 경우, 카카오의 현업 문제 중심으로 개최됐습니다. 쇼핑몰 상품 카테고리 분류, 브런치 사용자를 위한 글 추천 대회, 멜론 플레이리스트 대회가 있었습니다. LH한국토지주택공사가 주최하는 COMPAS는 도시 문제 해결을 주제로 열리고 있습니다.

데이터 예측 모델 및 분석 대회 플랫폼에 도전해 보세요.

2.1 캐글은 어떻게 시작해야 할까?

우선 캐글에 가입해야 합니다. 캐글에 가입하려면 구글 메일 또는 이메일을 이용해야 합니다. [메일 가입]을 클릭한 후 이메일, 패스워드, 이름을 입력하고 이용 약관과 개인 정보 보호 정책에 동의하면 회원 가입이 완료됩니다.

- 캐글러: 캐글 대회 참가자
- 캐글링: 캐글에서 대회 및 활동을 하는 행위

캐글 회원 가입 시 캐글러의 등급은 초보자(Novice)입니다.

Novice

You've joined the community.

☑ Register!

[부록 그림 2-1] 캐글러 초보자 등급

오른쪽 상단의 프로파일 이미지를 클릭한 후 [Your Profile]을 클릭하면 프로필 및 등급, 주요 서비스, 메달 현황 등을 확인할 수 있습니다. 캐글 프로필은 캐글러의 기술 수준 차이를 나타내는 정보입니다. 캐글의 구인 페이지의 Jobs 활동 시 자신을 나타내는 주요 정보로 활용될 수 있습니다.

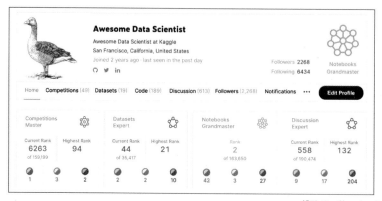

(출처: https://www.kaggle.com/progression)

[부록 그림 2-2] 캐글 프로파일의 예 화면

2.2 캐글러 등급

캐글러의 기술 수준을 나타내는 등급에 대해 알아보겠습니다. 캐글러 등급은 초보자(Novice), 컨트리뷰터(Contributer), 익스퍼트(Expert), 마스터(Master), 그랜드 마스터(GrandMaster)로 구분됩니다.

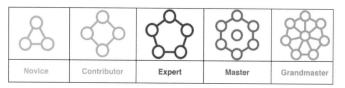

[부록 그림 2-3] 캐글 등급

컨트리뷰터 달성 조건은 [부록 그림 2-4]와 같습니다. 진행 사항은 'Kaggle Progression System'에 접속한 후 [Contributor]에서 확인할 수 있습니다. 시간이 지나면서 등급별 조건이 변경될 수 있습니다.

[부록 그림 2-4] Contributer 달성 조건 화면

익스퍼트, 마스터, 그랜드 마스터 등급으로 올라가기 위해서는 메달을 획득해야 합니다. 메달은 캐글의 주요 서비스인 경진 대회, 데이터셋, 노트북, 토론 공간에서 캐글링을 통해 획득할 수 있습니다.

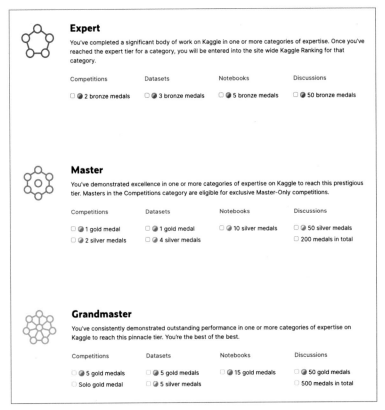

[부록 그림 2-5] 캐글 등급별 조건

2.3 대회의 유형에는 어떤 것이 있고 어떤 대회에 참여해야 할까?

캐글 경진 대회의 유형에는 상업적 대회(Featured), 연구 목적(Research), 학습용 대회(Getting Started, Playground)가 있습니다. 이 밖에 채용(Recruitment) 및 정기적으로 열리는 대회(Annual), 참여가 제한된 대회(Limited Participation)가 있습니다.

[부록 표 1-4] 캐글 대회 유형 설명

Common Competition Types	Other Competition Types	Competition Formats
Featured(상업적 대회)	Recruitment	Simple Competitions
Research(연구 목적)	Annual	Two-stage Competitions
Getting Started(학습용 대회)	Limited Participation	Code Competitions
Playground(학습용 대회)		

경진 대회(Competitions)의 검색 필터(Filters)를 누르면 하단에 카테고리(Categories)가 보입니다. 참여할 목적에 맞는 대회 유형을 필터링해 검색할 수 있습니다. 캐글을 시작하는 분들에게는 Getting Started 대회를 추천합니다.

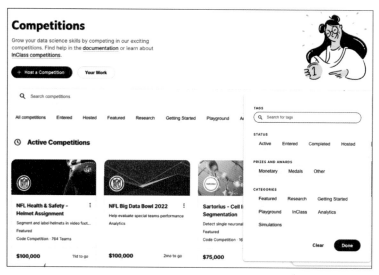

[부록 그림 2-6] 캐글 대회

2.4 Getting Started 대회

캐글 대회의 유형 중 [Getting Stared]를 선택하면 많은 입문 대회가 검색됩니다. [부록 그림 2-7]은 참여 팀이 많은 순서대로 정렬한 것입니다.

[부록 그림 2-7] 캐글 대회 중 Getting Started 대회 검색

'Titanic – Machine Learning from Disaster'는 타이타닉 생존율을 예측하는 분류 문제입니다. 타이타닉 탑승객 승객 데이터가 피처로 주어집니다. 라벨은 생존 여부입니다. 데이터 유형은 정형 테이터입니다. 머신러닝 입문 대회로 유명합니다.

[부록 그림 2-8] 타이타닉 생존율 예측 대회

타이타닉 생존율 예측 대회는 튜토리얼이 잘돼 있어 입문자가 하나하나 따라 하면서 실습해 볼 수 있습니다. 다음 튜토리얼을 추천합니다.

Titanic Tutorial: https://www.kaggle.com/code/alexisbcook/titanic-tutorial/notebook

[부록 그림 2-9] 타이타닉 생존율 예측 대회 튜토리얼

'Spaceship Titanic' 대회는 전통적인 타이타닉 대회의 배경을 2912년의 우주로 재구성한 대회입니다. 전통적인 타이타닉 대회로 입문을 마쳤다면 복습하는 대회로 참여해 봐도 좋을 것 같습니다.

[부록 그림 2-10] Spaceship Titanic 대회

'House Prices − Advanced Regression Techniques'는 아이오와 주의 주택 가격을 예측하는 회귀 문제입니다. 79개의 주택 정보가 주어집니다. 예를 들어 침실 수, 철도 근접성 등의 피처입니다. 라벨은 '주택 가격'이고 데이터 유형은 '정형 데이터'입니다. 회귀 문제로 다룬 보스턴 주택 가격과 비슷한 대회입니다.

[부록 그림 2-11] House Prices 대회

'Digit Recognizer'는 컴퓨터 비전의 "Hello, World!" 데이터셋인 MNIST 이미지 분류 대회입니다. 0부터 9까지의 손글씨 이미지가 피처로 주어집니다. 라벨 값은 0~9입니다. 데이터 유형은 이미지입니다.

[부록 그림 2-12] Digit Recognizer 대회

'Natural Language Processing with Disaster Tweets'는 자연어 처리 입문 대회입니다. 트위터에 올라온 트윗을 보고 실제 재난인지 아닌지를 예측하는 자연어 데이터 기반 대회입니다.

[부록 그림 2-13] Natural Language Processing with Disaster Tweets 대회

'Bag of Words Meets Bags of Popcorn'은 IMDB 데이터를 기반으로 영화 리뷰가 긍정, 부정인지 분류하는 문제입니다. 영화 리뷰 데이터이므로 자연어 처리 입문 대회로 적당합니다. 타이타닉 같이 튜토리얼이 잘돼 있어 실습하는 데 많은 도움이 됩니다.

[부록 그림 2-14] Bag of Words Meets Bags of Popcorn 대회

'Store Sales - Time Series Forecasting'은 에콰도르에 본사를 둔 대형 식료품 소매업체인 Corpacion Favorita의 매장 매출을 예측하는 시계열 데이터 기반 예측 대회입니다. 시퀀스 데이터 입문용으로 도전해 보시기 바랍니다.

[부록 그림 2-15] Store Sales 대회

'Connect X'는 강화학습 입문 대회입니다. Connect X 대회의 Connect Four 보드 게임 규칙에 대해 알아보겠습니다. Connect Four는 두 명의 플레이어가 번갈아가며 컬러 디스크를 수직 그리드에 떨어뜨리는 게임입니다. 각 플레이어는 다른 색(일반적으로 빨간색 또는 노란색)을 사용하며 연속해서 디스크 4개를 얻는 첫 번째 플레이어가 승리하는 게임입니다. 이 대회의 목표는 강화학습을 통해 에이전트를 이기는 것입니다.

[부록 그림 2-16] Connect X 대회

2.5 대회 참여 및 결과 제출하기

케글에서 가장 쉽게 접근할 수 있는 'Getting Started' 대회에 대해 알아보겠습니다. 'Getting Started' 대회는 종료일이 없으며 일정 기간이 지나면 초기화됩니다. 예측 결과 제출 시 리더보드에서 점수를 확인할 수 있습니다. 초보자가 캐글 사용법과 머신러닝 프로그래밍의 기본을 배우기 좋은 반영구적인 대회입니다.

[부록 그림 2-17] 대회 검색을 위한 태그들

'Getting Started'의 대표적인 대회인 'Titanic: Machine Learning from Disaster'에 참여해 보겠습니다.

[부록 그림 2-18] Getting Started의 대표적인 타이타닉 생존율 예측 대회

대회는 진행 중(Ongoing) 상태이며 15,527팀이 참여하고 있습니다. 대회 소개 하단의 Tags를 보면 정형화된 Tabular data라는 것을 알 수 있습니다. 그리고 이진 분류 문제입니다. 생존자가 살았는지, 죽었는지를 예측하는 분류 문제입니다.

[부록 그림 2-19] Titanic: Machine Learning from Disaster 대회 태그 정보

대회 개요(Overview)에서는 대회에 대한 설명(Description)과 평가(Evaluation), 자주 묻는 질문에 대한 정보를 확인할 수 있습니다. 여기서는 평가 정보가 특히 중요한데, 목표와 평가 매트릭 및 예측 결과 제출 포맷이 정의돼 있습니다.

- 목표: 승객이 타이타닉 침몰에서 살아남았는지 여부를 예측하는 것입니다.
- 평가: 정확도(accuracy)
- 제출 파일 포맷: 승객 번호 및 생존 여부(테스트셋의 각 변수에 대해 0 또는 1 값을 예측)

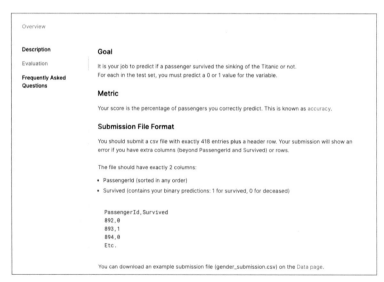

[부록 그림 2-20] 타이타닉 대회 목표 및 평가 방식, 제출 파일 형태

데이터 설명에는 개요 및 데이터 명세서 등 데이터를 이해할 수 있는 정보가 있습니다. 모델의 성능을 높이기 위해서는 데이터를 이해하는 것이 중요합니다.

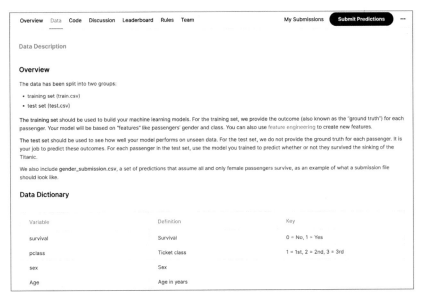

[부록 그림 2-21] 타이타닉 생존율 대회 데이터셋 설명

코드(Code)에는 대회에 참여하는 캐글러들이 공유한 코드들이 공개돼 있습니다. 코드의 종류에는 베이스라인, 데이터 분석(EDA), 포크, 병합 노트북 등이 있습니다. 이러한 다양한 코드 등을 참고하면 모델의 성능을 높일 수 있습니다.

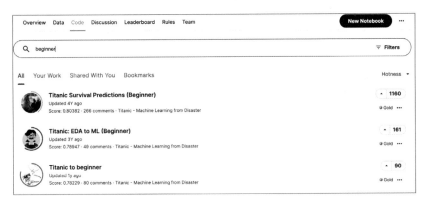

[부록 그림 2-22] 타이타닉 생존율 대회 데이터셋 설명

Titanic Tutorial 코드로 '타이타닉 생존자 예측'을 한 후 결과를 제출해 보겠습니다. 코드를 클릭후 오른쪽 상단에 있는 [Copy & Edit]를 클릭합니다.

[부록 그림 2-23] 타이타닉 생존율 대회에 공유된 코드를 복사해 실행하기

[Edit] 버튼 옆에 있는 [...] 버튼을 클릭한 후 [Save Version]을 클릭해 생존 예측 결과 파일을 제출합니다.

[부록 그림 2-24] 타이타닉 생존율 대회 코드 저장하기

예측 결과 파일을 [Submit] 버튼을 눌러 제출합니다.

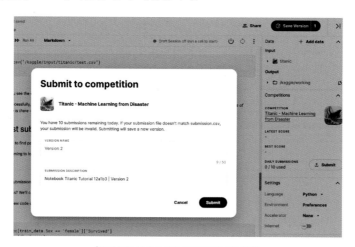

[부록 그림 2-25] 예측 결과 파일 제출 화면

제출 후 점수를 확인합니다. Titanic Tutorial의 점수(정확도)는 0.77511입니다.

[부록 그림 2-26] 예측 결과 평가 점수

리더보드는 'Public'과 'Private'로 구분됩니다. 제출 후 즉시 Public 리더보드에서 순위와 점수를 확인할 수 있습니다. 대회 종료 후 Private 리더보드에서 다른 테스트셋으로 평가된 점수 및 순위가 공개됩니다.

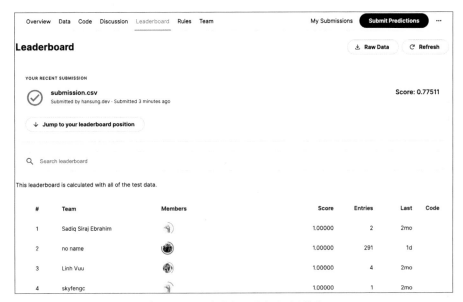

[부록 그림 2-27] 리더보드 등수 및 결과 확인

Titanic Tutorial 코드의 이해는 캐글의 교육 과정(https://www.kaggle.com/learn)에서 배울 수 있습니다. 이 교육 과정은 파이썬 프로그래밍, 머신러닝, 데이터 시각화, 판다스, 딥러닝, SQL 등 캐글 경진 대회에 참가하는 데 필요한 개발 관련 교육으로 구성돼 있습니다. 한번 도전해 보세요.

3.1 판다스

판다스(Pandas)는 데이터 분석 및 조작을 위한 파이썬 기반의 라이브러리입니다. 다양한 데이터를 불러올 수 있고 조작하기 쉬워 인기가 많습니다. 설치 방법과 사용 방법에 대해 알아보겠습니다.

3.1.1 판다스 설치하기

아나콘다에는 기본적으로 판다스가 설치돼 있습니다. pip를 이용한다면 pip install pandas로 설치할 수 있습니다. 구글 코랩에도 기본적으로 설치돼 있습니다.

[부록 소스 3-1] pandas.ipynb

```
[1]  !pip install pandas
```

판다스 버전을 출력합니다.

```
[2]  import pandas as pd

     pd.__version__
```

3.1.2 판다스 데이터 프레임 생성하기

판다스의 데이터 프레임(DataFrame)은 행과 열로 구성된 데이터 집합입니다. 데이터 프레임은 다양한 데이터 유형을 가질 수 있습니다. 데이터 프레임을 사용하면 데이터를 쉽고 편리하게 처리할 수 있습니다. 실습을 통해 살펴보겠습니다.

판다스의 데이터 프레임을 생성해 보겠습니다. `job_title`, `salary`, `salary_currency`, `company_size`라는 열과 행을 가진 df라는 판다스의 데이터 프레임을 생성합니다. `job_title`과 `salary_currency`, `company_size`는 문자열이며, `salary`는 정수열입니다. 생성한 데이터 프레임을 출력해 보면 4행, 4열로 구성된 결과가 출력됩니다.

```
[3]  df = pd.DataFrame(
         {
             "job_title": [
                         "Data Scientist",
                         "Machine Learning Scientist",
                         "Big Data Engineer",
                         "Machine Learning Engineer",
             ],
             "salary": [70000, 260000, 85000, 20000],
             "salary_currency": ["EUR", "USD", "GBP", "USD"],
             "company_size": ["L", "S", "M", "S"],
         }
     )

     df
```

출력

	job_title	salary	salary_currency	company_size
0	Data Scientist	70000	EUR	L
1	Machine Learning Scientist	260000	USD	S
2	Big Data Engineer	85000	GBP	M
3	Machine Learning Engineer	20000	USD	S

데이터 프레임의 salary 열만 출력해 봅니다. df라는 데이터 프레임에 salary라는 인자를 넣고 실행하면 salary 열의 데이터만 출력됩니다. 열 이름과 데이터 유형도 출력되는 것을 볼 수 있습니다. salary는 int64 데이터 유형입니다.

```
[4]  df["salary"]
```
출력
```
0         70000
1        260000
2         85000
3         20000
Name: salary, dtype: int64
```

max 함수를 사용해 가장 높은 값을 출력할 수 있습니다. min, sum 등과 같은 다양한 함수도 지원하므로 필요한 함수를 공식 웹 사이트에서 찾아 사용하면 됩니다.

```
[5]  df["salary"].max()
```
출력 260000

describe 함수를 통해 기초적인 데이터 통계 정보를 확인할 수 있습니다. 데이터 프레임의 총수 (count), 평균(mean), 표준편차(std), min(최솟값), max(최댓값), 25%/50%/75%(백분위수)를 확인할 수 있습니다.

```
[6]   df.describe()
```

	salary
count	4.000000
mean	108750.000000
std	104592.463081
min	20000.000000
25%	57500.000000
50%	77500.000000
75%	128750.000000
max	260000.000000

판다스에는 데이터 프레임과 시리즈(Series)가 있습니다. 시리즈는 하나의 컬럼으로 구성돼 있으며 데이터 프레임은 다양한 컬럼으로 구성된 데이터의 집합입니다. 데이터 프레임은 살펴봤으니 시리즈도 살펴보겠습니다.

시리즈는 Series 함수로 생성할 수 있으며 1차원 배열 형태의 데이터를 인자로 넣고 열 이름을 지정할 수 있습니다. 생성한 시리즈를 실행해 보면 정의한 70000, 260000, 85000, 20000이 출력된 것을 알 수 있습니다. 데이터 유형은 int64로 확인됩니다.

```
[7]   salary = pd.Series([70000, 260000, 85000, 20000], name="salary")

      salary
      0     70000
      1     260000
      2     85000
      3     20000
      Name: salary, dtype: int64
```

판다스가 인기 있는 이유는 다양한 데이터 형태를 데이터 프레임으로 불러오거나 내보 낼 수 있기 때문입니다. 데이터의 형태로는 CSV, XLS, PARQUET, HTML, HDF5, JSON, SQL 등이 있습니다.

실습에 사용할 데이터셋을 캐글의 데이터셋에서 검색해 보겠습니다. 검색 시 라이선스 유형을 'Creative Commons'로 선택합니다.

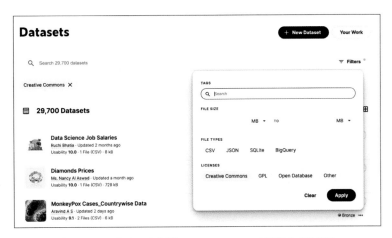

[부록 그림 3-1] 캐글 데이터셋 Creative Commons 라이선스 유형 검색

데이터 사이언스의 연봉 데이터셋을 다운로드한 후 판다스 데이터 프레임으로 불러오겠습니다. ds_salaries.csv라는 37KB 크기의 CSV 파일을 다운로드합니다.

[부록 그림 3-2] 'Data Science Job Salaries' Datasets

CSV 파일을 read_csv 함수로 불러와 판다스의 데이터 프레임으로 저장할 수 있습니다. df 데이터 프레임을 출력해 보면 607행, 12열로 구성된 데이터를 확인할 수 있습니다.

[부록 소스 3-2] data-science-salaries.ipynb

```
import pandas as pd

df = pd.read_csv('/content/drive/MyDrive/Colab Notebooks/data/ds_salaries.csv')

df
```

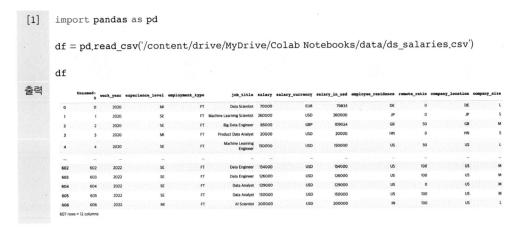

haed 함수로 데이터 프레임의 데이터를 확인할 수 있습니다. `head()`를 호출하면 기본값인 상위 5행을 출력합니다. 인자로 확인하고 싶은 행수를 넣으면 그만큼의 행이 출력됩니다. 예를 들어 `head(10)`을 실행하면 상위 10행의 데이터가 출력됩니다.

	Unnamed: 0	work_year	experience_level	employment_type	job_title	salary	salary_currency	salary_in_usd	employee_residence	remote_ratio	company_location	company_size
0	0	2020	MI	FT	Data Scientist	70000	EUR	79833	DE	0	DE	L
1	1	2020	SE	FT	Machine Learning Scientist	260000	USD	260000	JP	0	JP	S
2	2	2020	SE	FT	Big Data Engineer	85000	GBP	109024	GB	50	GB	M
3	3	2020	MI	FT	Product Data Analyst	20000	USD	20000	HN	0	HN	S
4	4	2020	SE	FT	Machine Learning Engineer	150000	USD	150000	US	50	US	L
5	5	2020	EN	FT	Data Analyst	72000	USD	72000	US	100	US	L
6	6	2020	SE	FT	Lead Data Scientist	190000	USD	190000	US	100	US	S
7	7	2020	MI	FT	Data Scientist	11000000	HUF	35735	HU	50	HU	L
8	8	2020	MI	FT	Business Data Analyst	135000	USD	135000	US	100	US	L
9	9	2020	SE	FT	Lead Data Engineer	125000	USD	125000	NZ	50	NZ	S

`dtypes`는 데이터 프레임의 열의 이름과 데이터 유형을 확인할 수 있습니다. `df.dtypes`를 실행하면 12개 열의 이름과 데이터 유형을 출력합니다. 정수형 Int64 유형이 5개, 문자열 object 유형이 7개로 확인됩니다.

```
[3]   df.dtypes
출력   Unnamed: 0          int64
      work_year           int64
      experience_level    object
      employment_type     object
      job_title           object
      salary              int64
      salary_currency     object
      salary_in_usd       int64
      employee_residence  object
      remote_ratio        int64
      company_location    object
      company_size        object
      dtype: object
```

CSV 파일로 불러온 데이터 프레임을 `to_excel` 함수를 사용해 엑셀로 내보낼 수 있습니다. 내보내기할 때는 내보낼 파일명과 시트명 등을 인자로 정의합니다. 엑셀 파일이 정상적으로 생성됐는지 확인하기 위해 `read_excel` 함수로 불러옵니다. `head` 함수로 상위 5줄을 출력해 보면 데이터가 잘 출력됩니다. 엑셀로 잘 내보내지고 불러와진 것을 확인할 수 있습니다.

```
[4]   df.to_excel("ds_salaries.xlsx", sheet_name="salaries", index=False)

      df_excel = pd.read_excel("ds_salaries.xlsx", sheet_name="salaries")

      df_excel.head()
```

	Unnamed: 0	work_year	experience_level	employment_type	job_title	salary	salary_currency	salary_in_usd	employee_residence	remote_ratio	company_location	company_size
0	0	2020	MI	FT	Data Scientist	70000	EUR	79833	DE	0	DE	L
1	1	2020	SE	FT	Machine Learning Scientist	260000	USD	260000	JP	0	JP	S
2	2	2020	SE	FT	Big Data Engineer	85000	GBP	109024	GB	50	GB	M
3	3	2020	MI	FT	Product Data Analyst	20000	USD	20000	HN	0	HN	S
4	4	2020	SE	FT	Machine Learning Engineer	150000	USD	150000	US	50	US	L

info 함수는 데이터 프레임의 전반적인 정보를 한눈에 볼 수 있습니다. 실행해 보면 607건의 데이터가 있으며 12개의 열로 구성된 판다스 데이터 프레임인 것을 확인할 수 있습니다. 12개의 열의 데이터 유형(Dtype)과 결측값 수를 제외한 수(Non-Null), 메모리에 로딩된 데이터의 사이즈(memory usage)를 확인할 수 있습니다. 57.0 + KB로 확인됩니다. info 함수를 이용하면 데이터의 특징을 빠르고 편리하게 확인할 수 있습니다.

```
[5]  df.info()
```
출력
```
<class 'pandas.core.frame.DataFrame'>
RangeIndex: 607 entries, 0 to 606
Data columns (total 12 columns):
 #   Column              Non-Null Count    Dtype
---  ------              --------------    -----
 0   Unnamed: 0          607 non-null      int64
 1   work_year           607 non-null      int64
 2   experience_level    607 non-null      object
 3   employment_type     607 non-null      object
 4   job_title           607 non-null      object
 5   salary              607 non-null      int64
 6   salary_currency     607 non-null      object
 7   salary_in_usd       607 non-null      int64
 8   employee_residence  607 non-null      object
 9   remote_ratio        607 non-null      int64
 10  company_location    607 non-null      object
 11  company_size        607 non-null      object
dtypes: int64(5), object(7)
memory usage: 57.0+ KB
```

3.1.3 데이터 프레임에서 특정 열 가져오기

판다스 데이터 프레임에서 전체 열이 아닌 원하는 열만을 선택해 출력해 보겠습니다. 데이터 프레임에 출력하고 싶은 열 이름을 지정해 실행하면 됩니다. 하나 이상의 열을 출력하기 위해서는 파이썬의 리스트 형태로 입력하면 됩니다. 예를 들어 job_title, salary 열을 출력하려면 ["job_title", "salary"]를 df[]에 넣어 실행하면 됩니다. job_salary 데이터 프레임을 head 함수로 출력해 보면 job_title, salary 열만 저장된 데이터 프레임을 확인할 수 있습니다.

```
[6]  job_salary = df[["job_title", "salary"]]

     job_salary.head()
```

	job_title	salary
0	Data Scientist	70000
1	Machine Learning Scientist	260000
2	Big Data Engineer	85000
3	Product Data Analyst	20000
4	Machine Learning Engineer	150000

shape 명령어로 job_salary 데이터 프레임의 salary 열만을 출력해 보면 (607,)이 출력됩니다. (행, 열) 중 열에는 아무런 값도 표시되지 않습니다.

[7] job_salary["salary"].shape

출력 (607,)

job_title, salary라는 2개 열을 지정한 후 shape를 출력해 보면 (607, 2)로 열에 2가 표시된 것을 확인할 수 있습니다.

[8] job_salary[["job_title", "salary"]].shape

출력 (607, 2)

3.1.4 데이터 프레임에서 특정 행 가져오기

판다스 데이터 프레임의 행을 필터링해 원하는 데이터만을 출력해 보겠습니다. 앞 장에서 데이터 프레임에 원하는 열 이름을 입력해 특정 열만을 출력했습니다. 이번에는 행에 해당하는 조건을 넣어 원하는 행만을 필터링해 보겠습니다. 예를 들어 salary 열의 값이 100,000보다 큰 행만을 출력해 보겠습니다. job_salary["salary"] > 100000를 데이터 프레임에 job_salary[]에 넣어 실행하면 해당 조건의 행만이 출력됩니다. 출력되는 열에 job_salary 데이터 프레임의 조건에 만족하는 열이 출력된 것을 확인할 수 있습니다.

[9] job_salary[job_salary["salary"] > 100000].head()

출력

	job_title	salary
1	Machine Learning Scientist	260000
4	Machine Learning Engineer	150000
6	Lead Data Scientist	190000
7	Data Scientist	11000000
8	Business Data Analyst	135000

job_salary 데이터 프레임에 isin 함수를 사용해 job_title이 "Machine Learning Engineer", "Machine Learning Scientist"인 행을 출력합니다. head 함수로 상위 5 행을 출력합니다. 원하는 행만이 잘 필터링 돼 출력됐습니다.

```
[10]  job_salary[job_salary["job_title"].isin(["Machine Learning Engineer", "Machine
      Learning Scientist"])].head()
```

출력

	job_title	salary
1	Machine Learning Scientist	260000
4	Machine Learning Engineer	150000
20	Machine Learning Engineer	299000
37	Machine Learning Engineer	250000
39	Machine Learning Engineer	138000

이번엔 "&"를 사용해 여러 조건을 조합해 행을 필터링해 보겠습니다. job_salary 데이터 프레임에서 job_title이 "Machine Learning Engineer"이면서 salary가 100,000 이상인 행을 출력합니다.

```
[11]  MachineLearningEngineer_salary = job_salary[(job_salary["job_title"] == "Machine
      Learning Engineer") & (job_salary["salary"] >= 100000)]

      MachineLearningEngineer_salary.head()
```

출력

	job_title	salary
4	Machine Learning Engineer	150000
20	Machine Learning Engineer	299000
37	Machine Learning Engineer	250000
39	Machine Learning Engineer	138000
159	Machine Learning Engineer	125000

notna 함수를 사용해 결측값이 아닌 행만을 job_NA_salary 데이터 프레임에 저장합니다. shape 으로 전후를 출력해 보면 (607, 2)로 동일합니다. 결측값이 없는 데이터 프레임입니다. notna 함 수는 결측값이 포함된 데이터셋에서 결측값을 제외한 데이터 프레임을 생성할 때 유용합니다.

```
[12]  job_NA_salary = job_salary[job_salary["salary"].notna()]

      print('job_salary : ', job_salary.shape)
      print('job_NA_salary : ', job_NA_salary.shape)
```

출력
```
job_salary :     (607, 2)
job_NA_salary :  (607, 2)
```

3.1.5 판다스의 loc, iloc 사용하기

판다스의 loc, iloc 함수를 사용해 원하는 열과 행을 선택해 조작할 수 있습니다. loc는 열 이름과 조건식을 사용해 데이터를 필터링하고 iloc는 열과 행을 숫자를 사용해 데이터를 필터링해 가져옵니다. 실습을 통해 알아보겠습니다.

loc 함수를 사용해 df 데이터 프레임에서 salary가 100,000 이상인 job_title을 출력합니다.

```
[14]  df.loc[df["salary"] > 100000, "job_title"]
출력   1              Machine Learning Scientist
      4              Machine Learning Engineer
      6                   Lead Data Scientist
      7                        Data Scientist
      8                  Business Data Analyst
                              ...
      602                      Data Engineer
      603                      Data Engineer
      604                       Data Analyst
      605                       Data Analyst
      606                        AI Scientist
      Name: job_title, Length: 343, dtype: object
```

iloc 함수는 데이터를 행을 기준으로 출력합니다. 즉, iloc[행, 열]입니다. 행은 0부터 3행 전까지의 0, 1, 2 열이 출력됐고 열은 1부터 6열 전까지의 1, 2, 3, 4, 5 열이 출력됐습니다.

```
[15]  df.iloc[0:3, 1:6]
출력
```

	work_year	experience_level	employment_type	job_title	salary
0	2020	MI	FT	Data Scientist	70000
1	2020	SE	FT	Machine Learning Scientist	260000
2	2020	SE	FT	Big Data Engineer	85000

iloc 함수를 사용해 0부터 3행 전까지 4열에 'NaN' 값으로 수정합니다. 0부터 5행 전까지, 1부터 6열 전까지 출력해 보면 'NaN' 값으로 수정된 것을 확인할 수 있습니다.

```
[16]  df.iloc[0:3, 4] = "NaN"

      df.iloc[0:5, 1:6]
출력
```

	work_year	experience_level	employment_type	job_title	salary
0	2020	MI	FT	NaN	70000
1	2020	SE	FT	NaN	260000
2	2020	SE	FT	NaN	85000
3	2020	MI	FT	Product Data Analyst	20000
4	2020	SE	FT	Machine Learning Engineer	150000

3.1.6 plot 함수를 사용해 데이터 시각화하기

판다스 데이터 프레임에 plot 함수를 사용하면 데이터를 시각화할 수 있습니다. job_title, salary 열로 구성된 job_salary 데이터 프레임을 생성한 후 plot 함수로 시각화해 보겠습니다. 607건의 job_title의 salary 열의 값이 시각화됐습니다.

```
[17]  import matplotlib.pyplot as plt

      job_salary = df[["job_title", "salary"]]

      job_salary.plot()
```

출력

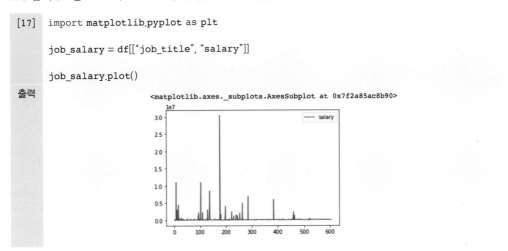

salary 값은 여러 통화로 저장돼 있고 분산이 넓어 보기 힘든 부분이 있습니다. salary값이 USD로 통일돼 있는 salary_in_usd 열을 사용해 시각화해 보겠습니다. job_title, salary_in_usd 열만을 job_usd_salary 데이터 프레임에 저장합니다. 그리고 plot 함수로 시각화해 보면 y측의 값이 더 명확하게 보이는 것을 확인할 수 있습니다.

```
[18]  job_usd_salary = df[["job_title", "salary_in_usd"]]

      job_usd_salary.plot()
```

출력

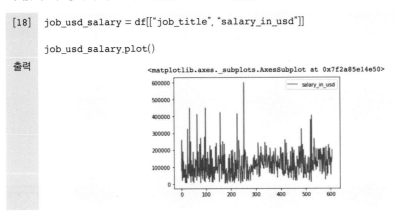

job_usd_salary 데이터 프레임에 isin 함수로 job_title이 "Data Scientist", "Data Engineer", "Data Analyst"인 행만을 job_salary_plot 데이터 프레임에 저장합니다.

산점도를 scatter 함수로 시각화합니다. x측은 job_title, y측은 salary_in_usd로 지정한 후 시각화합니다. Data Analyst보다 나머지 직무의 salary값이 좀 더 높은 것을 확인할 수 있습니다.

[19]
```
job_salary_plot = job_usd_salary[job_usd_salary["job_title"].isin(["Data Scientist",
"Data Engineer", "Data Analyst"])]

job_salary_plot.plot.scatter(x="job_title", y="salary_in_usd")
```
출력

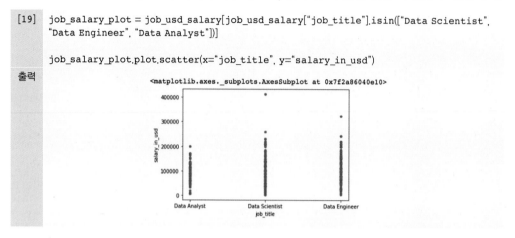

box 함수를 사용해 박스 플롯을 시각화할 수 있습니다. 박스 플롯은 최솟값, 최댓값, 중앙값 그리고 제 1사분위, 제 2사분위, 제 3사분위를 시각화할 수 있습니다. 그리고 이상값(Outlier)도 쉽게 확인할 수 있습니다.

[20]
```
job_usd_salary["salary_in_usd"].plot.box()
```
출력

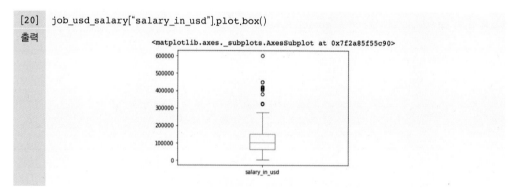

3.1.7 기존 열에서 새로운 열 생성하기

df 데이터 프레임에서 "Unnamed: 0", "work_year", "job_title", "salary_currency", "salary", "salary_in_usd" 열을 job_salary 데이터 프레임으로 복사합니다. salary_currency 열에 "USD" 값만을 필터링해 저장합니다.

salary_in_eur 열을 기존의 salary_in_usd에 0.97을 곱해 새 열을 생성합니다. USD 통화를 EUR 통화로 변환했습니다. head 함수로 출력해 보면 job_salary 데이터 프레임의 마지막에 salary_in_eur 열이 생성된 것을 확인할 수 있습니다.

[부록 소스 3-3] pandas.ipynb

[1]
```
job_salary = df[["Unnamed: 0", "work_year", "job_title", "salary_currency", "salary",
"salary_in_usd"]].copy()
job_salary = job_salary[job_salary["salary_currency"] == "USD"]

# salary_in_eur = salary_in_usd * 0.97
job_salary["salary_in_eur"] = job_salary["salary_in_usd"] * 0.97

job_salary.head()
```

출력

	Unnamed: 0	work_year	job_title	salary_currency	salary	salary_in_usd	salary_in_eur
1	1	2020	Machine Learning Scientist	USD	260000	260000	252200.0
3	3	2020	Product Data Analyst	USD	20000	20000	19400.0
4	4	2020	Machine Learning Engineer	USD	150000	150000	145500.0
5	5	2020	Data Analyst	USD	72000	72000	69840.0
6	6	2020	Lead Data Scientist	USD	190000	190000	184300.0

rename 함수를 사용해 job_salary 데이터 프레임의 "Unnamed: 0" 열의 이름을 "no"로 변경합니다. 결과를 출력해 보면 no로 변경된 것을 알 수 있습니다.

[2]
```
job_salary = job_salary.rename(
    columns={
        "Unnamed: 0": "no",
    }
)

job_salary.head()
```

출력

	no	work_year	job_title	salary_currency	salary	salary_in_usd	salary_in_eur
1	1	2020	Machine Learning Scientist	USD	260000	260000	252200.0
3	3	2020	Product Data Analyst	USD	20000	20000	19400.0
4	4	2020	Machine Learning Engineer	USD	150000	150000	145500.0
5	5	2020	Data Analyst	USD	72000	72000	69840.0
6	6	2020	Lead Data Scientist	USD	190000	190000	184300.0

rename 함수를 사용해 열의 이름을 모두 대문자로 변경합니다. 출력 결과 열의 이름이 모두 소문자에서 대문자로 변경된 것을 알 수 있습니다.

```
[3]    job_salary.rename(columns=str.upper)
```
출력

	NO	WORK_YEAR	JOB_TITLE	SALARY_CURRENCY	SALARY	SALARY_IN_USD	SALARY_IN_EUR
1	1	2020	Machine Learning Scientist	USD	260000	260000	252200.0
3	3	2020	Product Data Analyst	USD	20000	20000	19400.0
4	4	2020	Machine Learning Engineer	USD	150000	150000	145500.0
5	5	2020	Data Analyst	USD	72000	72000	69840.0
6	6	2020	Lead Data Scientist	USD	190000	190000	184300.0
...	...	...	...	...	...	...	...
602	602	2022	Data Engineer	USD	154000	154000	149380.0
603	603	2022	Data Engineer	USD	126000	126000	122220.0
604	604	2022	Data Analyst	USD	129000	129000	125130.0
605	605	2022	Data Analyst	USD	150000	150000	145500.0
606	606	2022	AI Scientist	USD	200000	200000	194000.0

398 rows × 7 columns

3.1.8 기초 통계 정보 확인하기

mean 함수를 사용해 salary_in_use 열의 평균을 출력합니다.

```
[4]    job_salary["salary_in_usd"].mean()
```
출력   137264.788944724

median 함수를 사용해 데이터의 중앙값을 출력합니다. 중앙값은 데이터를 정렬한 후 중앙에 있는 값을 의미합니다. salary_in_usd의 중앙값은 130,000, salary_in_eur의 중앙값은 126,100입니다.

```
[5]    job_salary[["salary_in_usd", "salary_in_eur"]].median()
```
출력   salary_in_usd   130000.0
       salary_in_eur   126100.0
       dtype: float64

describe 함수를 사용하면 데이터의 요약 통계를 출력할 수 있습니다. 결측값을 제외한 전체 수(count), 평균(mean), 표준편차(std), 최솟값(min), 최댓값(max), 제 1사분위(25%), 제 2사분위(50%), 제 3사분위(75%)를 출력합니다. 인자 중 include값의 기본값은 None으로 숫자 형태의 열만을 출력합니다. all로 지정하면 문자열을 포함한 모든 열을 출력합니다.

```
[6]   job_salary[["salary_in_usd", "salary_in_eur"]].describe()
```

	salary_in_usd	salary_in_eur
count	398.000000	398.000000
mean	137264.788945	133146.845276
std	72025.775052	69865.001800
min	4000.000000	3880.000000
25%	96162.500000	93277.625000
50%	130000.000000	126100.000000
75%	167968.750000	162929.687500
max	600000.000000	582000.000000

3.1.9 groupby를 사용해 데이터 그룹별 집계하기

판다스의 groupby 함수를 사용해 그룹별 집계를 배워 보겠습니다. 실습에 사용할 job_salary 데이터 프레임을 생성하고 생성한 결과를 출력합니다.

```
[7]   job_salary = df[["work_year", "job_title", "salary_currency", "salary", "salary_in_
      usd"]].copy()
      job_salary["salary_in_eur"] = job_salary["salary_in_usd"] * 0.97

      job_salary.head()
```

	work_year	job_title	salary_currency	salary	salary_in_usd	salary_in_eur
0	2020	Data Scientist	EUR	70000	79833	77438.01
1	2020	Machine Learning Scientist	USD	260000	260000	252200.00
2	2020	Big Data Engineer	GBP	85000	109024	105753.28
3	2020	Product Data Analyst	USD	20000	20000	19400.00
4	2020	Machine Learning Engineer	USD	150000	150000	145500.00

job_salary 데이터 프레임 중 "work_year", "salary_in_usd", "salary_in_eur" 열을 "work_year"로 groupby 함수를 사용해 그룹별 집계 후 평균을 출력합니다. "salary_in_usd", "salary_in_eur"의 2020, 2021, 2022년 평균값이 출력됩니다.

```
[8]   job_salary[["work_year", "salary_in_usd", "salary_in_eur"]].groupby("work_year").mean()
```

	salary_in_usd	salary_in_eur
work_year		
2020	95813.000000	92938.610000
2021	99853.792627	96858.178848
2022	124522.006289	120786.346101

job_salary 데이터 프레임의 전체 열을 대상으로 "work_year", "salary_currency" 열로 groupby 함수로 그룹화한 후 평균을 출력합니다. "work_year"를 기준으로 "salary", "salary_in_usd", "salary_in_eur" 열의 평균이 출력됩니다.

```
[9]   job_salary.groupby(["work_year", "salary_currency"]).mean()
```

출력

work_year	salary_currency	salary	salary_in_usd	salary_in_eur
2020	CAD	1.570000e+05	117104.000000	113590.880000
	CNY	2.990000e+05	43331.000000	42031.070000
	DKK	3.000000e+05	45896.000000	44519.120000
	EUR	5.394343e+04	61520.608696	59674.990435
	GBP	7.766667e+04	99618.000000	96629.460000
	HUF	1.100000e+07	35735.000000	34662.950000
	INR	1.080750e+06	14583.000000	14145.510000
	JPY	4.450000e+06	41689.000000	40438.330000
	MXN	7.200000e+05	33511.000000	32505.670000
	USD	1.335864e+05	133586.388889	129578.797222
2021	BRL	8.580000e+04	15904.000000	15426.880000
	CAD	1.213000e+05	96751.600000	93849.052000

"salary_currency" 열로 job_salary 데이터 프레임을 groupby 함수로 그룹화한 후 "salary" 열의 평균을 출력합니다.

```
[10]   job_salary.groupby("salary_currency")["salary"].mean()
```

출력
```
salary_currency
AUD     1.205000e+05
BRL     8.580000e+04
CAD     1.230278e+05
CHF     1.150000e+05
CLP     3.040000e+07
CNY     2.695000e+05
DKK     2.400000e+05
EUR     5.728104e+04
GBP     6.165582e+04
HUF     1.100000e+07
INR     2.064259e+06
JPY     6.650000e+06
MXN     3.890000e+05
PLN     1.466667e+05
SGD     1.400000e+05
TRY     1.793333e+05
USD     1.372648e+05
Name: salary, dtype: float64
```

"job_title", "salary_currency" 열로 job_salary 데이터 프레임을 groupby 함수로 그룹화한 후 "salary" 열의 평균을 출력합니다.

```
[11]  job_salary.groupby(["job_title", "salary_currency"])["salary"].mean()
출력   job_title                        salary_currency
      3D Computer Vision Researcher    INR              4.000000e+05
      AI Scientist                     DKK              3.000000e+05
                                       INR              1.335000e+06
                                       USD              7.980000e+04
      Analytics Engineer               USD              1.750000e+05
                                       ...
      Research Scientist               CAD              1.451667e+05
                                       EUR              5.928000e+04
                                       GBP              6.000000e+04
                                       USD              1.394284e+05
      Staff Data Scientist             USD              1.050000e+05
      Name: salary, Length: 122, dtype: float64
```

3.1.10 value_counts로 데이터 합계 확인하기

value_counts 함수로 job_title 열의 행의 합계를 출력합니다. 출력 결과를 보면 "Data Scientist"는 142건, "Data Engineer"는 132건으로 합계가 내림차순으로 정렬돼 출력됩니다.

```
[12]  job_salary["job_title"].value_counts().head()
출력   Data Scientist              142
      Data Engineer               132
      Data Analyst                97
      Machine Learning Engineer   41
      Research Scientist          16
      Name: job_title, dtype: int   64
```

value_counts 함수를 사용하지 않고 groupby 함수와 count 함수를 사용해도 이와 동일한 결과를 출력할 수 있습니다. 다만 출력 결과가 정렬돼 있지 않네요.

```
[13]  job_salary.groupby("job_title")["job_title"].count().head()
출력   job_title
      3D Computer Vision Researcher    1
      AI Scientist                     7
      Analytics Engineer               4
      Applied Data Scientist           5
      Applied Machine Learning Scientist 4
      Name: job_title, dtype: int      64
```

groupby 함수의 그룹핑할 열인 "work_year"를 추가해 출력합니다.

```
[14]   job_salary.groupby(["job_title", "work_year"])["job_title"].count()
```
출력
```
work_year    job_title
2020         AI Scientist                      1
             BI Data Analyst                   1
             Big Data Engineer                 2
             Business Data Analyst             2
             Computer Vision Engineer          1
             ..
2022         Machine Learning Scientist        3
             NLP Engineer                      1
             Principal Data Analyst            1
             Principal Data Scientist          1
             Research Scientist                4
Name: job_title, Length: 98, dtype: int64
```

3.1.11 데이터 정렬해서 보기

sort_values 함수를 사용하면 데이터를 지정한 열로 정렬할 수 있습니다. job_salary 데이터 프레임을 salary_in_usd 열을 기준으로 정렬합니다. 2859, 4000 순으로 정렬됐습니다.

```
[15]   job_salary.sort_values(by="salary_in_usd").head()
```
출력

	work_year	job_title	salary_currency	salary	salary_in_usd	salary_in_eur
176	2021	Data Scientist	MXN	58000	2859	2773.23
185	2021	Data Engineer	USD	4000	4000	3880.00
238	2021	Data Scientist	USD	4000	4000	3880.00
77	2021	3D Computer Vision Researcher	INR	400000	5409	5246.73
179	2021	Data Scientist	INR	420000	5679	5508.63

sort_values 함수의 인자 중 ascending을 사용해 내림차순과 오름차순을 정의할 수 있습니다. 기본값은 True(오름차순)입니다. False(내림차순)으로 설정한 후 결과를 출력합니다. work_year, salary_in_usd 값이 내림차순으로 정렬돼 출력됐습니다.

```
[16]   job_salary.sort_values(by=['work_year', 'salary_in_usd'], ascending=False).head()
```
출력

	work_year	job_title	salary_currency	salary	salary_in_usd	salary_in_eur
523	2022	Data Analytics Lead	USD	405000	405000	392850.0
519	2022	Applied Data Scientist	USD	380000	380000	368600.0
482	2022	Data Engineer	USD	324000	324000	314280.0
534	2022	Data Architect	USD	266400	266400	258408.0
416	2022	Data Scientist	USD	260000	260000	252200.0

3.1.12 여러 파일을 하나로 병합해서 보기

캐글 및 현업 업무 진행 시 데이터 파일이 여러 파일로 나뉘어 있는 경우가 있습니다. 데이터를 불러와 데이터 프레임으로 저장한후 어떻게 병합하는지 알아보겠습니다.

실습을 하기 위해 job_salary 데이터 프레임을 salary_currency 열의 USD, EUR, GBP 값으로 필터링한 후 CSV 파일로 저장합니다. 이렇게 저장한 CSV 파일을 job_usd_salary, job_eur_salary, job_gbp_salary 데이터 프레임으로 저장합니다. read_csv 함수로 다시 불러온 후 value_counts 함수의 출력 결과를 보면 USD는 398행, EUR은 95행, GBP는 44행으로 확인됩니다.

[부록 소스 3-4] pandas_concat.ipynb

```
[1]  import pandas as pd

     # to_csv
     job_salary[job_salary["salary_currency"] == "USD"].to_csv('/content/drive/MyDrive/
     Colab Notebooks/data/job_usd_salary.csv')
     job_salary[job_salary["salary_currency"] == "EUR"].to_csv('/content/drive/MyDrive/
     Colab Notebooks/data/job_eur_salary.csv')
     job_salary[job_salary["salary_currency"] == "GBP"].to_csv('/content/drive/MyDrive/
     Colab Notebooks/data/job_gbp_salary.csv')

     # read_csv
     job_usd_salary = pd.read_csv('/content/drive/MyDrive/Colab Notebooks/data/job_usd_
     salary.csv')
     job_eur_salary = pd.read_csv('/content/drive/MyDrive/Colab Notebooks/data/job_eur_
     salary.csv')
     job_gbp_salary = pd.read_csv('/content/drive/MyDrive/Colab Notebooks/data/job_gbp_
     salary.csv')

     # value_counts
     print (job_usd_salary['salary_currency'].value_counts())
     print (job_eur_salary['salary_currency'].value_counts())
     print (job_gbp_salary['salary_currency'].value_counts())
```
```
출력  USD    398
     Name: salary_currency, dtype: int64
     EUR    95
     Name: salary_currency, dtype: int64
     GBP    44
     Name: salary_currency, dtype: int64
```

concat 함수의 인자로 병합할 데이터 프레임들을 입력하면 병합됩니다. axis는 0으로 지정합니다. 참고로 axis를 0으로 지정하면 위, 아래로 병합합니다. 1로 지정하면 왼쪽, 오른쪽으로 병합합니다. value_counts 함수의 결과를 보면 위 코드의 결과와 동일합니다.

```
[2]   # pd.concat()
      concat_job_salary = pd.concat([job_usd_salary, job_eur_salary, job_gbp_salary],
      axis=0)

      print (concat_job_salary['salary_currency'].value_counts())
```

출력
```
USD    398
EUR     95
GBP     44
Name: salary_currency, dtype: int64
```

3.1.13 여러 데이터를 하나의 기준으로 병합하기

concat 함수로 병합하는 방법도 있지만 특정 열을 기준으로 데이터를 조인할 수 있습니다. 실습에 사용할 데이터 프레임을 생성합니다. df 데이터 프레임에서 drop_duplicates 함수로 "work_year", "job_title" 열의 중복을 제거한 데이터셋을 join_job_salary에 복사합니다. job_title이 "Nan" 값은 제외하는 데이터 전처리를 합니다. join_job_salary 데이터 프레임을 출력합니다.

```
[3]   join_job_salary = df[["work_year", "job_title"]].drop_duplicates().copy()

      join_job_salary = join_job_salary[join_job_salary["job_title"] != "NaN"]

      join_job_salary.head()
```

출력

	work_year	job_title
0	2020	Data Scientist
1	2020	Machine Learning Scientist
2	2020	Big Data Engineer
3	2020	Product Data Analyst
4	2020	Machine Learning Engineer

join_job_usd_salary 데이터 프레임을 생성합니다. 기준에 배운 groupby 함수를 사용해 "work_year", "job_title"의 USD salary의 평균을 저장합니다.

merge 함수를 사용해 join_job_salary, join_job_usd_salary 데이터 프레임을 "work_year", "job_title" 열을 기준으로 left join합니다. left가 의미하는 것은 join_job_salary 데이터 프레임을 기준으로 on 인자에 정의된 열을 기준으로 조인하라는 의미입니다. 결과를 출력해 보면 join_job_salary 데이터 프레임에 없던 salary 열이 생성된 것을 알 수 있습니다.

```
[4]  join_job_usd_salary = job_usd_salary[["work_year", "job_title", "salary"]].
     groupby(["work_year", "job_title"]).mean()

     # pd.merge
     leftjoin_job_salary = pd.merge(join_job_salary, join_job_usd_salary, how="left",
     on=["work_year", "job_title"])

     leftjoin_job_salary.head()
```

	work_year	job_title	salary
0	2020	Data Scientist	149158.571429
1	2020	Machine Learning Scientist	260000.000000
2	2020	Big Data Engineer	70000.000000
3	2020	Product Data Analyst	20000.000000
4	2020	Machine Learning Engineer	179333.333333

다른 데이터 프레임도 조인할 예정이므로 salary열의 이름을 salary_in_usd로 변경합니다.

```
[5]  # salary_in_usd
     leftjoin_job_salary = leftjoin_job_salary.rename(columns={"salary": "salary_in_usd"})

     leftjoin_job_salary.head()
```

출력

	work_year	job_title	salary_in_usd
0	2020	Data Scientist	149158.571429
1	2020	Machine Learning Scientist	260000.000000
2	2020	Big Data Engineer	70000.000000
3	2020	Product Data Analyst	20000.000000
4	2020	Machine Learning Engineer	179333.333333

이렇게 동일한 방법으로 salary_in_eur과 salary_in_gbp 열도 조인한 후 이름을 변경합니다. leftjoin_job_salary 데이터 프레임의 출력 결과를 보면 salary_in_usd, salary_in_eur, salary_in_gbp 열이 work_year, job_title 열을 기준으로 잘 조인된 것을 확인할 수 있습니다.

```
[6]  # salary_in_eur
     join_job_eur_salary = job_eur_salary[["work_year", "job_title", "salary"]].
     groupby(["work_year", "job_title"]).mean()
     leftjoin_job_salary = pd.merge(leftjoin_job_salary, join_job_eur_salary, how="left",
     on=["work_year", "job_title"])
     leftjoin_job_salary = leftjoin_job_salary.rename(columns={"salary": "salary_in_eur"})

     # salary_in_gbp
     join_job_gbp_salary = job_gbp_salary[["work_year", "job_title", "salary"]].
     groupby(["work_year", "job_title"]).mean()
     leftjoin_job_salary = pd.merge(leftjoin_job_salary, join_job_gbp_salary, how="left",
     on=["work_year", "job_title"])
     leftjoin_job_salary = leftjoin_job_salary.rename(columns={"salary": "salary_in_gbp"})

     leftjoin_job_salary.head()
```

	work_year	job_title	salary_in_usd	salary_in_eur	salary_in_gbp
0	2020	Data Scientist	149158.571429	48472.727273	60000.0
1	2020	Machine Learning Scientist	260000.000000	NaN	NaN
2	2020	Big Data Engineer	70000.000000	100000.000000	85000.0
3	2020	Product Data Analyst	20000.000000	NaN	NaN
4	2020	Machine Learning Engineer	179333.333333	40000.000000	NaN

3.2 넘파이

넘파이(NumPy)는 행렬 및 다차원 배열을 쉽고 빠르게 처리할 수 있는 파이썬 기반의 라이브러리입니다. C 언어로 개발돼 고성능의 수치 계산이 가능합니다.

넘파이를 이해하는 부분은 딥러닝의 동작 원리를 이해하는 데 도움이 됩니다. 딥러닝의 동작 시 내부적으로는 행렬 곱 등의 연산이 수행됩니다. 넘파이는 이런 연산을 쉽고 빠르게 처리할 수 있게 해 줍니다. 실습을 통해 넘파이 사용법을 알아보겠습니다.

3.2.1 넘파이 설치하기

넘파이를 설치합니다. conda 환경을 사용한다면 conda install numpy로 설치할 수 있습니다. Pip를 이용하면 pip install numpy로 간단히 설치할 수 있습니다.

[부록 소스 3-5] numpy.ipynb

```
[1]   # conda 설치
      !conda install numpy

      # pip 설치
      !pip install numpy
```

넘파이 버전을 출력합니다. https://numpy.org 에서 최신 버전을 확인할 수 있습니다. 사용하는 버전이 너무 낮다면 최신 버전으로 업그레이드하는 것을 고려해 볼 수 있습니다. 참고로 1.22.0 버전은 2021년 12월 31일, 1.21.0은 2021년 6월 22일, 1.20.0은 2021년 1월 30일에 릴리즈됐습니다. 최근 릴리즈 기간을 보면 6개월 단위로 마이너 버전이 업그레이드된 것을 확인할 수 있습니다.

numpy 모듈을 임포트합니다. as를 사용해 np로 줄여 사용하도록 지정할 수 있습니다.

```
[2]   import numpy as np

      np.__version__
```

3.2.2 기본적인 명령어

array 함수로 1차원 배열을 생성하고 array 변수에 저장합니다. array 변수를 출력하면 1부터 10까지의 값으로 구성된 1차원 배열이 출력됩니다.

```
[3]   import numpy as np

      array = np.array([1, 2, 3, 4, 5, 6, 7, 8, 9, 10])
      array
```
출력   array([1, 2, 3, 4, 5, 6, 7, 8, 9, 10])

데이터의 유형에는 정수, 실수, 불리언 등이 있습니다. 정수형과 실수형 데이터로 1차원 배열을 생성합니다. 데이터 유형을 dtype으로 확인해 보면 a는 정수형인 int64, b는 실수형인 flost64로 확인됩니다. 넘파이의 데이터 유형을 확인하기 위해서는 dtype을 사용합니다.

```
[4]   a = np.array([1, 2, 3, 4, 5, 6, 7, 8, 9, 10])
      b = np.array([1.1, 2.2, 3.3, 4.4, 5.5])

      print('a.dtype :', a.dtype)
      print('b.dtype :', b.dtype)
```
출력   a.dtype : int64
      b.dtype : float64

넘파이의 2차원 배열을 생성하고 array 변수에 저장합니다. 출력해 보면 2차원 배열은 행렬과 비슷한 모양입니다. shape를 사용하면 2차원 배열의 형상을 확인할 수 있습니다. array 변수의 shape 결과는 (3, 3)입니다. 행이 3개, 열이 3개로 (3, 3)이 출력됐습니다. 이후 다차원 배열의 경우 shape로 차원을 출력해 배열의 차원을 이해하는 데 도움이 됩니다.

```
[5]   array = np.array([(1, 2, 3), (4, 5, 6), (7, 8, 9)])

      print('array.shape :', array.shape)
      print(array)
```
출력   array.shape : (3, 3)
      [[1 2 3]
       [4 5 6]
       [7 8 9]]

zeros 함수를 사용해 0으로 구성된 배열을 생성할 수 있습니다. (2, 3)은 2개의 행과 3개의 열을 가진 0으로 구성된 2차원 행렬을 생성하라는 명령입니다. 출력 결과를 보면 0으로 구성된 2차원 배열을 확인할 수 있습니다. shape 결과는 (2, 3)이겠네요.

```
[6]   np.zeros((2, 3))
```
출력   array([[0., 0., 0.],
             [0., 0., 0.]])

ones 함수는 1로 구성된 배열을 생성할 수 있습니다. zeros 함수에서 2차원 배열을 생성했으므로 이번에는 ones 함수로 3차원 배열을 생성해 보겠습니다. (2, 3, 4)는 2개 차원인 3행과 4열로 구성된 3차원 배열을 생성하라는 의미입니다. dtype을 사용해 데이터 유형은 int16으로 지정할 수 있습니다. 출력 결과를 보면 3행과 4열로 구성된 2차원 배열이 2개로 구성된 것을 확인할 수 있습니다.

```
[7]     np.ones((2, 3, 4), dtype=np.int16)
출력     array([[[1., 1., 1., 1.],
               [1., 1., 1., 1.],
               [1., 1., 1., 1.]],

               [[1., 1., 1., 1.],
               [1., 1., 1., 1.],
               [1., 1., 1., 1.]]])
```

empty 함수는 초기화되지 않은 값으로 구성된 배열을 생성합니다. (2, 3)으로 2차원 배열을 생성해 보겠습니다. 출력 결과를 보면 메모리에 초기화되지 않은 값을 그대로 가져와 2행과 3열로 구성된 2차원 배열의 결과를 출력했습니다.

```
[8]     np.empty((2, 3))
출력     array([[2.31036637e-316, 0.00000000e+000, 0.00000000e+000],
              [0.00000000e+000, 0.00000000e+000, 0.00000000e+000]])
```

arange 함수는 시퀀스한 숫자를 생성합니다. arange(stop)로 0부터 시작해 stop까지 시퀀스한 숫자를 생성합니다. arange(10)은 0부터 9까지의 숫자가 생성되는 것을 확인할 수 있습니다.

```
[9]     array = np.arange(10)
        array
출력     array([0, 1, 2, 3, 4, 5, 6, 7, 8, 9])
```

arange 함수에 대해 더 알아보겠습니다. arange(start, stop, step)로 숫자의 시작과 종료 그리고 시퀀스한 숫자의 스텝을 정할 수 있습니다. arange(1, 10, 2)는 1부터 시작해 10개의 시퀀스한 숫자를 2개 단위로 생성하라는 의미입니다. 출력 결과는 1, 3, 5, 7, 9입니다.

```
[10]    array = np.arange(1, 10, 2)
        array
출력     array([1, 3, 5, 7, 9])
```

넘파이 배열은 사칙연산을 지원합니다. a, b 배열을 생성하고 a-b 연산을 수행하면 c의 출력 결과 같이 연산이 수행됩니다. 5-5 = 0, 10-5 = 5, 15-5 = 10으로 0, 5, 10이 출력됐습니다.

```
[11]   a = np.array([5, 10, 15])
       b = np.array([5])

       c = a - b
       c
출력    array([ 0, 5, 10])
```

c 배열의 값을 논리연산을 통한 결과를 출력할 수도 있습니다. c의 결과인 0, 5, 10이 5보다 작은지에 대한 False, True를 확인할 수 있습니다. 결과는 True, False, False입니다.

```
[12]   a = np.array([5, 10, 15])
       b = np.array([5])

       c = a - b
       print(c)

       d = c < 5
       print(d)
출력    [ 0 5 10]
       [ True False False]
```

넘파이는 다양한 연산을 지원합니다. 아다마르 곱, 행렬 곱셈, 스칼라 곱 등 선형 대수학에 필요한 연산에 대한 것을 다음과 같이 지원합니다.

```
[13]   a = np.array([[1, 2],
             [3, 4]])
       b = np.array([[1, 2],
             [3, 4]])

       # 아다마르곱
       print('elementwise product   \n', a * b)

       # 행렬곱셈
       print('matrix product        \n', a @ b)

       # 스칼라곱
       print('dot product           \n', a.dot(b))
출력    elementwise product
       [[ 1   4]
        [ 9 16]]
       matrix product
       [[ 7 10]
        [15 22]]
       another matrix product
       [[ 7 10]
        [15 22]]
```

3.2.3 배열 구조 변경

reshape는 데이터를 변경하지 않고 배열의 모양을 재구성합니다. arange(10)으로 0부터 9까지의 1차원 배열을 생성합니다. 1차원 배열을 reshape(2, 5)로 2행과 5열로 2차원 배열로 재구성할수 있습니다. array 변수의 출력 결과를 보면 2차원 배열로 재구성된 결과를 확인할 수 있습니다.

[부록 소스 3-6] numpy_reshape.ipynb

```
[1]  array = np.arange(10).reshape(2, 5)
     array
```

```
출력  array([[0, 1, 2, 3, 4],
            [5, 6, 7, 8, 9]])
```

이렇게 재구성된 2차원 배열을 shape, ndim, dtype, size, type()로 다양한 정보를 확인할 수 있습니다. shape는 배열을 형상 정보를 확인할 수 있습니다. (2, 5)로 2행에 5열인 2차원 배열인 것을 확인할 수 있습니다. ndim은 배열의 차원을 출력합니다. 출력 결과 2로 2차원인 것을 직관적으로 확인할 수 있습니다. dtype는 데이터의 유형을 출력하고 size는 배열의 수를 출력합니다. type 함수는 array 변수가 어떤 유형인지 출력합니다. 넘파이 다차원 배열 유형으로 출력됐네요.

```
[2]  array = np.arange(10).reshape(2, 5)

     print('array.shape :', array.shape)
     print('array.ndim :', array.ndim)
     print('array.dtype.name :', array.dtype.name)
     print('array.size :', array.size)
     print('array type :', type(array))
```

```
출력  array.shape : (2, 5)
     array.ndim : 2
     array.dtype.name : int64
     array.size : 10
     array type : <class 'numpy.ndarray'>
```

reshape 함수로 1차원, 2차원, 3차원 배열을 생성해 보겠습니다. arange(10)으로 1차원 배열을 생성합니다. reshape(2, 5)로 2차원 배열로 재구성합니다. reshape(3, 2, 5)로 3차원 배열을 생성합니다. 이때 arange(10)으로 3차원 배열을 생성하면 오류가 발생합니다. arange(30)으로 변경해 2행과 5열의 행렬이 3개가 있는 3차원 배열을 생성할 수 있도록 합니다. 출력 결과 0부터 29까지의 데이터로 구성된 3차원 배열을 확인할 수 있습니다. 딥러닝 모델 구성 시 입력 데이터에 대한 형상을 모델의 입력 형태에 맞게 변경하기 위해서는 차원의 이해와 reshape 함수 등의 사용법에 대해 잘 이해하고 있어야 합니다.

```
[3]    a = np.arange(10)
       print('1d array \n', a)

       b = np.arange(10).reshape(2, 5)
       print('2d array \n', b)

       c = np.arange(30).reshape(3, 2, 5)
       print('3d array \n', c)
```

출력
```
1d array
 [0 1 2 3 4 5 6 7 8 9]
2d array
 [[0  1  2  3  4]
 [5  6  7  8  9]]
3d array
 [[[0  1  2  3  4]
   [5  6  7  8  9]]

  [[10 11 12 13 14]
   [15 16 17 18 19]]

  [[20 21 22 23 24]
   [25 26 27 28 29]]]
```

ravel 함수는 다차원 배열을 1차원 배열로 재구성합니다. 5행과 2열인 2차원 배열을 ravel 함수로 1차원 배열로 재구성한 것을 확인할 수 있습니다.

```
[4]    array = np.arange(10).reshape(5, 2)
       print('array', array)

       # numpy.ravel(a, order='C')
       print('\narray.ravel() \n', array.ravel())
```

출력
```
array [[0 1]
 [2 3]
 [4 5]
 [6 7]
 [8 9]]

array.ravel()
 [0 1 2 3 4 5 6 7 8 9]
```

T는 행렬을 전치할 때 사용합니다. 행렬의 행과 열을 바꾸는 방법입니다. 5행과 2열로 구성된 2차원 행렬을 T를 사용해 2행과 5열로 변경할 수 있습니다. 실습 출력 결과를 보면 쉽게 이해할 수 있습니다. 참고로 np.transpose( )를 사용한 전치도 가능합니다.

```
[5]    array = np.arange(10).reshape(5, 2)

       print(array)
       print('\nreturns the array, transposed\n', array.T)
```

```
[[0 1]
 [2 3]
 [4 5]
 [6 7]
 [8 9]]

returns the array, transposed
[[0 2 4 6 8]
 [1 3 5 7 9]]
```

resize 함수를 사용해 배열의 형상을 재구성할 수도 있습니다. resize 함수는 행과 열을 직관적으로 지정해 원하는 배열 형태를 재구성할 수 있다는 특징이 있습니다.

```
[6]  array = np.arange(10).reshape(5, 2)
     print(array)

     array.resize(2, 5)
     print('\narray resize (2, 5)\n', array)

     array.resize(1, 10)
     print('\narray resize (1, 10)\n', array)
```

출력
```
[[0 1]
 [2 3]
 [4 5]
 [6 7]
 [8 9]]

array resize (2, 5)
[[0 1 2 3 4]
 [5 6 7 8 9]]

array resize (1, 10)
[[0 1 2 3 4 5 6 7 8 9]]
```

axis를 예제를 통해 살펴보겠습니다. axis는 축을 의미합니다.

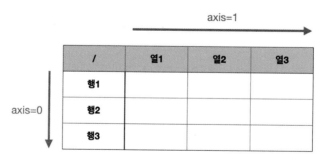

[부록 그림 3-3] axis의 예

1차원 배열은 축이 하나만 존재합니다. array_1d를 보면 axis는 하나만 존재하기 때문에 0입니다. sum 함수를 사용해 합계를 구하면 0부터 5까지를 더하게 됩니다. 값은 15입니다.

2차원 배열에서의 axis는 0은 행과 1은 열을 중심으로 연산을 합니다. sum(axis=0)은 행을 중심으로 sum( ) 연산을 수행합니다. 0 + 3 = 3, 1 + 4 = 5, 2 + 5 = 7로 행을 기준으로 한 합은 3, 5, 7입니다. min(axis=1)은 열을 중심으로 min( ) 연산을 수행합니다. 0, 1, 2중 가장 작은 값은 0입니다. 3, 4, 5중 가장 작은 값은 3입니다. 그래서 결과는 0, 3으로 출력되네요. 이렇게 axis는 다차원으로 갈수록 의미하는 축이 달라지며 복잡해집니다. 데이터 연산을 수행 시 축에 대해 잘 이해하고 있다면 데이터를 다루는 데 많은 도움이 되므로 다차원 배열을 생성해 실습해 보기 바랍니다.

[7]
```python
# 1차원 배열
array_1d = np.arange(6)
print('array :', array_1d)

print('\narray_1d.sum(axis=0)\n', array_1d.sum(axis=0))

# 2차원 배열
array_2d = np.arange(6).reshape(2, 3)
print('array :', array_2d)

print('\narray_2d.sum(axis=0)\n', array_2d.sum(axis=0))
print('array_2d.min(axis=1)\n', array_2d.min(axis=1))
```

출력
```
array : [0 1 2 3 4 5]

array_1d.sum(axis=0)
 15

array : [[0 1 2]
 [3 4 5]]

array_2d.sum(axis=0)
 [3 5 7]
array_2d.min(axis=1)
 [0 3]
```

3.2.4 배열 결합 및 분리하기

서로 다른 배열을 다양한 방법으로 결합하는 방법에 대해 알아보겠습니다. hstack 함수는 배열을 수평(열 방향)으로 순차적으로 결합하는 방법입니다. vstack 함수는 배열을 수직(행 방향)으로 순차적으로 결합하는 방법입니다. 1차원 배열인 a, b를 hstack, vstack 함수를 사용한 결과를 보면 쉽게 이해할 수 있습니다.

```
[8]    a = np.array((1,2,3))
       b = np.array((4,5,6))
       c = np.hstack((a,b))
       d = np.vstack((a,b))

       print('a :\n', a)
       print('b :\n', b)
       print('\n np.hstack((a,b)) :\n', c)
       print('\n np.vstack((a,b)) :\n', d)
```
```
출력   a :
       [1 2 3]
       b :
       [4 5 6]

       np.hstack((a,b)) :
       [1 2 3 4 5 6]

       np.vstack((a,b)) :
       [[1 2 3]
       [4 5 6]]
```

2차원 배열인 a,b를 hstack, vstack 함수를 적용한 출력 결과를 살펴보면 어떻게 동작하는지 알 수 있습니다. hstack 함수는 수평 방향, vstack 함수는 수직 방향으로 배열을 결합하네요.

```
[9]    a = np.array([[1],[2],[3]])
       b = np.array([[4],[5],[6]])
       c = np.hstack((a,b))
       d = np.vstack((a,b))

       print('a :\n', a)
       print('b :\n', b)
       print('\n np.hstack((a,b)) :\n', c)
       print('\n np.vstack((a,b)) :\n', d)
```

```
a :
[[1]
 [2]
 [3]]
b :
[[4]
 [5]
 [6]]

np.hstack((a,b)) :
[[1 4]
 [2 5]
 [3 6]]

np.vstack((a,b)) :
[[1]
 [2]
 [3]
 [4]
 [5]
 [6]]
```

hsplit, vsplit 함수를 사용해 배열을 나눌 수도 있습니다. 2차원 배열 a를 hsplit 함수에 적용하면 배열을 수평 방향으로 나눕니다. hsplit(a, 2)로 2차원 배열 a를 2개의 배열로 나눴습니다. vsplit(a, 2)는 수직 방향으로 배열을 2개로 나눕니다. 출력 결과를 보면 배열이 2개로 구분된 것을 확인할 수 있습니다.

```
[10]  a = np.arange(12).reshape(2, 6)
      b = np.hsplit(a, 2)
      c = np.vsplit(a, 2)

      print('np.arange(12).reshape(2, 6) :\n', a)
      print('\n np.hsplit(array, 2) :\n', b)
      print('\n np.vsplit(array, 2) :\n', c)
```

```
np.arange(12).reshape(2, 6) :
 [[ 0  1  2  3  4  5]
 [ 6  7  8  9 10 11]]

 np.hsplit(array, 2) :
 [array([[0, 1, 2],
 [6, 7, 8]]),
 array([[ 3,  4,  5],
 [ 9, 10, 11]])]

 np.vsplit(array, 2) :
 [array([[0, 1, 2, 3, 4, 5]]), array([[ 6, 7, 8, 9, 10, 11]])]
```

3.2.5 배열 복사

배열을 복사하는 방법 중 copy 함수에 대해 실습해 보겠습니다. 1차원 배열 a를 생성하고 b에 복사합니다. 복사하는 방법은 b = a로 복사했습니다. a, b를 출력해 보면 1부터 9까지의 동일한 결과를 확인할 수 있습니다. 복사한 b의 첫 번째 값을 10으로 변경합니다. 그리고 a, b를 출력해 보면 a, b 배열의 첫 번째 값이 동일하게 변경되는 것을 확인할 수 있습니다. 복사한 b의 배열의 값만 변경하려면 copy 함수를 사용하면 됩니다. 실습을 통해 알아보겠습니다.

```
[11]   a = np.arange(1, 10)
       b = a

       print(a)
       print(b)

       b[0] = 10

       print(a)
       print(b)
```

출력
```
[1 2 3 4 5 6 7 8 9]
[1 2 3 4 5 6 7 8 9]
[10 2 3 4 5 6 7 8 9]
[10 2 3 4 5 6 7 8 9]
```

1차원 배열 a를 copy 함수를 사용해 c에 복사합니다. c배열의 첫 번째 값을 10으로 변경하고 a, c를 출력해 보면 c 배열의 첫 번째 값만 변경된 것을 확인할 수 있습니다.

```
[12]   a = np.arange(1, 10)
       c = a.copy()

       print(a)
       print(c)

       c[0] = 10

       print('\n', a)
       print(b)
```

출력
```
[1 2 3 4 5 6 7 8 9]
[1 2 3 4 5 6 7 8 9]

[1 2 3 4 5 6 7 8 9]
[10 2 3 4 5 6 7 8 9]
```

3.2.6 넘파이 범용 함수들

넘파이에서 제공하는 지수 함수(exp), 제곱근(sqrt) 등 다양한 범용 함수를 제공하고 있습니다. 더 많은 범용 함수는 https://numpy.org/devdocs/reference/ufuncs.html에서 확인할 수 있습니다.

```
[13]  array = np.arange(3)
      print('array :', array)

      print(np.exp(array))
      print(np.sqrt(array))
```
출력
```
array : [0 1 2]
[1. 2.71828183 7.3890561 ]
[0. 1.         1.41421356]
```

3.2.7 인덱싱, 슬라이싱 및 반복문

배열의 인덱싱, 슬라이싱을 살펴보겠습니다. [start : stop : step]를 사용해 인덱싱, 슬라이싱을 할 수 있습니다. 다음 실습을 통해 어렵지 않게 이해할 수 있습니다.

```
[14]  array = np.arange(10)

      print('array :', array)
      print('\narray[1] : ', array[1])
      print('array[-1] : ', array[-1])

      print('\nrray[1:5] : ', array[1:5])
      print('array[5:-1] : ', array[5:-1])

      print('\narray[5:] : ', array[5:])
      print('array[:5] : ', array[:5])

      print('\narray[::2] : ', array[::2])
      print('array[::-1] : ', array[::-1])
```
출력
```
array : [0 1 2 3 4 5 6 7 8 9]

array[1] :    1
array[-1] :   9

rray[1:5] :   [1 2 3 4]
array[5:-1] : [5 6 7 8]

array[5:] :   [5 6 7 8 9]
array[:5] :   [0 1 2 3 4]

array[::2] :  [0 2 4 6 8]
array[::-1] : [9 8 7 6 5 4 3 2 1 0]
```

반복문을 사용해 배열 값을 출력 또는 가공 등을 해야 하는 경우가 있습니다. 이 경우 for문과 flat 등을 사용해 반복할 수 있습니다. 시각적으로 표현하기 위해 print()를 사용했지만, 이 부분에서 연산 등의 처리를 하면 됩니다.

```
[15]   array = np.arange(10).reshape(2, 5)

       for row in array:
               print(row)

       for element in array.flat:
               print(element)
```

출력
```
[0 1 2 3 4]
[5 6 7 8 9]

0
1
2
3
4
5
6
7
8
9
```

3.3   tf.data.Dataset

텐서플로에서 제공하는 tf.data.Dataset 클래스에 대해 알아보겠습니다.

3.3.1 from_tensor_slices

from_tensor_slices는 넘파이, 리스트 데이터 등을 입력으로 받아 데이터셋을 생성합니다. 리스트인 [1, 2, 3, 4, 5]를 입력하고 dataset이라는 데이터셋을 생성했습니다. dataset을 실행해 보면 TensorSliceDataset으로 변환된 것을 확인할 수 있습니다.

[부록 소스 3-7] tf-data-Dataset.ipynb

```
[1]    import tensorflow as tf

       dataset = tf.data.Dataset.from_tensor_slices([1, 2, 3, 4, 5])

       dataset
```

출력   ⟨TensorSliceDataset element_spec=TensorSpec(shape=(), dtype=tf.int32, name=None)⟩

파이썬의 반복문을 사용해 Dataset의 값들을 출력합니다. 1부터 5까지의 값이 정상적으로 출력되는 것을 확인할 수 있습니다.

```
[2]   for data in dataset:
          print(data.numpy())
출력   1
      2
      3
      4
      5
```

3.3.2 as_numpy_iterator

as_numpy_iterator는 텐서 형태의 데이터셋을 넘파이 배열로 변환합니다. 실습을 위해 데이터셋을 생성하고 값을 출력합니다. 1부터 5까지의 값을 리스트로 입력한 후 from_tensor_slices를 사용해 텐서 형태의 데이터셋으로 변환했습니다. 반복문을 사용해 출력해 보면 tf.Tensor 유형으로 1부터 5까지의 값이 출력됩니다.

```
[3]   dataset = tf.data.Dataset.from_tensor_slices([1, 2, 3, 4, 5])

      for data in dataset:
          print(data)
출력   tf.Tensor(1, shape=(), dtype=int32)
      tf.Tensor(2, shape=(), dtype=int32)
      tf.Tensor(3, shape=(), dtype=int32)
      tf.Tensor(4, shape=(), dtype=int32)
      tf.Tensor(5, shape=(), dtype=int32)
```

as_numpy_iterator를 사용하면 텐서 형태의 데이터셋을 넘파이 배열 형태로 변환합니다. 변환된 값을 출력해 보면 tf.Tensor가 아닌 1부터 5까지의 값이 출력되는 것을 확인할 수 있습니다.

```
[4]   for data in dataset.as_numpy_iterator():
          print(data)
출력   1
      2
      3
      4
      5
```

3.3.3 range

range는 연속된 숫자 값을 생성합니다. range(10)은 0부터 10 이전까지 10개의 숫자를 생성합니다. 데이터셋 형태의 값을 as_numpy_iterator를 사용해 넘파이 배열 행태로 출력합니다. 0부터 9까지 총 10개의 숫자가 출력됩니다.

```
[5]  dataset = tf.data.Dataset.range(10) # range(start=0, stop=10)

     list(dataset.as_numpy_iterator())
출력   [0, 1, 2, 3, 4, 5, 6, 7, 8, 9]
```

파이썬의 range 함수와 문법이 동일합니다. range(start, stop)으로 range(0, 10)은 0부터 10 이전까지의 숫자를 생성합니다. range(10)과 동일한 결과를 출력합니다.

```
[6]  dataset = tf.data.Dataset.range(0, 10) # range(start, stop)

     list(dataset.as_numpy_iterator())
출력   [0, 1, 2, 3, 4, 5, 6, 7, 8, 9]
```

range(start, stop, step)으로 세 번째 인자를 입력하면 0부터 10 이전까지의 숫자를 생성하는데 step을 2로 생성할 수 있습니다. 출력 결과 [0, 2, 4, 6, 8]가 생성됐습니다.

```
[7]  dataset = tf.data.Dataset.range(0, 10, 2) # range(start, stop, step)

     list(dataset.as_numpy_iterator())
출력   [0, 2, 4, 6, 8]
```

range를 사용해 숫자를 역순으로 생성할 수 있습니다. range(10, 0, -1)을 실행하면 10부터 시작해 0까지 숫자가 역순으로 출력됩니다.

```
[8]  dataset = tf.data.Dataset.range(10, 0, -1) # range(start, stop, step)

     list(dataset.as_numpy_iterator())
출력   [10, 9, 8, 7, 6, 5, 4, 3, 2, 1]
```

range 인자 중 output_type을 정의해 출력값의 유형을 정할 수 있습니다. tf.float32로 정의했더니 모두 실수형으로 출력됐습니다.

```
[9]  dataset = tf.data.Dataset.range(10, 0, -1, output_type=tf.float32)

     list(dataset.as_numpy_iterator())
출력   [10.0, 9.0, 8.0, 7.0, 6.0, 5.0, 4.0, 3.0, 2.0, 1.0]
```

3.3.4 random

range가 start, stop, step 같이 정의한 범위의 숫자 값을 생성했다면 random은 임의 값을 생성합니다. seed는 랜덤한 값 생성 시, 반복 호출 시 동일한 값을 출력하기 위해 설정하는 임의 값입니다. seed값을 0과 1로 설정하고 코드를 반복 실행하면 동일한 결과를 출력합니다. dataset3은 seed값을 정의하지 않았으므로 반복 호출 시 결과값은 다르게 출력됩니다.

```
[10]  dataset1 = tf.data.Dataset.random(seed=0).take(10)
      dataset2 = tf.data.Dataset.random(seed=1).take(10)
      dataset3 = tf.data.Dataset.random().take(10)

      print(list(dataset1.as_numpy_iterator()), '\n')
      print(list(dataset2.as_numpy_iterator()), '\n')
      print(list(dataset3.as_numpy_iterator()))
```

출력
```
[361556241,  1459367533,  3832325198,  1250307605,  2508600833,  2749596746,
2322339719,  3744817846,  3225503313,  2547244461]

[2870909127, 3455438759,  4052121393,  1279227022,  15397477,   3296944994,
2768979786,  2402972633,  3873597779,  777939678]

[1573065466, 107422387,   586734562,   3535711199,  561246100,  389780659,
4077506559,  435114467,   659350184,   3587198318]
```

3.3.5 shuffle

shuffle는 데이터를 임의로 섞습니다. range(10)으로 0부터 10 이전까지의 데이터셋을 생성합니다. shuffle을 사용해 데이터를 섞습니다. 출력 결과 [3, 5, 4, 0, 2, 6, 7, 8, 1, 9]가 출력됐습니다. 두 번째 호출을 하며 다른 출력 결과가 나옵니다. 데이터가 임의로 잘 섞이는 것을 확인할 수 있습니다. shuffle의 인자 중 buffer_size는 정의한 수만큼의 데이터를 가져와 섞습니다. 그리고 가져오지 않은 데이터만큼을 다시 가져와 섞습니다. 다음 예시에는 데이터 전체를 모두 가져와 한 번에 섞었네요. seed 값은 0으로 고정해 반복 호출 시 같은 값이 출력되도록 합니다.

```
[11]  dataset = tf.data.Dataset.range(10)
      print(list(dataset.as_numpy_iterator()), '\n')

      dataset = dataset.shuffle(buffer_size=10, seed=0)
      print(list(dataset.as_numpy_iterator()))
      print(list(dataset.as_numpy_iterator()))
```

출력
```
[0, 1, 2, 3, 4, 5, 6, 7, 8, 9]

[3, 5, 4, 0, 2, 6, 7, 8, 1, 9]
[6, 4, 2, 1, 3, 8, 5, 9, 0, 7]
```

shuffle 인자 중 `reshuffle_each_iteration`을 False로 설정하면 reshuffle 시에도 같은 값이 출력되게 할 수 있습니다. `reshuffle_each_iteration`의 기본값은 True입니다.

```
[12]  dataset = tf.data.Dataset.range(10)
      print(list(dataset.as_numpy_iterator()), '\n')

      dataset = dataset.shuffle(buffer_size=10, seed=0, reshuffle_each_iteration=False)

      print(list(dataset.as_numpy_iterator()))
      print(list(dataset.as_numpy_iterator()))
```
출력 [0, 1, 2, 3, 4, 5, 6, 7, 8, 9]

      [0, 4, 7, 9, 3, 1, 5, 8, 6, 2]
      [0, 4, 7, 9, 3, 1, 5, 8, 6, 2]

3.3.6 concatenate

concatenate는 데이터셋에 주어진 데이터를 연결합니다. 0부터 5전까지의 Dataset인 a와 5부터 10 이전까지의 Dataset인 b를 생성합니다. concatenate를 사용해 a와 b를 연결한 결과를 출력합니다. [0, 1, 2, 3, 4, 5, 6, 7, 8, 9]로 잘 연결돼 출력된 것을 확인할 수 있습니다.

```
[13]  a = tf.data.Dataset.range(0, 5)
      b = tf.data.Dataset.range(5, 10)

      print(list(a.as_numpy_iterator()))
      print(list(b.as_numpy_iterator()), '\n')

      dataset = a.concatenate(b)
      print(list(dataset.as_numpy_iterator()))
```
출력 [0, 1, 2, 3, 4]
      [5, 6, 7, 8, 9]

      [0, 1, 2, 3, 4, 5, 6, 7, 8, 9]

그럼 문자형인 c를 생성해 a에 연결하면 어떻게 될까요? 다른 유형의 데이터셋은 연결되지 않고 오류를 출력합니다.

```
[14]  c = tf.data.Dataset.from_tensor_slices(["abc"])
      a.concatenate(c)
```
출력 … (생략)
      TypeError: Incompatible types of input datasets: ⟨dtype: 'int64'⟩ vs. ⟨dtype: 'string'⟩.

3.3.7 take, take_while

take는 Dataset의 지정한 count만큼의 데이터를 가져옵니다. 1부터 10 이전까지의 데이터셋을 dataset으로 생성했습니다. take(3)의 결과를 출력해 보면 [0, 1, 2]로 3개의 데이터를 가져와 출력한 것을 확인할 수 있습니다.

```
[15]  dataset = tf.data.Dataset.range(10)
      print(list(dataset.as_numpy_iterator()), '\n')

      list(dataset.take(3).as_numpy_iterator())
출력   [0, 1, 2, 3, 4, 5, 6, 7, 8, 9]

      [0, 1, 2]
```

take_while과 lambda를 사용해 원하는 결과만을 출력할 수도 있습니다. "x < 5" 조건을 만족하는 [0, 1, 2, 3, 4] 값만을 저장해 출력했습니다.

```
[16]  dataset = dataset.take_while(lambda x: x < 5)

      list(dataset.as_numpy_iterator())
출력   [0, 1, 2, 3, 4]
```

3.3.8 filter

filter는 원하는 결과만을 출력하기 위해 필터링할 수 있는 기능을 제공합니다. 0부터 10 이전까지의 데이터셋을 생성합니다. filter를 사용해 "x<5" 조건으로 lambda를 사용해서 필터링 합니다. 출력 결과 [0, 1, 2, 3, 4]가 출력된 것을 확인할 수 있습니다.

```
[17]  dataset = tf.data.Dataset.range(10)

      dataset = dataset.filter(lambda x: x < 5)
      list(dataset.as_numpy_iterator())
출력   [0, 1, 2, 3, 4]
```

파이썬의 함수를 사용해 filter에 사용할 수도 있습니다. 입력값 x와 5가 같다면 값을 리턴하는 filter_fn 함수를 필터링 조건에 사용했습니다. 출력 결과 0부터 10 이전까지의 데이터 중 5만이 출력된 것을 확인할 수 있습니다.

```
[18]  dataset = tf.data.Dataset.range(10)

      def filter_fn(x):
           return tf.math.equal(x, 5)

      list(dataset.filter(filter_fn).as_numpy_iterator())
출력   [5]
```

3.3.9 apply

apply는 데이터셋의 변환 함수를 적용합니다. `transformation_fn`을 정의하고 apply에 입력하면 데이터셋에 해당 함수가 적용됩니다. 출력 결과를 보면 데이터셋에 함수가 적용된 결과가 출력됐습니다.

```
[19]   dataset = tf.data.Dataset.range(10)
       def transformation_fn(ds):
           return ds.filter(lambda x: x < 5)

       list(dataset.apply(transformation_fn).as_numpy_iterator())
```
출력 [0, 1, 2, 3, 4]

3.3.10 batch

batch는 데이터셋의 연속 값을 배치로 지정합니다. batch(3)으로 지정하면 0부터 10 이전까지 데이터셋의 값이 [0, 1, 2]와 같이 3개 단위의 배치로 지정됩니다.

```
[20]   dataset = tf.data.Dataset.range(10)

       list(dataset.batch(3).as_numpy_iterator())
```
출력 [array([0, 1, 2]), array([3, 4, 5]), array([6, 7, 8]), array([9])]

drop_remainder=True로 하면 배치 지정 시 마지막에 남는 값은 버리게 됩니다. 기본값은 False 입니다.

```
[21]   dataset = tf.data.Dataset.range(10)

       list(dataset.batch(3, drop_remainder=True).as_numpy_iterator())
```
출력 [array([0, 1, 2]), array([3, 4, 5]), array([6, 7, 8])]

3.3.11 map

map을 사용해 데이터셋에 함수를 적용할 수 있습니다. lambda를 사용해 "x * 2" 조건을 데이터셋에 적용할 수 있습니다. 결과를 보면 5는 10으로, 6은 12로 출력된 것을 확인할 수 있습니다.

```
[22]   dataset = tf.data.Dataset.range(5, 10)
       print(list(dataset.as_numpy_iterator()), '\n')

       print(list(dataset.map(lambda x: x * 2).as_numpy_iterator()))
```
출력 [5, 6, 7, 8, 9]

       [10, 12, 14, 16, 18]

3.3.12 flat_map

flat_map은 map을 사용해 데이터셋의 값을 2차원에서 1차원으로 평탄화시켜 줍니다. 0부터 10 이전까지의 데이터셋을 배치 단위 3으로 지정했습니다. 데이터셋을 출력해 보면 배치 단위로 저장돼 있는 것을 확인할 수 있습니다. flat_map을 사용해 배치 단위로 구분돼 있는 데이터셋을 평탄화했습니다. 출력 결과 [0, 1, 2, 3, 4, 5, 6, 7, 8, 9]가 출력됐습니다.

```
[23]  dataset = tf.data.Dataset.range(10).batch(3)
      print(list(dataset.as_numpy_iterator()), '\n')

      list(dataset.flat_map(lambda x: tf.data.Dataset.from_tensor_slices(x))
          .as_numpy_iterator())
출력   [array([0, 1, 2]), array([3, 4, 5]), array([6, 7, 8]), array([9])]

      [0, 1, 2, 3, 4, 5, 6, 7, 8, 9]
```

3.3.13 Windows

wondows는 시계열 데이터 분석 시 많이 사용되는 기능입니다. 0부터 10 이전까지의 데이터셋을 생성합니다. windows를 사용해 size를 5로 지정합니다. 결과는 [0, 1, 2, 3, 4], [5, 6, 7, 8, 9]가 출력됐습니다. windows 의 size만큼 구분돼 저장된 것을 확인할 수 있습니다.

```
[24]  dataset = tf.data.Dataset.range(10).window(size=5)

      for window in dataset:
          print(list(window.as_numpy_iterator()))
출력   [0, 1, 2, 3, 4]
      [5, 6, 7, 8, 9]
```

windows의 size를 4로 지정해 출력합니다. 데이터가 4개 단위로 구분된 윈도우가 생성됐습니다. 4 단위로 윈도우가 생성되다 보니 마지막에 남은 2개 값인 [8, 9]는 2개 값만이 출력됐습니다.

```
[25]  # window(size=4)
      dataset = tf.data.Dataset.range(10).window(size=4)

      for window in dataset:
          print(list(window.as_numpy_iterator()))
출력   [0, 1, 2, 3]
      [4, 5, 6, 7]
      [8, 9]
```

drop_remainder 인자를 True로 설정하면 남은 [8, 9]가 삭제되는 것을 확인할 수 있습니다. 기본값은 False입니다.

```
[26]  # drop_remainder=True)
      dataset = tf.data.Dataset.range(10).window(size=4, drop_remainder=True)

      for window in dataset:
          print(list(window.as_numpy_iterator()))
출력   [0, 1, 2, 3]
      [4, 5, 6, 7]
```

shift를 지정하면 윈도우가 1칸씩 shift돼 출력됩니다. 시계열 분석 시 유용한 기능입니다.

```
[27]  # shift=1
      dataset = tf.data.Dataset.range(10).window(size=4, drop_remainder=True, shift=1)

      for window in dataset:
          print(list(window.as_numpy_iterator()))
출력   [0, 1, 2, 3]
      [1, 2, 3, 4]
      [2, 3, 4, 5]
      [3, 4, 5, 6]
      [4, 5, 6, 7]
      [5, 6, 7, 8]
      [6, 7, 8, 9]
```

shift를 2로 지정하면 다음 윈도우가 2로 shift된 것을 확인할 수 있습니다. 시계열 분석 시 주 단위, 월 단위로 shift된 데이터셋을 생성할 때 이용하면 편리합니다.

```
[28]  # shift=2
      dataset = tf.data.Dataset.range(10).window(size=4, drop_remainder=True, shift=2)

      for window in dataset:
          print(list(window.as_numpy_iterator()))
출력   [0, 1, 2, 3]
      [2, 3, 4, 5]
      [4, 5, 6, 7]
      [6, 7, 8, 9]
```

stride를 1로 지정하면 출력 결과는 동일합니다. 윈도우의 데이터 이동 간격을 1로 지정한다는
의미입니다.

```
[29]  # stride=1
      dataset = tf.data.Dataset.range(10).window(size=4, drop_remainder=True, shift=2,
      stride=1)

      for window in dataset:
          print(list(window.as_numpy_iterator()))
```
출력
```
[0, 1, 2, 3]
[2, 3, 4, 5]
[4, 5, 6, 7]
[6, 7, 8, 9]
```

stride를 2로 지정하면 윈도우의 값들이 [0, 2, 4, 6]과 같이 2개 단위로 생성됩니다.

```
[30]  # stride=2
      dataset = tf.data.Dataset.range(10).window(size=4, drop_remainder=True, shift=2,
      stride=2)

      for window in dataset:
          print(list(window.as_numpy_iterator()))
```
출력
```
[0, 2, 4, 6]
[2, 4, 6, 8]
```

찾아보기